JN258209

গ্রন্থস্বত্ব © জাতির জনক বঙ্গবন্ধু শেখ মুজিবুর রহমান মেমোরিয়াল ট্রাস্ট ২০১২

Copyright © Father of the Nation Bangabandhu Sheikh Mujibur Rahman Memorial Trust 2012

日本語版への序文

バングラデシュ建国の父である我が父、ボンゴボンドゥ・シェーク・ムジブル・ロホマンの回想録、“*The Unfinished Memoirs*”の日本語訳が出版されると知り、嬉しく思っています。

父は日本とその国民に、大きな敬意の念を抱いていました。今回出版される本は、日本の皆さま、とりわけ若い世代の方たちに、ボンゴボンドゥの生涯と闘争について、よりよく知っていただくための良い機会を提供することになるでしょう。

バングラデシュと日本は、友情と相互支援を基盤とした素晴らしい関係にあります。この関係の基になっているのは、一九七一年のバングラデシュ独立戦争の際、日本と日本の方々から寄せられた揺るぎない支援と思いやりです。一九七一年の闘争時には、日本では小学校の生徒さんたちまでがお小遣いを貯めたお金を集め、私たちを苦難から救うために寄付して下さったことは今も心に残っています。独立直後には、戦争で荒廃したバングラデシュの再建のため、日本政府と国民は貴重な経済援助と支援の手を差し伸べて下さいました。バングラデシュ国民は、こうした行為を感謝の気持ちとともに心にとどめ、決して忘れることはないでしょう。

この本が、友情の絆で結ばれた私たちふたつの国の素晴らしい関係を、さらに高めてくれることを希望します。

バングラデシュ人民共和国首相　シェーク・ハシナ

シェーク・ムジブル・ロホマンと日本——まえがきに代えて

「日本の学生や子どもたちが街角で募金活動を行なったり、おやつを買うための小遣いを貯金したりして、ベンガルの気の毒な人たちを助けようとしてくれたことを私たちは知っています。私たちは日本の人々に心から感謝しています。誰かが苦しい思いをしているとき、不幸な目にあっている時にそばに来て寄り添ってくれる人こそ、本当の友人なのです」。シェーク・ムジブル・ロホマン（シェイク・ムジブル・ラーマン）首相（当時）はこう語り、バングラデシュと日本の固い友情の絆を強調した。一九七三年十月二十三日、同首相が初めての、そして結局最後となった日本訪問の最終日、日本バングラデシュ協会（当時）の主催により、東京のホテルで開かれた歓迎集会の挨拶に立った時の言葉である。

十月十八日、ボンゴボンドゥことシェーク・ムジブル・ロホマン首相は、二十五名を超える政界・財界の代表を引き連れ、ビマン・バングラデシュ航空の特別機で羽田空港に降り立った。首相の次女レハナ、三男のラセルも同行していた。

同年一月、収監されていたパキスタンから祖国に帰国を果たし首相に就任して以来、ボンゴボンドゥはインドとソ連などを訪れたが、西側諸国への公式訪問としては日本が初めてであった。当時の世界はソ連とアメリカをそれぞれ核とする東西陣営に大きく色分けされ、南アジアの中でもインドはソ連寄り、パキスタンは親米という構図になっていた。バングラデシュの独立戦争では、アメリカはパキスタンに肩入れしていた。こうした中、西側への最初の外遊先として日本を選んだことには、同じアジアの国で、独立戦争時から支援を行なってきた日本への、ボンゴボンドゥの好感情が投影されていたと考えられよう。一九七二年一月、ダカで収録されたＮＨＫとのインタビューの中でボンゴボンドゥは次のように述べて国造りへの支援を訴えた。

「常に変わらぬ友好国として、また同じ東南アジアにある国として、日本が遅滞なく支援に乗り出して来てくれることを、当然期待しています」（一九七二年二月一日放送「バングラデシュ報告」より）

来日したシェーク・ムジブル・ロホマンを、当時の田中角栄首相は自ら空港まで出向いて迎えた。翌十九日に行なわれた首脳会談で日本側は、バングラデシュに対する九十億円の商品援助と、バングラデシュとパキスタンの間で八十万人にのぼる抑留者の相互送還事業を進める目的で、国連に百万ドルを寄託する意向を表明した。皇居に天皇を表敬訪問したのち、ボンゴボンドゥ一行は二十日、フェリー「さんふらわあ」号で那智勝浦に向かった。なぜ和歌山県を訪問したかというと、民間団体「日本バングラデシュ協会」（当時）の会長を務めていた早川崇代議士の地元が、田辺市を中心とする地域だったからである。池田勇人内閣で労働大臣を務めるなど自民党所属の大物政治家だった早川は、亡くなる一九八八年まで一貫して日本とバングラデシュの関係強化に尽力した人物でもあった。

早川のバングラデシュとの出会いは一九七〇年にさかのぼる。この年襲ってきた大型サイクロンで、当時はまだ東パキスタンだったバングラデシュは甚大な被害を被った。それを知った早川は自ら東京の街頭に立ち、救援のための募金活動を行なった。そして間もなくして始まったバングラデシュの独立運動を支持することで、早川はバングラデシュとの関わりを深めていった。一九七二年三月には日本政府の特使としてバングラデシュを訪問し、初めてシェーク・ムジブル・ロホマン首相と会った。早川の著作「バングラデシュとの出会い」によれば、首相との会談で日本側は、ベンガル湾で採掘される天然ガスの扱いを含む新生バングラデシュ政府の内政・外交政策を確認し、バングラデシュ側からは経済・技術援助とともにジョムナ河に架橋してほしいとの依頼があった。早川は帰国後「日本バングラデシュ協会」を設立し、会長としてバングラデシュとの友好促進に努めた。一九七三年十二月、バングラデシュの戦勝記念日に早川は首相から招待されて夫人とともに再び同国を訪れた。首相は早川夫人に向かい、「ご夫妻のポケットにはいつも私の招待状が入っていると思って下さい」と親愛の気持を表わしたという。この際行なわれた会談では、ベンガル湾の石油資源について、最も有望視されている地域での調査・採掘の権利を日本に与える意向を表わしたことを早川は記している。

日本は一九七二年二月十日、バングラデシュを承認した。それはアメリカによるバングラデシュ承認よりも二カ月近く前のことであり、当時国際情勢に関する判断でアメリカに追随する傾向の強かった日本としては、画期的な決断であった。その決断もまた早川をはじめとする国会議員たちの働きかけによるものだった。このバングラデシュ早期承認もまた、シェーク・ムジブおよびバングラデシュ国民の好意的な対日感情の醸成に役立ったと考えられる。また新しい国造りにあたって、同じアジアの国で、第二次世界大戦での敗北にもかかわらず急激な経済成長を遂げていた日本は、バングラデシュにとってひとつのモデルでもあった。

一方バングラデシュの独立戦争時、日本のマスコミや世論はバングラデシュに同情的だった。武器も戦力も乏しいバングラデシュの人々がパキスタンに対して戦いを挑む構図は日本人の判官びいきの気持ちに訴えたし、ジョージ・ハリスンやジョーン・バエズの歌もバングラデシュに対する同情の心をかきたてた。そうした国を率いる人物として、「建国の父」ボンゴボンドゥの存在や政治家としてのその手腕は当然日本でも大いに注目された。

一九七五年八月十五日の事件を日本の新聞各紙は第一面で大きく伝えた。すべての新聞が、建国の道半ばにしてシェーク・ムジブル・ロホマンが殺害されたと報じた。毎日新聞はシェーク・ムジブについて「見るからに温かみの溢れる人柄で、一度会った人は絶対に忘れない記憶力と、頼まれれば台所の中まで入って面倒を見る人の良さのため、国民の人気は圧倒的だった」とその死を哀悼した。

バングラデシュの建国以来、日本とバングラデシュは常に良好な関係にある。独立直後の時期、ボンゴボンドゥの日本に対する好意的な態度が、その礎になっているとも考えられる。没後ほぼ四十年が過ぎ、シェーク・ムジブル・ロホマンの名を知る日本人の数は少なくなりつつある。本書が日本におけるボンゴボンドゥの再認知と評価につながることがあれば訳者にとって大きな幸せである。

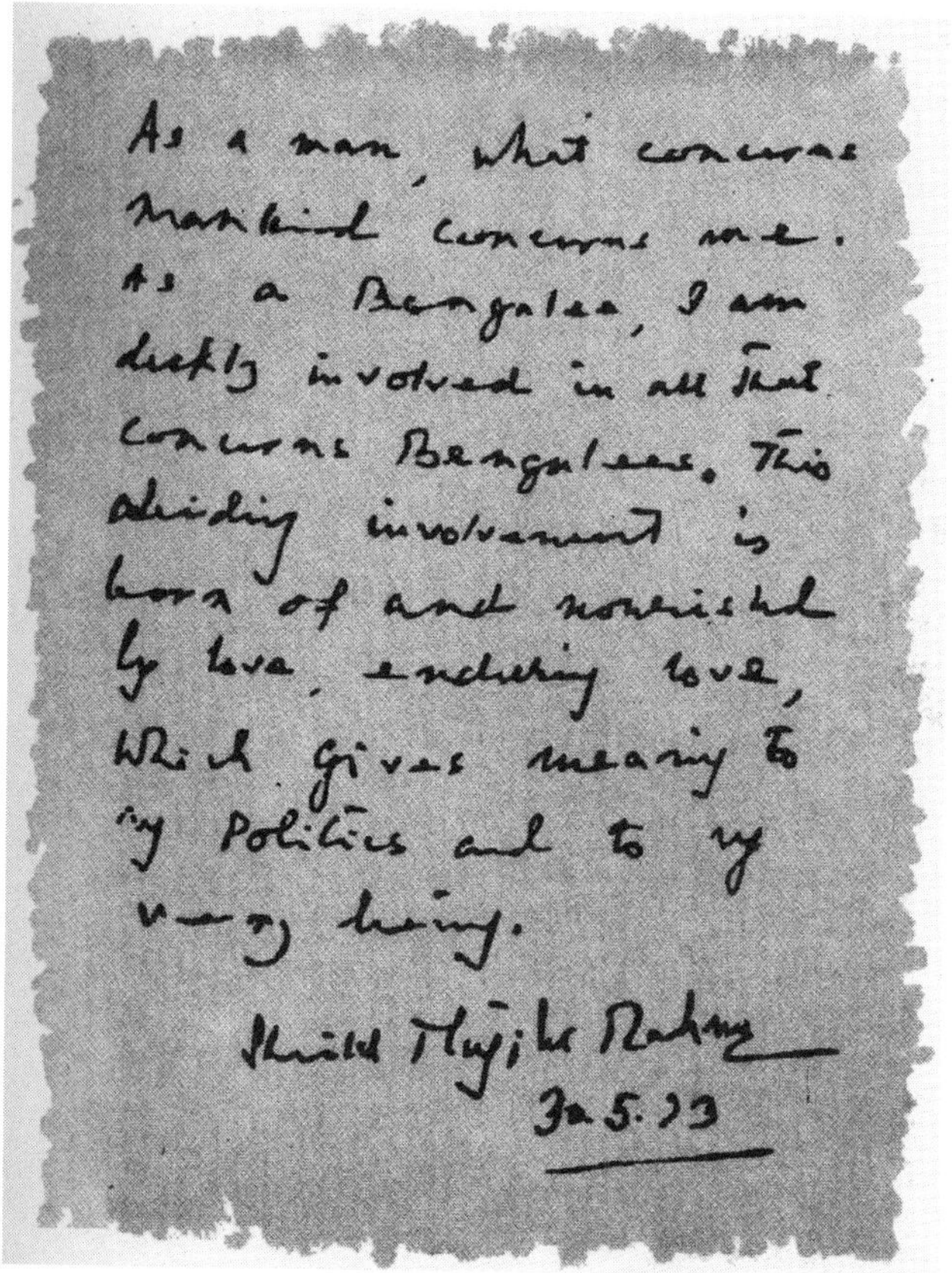

As a man, what concerns
mankind concerns me.
As a Bengalee, I am
deeply involved in all that
concerns Bengalees. This
abiding involvement is
born of and nourished
by love, enduring love,
which gives meaning to
my politics and to my
very being.

Sheikh Mujibur Rahman
30.5.73

ひとりの人間として、私はすべての人類のことを考える。ひとりのベンガル人として、ベンガル人に関わるすべてのことが、私を深い思いに至らせる。この強い結びつきのもとにあるのは愛、不滅の愛であり、その愛こそが私の政治と存在を意味あるものとしている。

シェーク・ムジブル・ロホマン

1973 年 5 月 30 日

(ボンゴボンドゥことシェーク・ムジブル・ロホマン・バングラデシュ人民共和国元首相のノートのページ)

序

私の父、ボンゴボンドゥ・シェーク・ムジブル・ロホマン(1)は、人生の最も重要な時期を牢獄で過ごさねばならなかった。民衆の権利獲得の運動に身を投じた結果、苦しく孤独な幽囚の生活を何度も送ることになったのである。しかし父は決して妥協しなかった。絞首刑の脅しにも屈しなかった。父にとって、民衆こそが最も大切だったのである。民衆の苦しみが父を悲しませた。虐げられたベンガルの人々に笑顔をもたらし、「黄金のベンガル」(2)をつくり上げること──それが父が生涯で立てた唯一の誓いであったのだ。食べるもの、着るもの、住むところ、教育、健康──こうした基本的権利を満たすことで、人間は立派に生き、貧困の桎梏《しっこく》から逃れられるのだという考えが常に父の心の中にあった。だからこそ父は自分の人生における安寧や享楽や弛緩した心を捨て去り、民衆の権利獲得のために理想主義と自己犠牲の精神に支えられた一人の政治家として一生にわたって闘争を続け、ベンガル民族に独立をもたらしたのだった。勇敢な民族としてのベンガル人の名を世界に知らしめ、独立と主権を獲得したバングラデシュ(3)という一つの国を誕生させたのである。何千年にもわたるベンガル人の夢を実らせたのである。

しかし独立戦争が終結し、民族の再建と経済的解放が確固たるものになろうとしていたその矢先、ベンガルの人々の解放を実現したこの偉大な立役者を、裏切り者の放った非情な弾丸が奪っていった。

独立を果たしたベンガルの青々とした草は、父の身体から流れた血で染まった。殺人者たちはベンガル民族の運命の歴史に、永遠の消えることのない汚点を残したのだ。

この偉大な指導者が自らの手で書き残した半生記を私が手にしたのは、その死から二十九年後のことだった。その手記は父の生い立ちから始まって、家族のこと、学生時代の政治活動や関わった闘争についての、これまで知られることのなかった多くの出来事について私たちに語ってくれる。その広範な政治活動の中でのさまざまな体験を、父自身の筆を通じて私たちは知ることができる。父の目が見たもの、心が感じたもの、そして政治家として観察したことのすべてが、平易な言葉でここに記されている。父の闘争、不屈の精神と自己犠牲の行動から知られる真実は、次世代の人々を大いに励ますことだろう。歪曲された歴史に惑わされた人たちに、真の歴史を知る機会をもたらすだろう。研究者や歴史家にも、この記録は貴重な情報と真実を提供するだろう。

この半生記は私の父が自らの手で記したものだ。これが書かれたノートが私の元に来るまでには、長いいきさつがあった。父の手記をこうして一冊の本として出版するとか、読者のもとに届けるとかいったことをあきらめかけた時もあったほどだ。

一九七一年三月二十五日深夜、バングラデシュの独立が宣言された直後[4]、ダンモンディ三二番通り（以前の住居表示。現在は一一番通り一〇号）にあった私たちの家[5]をパキスタン軍が急襲し、父を連行していった。母はまだ小さかった弟のラセルとジャマルを連れて隣家に難を逃れた。翌二十六日夜、再びパキスタン軍が襲い、家中を引っ掻き回して徹底的に略奪し、破壊していった。我が家は彼らに占拠されることになった。この家の父の寝室のわきには身支度を整えるための部屋があり、母はそこに置かれたタンスの上に、かなりの数のノートを大切に保存していた。ノートはみな古びた表紙で、この半生記の他に父の回想録や日記、旅行の記録やはては母の出納帳まで一緒くたになっていたので、パキスタン軍の兵士たちはわざわざ奪い取るような価値のあるものとは考えなかったのだろう。そのおかげで父のノートはそのまま私たちの手元に残ることとなった。

一九七五年八月十五日、三二番通りの家で私と妹を除く家族全員が殺害された後[6]、家は当時の政府によって封鎖された。私は一九八一年の五月十七日になってようやく、外国での長い暮らしを終えて帰国を果たすことができた。しかしその時もまだ、自宅はジアウル・ロホマンの政府[7]の手で封鎖されたままで、立ち入ることは許されなかった。しかし同じ年の六月十二日、サッタル政権[8]により、家が返却された。その折、父の書いた回想録、日記それに中国旅行の記録は出てきたが、半生を記したノートは見つからなかった。何かタイプした紙が何枚か出てきたが、シロアリにひどくやられていた。フールスキャップ版の紙の半分以上が食われてしまい、残っているのは上の部分だけだった。それを読んでかろうじて分かったのは、これは父の自叙伝の草稿ではあるのだが、何しろ半分以上が傷んでいるため何の役にも立ちそうにないということだった。その後、半生を綴ったノートがどこに、誰のもとにあるのか、一生懸命調べた。だがどうしても見つからなかった。もうほとんどあきらめた気持ちになっていた。

二〇〇〇年になって、私たちはボンゴボンドゥの回想録や新中国訪問の記録、それに日記を本として出版する準備を始めた。アメリカのジョージタウン大学のエナエトゥル・ロヒム教授[9]が、ボンゴボンドゥ研究の目的でダカ大学を訪れた。特にアゴルトラ陰謀事件[10]が教授の研究テーマだった。教授はマハブブウッラ・ジェブンネサ基金(11)によってダカ大学に創設された「ボンゴボンドゥ・シェーク・ムジブル・ロホマン講座」に参加し、研究の一環として父の生涯、それに回想録や日記を調べた。私はジャーナリストのベビー・モオドゥドとともに教授の手伝いをした。しかし教授がまだ若くして世を去られたことで、私たちの計画は大きく頓挫することになった。教授の突然の逝去は本当に思いもよらぬことだった。

私はひどく落胆したのだが、そうした折、歴史学のA・F・サラウッディン・アハメド教授、政治学のシャムスル・フダ・ハルン教授、民衆文学が専門のシャムスッザマン・カーン教授から貴重な助言と協力をいただいて、出版に向けた作業を継続することが出来た。サラウッディン・アハメド教授とシャムスル・フダ・ハルン教授には、後にベンガル語から英語への翻訳をお願いすることになった。私とベビー・モオドゥドはシャムスッザマン・カーン教授の協力を得て、ベンガル語原稿の編集作業や書き起こし、修正などの作業を行なった。元となったノートとの照合は十数回におよんだ。さまざまな障害を乗り越えて私たちの作業は進んでいった。印刷所に原稿を提出する日も決まった。

「回想録」と「日記」の出版準備が終わりかけていた頃、私の手元に新たに四冊のノートが届いた。それは父が半生記として書いたものだった。このノートを私が手に入れるにいたるまでには、ある出来事があった。二〇〇四年八月二十一日、ボンゴボンドゥ通り(12)で行なわれていたアワミ連盟の集会に手榴弾が投げ込まれる事件が起こった。私の命を狙ったものだった。この大規模な攻撃で、女性アワミ連盟の代表だったアイヴィ・ロホマンを含む二十四人が命を落とした。私は奇跡的に生き延びることができた。この事件のために嘆き苦しんでいた折も折、そのノートが届いたのである。それは本当に信じられないようなことだった。深い嘆きと悲しみに打ちひしがれていた私には、ひと筋の光が差し込んできたように感じられた。死の淵から生還したことで、私はまるで新たな人生が始まったような気持ちになっていた。そんな時、父が自らの手で書き綴った四冊のノートが私の元にもたらされたのだ。それを直接手渡してくれたのは従兄の一人だった。彼は私のもう一人の従兄で、「バングラル・バニ（ベンガルの声）」紙の編集長だったシェーク・フォズルル・ホク・モニの仕事場のデスクの引き出しにこのノートが入っているのを見つけたのだった。想像するに、半生記を本として出版する目的で、父がシェーク・モニにノートを渡してタイプでの文字起こしを頼んだのだと思う。しかしモニ自身も一九七五年八月十五日に父とともにいたところを襲われ、命を落としたのでその作業が中断してしまっていたのだろう。

ノートを手にした私は、まるで言葉を失ったようになった。そこには見慣れた父の手書きの文字が並んでいた。私は妹のシェーク・レハナを呼び寄せた。私たち二人はさんざんに泣いた。そうすれば父を感じることができるような気がして、ノートを撫でまわした。私があやうく死を逃れた直後にこんな贈り物が届くとは。父が祝福の手で触れてくれているように感じた。この国の人々の——父の言葉によれば「苦悩にあえぐ人々」の——運命を変える仕事が、父の夢見た黄金のベンガルを作り上げる仕事が私にはまだ残っているのだと、父に教えられているようだった。ノートのページをめくり、父の記した文字の上に指を這わせていると、大丈夫だよ、私がついている、勇気を持って進んで行きなさい、という父の声が聞こえてくるような気がしきりにした。恐れを捨てよとの、神からの啓示を受けているように思えた。大きな苦しみと悲しみの中で、光の来る方角が見定められたように感じた。

父自身の手で綴られた四冊のノート。きわめて慎重に扱う必要があった。その紙は黄ばみ、古びて破れやすくなっていた。文字がかすれてきわめて読みにくくなっている箇所もあった。あるノートは真ん中あたりの数ページが欠落していたりもした。

ノートを手に入れた翌日から、私とベビー・モオドゥドとレハナの三人で、本として出版するための作業を始めた。父の書いたものを読みながらレハナは泣き崩れた。いつまでも泣き止まなかった。妹の気持ちは良く分かった。これ以前、父の回想録と旅行記の出版準備を始めたとき、私も数カ月、同じようになったからだ。少しずつ、気持ちをしっかり持つように努めた。

まずノートのコピーを作ることから始めた。アブドゥル・ロホマン・ロマがこの仕事を手伝ってくれた。細心の注意をして各ページをコピー機にかけた。少しでも余分な力が加わると破損するおそれがあったからだ。それから元のノートを私とベビーが順番に読み上げ、モニルン・ネサ・ニヌがそれを書き起こしていった。これで作業が速く進んだ。手書きの文章を見て起こしていくのにはずっと時間がかかる。時間を節約したかった。書いてあることが不明瞭な箇所もあった。そんなときは拡大鏡を持ち出して、読み取るべく努めた。こうして四冊のノートの内容すべてがコンピューターに打ち込まれた。ノートには、刑務所担当官が記した日付入りの認可のサインが残ったページがあった。それでこの手記がいつ書かれたのかを知ることができた。

次の段階ではまず、私とベビー・モオドゥドがコンピューターで活字化されたものを読み上げ、原文と照らし合わせて編集と修正の作業をした。それからシャムスッザマン・カーン教授も加わって原稿の二度目の編集、推敲、注の作成、確認、本に載せるための写真選びなどすべての作業を行なった。

妹のレハナは本全体についての監修を担当した。

ここに書かれている話は、何度読み返してもあきることがない。すぐにまた読み返したくなる。国のために、その人々のために一人の人間がどのように自分を捨てることができるのか、自らの命を賭すことができるのか、牢獄での拷問に耐えることができるのかを、この本は教えてくれる。世俗的な安寧、享楽、弛緩、妄執、富への執着などをすべて捨て去った偉大な人間像を見出すことができる。本書を少しでも丁寧に読めば、貧しく、苦しみ悩む人々のためとなることをただひたすら願って、筆者である父がいかに自分自身を捨て去ったのかという事実が分かるだろう。ここに書かれていることに基づいて研究を進めていけば、これまで知られることのなかった多くの事実やエピソードが明らかになることだろう。読者はパキスタン建国運動、ベンガル語の国語化を目指した言語運動、ベンガル人たちによる独立と権利獲得を目指した運動、さらには民主闘争に対するパキスタン為政者たちによる謀略など、さまざまな出来事とその歴史を知ることができるだろう。私利私欲の固まりのような者たちによる種々の陰謀と、統治という名で行なわれた搾取の不正を、父は自身の経験に基づいて書き綴っている。

ベンガルの人々は今も大きな苦しみを背負っている。次の世代の人たちが本書を読んで奮い立ち、国のために尽くそうという気持ちになってくれることを望みたい。

ここに綴られているのは、一九五五年までのボンゴボンドゥの半生記である。一九六六年から六九年まで、政治犯としてダカの中央刑務所に収容されていた折、孤独のどん底の中で父はこれを書いた。私たちは編集作業をしたもののその必要はあまりなく、ほぼ父が書いたとおりになっている。ただし、いくつかの単語や表現がより自然になるように、多少手を加えたことをお断りしておく。自らの半生記として出版する意志があったからこそ、父は自分の書いたものをタイプさせようとしたのだろう。なお、この本には特定の人への献辞はない。

この父の半生記出版の作業を始めて以来、一貫してA・F・サラウッディン・アハメド教授から有益なアドバイスを頂くことができた。本書の英語翻訳は、ダカ大学英文学部のフォクルル・アロム教授が懇切丁寧かつ迅速に仕上げてくださった。おふたりに御礼申し上げたい。両教授の貴重な助言と協力なしでは、私がこの大きな責任のある仕事を行なうなど、到底可能ではなかっただろう。

この本の出版に協力してくださったほかのすべての方たちにも、感謝申し上げたい。

二〇〇七年八月七日　ダカ市シェレ・バングラノゴル地区　予備刑務所の監房にて

シェーク・ハシナ

本書の序文を私は収監中に書いた。そして釈放された後から出版のための作業を行なった。この本をバングラデシュ内外で出版することを引き受けてくださった、UPL出版社のモヒウッディン・アハメド社主、ボディウッディン・ナジル編集顧問の協力に感謝したい。さらにCG、コンピューターへのスキャン作業などで手助けいただいたドネッショル・ダス・チョンポク氏にもお礼申し上げる。

二〇一〇年七月三十日　ダカ市シェレ・バングラノゴル地区　首相官邸にて

シェーク・ハシナ

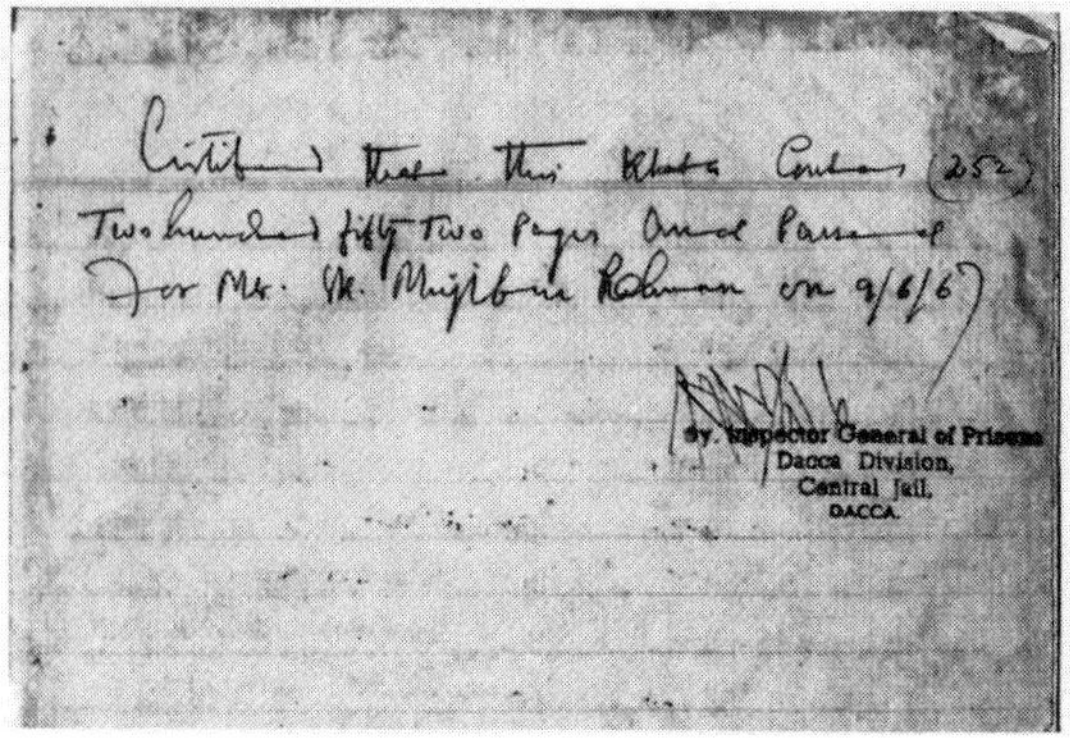
Certified that this Khata Contains (252)
Two hundred fifty two Pages and Passed
for Mr. Sk. Mujibur Rahman on 9/6/67

Dy. Inspector General of Prisons
Dacca Division,
Central Jail,
DACCA.

草稿の書かれたノートの一冊に残る刑務所責任者のサイン
（このノートは 252 ページあり、1967 年 6 月 9 日、シェーク・ムジブル・ロホマン氏に手渡されたことをここに証明する。
ダカ管区ダカ中央刑務所統括副本部長）

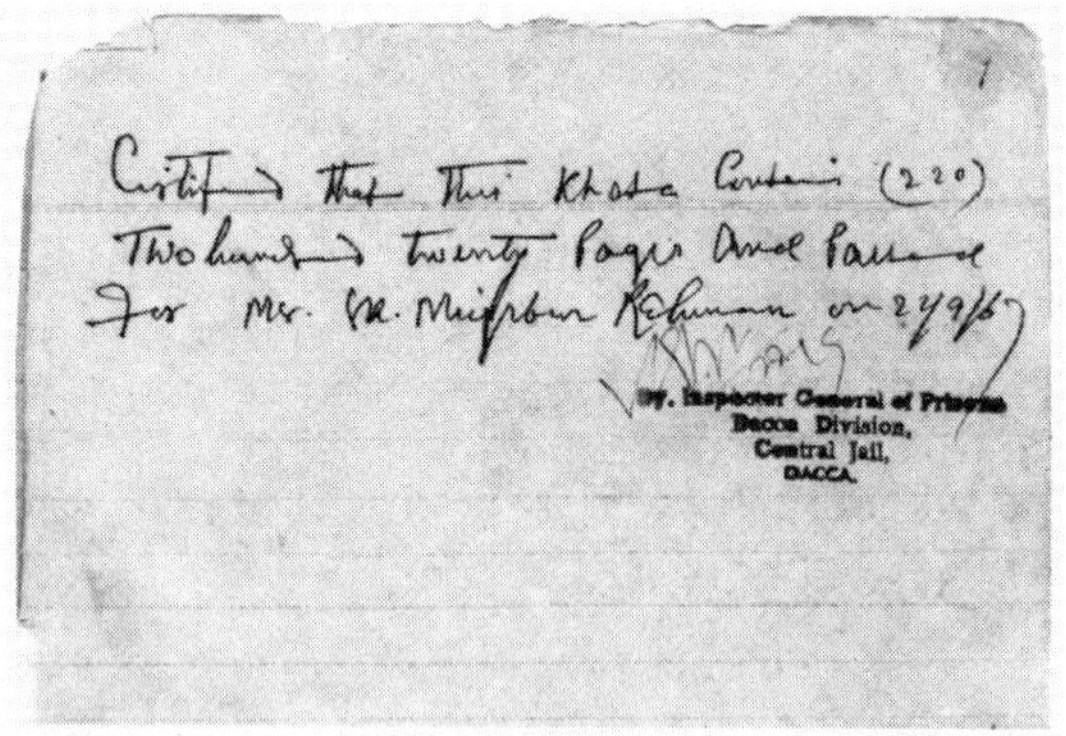
Certified that this Khata Contains (220)
Two hundred twenty Pages and Passed
for Mr. Sk. Mujibur Rahman on 22/9/67

Dy. Inspector General of Prisons
Dacca Division,
Central Jail,
DACCA.

草稿の書かれたノートの一冊に残る刑務所責任者のサイン
（このノートは 220 ページあり、1967 年 9 月 22 日、シェーク・ムジブル・ロホマン氏に手渡されたことをここに証明する。
ダカ管区ダカ中央刑務所統括副本部長）

目次

第一部　政治の道へ

第一章　シェークの家

　友人たちから自伝を書くよう勧められた。同僚たちも、政治家としての人生で起こった出来事を記しておけばいつか役に立つことがあると言う。さらに刑務所に面会に来た妻からもあるとき、「何もすることがないんでしょ？　あなたのこれまでのことでも書いてみたら？」などと言われた。そのときには「文才もないし、第一書いておくべきようなことをしたわけじゃない。私の経験など、普通の人たちにとって何の役に立つというんだね？　これまで何もできなかったよ。ただ信念と理想のために、多少自分を犠牲にしたことがあるというだけさ」と答えた。

　或る日の夕方、私の房を外側から施錠して、看守が引き揚げて行った。ダカ（ダッカ）中央刑務所の狭い独居房の窓から空を見上げながら、ふとソラワルディ先生（ホセン・ショヒド・ソラワルディ）のことを考えた。どういういきさつで先生の知己を得ることになったのか。どうして親しく遇してもらえるようになったか。どのように仕事のやり方を教えてもらい、いかに目をかけていただいたのか。

　そのときふと思った。うまく書くことはできないにせよ、記憶にある事柄を文字に記しておいても悪くはないのではないか？　それに暇つぶしにもなる。それまでは本や新聞を読むばかりで、時

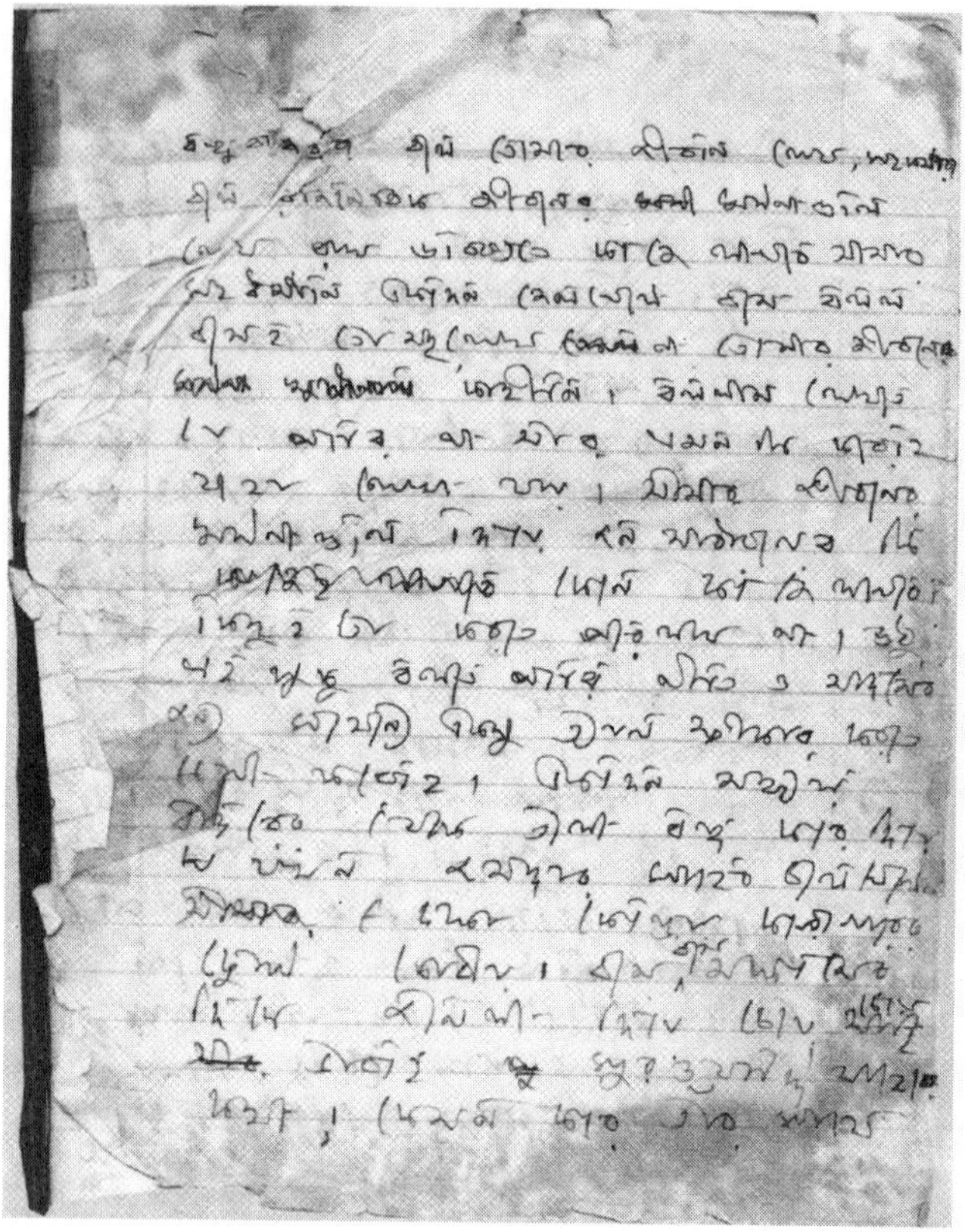

シェーク・ムジブル・ロホマンによる手書き原稿

（内容は本書 23 頁冒頭「友人たちから……」から「ソラワルディ先生のことを考えた」まで）

折り目が痛くなった。そんなわけでノートを用意して文字を並べ始めた。覚えているたくさんの出来事があった。記憶力はまああるほうだ。いつ起こったかについては記憶が前後しているかも知れないが、出来事そのものには間違いがないと思う。妻──呼び名はレヌというのだが(13)──はノートを何冊か買って、刑務所の受付に預けて行ってくれた。刑務所の責任者による検査の後、そのノートは私の元に届けられた。レヌはそれからもう一度面会に来て、前と同じことを告げていった。それで今日から書き始めることにした〔原文注1〕。

私が生まれたのは、フォリドプル県ゴパルゴンジョ郡〔原文注2〕のトゥンギパラという村だ。トゥンギパラを含むいくつかの村からなる区(ユニオン)(14)は、フォリドプル県の中でも南部のはずれに位置していた。この区のすぐ横をモドゥモティ川が流れていた。この川はクルナ県とフォリドプル県の境となっていた。

トゥンギパラのシェーク一族といえば、そのあたりで少しは知られた名だった。シェーク家はいわゆる中産階級に属していたと言えるだろう。一族の年配者やこのあたりで名を知られた長老たちから、わが一族にまつわる話をいくつか知ることができる。

私はこのトゥンギパラのシェークの家に生まれた。ずっと昔、一族の始祖となったのがシェーク・ボルハヌッディンで、とても信心深い人だった。シェーク一族の過去の栄華を示すものとして、小さなレンガを組んで建てられ、四角い中庭を持つムガル帝国時代の家が今も残っている。この家は少し高く土を盛った四つの敷地それぞれに建屋がしつらえてあり、全体で一軒の家を構成している。家の

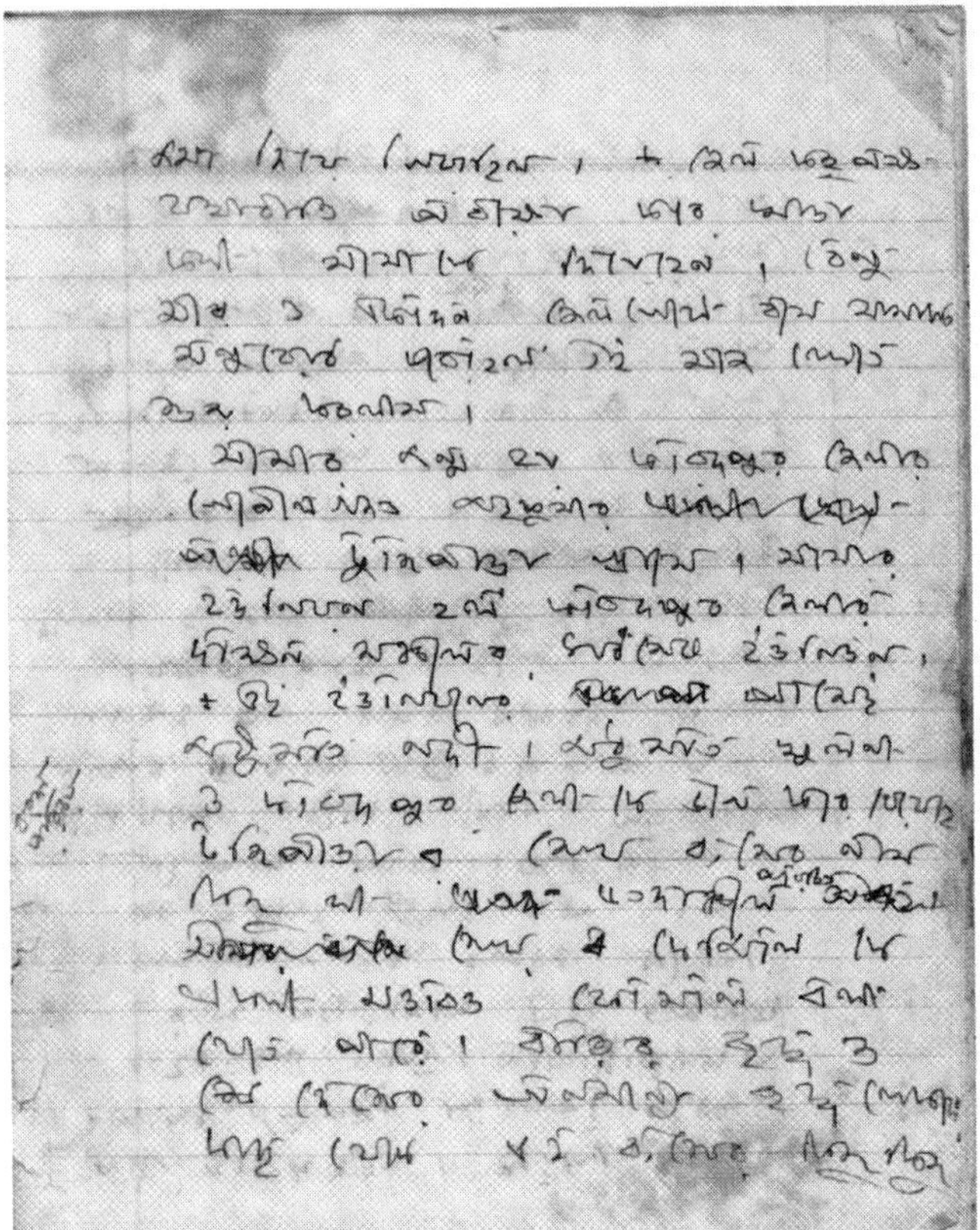

シェーク・ムジブル・ロホマンによる手書き原稿
(内容は本書 25 頁 4 行目「預けて行ってくれた」から 14 行目「わが一族にまつわる話をいくつか」まで)

中に通じる扉は一つだけで、それも私が幼かった頃にはもう、大きな板を張って出入りができないようにしてあった。四つの建物のうち一つには祖父が住んでいた。もう一つでは私の母方の叔父が今も何とか暮らしている。さらに別の建物は壊れ、ありがたいことに毒蛇ご一家の住まいとなっている。これらの建物を修復・整備する余裕は今の世代にはなく、一族の多くはこの家の周囲に、トタン屋根の住まいを建てて暮らしている。私が生まれたのはそんなトタン葺きの家の一つだ。

シェーク一族がある時期どうやって巨大な財を蓄え、それから徐々に没落して行ったのか、そのいきさつの一部は、一族の長老たちの話や、この地方を巡り歩く芸人たちの歌などから知ることができた。こうした話や歌の内容のほとんどは正しいものだと確信している。シェーク一族はすべてを失い、ただ古い記憶や歴史の力にすがって現在を生きている。

シェーク・ボルハヌッディンがどこからやってきて、どのようにモドゥモティ川のほとりに居を定めたのかは不明だ。一族の家となった建物ができたのは今から二百年以上前になるだろう。シェーク・ボルハヌッディン以降の世代については分からないことが多い。しかしその息子の息子、すなわち二世代後に出た二人の兄弟にまつわる話は今も語り継がれている。兄の名はシェーク・クドルトウッラ、弟はシェーク・エクラムウッラといった。今いる私の一族は皆、この二人の子孫にあたる。この兄弟の時代には、シェーク一族はまだかなりの財産を有していた。ふたりは土地を所有するとともに、手広く商売も行なっていた。

兄のクドルトウッラは世俗的な商売人だった。一方弟のエクラムウッラは指導者としての資質を備えており、もめごとの仲裁などやっていた。

ふたりが生きたのは、イギリスの東インド会社がベンガルの地を支配し、コルカタ（カルカッタ）に港を建設した時代だった。イギリスから藍を扱う業者たちがやってきて、藍の栽培を始めた。この頃のシェーク・クドルトウッラにまつわる、あるエピソードが今もよく人の口にのぼる。実際にあった話だ。クルナ県のアライプルに、イギリスからやってきたラインという藍の商人がいた。ラインはそこで藍の栽培を始め、仕事用の小屋を建てた。その藍小屋は今も残っている。シェーク一族は舟を何艘か持っていて、その舟で荷をコルカタまで運んでいた。ラインはしばしばシェークの舟を襲い、舟と船頭を長期間にわたって拘束して、船頭たちに働くことを強要した。被害にあったのはシェーク一族ばかりではなく、他の人の舟も奪われることが相次いだ。抵抗しようとする者は暴行された。当時のイギリス人たちの蛮行について知らない者はいないだろう。しかしシェーク一族は当時はまだ力を持っていた。ラインの手下たちと何度も武力衝突し、裁判所に訴え出た。裁判ではライン側の不正が明らかになった。裁判所はシェーク・クドルトウッラに、ラインに対して好きなだけ賠償金を請求するように、と申し渡した。当時の判決はこうしたものだったのだ。これを受けてクドルトウッラが要求した罰金の金額は、たったの半ポエシャだった（原文注3）。もちろん、ラインを侮辱するためにしたことだ。これに対しラインは、「いくらでも支払うからこんなことは止めてくれ。でないと『黒い連中』にバカにされたと言ってイギリス人社会からつまはじきにされてしまう」と懇願したが、クドルトウッラは聞き入れようとしなかった。そして「私は金を一枚一枚数えたりはしない。どさっと秤で量るのが私のやり方だ。もう金なんて要らないのさ。あんたは私の家の者たちにひどいことをした。これはその復讐だ」と言い放ったと伝えられている。シェーク・クドルトウッラを人々はその名をもじって「コドゥ・シェーク（へちまシェーク）と呼び習わしていた。クルナやフォリドプルでは、今もお年寄りたちがこの事件のことを覚えている。いきさつを題材にした歌もいくつか伝わっている。一度弁護士のジッルル・ロホマンと、会合に出るためバゲルハト[15]に赴いたことがある。そのとき道すがら汽車の中で出会った老人からこの話を聞いた。クルナ県ではこの話はよく知られているという。

シェーク・クドルトウッラとエクラムウッラ兄弟が死んだ後、二〜三代経った頃からシェーク一族の没落が始まった。いくつかの出来事があって、その後にはシェーク家に残ったのは気位の高さだけで、金も財産も底をつく結果になった。

イギリス人たちはイスラム教徒を好意的に見てはいなかった。最初に起きた出来事というのは、ラニ・ラシュモニ[16]が突然地主として台頭してきて、シェーク一族と対立を始めた事件だった。このときイギリス人たちはラニ・ラシュモニに味方する態度を取った。当時シェーク一族はコルカタに資産を持っており、またコルカタのウルタダンガでは卸売業も営んでいた。こうした資産を管理していた人物はシェーク・アシムッディンといって、私の祖父の伯父であり、レヌの祖父の父親にあたる人だ。アシムッディンとラニ・ラシュモニとの間には土地を巡っていさかいが生じていた。シェーク家から三マイル（約五・五キロメートル）ほど行ったスリラムカンディ村に、トミズッディンという凶暴な男が住んでいた。トミズッディンはラシュモニ側についていて、武力による争いに長じていた。あるとき両陣営の間で大規模な衝突が起こった。この争いではラニ・ラシュモニ側が敗走した。トミズッディンは負傷してシェーク側に捕らえられ、その後落命したと言われる。この事件で訴訟が起こされ、シェーク側の人たちは逮捕される羽目になった。高等裁判所から保釈判決を受けるために、高い金を支払わなければならなかったという。

その後さらに別の事件が起きた。トゥンギパラのシェーク一族の近くに、別の由緒ある一族が住んでいた。カジ家という。二つの家は姻戚関係にあったが、常に張り合っていた。資産や勢力でカジ家はシェーク家にかなわなかったが、それでも長い時代にわたって抗争を続けてきた。カジ一族の中でも我が家と近い親戚関係にあった一派はシェーク家寄りだったものの、別の一派はラニ・ラシュモニの勢力に加わった。シェーク家が権勢を振るうことが、彼らにとっては耐え難かったからだ。そこで彼らは汚い手を使った。カジ一族の大部分はシェーク家と一体化していったのだが、ある一派だけは、シェーク家を何としても根絶やしにしなければと考えていた。その中にセラジトゥッラ・カジという老人がいた。セラジトゥッラには三人の息子と一人の娘があった。息子たちは欲に駆られて悪計を思いついた。父親の首を絞めて殺し、死体をシェーク家の牛小屋の屋根に置き去りにしたのだ。このことを知っていたのは三人の兄弟と妹だけだった。兄弟は妹を脅して口を封じた。シェークの家に死体を置いた後、子どもたちは警察に駆けつけ通報した。そして警官とともにシェークの家に行った。彼らの訴えどおり死体が見つかり、シェークの一族は皆逮捕された。このことでシェーク家は窮地に追い込まれた。

コルカタで資産管理をしていたシェーク・アシムッディンは、この事件が起こったことで自己破産を申告して家に戻った。こうしてコルカタにあった資産はすべて失われてしまった。一家全員が逮捕されて目を光らす者がいなくなったため、それまでシェーク家寄りだった有力な商人や船頭たちは舟を沈めて姿をくらました。シェーク家はすでに、トミズッディンの死亡事件の裁判で多額の金を使っていた。残っていた不動産も今度の件で競売にかけられ、財産のあらかたは失われてしまった。裁判は長くにわたって続いた。下級裁判所はシェーク家の全員に懲役刑を言い渡したが、結局事件はコルカタの高等裁判所で争われることになった。シェーク家の弁護人は、この事件は捏造であるとし、捜査官による再捜査を主張した。裁判所も疑義があると判断し、再調査を決定した。そして一人の捜査官が、人目をくらますため気のふれた男を装って村に入り、極秘に調査を始めた。ある日の夜、セラジトゥッラ・カジの家で兄弟たちの諍いが起きた。何かの拍子で兄弟の一人が「シェーク家は結局どうにもならないんだから、父さんにあんな死に方をさせちゃいけないと俺は言ったはずだ」と言い募った。それを聞いたほかの一人が「お前が首を絞めたから父さんは死んだんじゃないか」と言い、妹も「父さんは水をくれと言ったのに、あんたはそれすらも聞き入れなかったんだ」と口を揃えた。家の裏に潜んでいた捜査官はこのやりとりを確かに聞いた。数日後セラジトゥッラの子どもたちは逮捕され、父の殺害をついに認めた。

裁判で四人は終身刑を宣告され、シェークの一族郎党は釈放された。だが裁判には勝ったものの、それまでに財産のほとんどをなくす羽目になっていた。商売はつぶれ、不動産の大半は手放し、残ったものといえばわずかに家とその周りの土地だけだった。シェーク一族が生き延びることができたのは、この土地のおかげだ。これはまったくの私有地で、しかも家の周囲の一部分の土地は非課税とされていた。そのため少なくとも食べる心配のなかった曽祖父や大叔父たちは、日がなサイコロを転がして過ごした。チェスやサイコロで遊び、食べて寝るだけが仕事だった。この人たちはペルシャ語を知っていて、ベンガル語も良くできた。レヌの祖父は私の祖父の従兄に当たる人だが、美しいベンガル語で書かれた自叙伝を残した。レヌの祖父が財産のすべてをレヌと妹に遺言して亡くなった折り、レヌはその自伝の一部を遺産として受け継いだ。レヌの父親、つまり私の舅で同時に叔父でもある人は、自身の父親より早く亡くなった。ムスリムの法ではレヌは遺産相続を受けられないのだが、彼女には叔父が一人もいなかったため、祖父が遺言書を作って孫娘たちに遺産が渡るようにしたわけだ。この伝記が残っていたら、シェーク一族の歴史の多くを知ることができたに違いない。しかし誰かは分からないが、いろいろな真実が明るみに出ることを恐れた者たちがこの自伝をどこかにしまいこんでしまったらしい。レヌはいろいろ探したが見つからずじまいだった。この時代については他にもいろいろ細かい話があるが、どれが真実でどれが作り話なのかを知る方法はない。

ともあれ、シェーク家にとって不遇の時代になっても、一族は支配者であるイギリス人を忌み嫌っていた。そして英国人を受け入れられず、英語も学ぼうとしなかったことで、彼らはさらに時代に乗り遅れる結果となった。一方、ムスリムの法により、イスラム教徒の遺産は多くの相続人によって継承されていく。そのため時代が過ぎて親族が増えれば増えるほど、彼らの財産は細分化されていき、経済状態はますます悪くなっていった。それでも一族の中には比較的豊かな者たちも何人かはいた。

シェーク家の人間が英語を学び始めたのは私の祖父の時代になってからだ。祖父の経済状態はさほど良いものではなかった。祖父たちは三人兄弟で、先代からの遺産を分け合って別々に暮らすようになったことがその原因だ。祖父の長兄は聡明な人で、田舎で起きる揉め事の仲裁などをしていた。私の祖父は突然亡くなった。また上の伯父が亡くなったのはカレッジの入学試験を終えた直後のことで、その弟である私の父がちょうど同じ試験を受験するための準備をしていたときだった。父親と兄に死なれ、幼い弟や妹をかかえて私の父は途方にくれた。ところで、祖父の兄には男の子がなく、娘ばかり四人がいた。そこで大伯父は一番下の娘を私の父と結婚させ、遺書を書いてその娘、つまり私の母が遺産を相続できるようにした。

　母方の祖父の名はシェーク・アブドゥル・モジドで、父方の祖父はシェーク・アブドゥル・ハミドといった。父方の祖父の弟はシェーク・アブドゥル・ロシドだったが、イギリス人から「カーン・シャヘブ[17]」の称号を与えられ、皆にもその名で知られていた。父の経済状態はその後多少改善はしたものの、弟たちの学費の面倒や妹たちを結婚させるための費用がすべて父の肩にかかってきた。父は仕方なく勉強をあきらめ、職を探した。当時はイスラム教徒が就職するのは大変なことだった。だが何とか民事裁判所で書記の仕事が見つかり、後には筆頭書記まで昇進した。私が中等学校終了試験に合格し、コルカタ大学傘下のイスラミア・カレッジに入学するのと同時に父は退職し、ふるさとに戻って年金暮らしを始めた。

　ここで一つ書き記しておくべきことがある。今の時代からすればびっくりするような話だ。私は結婚したのだが、それは十二歳か十三歳のときだった。レヌの父親が亡くなった後で彼女の祖父は私の父を呼び、「お前の長男と私の孫娘を結婚させるように。私の遺産すべてを二人の孫娘に残していくつもりなのでな」と告げた。レヌの父方の祖父は私の父の叔父にあたり、父にとっては保護者の立場にある人で、その命令に背くわけには行かない。私とレヌの結婚の登録手続きが行なわれた。私は自分が結婚したと聞かされた。何もわけが分からなかった。レヌの年齢はおそらく三つかそこらだったろう。レヌが五歳のとき母親が亡くなり、残ったのは祖父だけだったが、その祖父も彼女が七歳だったときこの世を去った。それ以来、レヌは私の家に来て、私の母が面倒を見るようになった。レヌは私や兄弟姉妹たちと一緒に育ったのだ。レヌの姉も私の従兄の一人と結婚した。二人は結婚後レヌのもとの家で暮らすようになった。私とレヌはすでに私の家で住んでいたので、新しく家を構える必要がなかったからだ。レヌの実家は私の家のすぐ横にあって、二ハート（約一メートル）も離れていなかった。結婚後の生活についてはまた別のところで書こうと思う。

私は一九二〇年三月十七日にこの世に生を享けた。父の名はシェーク・ルトフォル・ロホマンという。「カーン・シャヘブ」の称号を得ていた大叔父、シェーク・アブドゥル・ロシドは、英語で教育を行なう学校を創立した。当時私の実家あたりでは唯一の英語を媒介とする学校で、後には高等学校となって今もある。私は小学三年生までをこの学校で学んだ後、単身赴任中だった父のもとで暮らすようになり、四年生でゴパルゴンジョ公立学校に転校した。母はサエラ・カトゥンといった。母は父と一緒に町で暮らしたことが一度もなかった。母は資産の管理を一手に引き受け、「わたしの父は私がこの家で暮らすようにと財産を残して行ったのよ。私が町に行ってしまったらこの家には灯りが点らないようになって、父に恨まれるわ」と言うのが口癖だった。

私たちは母方の祖父の部屋で暮らしていて、その部屋は父方の祖父の部屋と隣り合っていた。私はいつも父から勉強を教わり、父と一緒に寝た。父の首に抱きついていないと眠れなかった。私は一族の中で私の世代としては最初の男の子だったから、一番可愛がってもらった。二番目の叔父にも子どもがおらず、大叔父にも息子が一人いるだけだった。その息子のほうも長じて父親と同じく「カーン・

シャヘブ」の称号を貰ってそう呼ばれていた。現在のアユーブ・ハーンの政権下、州議会の議員を務めている[18]。県会議員をやったこともある。シェーク・モシャロフ・ホセインというのがその名前だ。

一九三四年、七年生のとき、私は大病を患った。幼い頃は活発で、盛んに遊んだり、歌を歌ったりするのが好きだった。上手にブロトチャリ[19]を踊ることもできた。それが突然脚気を患い、心臓に障害が出た。父は治療のために私をコルカタに連れて行ってくれた。シブポド・ボッタチャルジョ、A・K・ラエチョウドリなどの有名な医者に診察してもらい、治療を受ける生活が二年ほど続いた。

一九三六年に父は転勤で筆頭書記として、マダリプル郡の裁判所に赴任した。私の体調のことを考え、今度は母も同行した。その年、今度は眼の病気にかかった。緑内障だった。医者の勧めに従い、父は再び私を連れてコルカタに行った。私はマダリプル高等学校の七年生[20]に編入したばかりだった。コルカタではT・アハメド医師の診察を受けた。その頃私の姉がコルカタに住んでいた。夫がAGB〔原文注4〕に勤務していたからだ。その姉というのは、私の二番目の姉で、ジャーナリストになったシェーク・フォズルル・ホク・モニの母にあたる。モニの父親、つまり姉の夫は、私たちと遠い親戚関係にあった。シェーク一族の一人だ。コルカタではこの姉のところに身を寄せたおかげで、何一つ不自由はなかった。医師は手術を勧めた。放っておくと失明の危険があると言うのだ。コルカタ医科大学病院で手術を受けることになり、入院した。手術は朝九時からだと言う。私はすっかり怖気づいて逃げ出そうとしたのだが果たせなかった。手術室に連れて行かれ、十日間のうちに両方の目の手術を受けた。それで良くなったのだが、しばらくの間はものを読んではいけないし、眼鏡をかけなければならないと言われた。それで一九三六年から眼鏡を使っている。

目の手術のあとマダリプルに戻ったはいいが、何もやることがなかった。本を読むのもだめ、遊ぶのもだめというわけで、できることといえば集会に参加することだけだった。ちょうどその頃、イギリスから独立を求める「スワデシ運動」が展開されていた（原文注5）。マダリプルのプルノ・ダーシュという人は、イギリスからおおいに恐れられていた。スワデシ運動は当時、マダリプルやゴパルゴンジョの一般の人々の間にも広く浸透していた。マダリプルではシュバシュ・チョンドロ・ボシュ（スバース・チャンドラ・ボース）のグループが優勢だという印象があった。活動家たちは十五、六歳の少年たちを自分たちのグループに引き入れていた。私が毎回欠かさず集会に出てくるものだから、若い活動家たちが目をつけたようだった。私の方も、彼らの話を聞くうち、イギリス人に反発する気持ちを抱くようになった。この国に居続ける権利はイギリス人にはないと考え始めた。独立を勝ち取るのだ。私もシュバシュ・ボシュの信奉者になっていった。集会に参加するため、ゴパルゴンジョとマダリプルの間を往復することが多くなった。スワデシの運動家たちとも付き合った。この頃ゴパルゴンジョの郡長官から大叔父のカーン・シャヘブに対し、私のことで文句が来たという。そんな話を後になって知った。

一九三七年になって再び学校に行き始めた。もとの学校には行きたくなかった。以前の同級生たちがずっと上の学年になってしまっているからだ。そこで父は私を、ゴパルゴンジョ・ミッションスクールという学校へ編入させた。父もまたゴパルゴンジョに帰ってきた。このころ父はカジ・アブドゥル・ハミド先生を私の家庭教師につけてくれた。理科系の修士号を取得していたこの先生は、部屋をもらって私たちと一つ屋根の下で暮らすことになった。ゴパルゴンジョの家は父が建てたものだ。ハミド先生はゴパルゴンジョで「ムスリム奉仕団」という団体を立ち上げ、貧しい子どもたちを支える活動を始めた。活動というのは、イスラム教徒の家を回って、ひとつかみずつ米をもらって来ることだった。日曜日になると私たちはお盆を持って米を集めて回った。そうして集めた米を売ったお金を、先生は本代やテストを受ける費用などとして、経済的に恵まれない学生たちに提供した。各家と交渉して、学校に通う学生たちの寄宿先を決めることまでした。それぞれの家で勉強を教える代わりに、学生たちが住むところと食事を提供してもらう仕組みだ。私は先生と一緒に多くの仕事をしたのだが、その先生が突然結核にかかり、亡くなってしまった。それで私が代わって奉仕団を引き継ぎ、長い間この活動を続けた。私たちが集めたお金は、ハミド先生とは別のイスラム教徒の先生に納める仕組みになっていた。その先生が組織の代表で、私が書記長ということになっていた。米を集めて回る際、もしどこかの家が供出を拒否したりすると、若い連中を引き連れて圧力をかけに行ったりした。それでも埒が明かないときには、夜中その家にレンガを投げつけることまでした。それで父から叱られたりもしたが、活動そのものを禁止はされなかった。

私はスポーツにも打ち込んだ。サッカーやバレーボール、それにホッケーをやった。大した選手ではなかったが、それでも学校のチームの中では上手いほうだった。この当時は政治にはそれほどの関心はなかった。

父は新聞を何種類もとっていた。ベンガル語日刊紙の『アノンドバジャル』、『ボシュモティ』、『アジャド』、月刊紙では『モハンモディ』それに『ショオガト』が家にあった。私は小さい頃からこれらすべての新聞を読んでいた。約四年半休学していたために、学校の同級生の中では私は年かさだった。私は強情な性格で、グループのボスになっていた。逆らう者は容赦しなかった。すぐに暴力をふるった。グループのメンバーに誰かが何か言おうものなら、メンバー全員で攻撃をしかけた。それを知って父からいい加減にしろと言われることもままあった。何しろ小さな町だから、何にせよすぐ伝わるのだった。私は父を大いに恐れていた。私が恐れている人物は他にもう一人いて、アブドゥル・ハキム・ミヤという人だった。父の同僚で親友だった。町のどこかでその人に見られたりすると、すぐに父に報告が行った。あるいはハキムさんに直接叱られることもあった。父は何とかごまかせたとしても、ハキムさんを欺くのは絶対無理だった。家とは市街地をはさんで町の反対側に住んでいた。今はもう亡くなっていて、彼の子どもたちは学校を終えて一人立ちしている。うち一人りは中央政府のもとで重要な仕事をしており、もう一人はパキスタンのキャリア官僚〔原文注6〕になっている。

当時ゴパルゴンジョ選出の州議会議員〔原文注7〕はコンドカル・シャムスッディン・アハメドという人だった。有名な弁護士でもあった。長男のコンドカル・マハブブ・ウッディンことフィロズは私の友人で、大の仲良しだった。フィロズは現在、高等裁判所付の弁護士になっている。私たちはとても気が合って、毎日顔をあわさないと寂しくてたまらないほどの親友だった。二人の父親同士もまた友人だった。コンドカル氏は飾らない人柄で、皆から愛され、尊敬されていた。「ベンガルの虎」こと故A・K・フォズルル・ホク氏の農民労働者党〔原文注8〕に所属していた。フォズルル・ホク氏がベンガル州の首相となり、ムスリム連盟〔原文注9〕に加わった時にはコンドカル氏も同じ行動を取った。とは言ってもその当時、きちんと組織化された政党などなかったのだが。政治家の個人的人気がすべてだった。ムスリム連盟は当時、名ばかりのものになっていた。

第二章　はじめての投獄

一九三八年、私の人生にとって重要な出来事があった。当時シェレ・バングラことフォズルル・ホク氏はベンガルの首相で、ソラワルディ先生は労働大臣の任にあった。そのふたりがゴパルゴンジョを訪れることになったのだ。大規模な集会の準備が始まった。それに合わせて見本市も開かれることが決まった。ベンガル出身のこの二人の指導者がゴパルゴンジョに一緒に来るというので、イスラム教徒たちの間では大騒ぎになった。私はそのころまだ学校に通っていた。前にも書いたとおり、病気のせいで私の年齢は他の生徒たちより上だったので、二人の政治家の歓迎行事を手伝うためのボランティア部隊を組織する仕事を任された。そこで私は宗教に関係なく、部隊のメンバーを決めた。だがその後、ヒンドゥー教徒の生徒たちが次々とやめていくようになった。どうしてなのか、わけが分からなかった。そこでヒンドゥー教徒である一人の生徒に訪ねてみた。彼が言うには「国民会議派〔原文注10〕から、歓迎の準備に参加してはいけないと言われたんだ」とのことだった。そればかりか、歓迎式典を失敗させるようにとの指示も出ているという。見本市には出店などが並ばないようにとの命令も出ているらしい。その頃は商店の八割がたはヒンドゥー教徒の経営によるものだった。友人からそんな話を聞かされ、私は驚いてしまった。なぜなら当時の私にとっては、ヒンドゥーもムスリムもなかったからだ。ヒンドゥー教徒の生徒たちとも親しくしていて、一緒に歌や音楽を楽しんだり、スポーツをしたり、出かけたりすることもあった。何でも一緒にやっていたのだ。

私たちのリーダーだった人たちから、ホク氏はムスリム連盟と協力して内閣を発足させたことでヒンドゥー教徒の怒りをかったのだと教えられた。その話は私には衝撃だった。

ホク氏とソラワルディ先生の歓迎会はつつがなく行なわれた。そのために私たちが必要なことすべてをこなさなければならなかったのだが。私はムスリムの生徒たちを集めてボランティア部隊を結成したのだが、部隊には少数ながら、ヒンドゥー教徒で指定カーストに属するノモシュドロ(21)の子どもたちもいた。同じノモシュドロ出身のムクンドビハリ・モッリクが閣僚の一人で、今回の訪問に同行していたからだ。ゴパルゴンジョの町ではヒンドゥー教徒が圧倒的多数を占めていた。農村部からもかなりの数がやって来た。参加者は皆、なんらかの武器を携えていた。参加を妨害された時に備えてのことだった。何があってもおかしくはなかった。宗教集団間の抗争さえ起きかねなかった。

ホク氏とソラワルディ先生が到着し、集会が開かれた。二人は見本市の除幕も行なった。すべての公式行事が平穏のうちに終了した。その後ホク氏は町の公会堂を、ソラワルディ先生はミッションスクールを視察することになった。私はそのミッションスクールの生徒だったので生徒代表として歓迎した。視察終了後、先生は歩いて乗ってきた船のほうに向かった。私もその横を歩いていった。道すがら、先生はあまり上手でないベンガル語で私にいくつか質問した。名前と出身地を尋ねられたとき、同行していた官僚の一人が私の一族の名を言って私を紹介してくれた。それを聞くと先生は私を呼び寄せ、優しい言葉をかけてくれた後で、ここにはムスリム連盟がまだないのかと聞いた。私が「ありません。ムスリム学生連盟(原文注11)も出来ていません」と答えた。先生はそれ以上何も言わず、ただノートを取り出して私の名前と住所を書きつけた。それから幾日か経って先生から手紙が届いた。そこには先日の礼とともに、コルカタに来ることがあったら会いたい、と書かれていた。私も返事を書いた。その後時折、手紙のやり取りをするようになった。

このころ、さらにもう一つの出来事も起きた。当時ヒンドゥー教徒とイスラム教徒の反目が続いていた。ゴパルゴンジョの近郊にもいくつかヒンドゥー教徒たちが多く暮らす村があった。そこで何人かのイスラム教徒が嫌がらせや暴行を受ける事件が起きていた。私の同級生でアブドゥル・マレクというムスリムの少年がいた。コンドカル・シャムスッディン議員の親類だった。ある日の夕方、多分三月か四月ごろだったと思うが、サッカーをして帰宅すると、バシュ・ミヤ・モクタルことコンドカル・シャムスル・ホク氏（のちにアワミ連盟郡支部の支部長をつとめた）から呼び出しがあった。行ってみると「マレクがヒンドゥー・モハショバ(原文注12)の会長のシュレン・バナルジの家に連れて行かれ、暴行を受けている。お前が行って見ろ。お前とは友達だから、助け出せるかも知れない」と言われた。すぐに何人かの生徒を引き連れてバナルジの家に行き、マレクを解放してくれと頼み込んだ。ところがそこにいたロマポド・ドットという人が、私を見るなり悪口を浴びせ始めた。私も言い返し、仲間たちにこのことを知らせるよう指示した。一方ロマポドが警察に知らせたので、三人の警官がやって来た。私は「マレクを放せ。放さなければ力ずくで取り戻すまでだ」と啖呵を切った。私の一族にシェーク・シラジュル・ホクという人がいて、当時は学生で学校の寮に住んでいた。血筋で言うと私の両親の従弟になる。私の大伯父の一人でシェーク・ジャフォル・サデクという人がナラヨンゴンジョで商売をしていて、その人の息子がシラジュル・ホクだ。兄が一人いたが、中等教育修了資格試験に合格してすぐ亡くなってしまった。それはともかく、シラジュル・ホクは知らせを聞き、仲間を連れて駆けつけてきた。激しい殴り合いが始まった。最後には私たちはマレクが閉じ込められていた部屋のドアを壊し、彼を連れ帰ることに成功した。

街中が緊迫していた。誰もが私を怖れて、声もかけられないほどだったという。その日は日曜日で、父はトゥンギパラの実家に帰っており、翌朝早くゴパルゴンジョに来る予定だった。実家とゴパルゴンジョの距離は十四マイル（二十二キロメートルほど）だ。父は毎週土曜日に実家に帰り、月曜朝こちらに来るという生活をしていた。行き帰りには自分の舟を使った。

その日曜日の夜ヒンドゥー教徒たちは、中心人物が集まってヒンドゥーの役人に相談し、警察に届を出すことを決めた。指導者たちが警察に赴き、告訴状を提出した。コンドカル・シャムスル・ホクが事件の首謀者とされ、私は殺人未遂と強奪および暴動の容疑で訴えられた。未明になってシェーク・シラジュル・ホク、コンドカル・シャムスッディン・アハメド州議会議員の事務員だったジョフル・シェーク、近所に住んでいる親友マニク・ミヤことシェーク・ヌルル・ホク、ソイヨド・アリ・コンドカル、同級生のアブドゥル・マレクほか大勢の生徒の名が告訴状に書き加えられた。町の著名人の息子たちでさえ容赦されなかった。朝九時には、シェーク・シラジュル・ホクを含む多くの人が逮捕されたと聞いた。それでも私の父が裁判所勤めだったこともあって、刑事たちは私の家に来るのを躊躇《ためら》っていたようだった。町の公会堂のすぐそばに私の家があったのだが、十時ごろになって、公会堂前の広場で刑事たちが立ち話をしているのが見えた。つまりは話をしている間に私に家から出ろということだった。マダリプルから来て、父のもとで勉強していた従弟が同居していたのだが、その従弟が私に向かい、「今のうちに逃げたら？」と言ったが、私は「いやだ。逃げたりするもんか。そんなことしたら臆病者と言われる」と突っぱねた。

父がゴパルゴンジョに戻ってきたのはそんなやり取りが行なわれている時だった。父の後ろからは刑事たちがついてきて、家の中まで入ってきた。そして父の横に腰を下ろし、小さな声でこれまでのいきさつを語り始めた。さらに私への逮捕状も開けて見せた。それを見た父は「連行してください」と短く言った。すると刑事は「いや、食事が済んでからにしましょう。念のため警官を一人つけておきます。しかし十一時には警察に出頭させるようにしてください。遅れると仮釈放が面倒になりますから」と告げた。父は私に向かって、暴力をふるったかどうかを尋ねた。私は無言のままでいた。それはつまり認めたということだった。

私は食事を済ませて警察に出頭した。シラジュル・ホクや友人のマニクとソイヨドなどもう七、八人が逮捕、連行されてきていた。私の到着と同時に、私たちは裁判所に送られた。手錠はかけられなかったが、前後を警官が固めていた。裁判所付きの刑事はヒンドゥー教徒で、私たちが着くとすぐ、未判決囚のための小さな部屋に私たちを押し込めた。そのすぐ横が刑事の控え所になっていた。刑事は私を見て言った。「ムジブは恐ろしいやつだ。ロマポドをナイフで切りつけた。そんなやつに仮釈放なんてとうてい無理だね」。そう言われて私は「ばかなことは言わないでください。後で後悔しますよ」と言い返した。それを聞いた刑事は自分の前に座っていた人たちに向かって言った。「聞いたかい？

いい度胸じゃないか」。そして私が他の人たちと話をすることを禁じた。後になって私は、ロマポドをナイフで襲い、怪我をさせた殺人未遂の容疑で告訴されたことを知った。ロマポドは大怪我をし、病院に収容されたという。しかし本当は、ロマポドとは棒で殴りあっただけだったのだ。ロマポドが棒で殴りかかってきたので応戦したまでのことだ。それでロマポドは頭に怪我をしたわけだ。

そのうちイスラム教徒の弁護士や代理人たちが裁判所にやって来て、仮釈放の申請をした。しかし逮捕された人たちのうち、釈放が認められたのはコンドカル・シャムスル・ホク氏だけだった。残り全員には収監の判決が言い渡された。ゴパルゴンジョの郡長官はヒンドゥー教徒で、仮釈放処分を出そうとはしなかった。(22) 裁判所つき刑事は、私たちに手錠をかけるよう命じた。私は立ち上がって抵抗したが、寄ってたかって押さえつけられ、刑務所に入れられた。予備監獄といわれる建物で、監房は一つしかなかった。一方は女性用の房になっていて、たまたま女性の被告人が一人もいなかったので、私はそこに入れられた。家から寝具や洋服、それに食べ物を持ってくることは許可された。仮釈放処分が出たのは七日経ってからだった。最初の日から数えて十日のうちに皆が釈放された。

コルカタのホク氏とソラワルディ氏には、この事件について電報で知らせが行った。状況説明のために人も派遣された。ゴパルゴンジョでは緊迫した状況が続いていた。父はヒンドゥーの弁護士たちと親しく、皆から尊敬されていた。イスラム教徒側とヒンドゥー教徒側は話し合い、裁判に幕引きすることが決まった。私たちが百五十タカの損害賠償を支払うことで決着したのだった。皆で協力してこの金を工面した。一番多く出したのは父だった。これが私の最初の投獄経験となった。

一九三九年、コルカタに行ってソラワルディ先生と会った。私たち学生のリーダー的存在だったアブドゥル・ワセク氏とも面識が出来、一度ゴパルゴンジョに来てくれるよう頼んだ。ソラワルディ氏には、ゴパルゴンジョでムスリム学生連盟を立ち上げ、ムスリム連盟の支部も作るつもりだと伝えた。ベンガル州議会議員のコンドカル・シャムスッディン氏はちょうどその頃、ムスリム連盟に参加していた。ゴパルゴンジョでムスリム学生連盟が出来ると、コンドカル氏に委員長になってもらい、私は事務局長となった。その後でムスリム連盟の支部も立ち上げた。書記長のポストにはある弁護士にお願いして就いてもらったが、実質的な仕事は私が全部こなした。さらにムスリム連盟防衛委員会というのも出来、私は書記長として働くことになった。こうして徐々に政治の世界にのめりこんでいった。父はそんな私を止めようとはせず、ただ勉強だけはおろそかにしないようにと釘をさしただけだった。私も勉強しようという気になった。病気のために何年かをふいにしてしまっていたからだ。

学校では級長を務めていた。そのかたわら、スポーツも熱心にやっていた。心臓の病気をしていたことで、父としてはあまりスポーツをやらせたくはなかったようだ。それはそれとして、父もスポーツは得意だった。公務員たちのサッカーチームのマネージャー役を引き受けていた。一方、私は学校のチームの主将だった。父のチームと私たちのチームの試合は、町の人たちの楽しみだった。私たちのチームは良い選手が多かった。郡の中で優れたプレーヤーがいると、学費をただにして学校に入学させ、サッカーチームに入れたからだった。

一九四〇年には、父たちのチームと何度も戦って、私たちはほぼ全勝だった。だが公務員チームは資金が潤沢だった。金を使って選手をよそのチームから引き抜き始めた。全員が有名な選手だった。

だからその年の終わり頃には、連続五試合引き分けという結果になってしまった。私たちは学校のチームで、選手も限られていて十一人が毎試合出場した。それに対し公務員チームの方は選手がどんどん入れ替わった。私たちはすっかり疲れ果ててしまった。そんな時父から「明日の朝試合をするぞ。金がかかりすぎて、雇った選手たちをこれ以上維持できなくなった」と言われたが、「それは無理だよ。明日は試験があるから」そう言って断ったので、ゴパルゴンジョ・サッカークラブの事務局長が仲介に乗り出してきた。事務局長はしばらく父と私の間を、それぞれの見解を伝達するために行き来したのだが、最後にはさじを投げて言った。「これは結局親子の間の話だ。ふたりで何とかしてくれ。もうこれ以上行ったり来たりするのはごめんだ」。私たちの学校の当時の校長はロシュロンジョン・シェングプトといった。シェングプト先生は私の家庭教師でもあった。父は先生に頼んでサッカー場に来てもらった。一方のゴールポスト付近には私たちのチームが、反対側のゴールには父の選手たちが集まっていた。校長先生は私に向かって言った。「ムジブ、君が譲りなさい。明日の朝試合をするんだ。そうでないとお父さんたちが困ることになる」。私は「先生、僕らはみんな疲れているんです。この十一人は一年間ずっと試合をして来たんですよ。みんな足が痛いんです。二、三日休ませてもらえないと試合に負けてしまいます」と抵抗を試みた。過去一年、私たちは無敗だった。この試合がA・Z・カーンサッカー場での、今年最後の試合になるはずだった。A・Z・カーンはその頃ゴパルゴンジョの郡長官で、後にゴパルゴンジョで亡くなった。アミルとアハモドというのが私の幼な友だちだった。特にアミルとは親しかった。彼の子どもたちの中で、アミルとアハモドというのが私の幼な友だちだった。このアミルッザマン・カーンはいまラジオパキスタンで仕事をしている。父親が亡くなってアミルたちがゴパルゴンジョを離れたときにはとても淋しかった。それはさておき、サッカーの試合については校長先生の言うことに従うよりなかった。翌朝試合が行なわれ、私たちは父のチームに一ゴール差で負けた。

一九四一年は中等教育修了資格試験の年だった。合格することには自信があった。校長のロシュロンジョン先生は専門が英語で、私は先生に個人的に英語を教わっていた。数学はモノロンジョン先生に教えてもらっていたが、数学は苦手だった。よく間違えたものだ。数学のせいで上位グループに入るのは無理かなと思っていた。

試験の前日になって突然高熱を出した。おたふく風邪で、のどがすっかり腫れてしまった。熱は四十度まで上がった。父は夜も寝ずに看病をしてくれた。ゴパルゴンジョの町中の医者が呼ばれた。それでも熱は下がらない。父からは受験をあきらめるよう諭された。しかし私は、「寝たままで受けるから大丈夫だよ。布団を用意するように言っておいてください」と言い張って試験に臨んだ。初日はベンガル語の試験だった。午前中の試験はほとんど頭に入らなかったが、何とか少しは答案を埋めた。午後になって熱は下がった。他の科目はまずまずだった。しかし、結果が出てみると、ベンガル語でひどい点を取っていたせいで不合格となっていた。他の科目では中位の成績だったのに。落胆した。

政治活動に熱中しだしたのはその頃だった。集会を開き、演説をした。スポーツには全く目が向かなくなった。ムスリム連盟とムスリム学生連盟の活動が私のすべてになった。パキスタンを誕生させなければならない、でなければイスラム教徒たちが生き延びる道はないと固く信じていた。ベンガル語の日刊紙『アジャド』が愛読紙で、そこに書かれていることはすべて真実だと思っていた。

中等教育修了資格試験が終わってコルカタに行った。集会や演説会に参加した。マダリプルに行ってそこでムスリム学生連盟の支部を結成した。一方で勉強を再開した。試験には今度こそ絶対に受からなければならない。

またこの頃、ソラワルディ先生のところに頻繁に顔を出すようにもなった。先生からはずいぶん可愛がってもらった。ゴパルゴンジョでムスリム連盟といえば、誰しもが私を思い浮かべるようになっていた。おりしも第二次世界大戦が続いている頃だったが、「ベンガルの虎」フォズルル・ホク氏とジンナー氏(23)の間に軋轢が生じた。ホク氏はジンナー氏の指示に従うことを拒否し、ムスリム連盟を脱党してシャマプロシャド・ムカルジ氏(24)と新内閣を発足させた。これに対し、ムスリム連盟と学生組織はホク氏に反対するキャンペーンを開始した。私も勇躍参加した。

その年私は試験を中位グループの成績で合格し、コルカタのイスラミア・カレッジに進学してベーカー寮(25)に住み始めた。ナトルとバルルガートでは州議会の補欠選挙が行なわれ、ホク氏の党とムスリム連盟の候補者が争った。私はソラワルディ先生の指示で現地に行き、全力で働いた。

正確な日付は覚えていないのだが、一九四一年のことだと思う。フォリドプルのムスリム学生連盟の主催で教育関係者たちを招いて大会が開かれることになった。招待されたのは詩人のカジ・ノズルル・イスラム、教育者のフマユン・コビル、イブラヒム・カーンといった人たちだった。しかし官憲は一四四項(26)を発動して大会の開催を禁止した。そこで会議はフマユン・コビル氏の自宅で行なうことになった。この集まりではカジ・ノズルル・イスラム氏が自ら歌を歌って聞かせてくれた。私たちはこの大会に政治を持ち込まないと決めていた。教育と学生たちの義務について意見を述べ合うことが目的だった。

その頃、学生たちの間で、二つの派閥に分かれる動きがあった。その動きを封じるため、一九四二年にはフォリドプルに赴いた。我々はパキスタン建国のために闘争を続けているのだということをそれぞれの派閥に確認させることができた。当時フォリドプル県のムスリム連盟支部では、モホン・ミヤ氏が支部長を、サラム・カーン氏が事務局長を務めていた。

同じ年、ジンナー氏がムスリム連盟州支部の総会に出席のため、ベンガルを訪問するとの話が持ち上がった。総会はパブナ県のシラジゴンジョ郡で開催される。私たちは大型の代表団を結成してフォリドプルを発った。代表の中には学生連盟のメンバーが多くいた。

総会の会場では、ソイヨド・アクボル・アリ氏の自宅が受け入れ窓口になっていた。会期中、私はできる限りソラワルディ先生と行動を共にするようつとめた。当時アノワル・ホセンが学生たちのリーダーの一人だった。彼とはコルカタで面識が出来た。ソラワルディ先生はアノワルをとても可愛がっていた。

その頃までに学生たちは二つの派に分断してしまっていた。リーダーの一人に、チョットグラム（チッタゴン）のフォズルル・カデル・チョウドゥリがいた。ある時点から彼と学生運動の中心人物、アブドゥル・ワセク氏の関係がこじれた。ワセク氏という人は学生たちの政治活動における父親のような存在だったと言っても過言ではないだろう。彼は長年にわたって「全ベンガルムスリム学生連盟」の委員長を務めていた。実際に学生だったのはもう十五年も前のことになるはずだ。しかしその後も委員長の地位を譲ろうとはしなかった。誰かが彼に対して反対意見を述べようものなら「お前はどこのどいつだ？　学生連盟の会員でも評議員でもなかろう。ここから出て行け！」となじったものだった。ワセク氏への敬意の念から、しばらくは誰も彼に何か言うことはできなかった。それが変化する兆しが見えたのは、多分一九四一年か四二年にチュンチュラで開かれた大会のときだったろう。フォズルル・カデル・チョウドリとともに私たちもワセク氏への強い抗議を行なった。結局はソラワルディ先生が乗り出してきて大きな騒動にはならなかったのだが、私の仲間たちはチョウドゥリのグループに賛同して大会をボイコットした。そのときムスリム連盟ベンガル州支部の事務局長を務めていたのがサデクル・ロホマン（現在政府の重要ポストについている）であり、後にアノワル・ホセンがその地位を受け継いだ。ボグラで行なわれた大会には私たちは参加したものの、討議には出席しなかった。全インドムスリム学生連盟の委員長だったマハムダバードのラジャ氏が、組織の改革を目指して早期に臨時執行部の選挙を実施する、と約束したからだ。その後臨時執行部は確かに選出されたが、実体を伴わないものだった。

この当時私はイスラミア・カレッジですっかり有名人になっていた。学内の学生組合の選挙では、既存のムスリム学生連盟に対抗して独自候補を擁立し、勝利をおさめた。イスラミア・カレッジはベンガルにおける学生運動の中心だった。翌一九四三年にも私たちの候補が、アノワルたち学生連盟が立てた候補を破って当選した。その後三年間、私たちの候補に対して対立候補を出そうとする者はいなかった。学生組合の選挙は無投票で当選者が決まった。私が他の幹部と協議して決めた人物だけが立候補し、他に名乗り出る者はいなかった。私の意思に反して出馬しても、勝つ見込みは全くないことを皆が知っていたからだ。この頃私を良く補佐してくれた者で、ジョヒルッディンという男がいた。コルカタ出身で、学生たちに大きな影響力を持っていた。無私無欲の人物として皆から慕われていた。素晴らしい英語、ベンガル語、ウルドゥー語で演説することができた。カレッジを卒業して大学に進んだ後も、私との親交は続いた。彼が幾日かコルカタを離れてダカに行き、ラジオで仕事することを決めてきたときには、とても困ってしまったことを覚えている。

第三章　ベンガル大飢饉

一九四三年にはベンガル大飢饉が始まった。[29] 何十万という人が死んだ。ちょうどこの頃、私はベンガル州ムスリム連盟の評議員となった。ソラワルディ先生に指名されたアブル・ハシム氏が州ムスリム連盟の選挙で書記長に選ばれた。対立候補はカジャ・ナジムッディン氏の推す、クルナ出身のアブル・カシェム氏だった。ハシム氏の前はソラワルディ先生自身が書記長を務めていた。

この頃からムスリム連盟がはっきりと二つの派閥に分かれていった。一つは進歩派であり、もう片方は反動派だ。ソラワルディ先生の指導のもと、私たちベンガルの中所得者層は、ムスリム連盟を人民のものに変革することを目指した。それまでのムスリム連盟は一般人民のものとは言えなかった。地主や高利貸のための組織だった。誰もが参加できるものではなかった。すべての県でカーン・バハドゥル[30]の手下たちが連盟を牛耳っていた。

それ以前一九三七年に、カジャ・ナジムッディン氏の主導で行なわれた選挙では、ダカのカジャ一族から十一人もが州議会議員として当選していた。一九四三年に首相に就任するとナジムッディン氏は自分の弟のカジャ・シャハブッディン氏を産業大臣にした。私たちは反対の声を上げたが聞き届けられることはなかった。ソラワルディ先生にも訴えたが何も答えてもらえなかった。その内閣で先生は民間物資調達大臣のポストに就いた。

大飢饉が始まると、農村から何十万という人たちが、妻や子どもたちの手を引いて町に押し寄せてきた。食べるものも着るものもなかった。イギリス政府は日本との戦争のために人々が持っていたすべての舟を供出させた。また兵隊たちの食料補給の目的で、米倉を全部統制下に置いた。ほんのわずか残った穀物は、商人たちが倉庫にしまいこんで売り惜しんだので、一モン（約三十七・五キログラム）あたり十タカだった米が四倍から五倍に値上がりするというとんでもない事態になった。飢えのために道で倒れて亡くなった人の遺体を見ない日はなかった。私は他の何人かの学生とソラワルディ先生のもとに行き、「人々のために何もなさらずに、いたずらにお名前を汚すつもりですか」と詰め寄った。それに対し「何とかしてみるよ。少なくとも何人かは助けるつもりだ」という答えが返ってきた。

先生は早速、一般人への物資調達を目的とした大規模な部局を立ち上げ、統制価格による商店を開く手配をした。さらに村々に炊き出し施設を設ける指示を出した。そして首都のデリーに赴いて惨状について報告し、中央政府による援助を要請した。自らも米や麦を屋形船に積んで被災地に運ばせた。だが中央政府のイギリス人たちは、戦場への補給が第一で、それでベンガル人たちが死んだところで構わない、と言わんばかりの態度だった。戦争関係の備品調達が最優先されたのだった。鉄道ではまず武器を運び、スペースに余裕があれば救援物資の食料を積んでも良い、という程度だった。イギリス人は戦争をし、ベンガル人は飢えて死ね、と言うわけだ。その昔は何にも不自由することのなかったベンガル人は、今やすべてを奪われてしまっていた。かつて東インド会社がミール・ジャフォルの裏切りに乗じてベンガルを占領[31]した頃には、ムルシダバート[32]のある商人が、イギリス全体を買い取ることができるほどの資産を持っていたというのに。そのベンガルで、道で倒れて死んだ母親の乳房を幼い子が夢中で吸っている。犬と人間が一緒にゴミ箱をあさり、食べ物を奪い合っている。子どもたちを道に置き去りにして姿を消す母親がいる。自分たちの飢えを癒すために、親が子どもを売ろうとするが、買い手がつかないなどということも起こっていた。見知らぬ家の戸口で、助けて、何か食べさせて、米の炊き汁でもいいからください、と言いつつ死んでいく人たちがいた。そんなとき、私たちに何ができただろう？　飢えた人たちを集めて、寮であまった食事を食べてもらうことはしたが、それがどれだけ役立ったと言えるだろう？

ソラワルディ先生から、炊き出し所を設けるようにとの指示があったので、私も勉強を放り出して、飢えに苦しむ人たちを助ける仕事に没頭した。炊き出し施設をたくさん作り、一日に一度食べ物を配った。ムスリム連盟の事務所やコルカタにあるマドラサ（イスラム神学校）などいろいろな場所に炊き出し所を開いた。一日中働いた後はベーカー寮に帰ることもあったが、連盟の事務所に机を並べてその上で睡眠をとることもあった。何人かの仲間が私と一緒に働いていた。その中には、後に東ベンガル州議会の議員となった、ピロジプル出身のヌルッディン・アハメドなどもいた。献身的に働く男だった。私たちのライバルで何かと揉めることの多かったアノワル・ホセン派の人間ではあったが、彼のことは好きだった。その頃ベーカー寮の寮長を務めていたのはサイドゥル・ロホマン教授（後にダカのジョゴンナト・カレッジの校長になった）で、私のことをとても可愛がってくれた。寮内の政治活動や選挙に関わっている時間は私にはなかったが、教授はことあるごとに私の意見を聞いてくれた。そのときのイスラミア・カレッジの校長だったＩ・Ｈ・ジュベリ博士も私には良くしてくれた。この二人の先生とは何につけても腹を割って話をすることができた。他の先生方からも可愛がってもらった。何かあるとカレッジの集会室の鍵を勝手に開けて集会を開いたのだが、先生方は見て見ぬふりをしてくれたものだった。イスラム教徒の教授たちはパキスタン建国運動を支持していた。それに対し、ヒンドゥー教徒やヨーロッパから来た教師たちは沈黙を守っていた。何しろ学生全員がイスラム教徒だったからだ。学生の中には、インドとは別にパキスタンという国を作ることに反対の者もごく少数いたが、それをあえて公言する勇気のある者はいなかった。

飢饉が続く中、救援活動を継続するため私はゴパルゴンジョに戻った。ゴパルゴンジョ郡はジョショル、クルナ、ボリシャルの各県に接している。ここに帰ってきて、周囲三県の状況のひどさを知った。誰もがほとんど食べるものが食べられず、骸骨のようになってしまっている。それに比べゴパルゴンジョの状況はまだましだった。ここのイスラム教徒たちには商売を生業とする人が多く、また本来米が良くできる土地柄なので、食べるもの着るものについては何とかしのげていた。

ゴパルゴンジョに来て皆に聞いてみると、ここで集会を開きソラワルディ先生やムスリム連盟の指導者たちに来て実際に見てもらえたら、状況の特に悪い三つの県の住民たちにもう少し援助が行なわれるようになり、人々を救うことができるのではないか、という意見が多く出た。それを受けて仲間たちと話し合った。全員が指摘したのは、この地域ではこれまで、パキスタン建国を要求する大規模な集会が開かれていない、ということだった。そんな集会が開かれれば、三県の人々が目覚めるきっかけになるかも知れない。そうなるとムスリム連盟の強化にもなるし、この地域の住民が援助を受けられるようにもなるという二つの効果が期待できる。そこで各地域から活動家を招いて話し合った。「南部ベンガルパキスタン会議」という名で集会を開き、三県から代表を招待することが決まった。まず招致委員会を立ち上げるための集会が召集された。ベテランの指導者の中から委員長と事務局長を選ぼうとしたのだが、幹部の中には、費用がかかりすぎるからという理由で会議開催に反対の声もあった。この飢饉の最中、会議開催のための費用を捻出することは不可能だという意見だった。結局は皆の賛同を得て、私が招致委員会の委員長に、ジョショル県のモウロビ・アフサルウッディン・モッラという、大きなビジネスをやっている人が事務局長となることが決まった。

ゴパルゴンジョでの集会にムスリム連盟の幹部たちの参加を依頼するため、私はコルカタに向かった。招待の件を伝えるためソラワルディ先生のところに行くと、カジャ・ナジムッディン首相の弟のカジャ・シャハブッディン産業相もそこに来ていた。先生に「見てのとおり、とても忙しい。もちろん努力はしてみるよ。シャハブッディンさんにも頼んでみるがいい」と言われたので、仕方なく招待した。行くとのことだった。フォリドプル出身でその頃州の文部大臣だったトミジュッディン・カーンにも出席を依頼し、承諾を得た。モオラナ・アブドゥル・ロシド・トルコバギシュ氏やホビブッラ・バハル・チョウドゥリ氏[33]にも声をかけた。

ラール・ミヤと呼ばれていたモアッゼム・ホセン・チョウドゥリ氏は、当時国民会議派を脱退し、ムスリム連盟に加わっていた。ムスリム連盟ベンガル州支部の救恤委員会の事務局長のポストにあった。私は彼とともに救援活動をして住民からの信頼を受けていた。彼の力でかなりの資金や医薬品、衣料品を集めることができた。私はいつも彼のそばにいて、各郡に衣料を送る手配をした。戦時中とあって、物資を送るための貨物の予約がなかなか取れなかった。十日ほど方々を駆けずり回って、やっと少量の品を送るためのスペースが確保できるかどうかといったところだった。出納の方も見なければならなかったし、自らの手で荷造りをすることもあった。私はどんな仕事も厭わなかった。それはともかくそのラール・ミヤにも会議への出席を依頼し、承諾を得ることが出来た。

ムスリム連盟幹部たちの来訪の日取りを決めて、私はゴパルゴンジョに向かった。コルカタにいる間に、少しばかり金を下ろした。さらに農村部に行き、郡の中で経済状態の良い家を回って資金集めをした。

救援活動が始まった。各地に人を派遣した。コルカタから来たゲストたちの食事の世話は父がしてくれた。料理はある官僚の家ですることになっていたのだけれども、二カ所で分担するとかえって面倒が生じたので、結局は私の家ですべてをまかなうことになった。会議のための会場は、屋外にテントを設営することにし、舟の帆を利用してこしらえた。大型の舟を所有している家から二日間の約束で帆布を借りてきて作った。五千人が入れるほど大きいものを作ったが、費用はさほどかからなかった。

一方、この会議の開催を妨害しようとする者も多かった。そうした連中は参加予定の幹部たちに電報を送りつけて中止を迫った。会議が開かれるわずか三日前になって、トミジュッディン氏とシャハブッディン氏から電報が来て、会議は中止できないかという。すぐに返信し、それはできません、と答えた。ソラワルディ先生からは行けなくなったとの知らせがあった。デリーかどこかで食料会議というのがあって、そちらに行くという。状況がそのようになってきたので、皆からコルカタに行ってくるようにと頼まれた。幹部が一人も来なかったら会議が台無しになってしまうからだ。会議には遠隔地からも人が参加する予定だった。もともと二日間で開催する予定だったが、飢饉の状況を考えて一日だけにした。午前中はスタッフだけで話し合い、午後からは全体会議を開くことに決まった。その後のことは同志たちに委ねて、私はコルカタに向かった。コルカタに着いてみると、トミジュッディン氏はすでに会議に出席するため、クルナ経由でゴパルゴンジョに向けて出発した後だった。そこで私もシャハブッディン、モオラナ・トルコバギシュ、それにラール・ミヤの三人とともにクルナに向かった。トミジュッディン・カーン氏はクルナで、公用の船を確保して待っていてくれた。船に乗り込んだ後で、なぜたった三日前になって会議をキャンセルするように言ってきたのかを尋ねてみた。それで分かったのは、ゴパルゴンジョの有力者でワヒドゥッザマンという人が――かつてフォズルル・ホク氏の党にいたが最近になってムスリム連盟に鞍替えした――地元のゴパルゴンジョで会議が開催されれ、しかも私が議長をつとめることが彼にとっては我慢ならなかったらしい。会議で何か役割を与えられたり、或いは何か話すようにとも言われなかったことがワヒドゥッザマンのプライドをいたく傷つけたのだ。一九三九年から四三年にかけて、私やムスリム連盟に対するこうした妨害を何度も受けたものだ。さらにまた、ムスリム連盟県支部の書記長で、国は私と同郷のゴパルゴンジョだったサラム・カーンも反対の声をあげ、こんなに大規模な集会が開かれるというのに、自分はきいていない、とごね始めた。このサラム・カーンもムスリム連盟の幹部たちに、会議への出席は取りやめるようにとの電報を送っていたとのことだった。

しかし幹部たちは皆、私が活動家として有能なことを知っていてくれたし、可愛がってくれてもいた。さらにソラワルディ先生が他の幹部たちに会議に出席するようにと進言してくれた。それに加え、私の面目をつぶすような真似をすれば、あるいは怒らせるようなことがあったら、私がコルカタの学生たちを引き連れて報復にやってくるかも、という心配を多くの幹部たちがしていたのだろう。そんなわけで私は無事、ゴパルゴンジョに幹部全員をつれてくることができた。そこで招待者たちは大歓迎を受けた。ゴパルゴンジョの町中に「パキスタン万歳」の声が響き渡った。集まった人の多さは幹部たちを感激させた。

こうして集会が開かれることになったのだが、その前日嵐が襲い、せっかく設営した会場がなぎ倒されてしまった。屋根代わりにしていた帆布は破れてぼろぼろになってしまった。しかしちぎれたテントを会場に総会は何とか開催され、夜になって出席者たちは引き上げて行った。そこで私ははたと困ってしまった。破れた帆布の弁償はどうしたら良いのだろう？　もう誰も一タカたりとも出そうとはしないだろう。幹部たちもそのことについて一言も尋ねてくれなかった。帆の所有者たちの多くは私に目をかけてくれていた。経済的に豊かで、しかもその子どもたちは大方私の仲間だった。それで多くの人は破れた帆布を黙って受け取って帰っていったのだが、中には誰かにそそのかされて、帆を受け取ることを拒否する人たちもいた。帆の弁償をしろと迫られて、私は途方にくれてしまった。真っ青な顔で頭を抱えるしかなかった。

会議の開催中、招待客たちの食事の世話のために、母と妻が三日前からゴパルゴンジョに来ていた。私は根をつめすぎたせいで体調をくずしてしまった。午後になって高い熱が出た。私の様子を見た父が、何をそんなに悶々としているのかと聞いてきた。父は今回の集会開催のために、すでに多くの出費をしてくれていた。父は金持ちというわけではない。そんな父にどうしてこれ以上無心できよう？　だが父は自ら進んで問題を解決してくれた。帆の持ち主たちのうち、商売が思わしくない者たちには少額の金を与えて引き取らせた。帆布が十枚ほどだめになった人がいて、全額の弁済が行なわれなければ裁判沙汰にすると言ってきた。父はそれに対し、「帆の修繕代を出すからそれで我慢なさい。裁判とか言って脅したところで無駄ですよ。あなたに知恵をつけている連中は、そもそも帆布があなたのものだと証明するのが大変だということを知らないはずだ」と言い返した。

私の熱はひどく高くなっていた。ごねていた人はその後代理人を立てて争う姿勢は見せたものの、結局は裁判にするのはあきらめた。

妻のレヌは私を献身的に看病してくれた。私たちが結婚したのはずっと以前の、まだ幼い頃だったが、きちんとした結婚式を挙げたのは一九四二年のことだ。看病のおかげで熱は少し下がった。コルカタへ行こうと思った。試験が近づいていたからだ。勉強は全くおろそかになっていた。救援活動は日夜続けても終わることがなかった。そんなある日、父に言われた。「お前が政治活動をすることに反対はしない。パキスタン建国のために戦うのも結構だ。だが勉強だけは忘れてはならないよ。それから、『正しい目的達成のための真摯な気持ち』を持ち続けることだ。それさえあれば人生で敗北することは決してない」。父のこの言葉は座右の銘になった。

あるとき、ゴパルゴンジョの有力者たちが父にこう言ったことがあった。「息子さんはいったい何を始めたんですか？　きっと逮捕されることになりますよ。息子さんの人生が台無しになるのがいやなら、今彼を止めるべきですよ」。そのときの父の答えを私は自分の耳で聞いた。父はこう言ったのだった。「息子は国のために働いているんです。不正をやっているわけではない。もしそれで投獄されることになっても私は何とも思いませんよ。人生がだめになると決まったわけじゃない。息子を止めたりするつもりはありません。パキスタンを作ることができなければイスラム教徒が生きる道はない、というのが私の考えです」。

父とはよく政治の話をした。なぜパキスタンが必要なのかと聞かれ、自分の考えを話した。ある日のエピソードを今でも覚えている。夜中の二時まで父と政治について話していた。父は私の意見を嬉しそうに聞いてくれた。一つだけ釘を刺されたのは、シェレ・バングラことA・K・フォズルル・ホク氏の個人攻撃をしてはいけない、ということだった。別の日に母からも「何をやってもいいけど、ホクさんの悪口を言うことだけはやめてね」と言われた。「ベンガルの虎」シェレ・バングラは、いわれもなくシェレ・バングラと呼ばれるようになったのではなかったのだな、と分かった。彼はベンガルの大地に愛されていたのだ。実際、ホク氏について何か否定的なことを言うたびに反発を受けた。覚えているのは私の地元で集会を行なったときのことだ。私は演壇に立って、ホク氏がなぜムスリム連盟を離れたのか、どうしてパキスタン建国を望まないのか、シャマプロシャド・ムカルジたちと内閣を作ったのはなぜか、などといったことを取り上げた。そのとき聴衆の中から一人の老人が突然立ち上がった。その人は私の祖父を信奉していて、家にもしょっちゅう来ており、私の一族皆に敬意を払ってくれている人だったのだが、彼の口から出たのは「何をおっしゃっても構わないが、ホクさんの批判だけはやめてください。ホクさんがパキスタンなど要らない、とおっしゃるなら我々もパキスタンなぞ要りません。ジンナーなんていったい誰です？　名前も知りませんよ。ホクさんは我々貧乏人の味方なんです」という言葉だった。それからというもの、私は慎重に言葉を選んで演説するようになった。ホク氏を直接批判することは避けた。なぜパキスタンという国が必要なのかという点を強調するようにした。ホク氏を非難すれば、一般の人たちから恫喝された。他の学生たちと一緒に殴られて、逃げ帰ったことが何度もあった。そんなことを繰り返すうち、演説のやり方を変えるようになった。以前は志を同じくしない人たちについて、演説で真っ向から遠慮なく批判するという悪癖があったが、それでは良い結果が得られないということが分かってきた。メリットよりデメリットのほうが多かった。一般の人を傷つけないようにしつつ、伝えたいことは明確に述べるように努めた。

ラホール決議(34)では二つのパキスタンを建てることが提案された。一つはベンガルとアッサムからなる、主権を備えた独立国「東パキスタン」であり、もう一つはパンジャーブ、ベロチスタン、北西辺境州およびシンド州を集めて作る、同じく主権・独立国としての「西パキスタン」だ。もう一つ、ヒンドゥスタンという国を作る。そこではヒンドゥー教徒が優勢だが、イスラム教徒たちも同等の市民権を手にする。

私は英領インドの地図を常に手元に置いていた。ホビブッラ・バハル・チョウドゥリ著の「パキスタン」とムジブル・ロホマン・カーンのやはり「パキスタン」という大部の著作は、ほとんど暗記するほど読み込んでいた。『アジャド』紙の切り抜きもいつも鞄に入れていた。

一八五七年のセポイの反乱（インド大反乱）やワハビ運動(35)の歴史も勉強していた。イギリスがどのようにしてムガル帝国のイスラム教徒たちから権力を奪ったのか、どうやってあれほど早くイスラム教徒たちを屈服させてヒンドゥーたちを手助けしたのか、イスラム教徒たちが商業活動や土地の所有者としての立場やイギリス軍の傭兵という職業からいかに放逐されていったのか――そしてそれによって生じた空白を、イギリス人たちはなぜヒンドゥー教徒をもって埋めようとしたのだろうか。それは、ついこの間まで国を治めていたイスラム教徒たちがイギリス人を受け入れることができなかったからだ。イスラム教徒たちは折さえあれば反乱を起こした。何千人ものベンガル人のイスラム戦士がどのようにワハビ運動を開始したのか。彼らは帝国の東端から広大なインドを歩いて横断し、西端の国境での聖戦に身を投じたのだった。私は集会での演説で、こうしたことを話題にした。ティトゥミールの聖戦(36)やハジ・ショリオトゥッラのファライジー運動(37)を論じて、パキスタン建国運動の歴史を語った。ヒンドゥーの商人や地主たちを手ひどく攻撃した。その攻撃には十分な根拠があった。それは子どもの頃の経験に基づくものだ。私にはヒンドゥー教徒の多くの友だちがいた。机を並べて勉強し、一緒にボールを蹴り合い、連れ立って出かけたものだった。私の一族は、ヒンドゥー教徒、イスラム教徒を問わず一目置かれているような存在だった。しかしヒンドゥーの友人の家に遊びに行っても、ヒンドゥー教徒の同級生たちが、私をあえて家の中に招き入れようとしないことがよくあった。

この頃のことで、私の心に刻み込まれて今も忘れられない出来事がある。ノニクマル・ダーシュというヒンドゥー教徒の友人がいた。学校で机を並べ、家が近かったこともあって一日中私の家で一緒に遊び、私の家でこっそり食事をしていったりもした(38)。ノニが暮らしていたのは彼の叔父の家だった。ある日彼の家に遊びに行った。ノニは私を招じ入れて居間に案内した。彼の叔母さんも普段から私を可愛がってくれていた。ノニの家で時を過ごし、家に帰ってしばらくすると彼が泣きそうな顔で訪ねてきた。

「ノニ、どうした？」と尋ねると彼は答えて言った。「もう僕の家には来ないで。君が帰った後で、君を家に入れたからって叔母さんにひどく叱られたんだ。部屋中を水で清めるのも手伝わされた」「分かった。僕はもう行かないよ。君がうちに来るようにすればいい」と私は答えた。

他のヒンドゥー教徒の友人の家に遊びに行ったことは何度もあるが、このような扱いをされたことはない。友人たちの両親からも可愛がってもらえた。だがこうしたことが起きると、ベンガル人イスラム教徒の若者や学生たちの心に怒りが湧いた。実家から都市部に出てきてから、こうしたふるまいを目にすることが増えた。実家のほうでは、私の家にやってくるヒンドゥーたちは誰もが、私の一族に対して敬意を払っていたからだ。田舎にはヒンドゥー教徒が暮らす村もいくつかあって、そこの住民は皆、私の一族に奉公人として仕えていた。

ヒンドゥー教徒の高利貸や地主の横暴もベンガル人イスラム教徒たちを怒らせる原因となっていた。こうしたヒンドゥーたちと結びついているという理由でイスラム教徒たちは英国人を嫌い、彼らとの協力を拒んだ。英国人の言葉を学んだり、彼らが提供する仕事についたりしようとは決してしなかった。しかしそのことでイスラム教徒たちは世間の動きから取り残される結果になった。ヒンドゥー教徒たちは逆に英語を学び、イギリス人たちに譲歩することで、自分たちの地位を上げていった。だがしかし、インドの独立のために立ち上がったときには、刑死もおそれず勇敢にイギリス人と戦ったヒンドゥーたちもまた多かった。イギリス人たちを祖国から駆逐するためなら、一生を監獄で送ることも厭わない人たちがいた。こうした独立の闘士たちがもし、イギリスに対する闘争と同時にヒンドゥーとムスリムの融和にも努めていたなら、そしてヒンドゥーの高利貸や地主がイスラム教徒たちに行なっていた専横や暴力行為を正すべく立ち上がっていたのなら、この二つの宗派の間にこれほどの対立は生まれなかったのではないだろうか。ヒンドゥーの指導者たちの中でも、デシュボンドゥことチットロンジョン・ダーシュやネタジ（指導者）ことシュバシュ・チョンドロ・ボシュ（スバース・チャンドラ・ボース）はそのことが分かっていて、ヒンドゥー教徒たちに何度も注意を促した。詩聖と呼ばれたロビンドロナト・タクル（ラビンドラナート・タゴール）もその著作の中で、ヒンドゥー教徒たちに対して同様の警告を発している。ムスリムの地主たちもヒンドゥーの小作たちに対して同じような非道を行なったことは事実だが、彼らは相手がヒンドゥーだからというわけではなく、自分たちの配下にある者としてそのような態度を取ったのだった。

当時イスラム教徒の指導者たちがイスラム教徒たちの正当な権利を主張したりすると、ヒンドゥー教徒は、知識層や進歩的な考えの人たちでさえ、それに大声で異を唱えたものだった。一方ムスリムの指導者たちも、「パキスタン」についての議論や演説をするときには、冒頭でヒンドゥー教徒への罵詈雑言を並べるのが常だった。

しかしその頃、ベンガル州ムスリム連盟の書記長だったアブル・ハシム氏は同連盟の運動家たちの間に新しい考え方をもたらした。ハシム氏の説いたのは、パキスタン建国の要求の目指すのはヒンドゥーとの対立ではなく、両宗教集団の融和であって、ヒンドゥーとムスリムが兄弟同士仲良く平和に暮らすことを目的としている、ということだった。ハシム氏は私たちの中から何人かの活動家を指名して、ムスリム連盟の事務所で夜の討論会を開いた。ハシム氏はそれ以前は西ベンガルのボルドマン（ブルドワン）にいて、コルカタに出て来たときにはムスリム連盟の事務所に泊まるのが常だった。

コルカタのムスリム連盟事務所はソラワルディ先生の名義で借りていて、先生はその後一九四七年まで家賃を払い続けた。それはともかく、ハシム氏は私たちに、事務所に書庫を設けるように、そして勉強をするようにと諭した。単にヒンドゥーの悪口を言うだけではパキスタンは出来ない、というのが彼の主張だった。私はソラワルディ先生の信奉者で、ハシム氏も先生を敬愛していたことから、私はハシム氏を尊敬し、彼の言いつけを守る気になった。ハシム氏もソラワルディ先生以外の誰の言うことにも耳を傾けようとしなかった。ムスリム連盟の金はすべてソラワルディ先生のポケットが頼りだった。資金調達はすべて先生が行なっていた。そのことについては後述しようと思う。

ハシム氏は、ムスリム連盟を反動勢力の手から救出しなければならない、と訴えた。村落レベルから組織化を進めなければならない、というのが氏の意見だった。上からのお仕着せでは組織は出来ない、地主たちの手からムスリム連盟を取り上げなければならない、とハシム氏は言った。氏はソラワルディ先生の助言でベンガル全土の行脚を始めた。ハシム氏は演説の名手だった。言葉が巧みで、英語でもベンガル語でも素晴らしい演説をすることができた。

第四章　組織内の勢力争い

前述の通り、この時期にはベンガルの学生たちの間にかなりの勢力を持った二つのグループができていた。ゴパルゴンジョでの大会を終えてコルカタに戻ると、「全インドムスリム連盟大会(39)」に参加するため、デリーに行かなければならないという話を聞いた。大変なことになった。参加する者は自費で行くのだという。同じソラワルディ先生の弟子だが私とはライバル関係だったアノワル・ホセンは自分の配下から何人かを選んだ。多分旅費も彼が工面したのだと思う。私とイスラミア・カレッジ組合書記のミール・アシュラフッディンは自費で行こうと決めた。それというのも私たちがコルカタに帰ってくる前に代表団の顔ぶれが決まってしまっていたからだ。マコンことミール・アシュラフッディンはダカ県のムンシゴンジョ郡カジカスバ村の出身だった。私の従姉の子で、両親は幼い頃に他界していた。だが亡くなったときはかなりの資産を残していった。父親は生前、県行政長官代理を務めた人だった。

ソラワルディ先生にデリー行きの意志を伝えると「それは良いことだ。インド中のムスリムの指導者たちがいっぺんに見られるよ」と言われた。

私たち二人とアノワル・ホセンのグループが同じ列車で、ただし違う車両に乗り込んで出発した。彼らと私たちの状況は全く違う。私たち二人のデリーでかかる費用は何とか工面した。当時金が必要になると、姉のところに行って無心していた。姉はさらに父に援助してもらっていた。私に金が要るときには渡すようにと、父が姉に言ってくれていたのだ。母からも金をもらうことができた。さらに時には妻のレヌから渡されることもあった。レヌは実家に行ったとき金をもらってきて、必要なときに用立ててくれたのだ。そのことで妻から文句を言われたことはなかった。自分で金を使うことはなかった。村の家で暮らし、普段から私のために貯金してくれていた。

　私たちはコルカタのハウラ駅からデリーに向かった。ベンガル地方以外の土地に行くのはそのときが初めてだった。以前からデリーを見てみたいという強い思いがあった。歴史の授業や友人たちから聞いたラール・ケッラ（赤い要塞）、ジャメ・マスジッド、クトゥブ・ミナールなどの歴史的な遺物、名所をぜひ見ねば。ニザームッディーン・アウリヤー(40)の墓廟にも行きたい。

　デリーに着くとムスリム連盟のボランティアたちにアングロ・アラビアン・カレッジという学校に案内された。校庭にテントが張られていて、私たちはそこに寝泊りすることになった。テントには私たち二人の他にアリーガルから来た学生一人と、アラハバード(41)かどこからかやって来たのがもう一人いた。アノワルとその一行は別のテントに入った。

　大会の会場には巨大な仮設舞台ができていた。代表であることを証明するカードを持って中に入った。ベンガルから来た者たちのために場所が指定してあった。初日の大会が終わった後、モハンマド・アリ・ジンナーが象の背中に乗って行進する大掛かりな演出があった。私たちもそれに加わった。あたりは人で溢れ、そこかしこに給水所が作られていた。おそらくこのような施設がなかったら、多くの死者が出ていたことだろう。

私たちは旧市街を見て回り、午後遅くにテントに帰った。夜になって大会が再開された。このとき演台に立ったある人物のことは今でも忘れられない。何しろ三時間にわたってウルドゥー語で演説を続けたのだ。声ばかりでなく、話しっぷりもまた見事だった。といってもウルドゥーはよく知らない。コルカタあたりのウルドゥーなら多少は分かるが、その日の演説の内容はまったく分からなかった。この演説をしたのはヤル・ジャン・バハドゥルだった。ハイデラバードの太守で、州ムスリム連盟の書記長の任にあった。演説の内容は分からなかったけれど、中座する気にはとうていならなかった。

大会期間中、突然体調をくずした。何しろ日中はたいそう暑く、夜になると冷え込む。ある朝、どうしても起き上がれないような状態になった。胸と言わず腹と言わず、全身が痛んだ。二〜三日排便もなかった。体中が痛くて、耐え難いほどだった。昼過ぎまで全く何も口にできず、ただ横になっているだけだった。マコンがずっとそばについていてくれた。医者に見せなければならないが、誰も顔見知りがいない。ボランティアに相談すると「今はちょっと……。もう少し後で」という返事だった。しかしその後彼が現れることはなかった。「もう少し後」はずっとそのままになってしまった。

そのまま時が過ぎて午後になり、マコンは焦りだした。私自身もどうなることかと不安になってきた。こんな見知らぬ土地で一体どうすれば良いのだろう。金も十分にあるわけではない。マコンは「何とか医者を探し出して連れて来るよ。このままじゃ危ない」と言った。

ソラワルディ先生がどこにいるのか分からない。他の幹部に訴えたところで何にもならない。誰もそんな気遣いなどしてはくれない。マコンが出かけようとしたちょうどそのとき、ヘキム・コリルル・ロホマンが私に会いにやって来た。私が病気なのを知っていたわけではない。私たちは日頃から彼のことを「コリル兄さん」[42]と呼んでいた。ムスリム連盟の学生組織である学生連盟の活動家として名を馳せた人だ。コルカタのアリア・マドラサの卒業生で、在学中はイリオット寮に住んでいた。イリオット寮と私のベーカー寮は隣りあわせで、私たちはよく「イディオット（おバカ）寮」などと冗談を言っていた。コリルはアリア・マドラサを卒業後、アージマル・ハーン師[43]のイスラム医学学校で学ぶため、一年前デリーにやってきていた。

「まだ誰にも言っていないなんて、一体何をしているんだ！」。私の様子を見るなりコリルはそう叫び、マコンに向かって、自分が医者を連れてくるから、と言った。そして三十分も経たないうちに一人のイスラム医を連れて戻ってきた。医者は私を丁寧に診察し、薬を処方してくれた。ここに来る前にコリルから私の症状を聞いていたのだ。医者は私に「心配ありません。この薬をのめば排便が三回あるでしょう。夜は絶食してください。夜明けにこちらの薬をのんで下さい。午後までには良くなるはずです」と言った。そしてその通りになった。

翌日はずっと調子が良かった。大会も終わりに近づいていた。コリルは私たちと二日間を一緒に過ごすことになった。デリーの名所を案内してくれるという話だった。

そんなとき、また事件が起こった。ボリシャル県ピロジプル出身のヌルッディン・アハメドという男が、アノワル・ホセンと仲違いをした挙句、私たちのところに庇護を求めてやってきたのだ。金はすべてアノワルに預けたままで、全く手ぶらで私とマコンのもとにやってきたのだった。「何も食べていない。腹が減って死にそうだ。しかしあの人のところには絶対戻らない。他に手がなければコルカタには歩いて帰るつもりだ」と息巻く。

マコンはこのヌルッディンを、イスラミア・カレッジ学生組合の書記長選挙で破ったことがあった。ヌルッディンは学生の間では人気があったが、アノワルのグループに属していたため選挙で負ける羽目になったのだ。中等教育修了資格試験の準備中ではあっても、グループのリーダーは私だったからだ。ヌルッディンは私と同じ寮にいた。私は彼に言った。「分かった。あの人のところに戻る必要はない。何とかなるさ」。

しかし彼のコルカタまでの旅費を工面することは私たちには不可能だった。とりあえずもう三日間デリーにいることになった。食費がかさむということで、学校の寮で済ませることにした。コリルは二日にわたって私たちをいろいろな所に案内してくれた。ラール・ケッラ（赤い城塞）、デワニ・アーム（謁見場）、デワニ・ハース（特別謁見場）、クトゥブ・ミナール、ニザームッディーン・アウリヤー廟、ニューデリーなどを見物した。それで少し出費しなければならなかった。残った金を計算してみると、コルカタまでの三人の切符代には足りないことが分かった。二人分はどうにかなる。しかし何も食べずに行かなければならない。コリルはデリーで唯一の友だちだが、まだ学生の身分で金は持っていない。ともあれ、駅まで行こうということになった。三人で相談して、一人分だけ切符を買い、「召使いクラス」の車両に乗り込むことになった。もしばれて捕まったとしても、コルカタのハウラ駅まで行けば何とかなるだろう。

一等車の横に召使い用の小さな客車が連結されている。一等車に乗る主人の用を足し終わった召使いたちがこの車両を使う。コルカタからデリーに行くときには、二等車と三等車の間であるインタークラスを使った。しかし手持ちの金が底をついてきたので、どうしよう、ということになったわけだ。ハウラ駅までの三等車の切符を一枚だけ買った。そして入場券を二枚買って改札を通った。マコンは美しい顔立ちをしている。マコンを見て誰かの召使いだと思うものはいないだろう。

ムスリム連盟の幹部の一人、カーン・バハドゥル・アブドゥル・モメン氏が一等車に乗るという話を聞いた。ヌルッディンが仕入れてきた情報だ。危ない状況になったら使えそうだな、と思った。モメン氏はヌルッディンの知り合いだからだ。さらに彼は鉄道省の人間でもあるからなおさら好都合だ。私たちは氏の乗った一等車のわきの召使い用車両に紛れ込んだ。そしてマコンに指示を出した。「三等車に行って寝るんだ。ここにお前がいたら変に思われるからな」。

召使い用の車両に切符を調べには来ないだろう。万が一来たらヌルッディンを前面に出すつもりだった。一度だけ車掌がやってきて、誰の召使いかと問いただしたが、ヌルッディンがすぐに「モメン様です」と答えたら、それ以上何も言わず立ち去っていった。

ヌルッディンは安い果物など買って来て渡してくれた。三人でそれを分けて食べた。米の飯やパンを買う金はなかった。三人でまともな食事をしたりしようものなら、一ポエシャも残らない。

そうやって何とかコルカタのハウラ駅までたどり着いた。次はどうやって改札をぬけるかだ。三人で頭を寄せ合って考えた末、マコンが荷物全部と三等車の切符を持って外に出ることにした。次に荷物をどこかに置き、今度は入場券を三枚買ってくる。そしてそれを使って三人が改札を通るわけだ。

列車が駅に着くや否やマコンは下りていった。私たち残った二人の服は汚れ放題だった。誰が見たってデリーからやって来た乗客だとは思わないだろう。私はメガネをはずして隠した。そのうちマコンが入場券を三枚持って戻って来るのが見えた。そのときまでには大方の乗客が列車から下りてしまっていた。大きな荷物を抱えた旅客はほんの数名残っているに過ぎなかった。その人たちのわきをこっそり通って列車の外に出た。そしてマコンから入場券を受け取り、駅を脱け出した。数えてみたら残っている金はほんの一タカほどだった。その金でバスに乗り、ハウラ駅からベーカー寮まで帰りついた。ずっと何も食べずにいたせいで、私たちはひどくやつれてしまっていた。

そのとき以来、ヌルッディンと親しい間柄になった。後年になってヌルッディンはその友情の対価を払うことになったのだが。ヌルッディンはのちに「全ベンガルムスリム学生連盟」の書記長代行を務めた。

それから先のことになるが、一九五八年、パキスタン全土に戒厳令が敷かれた当時、活動家たちが自分たちの辛い状況について上層部に訴えようとしても、幹部の誰も耳を傾けようとはしなかった。ただ一人の例外はソラワルディ先生で、部下たちの訴えを誠実に聞き、必要とあらば解決に助力した。ソラワルディ先生のそうした思いやりは昔からのもので、一九四三年、デリーから戻った後アノワル・ホセンは結核に罹ってコルカタのジャドブプル病院に入院したのだが、その入院費用一切は、ソラワルディ先生が負担した。

一九四四年に全ベンガルムスリム学生連盟の年次総会が開かれることになった。久しぶりに開催される総会だった。コルカタでは私はちょっとした人気者だった。ことにイスラミア・カレッジでは私に盾突こうとする者はいなかった。私はムスリム連盟と学生連盟の仕事を並行して行なっていた。コルカタで総会を行なうとすれば、誰も私たちのグループに対抗できないことになる。

一方、ソラワルディ先生は私と同様にアノワル・ホセンのことも可愛がっていた。アノワルはそれまでにかなり回復していた。ダカの学生連盟および私の周囲の誰もがアノワルを毛嫌いしていた。ダカではシャー・アジズル・ロホマンがアノワルの唯一の味方だった。シャーは演説の名手だった。私が彼を初めて見たのはボグラで行なわれた大会のときだった。それはさておき、そのような事情からアノワルはコルカタやダカで年次総会を開催する気にはなれず、シャー・アジズル・ロホマンの地元であるクシュティア(44)で年次総会を招集した。このときアノワルとヌルッディンが激しく対立することになった。アノワルは私のもとに使いをよこし、協力を求めてきた。それとひきかえにそれなりのポストも用意するから、という話だった。私はそれに対し、ポストなど要らないが、アノワルからの提案について自分のメンバーと話をする必要がある、と答えた。ヌルッディンの配下のグループも私と議論を重ねた。どちらの側につくかを決断しなければならなかった。まだ私の力はコルカタ以外では、選挙をすれば必ず勝てるというようなレベルではなかったからだ。フォズルル・カデル・チョウドゥリはすでに学生の身分を捨て、チョットグラム（チッタゴン）に帰ってしまっていた。またかつて私をよくサポートしてくれたジョヒルッディンは学生運動には興味をなくして、ムスリム連盟の仕事に専念していた。

コルカタの学生運動家たちのほとんどは、アブル・ハシム氏のところに出入りしていた。私もハシム氏のところで年少の活動家の指導をしたりしてそうした連中と親しくなった。ヌルッディンもその一人だったし、ボルドマン出身のコンドカル・ヌルル・アロムやショルフッディン、シレットのモアッゼム・アハモド・チョウドゥリ、クルナのエクラムル・ホク、チョットグラムのマハブブ・アロム、ヌルッディンの従弟のS・A・サレといった熱心な活動家たちがいた。そしてそのうち彼らと行動をともにするようになった。私たちにはソラワルディ先生とアブル・ハシム氏の信奉者という共通項があったからだ。アノワルの一派はハシム氏と犬猿の仲だった。しかしソラワルディ先生のことは敬愛していた。そういった状況を見て、先生は両勢力の幹部たちを自分のもとに呼び、和解するよう求めた。しかし結局両派がひとつにまとまることはなかった。

私とソラワルディ先生が言い合いになったこともある。きっかけは、アノワルにも一定のポストを与えるようにとの先生の求めを私が拒否したことだった。アノワルは組織を私物化し優秀な活動家をきちんと処遇しない、さらに会計内容を明らかにしたことがないから、というのが私の言い分だった。すると先生は突然怒り出した。「お前は自分を何様だと思っている？　生意気を言うんじゃない」。私は言い返した。「私が何者でもないのなら、なぜ私を呼んだんですか？　私を侮辱する権利はあなたにはない。私は自分が何者かということを自分で証明して見せます。これまでありがとうございました。もうここには来ません」。わめくように言って私は部屋から飛び出した。ヌルッディン、エクラム、ヌルル・アロムも席を蹴って立ち上がり、口々にソラワルディ先生に抗議の言葉を浴びせた。現在ブルブル・アカデミー〔原文注13〕の事務長となっているマームド・ヌルル・フダ氏はソラワルディ先生の大の信奉者で、常に先生のそばにいる人だった。私たちは彼のことを「フダ兄さん」と呼び慣わしていた。とても良い人柄で、誰かに何かあると聞くとたとえ夜中でも駆けつけてくるような人だった。

フダ兄さんはこのときも同席していた。私がソラワルディ先生の自宅から——あの有名なシアター通り四〇番の家から——飛び出していった後、先生はフダ氏に、あいつを連れ戻せ、と命じた。怒りのあまり私の眼からは涙が流れていた。フダ兄さんはそんな私を追って来て後ろから抱きかかえた。家の二階からソラワルディ先生も、戻って来い、と声を掛けてきた。フダ兄さんは私を抱いたまま先生の家に連れて行った。友人たちも「先生が呼んでいるぞ。駄々をこねていないで戻って来い」と口々に呼び掛けてきた。

二階に行くとソラワルディ先生は私に「選挙をして決めたらいい。内輪もめはするな」と言い、いたわるようにして自室に連れて行った。そして「バカだな、お前は。お前のことが可愛いからこそあんなふうに言ったんだ。他の連中にはあそこまで言わないよ」と言って私の頭を撫でてくれた。

ソラワルディ先生は私を本当に可愛がってくれた。その愛情は先生が息を引き取るまで変わることはなかった。いまこうして牢獄のなかでソラワルディ先生のことを考えると、その思い出がよみがえって来る。二十年以上に及んだ先生との交流の中で、その厚情は一度として揺らがなかった。最初の出会いのときから一日たりとも、私に先生の愛情が注がれなかった日はなかった。二十年の長きに渡って、誰も私を先生から引き離すことはできなかったし、私への思いやりを妨害することもできなかった。

さて、ソラワルディ先生の自宅で行なわれた両派による話し合いが不首尾に終わったので、投票で決着をつけることになった。それ以前、チョットグラム県ムスリム連盟で行なわれた投票では、フォズルル・カデル・チョウドゥリが学生連盟の助力を得て勝利をおさめていた。反動派のカーン・バハドゥルたちは敗北を喫した。チョットグラムの活動家たちとは一九四三年以来親しい関係になり、今も続いている。チョットグラムではM・A・アジズ、ジョフル・アハメド・チョウドゥリ、アジズル・ロホマン、スルタン・アハメド博士（現在クミッラに在住）、アブル・カエル・チョウドゥリなど多くの人たちが学生連盟やムスリム連盟の活動に尽力していた。もちろん中には後に挫折した人たちもいるが、アジズやジョフルは今も積極的に政治活動を行なっている。ジョフルは労働運動に関わり、現在は市アワミ連盟の委員長を務めている。M・A・アジズ（現在チョットグラム県アワミ連盟の書記長）は、パキスタン成立後何度も、長期間にわたって牢獄生活を送った。当時彼らのリーダーはフォズルル・カデル・チョウドゥリだった。その後も彼はムスリム連盟にとどまった。一方アジズとジョフルはムスリム連盟を離れ、私たちのアワミ連盟に加わった。チョウドゥリは次第にわがままで頑固になっていったので、最初のうちは彼をチョットグラムの指導者と仰いでいた人たちも、次第に離れていくことになった。

チョットグラムに電報を送り、ムスリム学生連盟の年次総会が開かれるクシュティアに代表を派遣するよう頼んだ。さらにすべての県に使者を出した。ヌルッディン、エクラム、ショルフッディン、コンドカル・ヌルル・アロム他の仲間たちと昼も夜もなく働き始めた。私たちには資金が徹底的に不足していた。代表のハシム氏は金を持っていなかったからだ。ソラワルディ先生からも大した援助はしてもらえなかった。私たちは仕方なく自分たちで寄付金を集め、クシュテイアに乗り込んだ。

私たちの仲間にQ・J・アズミリとハミド・アリというのがいた。アズミリはとても気短な男だった。何かというと暴力に訴えた。体力があり、気も強かった。アズミリはハシム氏の親戚筋にあたった。

私の出身県のフォリドプルはクシュティアに近い。フォリドプルの学生たちは二つのグループに分裂していた。一つの派は私たちを、もう一つはモホン・ミヤを支持していた。そしてモホン・ミヤはアノワルの支持者だった。クシュティアに着いてみると、集まった評議員の七〇％は私たちの味方だった。それから二つの派閥の代表が集まって、妥協の道を探ることになった。ボグラから来たフォズルル・バリ（現在東ベンガル州でモーネム・ハーン知事の率いる州政府の閣僚となっている）が議長となって話し合いが始まった。何かにつけ言い合いになり、暴力沙汰が起きた。アノワルの味方でクシュティアが地元のシャー・アジズル・ロホマンは大勢のごろつきを集めて連れて来ていた。私たちは彼に対し、ヤクザじみたことをするならコルカタに居られなくすると脅しをかけた。結局両派は妥協できなかった。

クミッラ県の学生リーダーたちは私たちと行動を共にしていた。しかしある日朝になって、彼らがアノワル側についたという話が伝わってきた。三つのポストを与えられて私たちを裏切ったのだった。彼は裏切った者たちの一人、ロフィクル・ホセンをコルカタの評議員にしたのは私たちの派閥だった。彼は私たちの派閥の会議にもいつも出席していたほど私たちとの関係が深かった。ショフィクル・イスラムも私と同じベーカー寮に住んでいて、親しい仲だった。彼もまた私たちと一緒にアノワル氏の派閥に対抗していた。さらにまた、アブドゥル・ハキムは個人的にも私の友人だった。長い間一緒に活動をしていた。

こうした連中がある日突然、私の派を離れたのだった。しかしまだ私たちは数の上で圧倒的な優位を保っていた。間違いなくアノワルの派閥を打ち負かすことができる。

映画館を借り切って評議会が開催された。ハムドゥル・ロホマン（現在最高裁判所判事）が議長となって会議を取り仕切った。学生連盟開催のための臨時委員会のメンバーに名を連ねていた彼が全インドムスリム学生連盟の推薦を受けて議長を務めるのは、私たちが要求したことだった。

会場に入ってみて、多くの部外者が席についていることに気がついた。私たちは議長に発言を求めた。私たちを代表してエクラムル・ホクが立ち、規定違反を指摘して是正を要求した。「代表全員がいったん会場から退出することを要求します。その後入り口を二カ所開き、二つの派の代表が二人ずつ、計四名ごとに身分証を示して再入場するようにすべきです」。

エクラムル・ホクがこう述べたとき、会場の二階に詰めかけて様子を見守っていた外部の学生たちのうち、半ズボンをはいた一人が大声で言った。「学生じゃない連中がたくさん混ざっているぞ！　関係ない奴らだ！　シャー・アジズの一派が数を水増しするために集めたんだ！」。後で分かったことだが、この学生はカマルッジャマンといった（後に東パキスタン学生連盟の委員長となり、また東ベンガル州議会ではアワミ連盟選出の議員を務めた）。

しかし議長のハムドゥル・ロホマンは私たちの主張に耳を貸さず、開会を宣言した。議事開始に際して二十人の学生を新会員として選出する規定なのにもかかわらず、議長はいきなり最終投票を行なおうとした。それに対し、私たちは部外者排斥を要求し続けた。会場には怒号が飛び交い、殴り合いさえ始まりそうな雰囲気になった。そこで私たちは何人かで集まって協議し、抗議の意思を表すため、支持者たちとともに退出して大会をボイコットすることを決めた。その気になれば別の組織だって立ち上げることができると思った。何しろほぼ全部の県に私たちの支持者がいるのだ。

その手段はとりあえず取らないことにしたが、コルカタではライバルの派閥には絶対に大会を開かせないと決めた。その後私たちは、「コルカタムスリム学生連盟」の名で運動を推し進めた。そこには「全ベンガルムスリム学生連盟」の幹部たちの居場所はなかった。

結局その後一九四七年まで、一度も選挙が実施されることはなかった。その間ムスリム学生は二つに分裂し、片方はソラワルディ／ハシム派として、もう一方はカジャ・ナジムッディン／モオラナ・アクロム・カーン派と呼ばれるようになった。しかし私たちは皆、形の上でライバルとなったモオラナ・アクロム・カーン氏のことは尊敬し、信奉していた。氏に反発する気持ちは一切なかった。

この当時また別の騒動があった。ハシム氏がソラワルディ先生から助言を受けて、ムスリム連盟のマニフェスト案を発表したことがその発端だった。それによれば、ムスリム連盟は政治団体であり、政治的要求も行なうことは当然だ。マニフェストは将来パキスタンが建国された後の国の経済的構造にも言及しており、地主制度の廃止などが謳われていた。このマニフェストをめぐって大論争が始まった。私たちのような青年層、学生、進歩派たちはマニフェストを支持して大々的な運動を展開した。パキスタンという国を獲得しなければならない。そしてそれが実現された折には、その経済的・政治的な構造についての明確なガイドラインが必要だ。ハシム氏は研修会を開いて、私たちにそのことを何時間もかけて詳細に講義した。ダカに数日滞在しては、若い活動家たちと話し合いの場を持った。コルカタで学生連盟の事務所を住まいとしていたように、ダカでも学生連盟支部に寝泊りしていた。ハシム氏は仕事を離れても学生たちと親しくしていた。私自身は氏と各地の集会へ同行したものだ。

この時期に知り合いとなったある学生リーダーについて述べておかなければならない。その男はどの派閥にも属さず、どんな不正も決して許そうとはしなかった。包み隠さず正当な意見を述べる人物として、皆が彼に一目置いていた。年上の指導者たちからは目をかけられていた。今では誰もがその名を知っている、ダカ高裁のアブ・サイド・チョウドゥリ判事だ。彼は当時、二つの派閥の融和に努めた。ソラワルディ先生もチョウドゥリ氏の意見を常に重く受け止めていた。また最近高裁判事となったアブドゥル・ハキム氏は当時テーラー寮の副委員長をやっていて、学生運動と関わっていた。もうひとりの判事であるモクスムル・ハキム氏はムスリム学生連盟とは関係を持たなかった。彼はベーカー寮の代表になるほどの優秀な学生で、勉強に没頭していた。

　この頃、ショヒド・ノジル・アハメドが殺害され、彼に代わってダカで学生運動の先頭に立ったのは、シャムスル・ホク、シャムスッディン・アハメド、ノアカリ(45)のアジズ・アハメドとコンドカル・モシュタク・アハモドといった人たちだった。皆ソラワルディ先生を敬愛していた。後にはそろってハシム氏をも仰ぐようになった。こうした新しいリーダーたちは、学生運動と同時に、ムスリム連盟の組織をもっと開かれたものにしようという考えから、連盟にも加入していった。ムスリム連盟ベンガル州本部の地方支部がハシム氏によって、ダカ市のモゴルトゥリ一五〇番地に開設された。学生運動の中心人物たちは、共産党でよくそうしているように、専従スタッフとして働き始めた。シャムスル・ホクがダカ支部の責任者となった。私たちも同様にコルカタ支部の専従となった。学校の寮には自室があったものの、私たちはほとんどの時間を連盟支部の部屋で過ごすようになった。夜になって少しだけ学校の勉強をした。時折学校に顔を出して、出席の実績を作った。もしパキスタンという国を生み出すことができなければ、勉強なんかしたって何になるのか——そんなふうに考えるようになっていた。

そのうちコルカタのアハメド・アリ公園でムスリム連盟の評議会が開かれることになった。これには二つの派閥が参加する。私たちはこの評議会でハシム氏を書記長とし、またマニフェストについて了承を得ることに狙いを定めた。この人事をもう一つの派はのまないだろう。幹部たちの多くはソラワルディ先生の追随者だったが、ハシム氏については毛嫌いする者もまた少なからずいた。最終的にはモオラナ・アクロム・カーン、ソラワルディ、それにカジャ・ナジムッディンの三氏が代表委員会をつくり、方針を決めた。それによればハシム氏を書記長とするが、マニフェストについては今回は棚上げにする、ということだった。今後小委員会が構成され、その報告をもとに話し合いを重ねてマニフェストを作っていくことになった。マニフェストに関してはそんなことが決まったのだったと思う。しかしこの際、他にどんな決定がされたのかは、よく覚えてはいない。それはともあれ、そのときソラワルディ先生が「今は内輪もめなどしているときではない。パキスタン建国のため一丸とならなければならない。内部分裂があればパキスタン建国の要求は後退してしまう」と述べたのは記憶している。

第五章　ムスリム連盟の立て直しを目指して

一九三七年に実施された選挙でムスリム連盟はベンガル州の政権与党となったが、大飢饉を受けて一九四三年崩壊した。そしてベンガル州知事による直接支配体制となった。その背景となったのは商人たちによる、商品隠匿工作だった。ソラワルディ先生は、商人たちが戦争の到来を見越して、一儲けしようと商品の売り惜しみを始めていることを知った。それまでにも食糧不足への対策で先生は大変な思いをしていたのに、今度はさらに不実な商人たちが人々の生活をもてあそび始めたのだった。ソラワルディ先生は部下たちにコルカタのボロバジャル地区に行き、マロワリ商人[46]たちが商品を備蓄している倉庫を包囲するよう命じた。ボロバジャル地区全体が封鎖された。連盟の活動家たちは倉庫をこじ開け、何万反もの布地を収奪した。商人たちは家の下にも備蓄所を設けてそこに商品を隠匿していたが、それらも全部暴かれた。衣類ばかりでなく、米が隠されていた倉庫も同様に開放され始めた。

しかし、マロワリ商人たちもしたたかだった。何十万タカもの金を使って議員たちを買収し、ムスリム連盟政府を倒すことを目論んだ。そしてわずか一票差で内閣に対する反対動議が可決された。この動議は本来内閣不信任決議というものではなかった。この動議について、カジャ・ナズムッディン首相は、翌日信任投票を実施し、敗れたら辞職すると言明した。しかし議会で議長を務めていたノオシェル・アリ氏は信任投票の当日になって、内閣不信任決議案はすでに採択されたのだから、あらためて信任を問う必要はないとの見解を示し、内閣は総辞職に追い込まれたのだった。

私は数人の学生を引き連れてボロバジャルに急行した。内閣が辞職したという情報が伝わると、帽子やターバンを頭につけたマロワリ商人たちは爆竹を鳴らし、歓声をあげて騒ぎ始めた。私は我慢ならず、一緒にいた他の活動家とともに商人たちに襲いかかり、殴りつけた。商人たちはあわてて逃げようとした。そこにモハンマド・アリ議員が駆けつけてきて私を押しとどめ、皆に冷静になるよう説得を始めた。ヒンドゥー教徒の幹部たちもすこし離れたところで抗議活動を開始した。しばらくして平静になったので、私たちはその場から引き上げた。権力はインド総督にあったとはいえ、ムスリム連盟がベンガルで実質的な統治を行なっていた期間は一年半ほどだったろうか。

この頃ソラワルディ先生は、上流階級の社交の場、コルカタクラブの会員になっていた。コルカタ滞在中、夜一、二時間の余裕があればクラブに顔を出していた。もっとも物資供給担当大臣という要職についてからというものはそれもかなわなくなった。私とヌルッディンは夜十二時過ぎに先生を自宅に尋ね、政治について語り合ったものだった。夜にしたのは、昼間は先生が極めて多忙で、時間が取れなかったからだ。それで先生から夜の時間を指定された。

この内閣総辞職事件が起きるまでは、議員がこのような形で金を受け取ることがあるなどと考えてもみなかった。議員といえば国と国民の代表だ。

議員たちが党を離れて別の党に走らないよう監視する役目を仰せつかったことを覚えている。当の議員たちはすでに鬼籍に入っているので、名を挙げることは差し控えたい。ともあれ、疑いをかけられたある議員は、逃亡しないよう連盟の事務所に幽閉された。何度も出て行くことを試みたが、私たちが見張っていたため果たせなかった。それでもしばらくするとこう持ちかけてきた。「ちょっと外に行かせてください。なに、心配することはありません。野党の連中が金をよこすと言っています。その金を受け取ってここに戻ってきますよ。あんた方にとっても良い話でしょう。金だけ受け取って、投票の時にはきっちりムスリム連盟に入れますよ」。驚いて思わず顔を見つめてしまった。もう良い年で、なかなか立派な顔立ちをした男だった。ある程度の学歴もある。そういう人間の口から、こんな恥知らずの言葉が出てくるとは。ある政党のメンバーでありながら別の政党から金を受け取り、さらに投票は自分の党にする。社会のモラルはこれほどまでに堕落したのか？　この人物を往来で摑まえて連れて来たことがあった。いかにして他の政党に鞍替えできるかばかりを考えているような人間だった。

ある日フォズルル・ロホマン議員に呼び出された。院内総務という要職にあった。私を見るなり言った。「今日十二時のアッサム・ベンガル急行でロングプル(47)に行ってください。カーン・バハドゥルの称号を持っているムスリム連盟の議員がいるんだが、その人物をここまで連れてきてほしいんです。これまで電報を送って呼び出したり、人をやったりしているんだが、来ようとしない。君以外に連れてこられそうな人はいないんだ。これはソラワルディさんからの指示です。ぜひ行ってもらいたい。切符は用意してある」。そう言われ、手紙も何通か渡された。私はベーカー寮に取って返し、小さなバッグに着替えを詰め込んでそのまままっすぐ駅に向かった。何か食べているような時間はなかった。戦争中で、食べ物は手に入りにくかった。そのまま汽車に乗り込むしかなかった。その頃は汽車の時刻などはあってないようなもので、すべて軍部の気持ちしだい、という感じだった。ロングプルには夜八時到着の予定だったが、実際に着いたのは真夜中の一時だった。着く前に何も食べられなかったので、ひどく空腹だった、ロングプルは初めてだった。ロングプルの駅から市街までは三マイルもあると聞いた。さんざん苦労してやっとリキシャを一台つかまえることができた。リキシャ引きはカーン・バハドゥルの家を知っていて、ちゃんとそこへ連れて行ってくれた。

目当ての人物は、何度も何度も呼んだすえやっと起きてきた。その手に預かってきた手紙を渡した。その人は私のことを知っていた。「明日行くことにするよ。これから朝五時の汽車があるが、いまさらそれに乗るのは無理だ」。それを聞いて私は言った。「それではそのことを手紙に書いていただけますか。私は五時の汽車に乗ります。早く帰りたいので」「じゃあそういうことにしよう」とだけその人は言った。私に何か食べたいかとか、途中食べてきたのかとは一切聞かなかった。「今三時だが、寝床は必要かね？」「要りません。起きて待つことにします。ひどく疲れているので、いったん寝たら起きられなくなります」。ぐうぐう鳴り続ける腹をかかえ、ロングプルの蚊にもさんざん悩まされながら時を過ごした。最後に食事をしたのは前日夜、ベーカー寮でだった。水を一杯、とかろうじて頼んだ。その人は自宅の近くに住んでいるリキシャ引きを一人呼び、五時の汽車に間に合うよう、私を駅に連れて行くようにと命じた。

私は朝の汽車でコルカタに戻った。到着したときにはもう夕方になっていた。帰りの汽車の中ではお茶やビスケットなどを腹に入れることができた。夜、寮に帰ってやっとちゃんとした食事が取れた。

辛い旅だった。腹立たしい旅行でもあった。それでフォズルル・ロホマン氏には、「お願いですから、今後はああいう人のところへ行けなんておっしゃらないで下さい」と頼んだ。

その議員は約束どおり翌日コルカタにやって来た。彼には見張りがつけられたのだが、その目を盗んで裏口から逃走してしまった。捜したがとうとう見つからなかった。私たちはまだ学生で、国を愛し、国のためにつくそうとしていた。そうした純粋な気持ちの私たちにとって、それは初めて、人間の卑しさを見せられた事件だった。その後は何度も似たような体験をすることになるのだが、ともかくそれが初めてだった。カーン・バハドゥルなどという立派な称号を持ちながらも、心の卑しい人たちの手で本当に英国人たちを追い出し、独立を果たし、パキスタンをつくり上げることができるのだろうか？　とてもそうは思えなかった。カーン・シャヘブとかカーン・バハドゥルとか、英国による支配に協力した功績を認められて受けた称号の持ち主たちと、地主や有力小作たちが結びついて作ったのが初期のムスリム連盟だった。そうした連中の手でパキスタンが建国されるなどそもそもありえない。ソラワルディ先生やハシム氏の尽力で、ベンガルの青年や学生たちの間でムスリム連盟への支持が広まることがなかったら、また知識人たちをその運動に引き寄せることがなかったとしたら、パキスタン建国運動がベンガルの農民層までに浸透していくことは考えられなかっただろう。私たちはカーン・バハドゥルのような古い体質の指導者たちを阻止しようとしたのだが、完全に排斥することはできなかった。その結果、パキスタンができるとすぐ、こうした連中が活発に動き出し、権力を掌中のものとしてしまった。なぜそんなことになったかを次に述べようと思う。

閣僚を辞任した後、ソラワルディ先生はムスリム連盟の建て直しに心血を注いだ。ちょうどイギリスは、第二次世界大戦の初期の危機を何とかしのぎ、戦略の転換を行なった時期にあたる。インドでは国民会議派による「クイット・インディア（インドから出て行け）」運動が広がりを見せていた。一方で、ソラワルディ先生とハシム氏の尽力で、パキスタン建国運動も大衆の運動へと変化を遂げていた。ハシム氏は常日頃から私たちに、イギリスとも戦わなければならないと諭していた。私たちもイギリス人に対し、民族的な怒りを抱いていた。ヒットラーのファシズムを支持していたわけではなかったが、ドイツとの戦いでイギリスが敗れたと聞けば嬉しく思ったりした。この頃ネタジ・シュバシュ・チョンドロ・ボシュ（ネータージー・スバース・チャンドラ・ボース）がヒンドゥー教徒とイスラム教徒からなるインド国民軍を率いて、イギリスに戦いを挑み始めていた。イギリスより日本のほうに何となく親しみを感じていた。しかしまた、イギリスが去ったとしても代わりに日本がやってきたら、独立が与えられることは決してないだろうという気もしていた。日本による中国への侵略は私たちの心を傷つけた。時折ラジオで、シンガポールから流れてくるネタジの演説を聴いて心が躍った。ネタジがベンガルに来ることができれば、イギリス人を追い出すのは簡単なのに、と思った。しかし一方で、そうなったらパキスタンという国は出来ないだろうな、とも考えた。パキスタンを建国できなければ、インド亜大陸に住む一億のイスラム教徒たちはどうなってしまうのだろう？　だが祖国から出ることを強いられながらも、その国の独立のために自らを捧げることができるような偉大な指導者が、宗教による差別など行なうはずもない、という気もした。私にとってネタジは、深い敬愛の対象だった。

インドを分割しない限りムスリムたちの居場所はないと、私は固く信じていた。パキスタン建国の動きに対し、ヒンドゥー教徒の指導者たちは怒っているが、その正当な理由はない。独立後のインドにはヒンドゥーたちとともにムスリムも住むし、パキスタンにはムスリムと一緒にヒンドゥーも暮らす。皆が同じ権利を持つ。パキスタンのヒンドゥー教徒たちも自由な市民として生活する。インドのイスラム教徒たちもヒンドゥーと同じ権利を享受する。パキスタンのムスリムたちがヒンドゥーを兄弟として受け入れるのと同様、インドのヒンドゥー教徒たちもイスラム教徒を兄弟として遇する。この時期、私たちが集会などで行なった演説では、以前と異なり、こうした主張が明確になってきていた。この考え方について、ヒンドゥー教徒の友人たちと頻繁に、何時間にもわたって話し合ったものだが、彼らはどうしても理解しようとはしなかった。一九四四年から四五年ぐらいにかけては、汽車や船などで、ヒンドゥーとムスリムが激しく言い合う光景がよく見られたものだ。時には議論がエスカレートして殴り合い寸前になることもあった。イスラム教徒の青年たちは一致団結していた。どこに行ってもパキスタン建国を要求するスローガンが目についた。

ムスリム連盟と袂を分かっていたシェレ・バングラことフォズルル・ホク氏から、私たちイスラミア・カレッジの学生運動家たち数名が、食事に招待されたことがあった。その招待を受けるべきかどうかで、意見が真っ二つに割れた。議論の末、私は言った。「受けようじゃないか。断る理由はないさ。行ってホクさんに、ムスリム連盟に復帰してくれるよう頼もうじゃないか。あの人のところに行っただけで反パキスタンとみなされるぐらいの薄っぺらな理想しか我々にないって言われるのなら、その程度の運動はやめてしまったほうがいい」。そう言い残して私は、クルナ出身のエクラムル・ホクたちを連れて、シェレ・バングラのところに出かけていった。エクラムル・ホクはイスラミア・カレッジの学生ではなかったが、学生たちに影響を持つ人物だった。私のことを「ミヤ兄さん」と呼んでいた。その日行ったのは六〜七人だったと思う。シェレ・バングラは私たちと食事をともにし、こう言った。「私がムスリム連盟を捨てたのか、それとも追い出されたのか？　よく考えてみるといい。ジンナーは私の人気を妬んでいるんだ。私がこれまでベンガル人のイスラム教徒たちのためにやってきたのと同じことを、ジンナーは一生かかったってできやしない。ムスリム連盟にはベンガル人の居場所はない。私を排除してカジャ・ナジムッディンを頭に据えようという魂胆だ」。私たちもシェレ・バングラに自分たちの考えを伝えた。エクラムル・ホクは言った。「先生がムスリム連盟にいらっしゃるなら、パキスタン建国に賛同されるなら、私たちベンガルの学生はあくまで先生について行きます。パキスタンが成立しなければ、我々ムスリムはどうなってしまうでしょう？」「一九四〇年のラホール決議は誰が発表したか覚えているか？　この私だ。あの頃ジンナーなんて誰も知らなかったさ」とシェレ・バングラは答えて言った。私たちは同じ願いをもう一度伝え、シェレ・バングラの家を辞した。その時には他の話もいろいろしたはずだが思い出せない。ここに書いたのは覚えていることだけだ。シェレ・バングラとは一九三八年ゴパルゴンジョで初めて顔を合わせたが、そのときは少し話をしただけだった。この日初めてこの有名な政治家とじっくり話すことができ、嬉しかった。

そのうち、私たちがシェレ・バングラの家に出入りしているという話が、ムスリム連盟の事務所やソラワルディ先生に伝わったらしい。シェレ・バングラの派閥に入るのではないかという噂つきだ。数日後ソラワルディ先生に会いに行くと、笑顔で「近頃よくシェレ・バングラの家に行っては飲み食いしているそうじゃないか？」と聞かれた。「一度行ったきりですよ」と私は答え、すべてをありのままに話した。それを聞いてソラワルディ先生は言った。「それは良いことをした。あの人に来るように言われて断る必要はない」「ムスリム連盟に戻ってくれるよう、お願いしました」「そうなれば良いのだがな。しかしそれはないだろう。あの人も戻って来ようとはしないだろうし、連盟のほうもそれを許さないさ。彼が復帰すると、周りの連中の居場所がなくなる。だからあの人には連盟の外にいてもらおうってわけさ」。

ソラワルディ先生は寛大で、とても鷹揚な人だった。シェレ・バングラ宅への訪問についてはそれ以上何も言われなかったが、他の幹部たちはしばらくの間、そのことで私たちをからかったりした。私は血気盛んで一本気だったので、何か言われたらきつい言葉で言い返した。相手が誰であろうと、斟酌《しんしゃく》することはなかった。私は与えられた仕事は一途にこなした。決して手を抜かなかった。仕事ならいくらでもすることができた。そのため、私がきついことを言っても、それを誰も咎め立てしなかった。

何か問題を抱えている学生がいたら、私はいつも手助けを名乗り出た。例えば何らかの理由で困っているとか、寮に入れないとか、無料で寮に住む枠があるのだがどうしてもそれがほしいとかという相談を受けると、私はいつもジュベリ校長に掛け合いに行った。しかし私は決して不正な要求はしなかった。だから教師たちは私の言い分を聞いてくれた。学生たちも私を慕ってくれた。寮長だったサイドゥル・ロホマン先生は、私に来客が多いことを知っていた。地方からコルカタに出てきた学生運動家たちをどこに泊めるか、ということになるといつも私が場所を提供していた。私のところなら、住む部屋が見つかるまで無料で滞在することができるからだ。そんなある日、頭に良い考えが浮かび、早速校長のところに相談に行った。「先生、病気になった学生がはいる部屋がありますよね。あの部屋を私に使わせていただけませんか？　あそこなら大きくて、十五人ぐらいは住めそうですから」「いいだろう。しかし他の学生から不満がでないようにできるかね？」と校長は言った。「誰も文句なんていいませんよ。私に反対するものは少しはいますが、逆らう勇気はありませんから」と私は答えた。

ベーカー寮には、貧しい学生のための無料の部屋があった。当時は本当に必要な学生にだけ、その便宜が与えられていた。今は電話一本で、同じ政治グループの学生用に部屋を用意するよう言ってくる連中がいるが、その頃はそんなことは決してなかった。イスラミア・カレッジには、貧しい家庭出身の学生たちを援助するための基金が設けられていた。その基金管理の責任者は、理科系科目担当のナラヨン先生だった。私は文科系の学生だったが、ナラヨン先生にはとても可愛がってもらっていた。私はしじゅう、パキスタン、パキスタンと騒いでいたわけだが、それを承知の上で先生は私に目を掛けて下さった。

イスラミア・カレッジの学生は全員イスラム教徒だ。そんな中でヒンドゥー教徒であるナラヨン先生が、そのような大事な仕事を任されたのはなぜだったのか。それは先生が、本当の意味での教師だったからだ。誰かがヒンドゥーであるかムスリムであるかなど、先生にはどうでも良いことだった。学費や政府の補助金以外に、慈善家のヒンドゥー教徒やイスラム教徒からの寄付を貯めておいて、必要な学生を援助していた。ナラヨン先生ほど思いやりのある教師を、私は他にほとんど知らない。

この頃、やむをえない事情から、私はイスラミア・カレッジの学生組合の書記長に無投票で選ばれ、短い期間その任についていたことがある。事情というのは、派閥の対立だ。どんなに頑張っても、両派閥を妥協させることができなかった。そうしたら両方から書記長になってくれと頼まれた。さもなければ選挙をさせろという。過去二年は書記長は無投票で選ばれていた。ここでまた選挙を実施するようなことがあれば、今後は常に行なわざるをえない。それに伴って無益な騒動とか、勉強への妨げとか、無駄な出費などの悪影響が避けられない。私は仕方なく要請を受け入れたが、三カ月以上は絶対にやらないから、と宣言した。なぜならパキスタン問題に関する投票が迫ってきていて、私は外でもっと働かなくてはならなかったのだ。カレッジに来る時間すらない。結局三カ月以内に辞表を提出し、他の学生に書記長のポストを押し付けることができた。

第六章　総選挙とムスリム連盟の躍進

一九四五年の始め頃から、翌年三月に実施される総選挙[48]をめぐって、さまざまな動きが活発化してきた。この選挙では全インドのイスラム教徒たちが、「パキスタン」を欲するか否かを決めることになっている。

国民会議派は自分たちがヒンドゥー、ムスリム両宗派の代表であると主張していた。その例として、ムスリムであるモオラナ・アブル・カラム・アザードが会議派の総裁であることがあげられた。確かにその時代、著名なイスラム教徒が会議派に幹部として在籍していた。インドが一つでいる限り、ヒンドゥー教徒は一億人のムスリムに対し理不尽なふるまいを行なう気にはなれないだろう、というのが会議派の言い分だった。また人口から言ってムスリムが優勢な州もある。もしインドとパキスタンという二つの国家が成立してしまえば、インド側にすむムスリムたちは存在できなくなってしまう、と会議派は主張した。

これに対し、ムスリム連盟の主張は明確だった。パキスタンではヒンドゥー教徒もイスラム教徒と同じ権利を持ち、インドでもムスリムがヒンドゥーと変わらぬ権利を享受する。一九四〇年のラホール決議はそのことをはっきりと謳っている。

ラホール決議（一九四〇年三月二十三日）

一．全インドムスリム連盟の本大会は、憲法問題に関する一九三九年八月二十七日、九月十七、十八日、一〇月二十二日および一九四〇年二月三日の同連盟評議会および作業部会の決議で謳われた行動計画を承認かつ支持しつつ、一九三五年のインド統治法の示す連邦設立案はこの国の特殊事情に鑑みて不適切かつ実効を持たず、本連盟にとって受容しがたいものであることをここにあらためて明言するものである。

二．本連盟はさらに、帝国政府代表としての総督による一九三九年十月十八日付の宣言が、一九三五年のインド統治法が依るところの政策および方針はインドの様々な党派、利益団体、社会的集団との折衝により再考されるとの発言を再確認したうえで、インドにおけるムスリムは、憲法草案の全面的見直しが実行されない限りは納得の意を表することはなく、また修正された案文がムスリムによる承認と同意に基づかない限りは、ムスリムにとって受け入れがたいものであるとの断固たる意向をここに記すものである。

三．全インドムスリム連盟は、当連盟の本大会において考察が行なわれた見解により、地理的に隣接する構成単位で各地域の必要に応じて実施される再調整に基づき、インドの北西部および東部のごときムスリムが多数を占める地域の構成単位が自治権と主権を持つ「独立州」を構成しなければならないという原則に反するいかなる憲法草案もこの国において有効またはムスリムにとって受容可能であるとみなされないと決議する。

四．国家構成単位や地域における少数者の宗教的、文化的、政治的、行政他の権利や利益を守るために、憲法上において適切、効果的かつ強制力を持った特有の保護措置が付与されるべきである。

五．さらに本大会は作業部会に対し、以上のごとき基本方針にのっとり、各地域が防衛、外交、交通、関税および必要に応じてその他のすべての権力を付与されるべく憲法の草案を作成することを認可するものである。

『アジャド』は、ムスリム連盟とパキスタン建国運動支持の立場を取る、ベンガル語の唯一の日刊紙だった(49)。この新聞の創刊者・社主のモオラナ・アクロム・カーン氏は、ベンガル州ムスリム連盟の代表を務めていた。氏はアブル・ハシム氏を毛嫌いしていた。ソラワルディ先生についても、ハシム氏を支持しているからという理由で不快に思っていた。私たちについても同様だった。だから『アジャド』紙には、私たちに関する記事が載ることはめったになかった。時たまモハンモド・モダッベル氏の介在により私たちの活動について取り上げられることがあった程度だ。その後になって、シラジュッディン・ホセン（現在日刊『イッテファク』紙の編集長）(50)など、私の友人二〜三人が『アジャド』紙に就職した。そういった連中は時折私たちのことを記事にした。

英字紙『モーニング・ニューズ』(51)についてはあえて何も記さない。この新聞はパキスタン運動を全面的に支持してはいたが、統治者的な立場にある、特定の階層の所有物だった。私たちについての記事など、書こうともしなかった。この新聞もまた、ハシム氏を嫌っていた。しかし学生や連盟の活動家たちはハシム氏を支持していたので、『モーニング・ニューズ』紙は時々仕方なく氏の動向を伝えることがあった。

このような状況で、私たちは、特に活動家たちに新しい考え方を伝えるためにも、自分たちの新聞を、週刊でも構わないから持つべきだという思いが高まってきた。だが、私たちの直接の上司であるハシム氏にとってそれは困難なことだった。資金が足りなかったからである。一方、ソラワルディ先生はといえば、コルカタ高裁で再び弁護士の仕事を始めていた。それでかなりの収入があり、コルカタでは腕利きの弁護士として知られてもいた。貧困層に人気があったのと同様、金持ちのムスリムたちも先生の言うことなら耳を傾けた。金が必要なときに不便をかこっているというようなことは一度もなかった。

ハシム氏はソラワルディ先生に新聞発行の提案をして、初めに必要な資金さえあればあとは何とかなると伝えた。一方、多くの人が、ヌルッディンと私ならソラワルディ先生の了解を取り付けられるだろうと考えていた。そこである日、私たちふたりは時間を決めてソラワルディ先生を訪ね、新聞発行の件で説得を試みた。週に一度の発行だから金もかかりませんよ、と私たちは言った。それに仲間の内には良い書き手もいます。小遣い程度の金でも貰えれば喜んで書きますよ。中には金なんか要らないというのだっています……それからさらに二～三回話をしに行って、先生はとうとう新聞発行に同意した。

ムスリム連盟が入居している建物の一階では、多くの部屋が空いたままになっていた。だからスペースには困らない。ハシム氏自らが編集長となって新聞の発行が始まった。私を含む大勢の仲間が、道に立って新聞を売りさばいた。カジ・モハンマド・イドリス氏が中心となって執筆した。ジャーナリストとして名を知られた人だった。物腰も柔らかだった。ベンガル各地の責任者たちが新聞の仕事に取り組み始めた。私たちの新聞は多くの知識層に受け入れられた。読者にはヒンドゥー教徒もたくさんいた。新聞の名前は『ミッラト[52]』といった。

ハシム氏のグループを共産主義党だという者もいたが、氏自身は著名な哲学者のモオラナ・アザド・ソブハニに心酔していた。ハシム氏がそのソブハニ氏をコルカタに招いたことがあった。私たちは集まってその講義を聴くことになった。講義は夜遅くまで続いた。しかし私はじっと辛抱強くすわっていることができない性質だ。こういった集まりにはほんの少しだけ顔を出して逃げ出すのが常だった。友人たちには「勉強して立派な学者になれよ。俺にはやらなきゃならないことがいっぱいある。まずパキスタンを作らせてくれ。話し合いはそれからだ」などと言っていた。

ハシム氏は眼が悪かった。それを良いことに後ろの戸口から逃げ出したのだが、ハシム氏にはばれていたようだ。翌日顔を出すと、「おい、夕べは姿をくらましたな」と言われたので、「仕事がたくさんありまして」と言い逃れをした。実際、組織を固めるために、学生たちとやらなければならない仕事が山ほどあった。

総選挙の日程が発表された。選挙の対応としてムスリム連盟の最高決議機関である党常任委員会が組織されることになり、その委員選出のための評議会がコルカタムスリム協会で実施される運びとなった。ムスリム連盟常任委員会の定員は九名、そのうち二人は充て職で、またムスリム連盟の中央議会議員と州議会議員の中から一人ずつが選ばれることになっているので、評議会が選任するのは残りの五名ということになる。連盟はそれ以前から二つの派閥に割れていた。しかし選挙のテーマがパキスタンを建国すべきか否かなので、この時期の混乱は望ましいものではなかった。

選ばれる五人のうちの二人はベンガル州ムスリム連盟のモオラナ・アクロム・カーン代表と中央議員団の幹部としてカジャ・ナジムッディン氏となることは皆の共通認識だった。さらに中央議員団からもう一人と上院のムスリム連盟議員から一人が選ばれるのも分かっていた。ナジムッディン氏は中央議員団の最高指導者で、州議会の議員や国会下院議員を務め〔原文注14〕、氏の追随者は多かった。しかし、ナジムッディン氏は、ソラワルディ先生が党内でナンバー2の立場にあったにもかかわらず、先生を差し置いてフォズルル・ロホマン氏をもう一人の代表とした。ナジムッディン氏はソラワルディ先生に「あなたを常任委員会のメンバーにしても我々の利にはなりません。なぜなら、あなたは評議会での投票で委員に選ばれるでしょうから。だがフォズルルはそういうわけにはいかない。だから彼を選んだんです」と言ったという。

上院からはヌルル・アミン議員が選ばれたと思う。こうしてナジムッディン氏は、党常任委員九人のうち四人を自分の派閥で固めた。残る一人も、何か手を回して選挙で当選するようにできるだろう。

しかしこのために騒動が始まった。私たちがナジムッディン氏のやり方に異議を唱えたのだ。ムスリム連盟中央議会議員団の次席であるソラワルディ先生を指名しなかったのは、彼に対する侮辱以外の何ものでもない。これは陰謀だ、と私たちは怒りの声を挙げた。ソラワルディ先生は「もういいよ。そんなことをして何になる?」と言ってなだめたが、私たちは納得しなかった。「これ以上寛大になる必要はありません。ナジムッディンさんはご自分がムスリム連盟のトップになれ、議員にもなれたのはすべてあなたのおかげだということを覚えておくべきです。あの人は、ポトゥアカリ(53)の選挙区でシェレ・バングラに負けて、いったん政治から身を引かざるを得なかったあの人を救ったのはソラワルディ先生でしたよね。二つ取った議席のうち、一つをあなたから譲ってもらうことがなければ、ナズムッディンという人は、ベンガルのどこの県から立候補したところで、シェレ・バングラにかなわなかったはずです。先生が議席を譲ったというのもコルカタだからこそ出来たことですよ」と言い募った。

一九三七年に行なわれた州議会選挙で、ソラワルディ先生は二つの選挙区から立候補して勝利をおさめた(54)。一方ナジムッディン氏はポトゥアカリで出馬したものの、敗れてコルカタに戻ってきた。その時点では政治の世界から足を洗うしか、彼に残された道はなかった。しかしそのときソラワルディ先生がシェレ・バングラに対抗し、ナジムッディン氏をコルカタの補欠選挙で勝たせて見せる、と言い出した。そうなるとシェレ・バングラとしては、自分の腹心を立てざるをえない。実際そうなって、ナジムッディン氏とシェレ・バングラ側の候補が争い、ナジムッディン氏がソラワルディ先生のおかげで選挙戦に勝利した。そのナジムッディン氏が先生を貶めたのだ。私たちは選挙に五人の候補を立てることを決めた。ナジムッディン側の誰かを委員なんかにしてたまるものか、と思った。評議会でソラワルディ先生側が多数を占めていることが、私たちにとって心強かった。

そんな状況を見て、モオラナ・アクロム・カーン議長が調停に乗り出してきた。議長は自宅にソラワルディ先生を招いて話し合いを持った。私もそこに同席した。話し合いを続けるうち、ソラワルディ先生が軟化してきたのが分かった。「今大事なのはパキスタンのために戦うことだ。内輪もめしてどうなる。ここは妥協するのがよかろう」と先生は言った。だが私たちは「委員四人のうち二人はナジムッディンさんの派閥ですよ。ナジムッディンさん自身とモオラナさんです。もう二人のうち一人が、あなたご自身でないにせよあなたの派閥から出ないという法はない。妥協なんて絶対にすべきじゃありません」と主張して譲らなかった。

これから記すことが起こった日付は記憶にないが、出来事の顚末はよく覚えている。ある日の午後、コルカタ市議会のムスリム連盟の居室で、州議会議員、評議員、それに連盟の幹部たちが集まって、妥協点を探るための協議が行なわれることになった。その話は私たちにも伝わってきたので、ベーカー寮や他の寮にも知らせ、二〜三百人の学生とともに私もその場に駆けつけた。着いてみると、部屋の扉を閉ざして話し合いが進行していた。私は扉のところに駆け寄り、叫んだ。「話したいことがあります。聞いてください！」。何度も大声を上げると、とうとう幹部たちも根負けし、扉が開かれた。私たち学生は部屋に入って座り込んだ。最初に私が立って三十分ぐらいにわたって意見を述べた。私はソラワルディ先生に向かって言った。「あなたには妥協する資格はありません。私たちはナジムッディン一派には絶対譲らない。なぜなら、一九四二年にベンガル州の首相になったら、弟を閣僚にしたような人だからだ。それに一族から十一人も議員に取り立てた。この国には他に人材がいないとでも言うんですか？　私たちはムスリム連盟を同族の組織にはさせない。私たちの相手はシェレ・バングラですが、必要とあればあなたにだって反対します」。そう言ってソラワルディ先生を強引に中座させ、会議場から連れ出した。私のあと、フォズルル・カデル・チョウドゥリとフォリドプルのラール・ミヤが立ち、私の意見に賛同する内容の演説を行なった。

その夜、私たちは集まって相談した。ほぼ一晩中ソラワルディ先生のそばから離れなかった。途中ナジムッディン氏からソラワルディ先生に電話があって、折り合えそうかどうかを教えてほしいと言ってきた。ソラワルディ先生のそばにいたので、その会話を聞き取ることができた。先生は答えて言った。「結果がどうなろうと、明日朝九時までに知らせます」。そして八時に自宅まで来るようにと私たちに言った。このときはヌルッディン、エクラム、ヌルル・アロム、ショルフッディン、ジョヒルなど仲間のほとんどが同席していた。チョットグラムからフォズルル・カデル・チョウドゥリも仲間を引き連れてコルカタに来ていた。彼はチョットグラムの学生たちの間で人気があった。

翌朝、時間通りソラワルディ先生の家に行った。夜のうちにいろいろな人と話をしたようだった。私たちは部屋にいざなわれた。私は氏の近くに席を占めた。ソラワルディ先生は口を開いて言った。「本当に五議席全部を取れると思っているのか？」「先生、私たちが絶対勝ちます。神の御意志があれば、私たちが負けるはずがありません」。

私はそう答えて、先生の手に電話の受話器を握らせた。「ナジムッディンさんに、選挙をやると伝えてください」。先生は電話をかけてそのように伝えた。「ともかく選挙をしましょう。皆ムスリム連盟の党員です。私たちが何もかも上から押し付けるわけにはいきません」。

電話の向こう側でナジムッディン氏が何か言ったようだった。それに対し、ソラワルディ先生が言い放った。「もう十分です。あなたがたのせいでこうなったんです」。

私たちはソラワルディ先生の家を辞した。夜になって各県の代表たちが連盟の事務所に顔を揃えた。

その中の一人のことは今でもはっきりと記憶にある。ノアカリ県ムスリム連盟の書記長だったムジブル・ロホマン・モクタルという男だ。彼は県代表たちの前で、素晴らしい演説を行なった。ノアカリ県では誰もがソラワルディ先生を敬愛していた。

ハシム氏の指導のもと、私たちの事務所は円滑に機能していた。私たちはコルカタの二つの主要駅シアルドホとハウラに人を配置した。評議員たちを出迎えるためだ。コルカタ滞在中、その人たちが寝泊りする部屋も用意した。学生運動家たちはカレッジの寮から出た。それぞれ出身の県から来た代表と会おうというのだ。まる二日間、朝から晩まで猛烈に忙しかった。当時のコルカタのムスリム連盟の中心となっていたのは、モオラナ・ラギブ・アハサンとオスマンの二人だった。コルカタムスリム連盟のメンバーたちはこぞってソラワルディ先生を支持していた。彼らも車を出したり、人を動員したりして選挙活動を行なった。そして集会が開催された日には、何百人もの活動家たちが一堂に会した。私たち評議員が集会場の中に入ったあと、仲間の活動家たちは入り口の近くに陣取って応援を始めた。「ソラワルディ万歳！」「アブル・ハシム万歳！」という声が、中にいた私たちにも時々聞こえてきた。

ソラワルディ先生とハシム氏が話し合い、自陣から出す五人の候補が決まった。ソラワルディ先生とハシム氏のほか、モオラナ・ラギブ・アハサン、アハモド・ホセンそれにラール・ミヤというのがその顔ぶれだった。ナジムッディン氏の派閥も五人を擁立してきた。そんなときチョットグラムのフォズルル・カデル・チョウドゥリが常任委員になりたくて、さかんに動き回り始めた。私もそれが良いと考えた。ソラワルディ先生もほぼ了承しかけたのだったが、ラール・ミヤを私たちの側の候補からはずしてその代わりにチョウドゥリを入れるという話が煮詰まる前に、チョウドゥリは夜、ナジムッディン氏と会い、自分を彼ら側の候補にしてくれるなら、チッタゴンから引き連れてきた同志と共に、ナジムッディン陣営に加わってもよいと持ちかけたのだった。話はその夜のうちにソラワルディ先生に伝わった。

「絶対やつを指名したりしないぞ。まだ若いくせにあれほど権力に貪欲だとは！」とソラワルディ先生は憤慨して言った。一方ナジムッディン氏のほうも、チョウドゥリを候補にすることに同意しなかった。結局のところチョウドゥリたちは私たちの側に票を投じた。彼のグループの者たちは皆ソラワルディ先生の信奉者だった。M・A・アジズ、ジョフル・アハモド・チョウドゥリ、アブル・カエル・シッディキ、アジジュル・ロホマン・チョウドゥリといった連中がいた。グループを率いる人物の行動に彼らもショックを受けたようだったようだ。彼らはまた、私とは個人的に親しい間柄でもあった。

評議会が始まった。冒頭でモオラナ・アクロム・カーン議長が演説した。そのあとハシム氏が、書記長として話した。しばらくするとナジムッディン側の連中の一部が騒ぎ始めた。私たちもそれに抗議し、たちまち混乱になった。しかし体力のある若いメンバーはすべてソラワルディ先生の派閥にいたので、相手側がかなうはずがない。ナジムッディン氏自身に面と向かって何か言う者はいなかったが、他は全員小突かれた。その騒動のさなか、私と仲間のアジズは、シャー・アジズル・ロホマンが学生連盟の資料を手にしてナジムッディン氏の後ろに立っているのを見つけた。私とアジズは、その資料を奪うことにした。あれがあれば私たちの役に立つに違いない。ナジムッディン氏が立ち上がるとシャーもそれに続いた。そこを逃さず、アジズがシャーを羽交い絞めにした。私は彼の手から資料を奪い取り、「何も言うな、このまま立ち去れ」と告げた。

近頃シャーと会うたび、このときの話になる。思い出話をして笑い合う。シャーはその後一九六四年にアワミ連盟に参加し、国会でアワミ連盟の代表に、そして一九六五年に行なわれたパキスタン大統領選挙では、ムスリム連盟に対抗する野党陣営の副代表になった。彼と私の意見の対立は、一九五八年の軍部による戒厳令発布後に解消された。

それはさておき、評議会ではアクロム・カーン議長が会議の期日を一日延長し、翌朝十時に投票を実施することを宣言した。そして当日、投票用紙が配られた。隣室に投票箱が置かれた。評議員一人につき五票の割り当てだ。私は建物の中扉のところでソラワルディ派への応援活動をしていたが、誰かがそのことをカーン議長に知らせたようだ。議長は私のところにやって来て言った。「若いやつ、こんなところで何をしている？」「私も評議員です。若いやつなんかじゃありませんよ」と私が答えるとアクロム・カーン氏は笑って立ち去った。

開票作業は夕方までに終わった。ソラワルディ派が立てた五人の候補全員が当選した。私は結果発表の前から祝いの花輪を用意しておいた。私以外にも多くの連中も花を用意していた。私がソラワルディ先生の首に花輪をかけると氏は愛情のこもった口調で「お前の言ったとおりになったな」と言った。

投票前、自陣の五人の候補のうち、ラール・ミヤについては確信が持てなかった。私は知り合いを捕まえては、ラール・ミヤに票を投じるよう頼んで回った。ソラワルディ派がフォリドプル県の代表たちから得た票はごく少なかった。ラール・ミヤに投票したのは本人と私、それに他の少数の評議員たちで、トミジュッディン・カーン、モホン・ミヤそれにアブドゥス・サラム・カーンが率いるナジムッディン派がフォリドプルの票の大半を獲得した。それでも私が動き回った結果、フォリドプルの三、四票はラール・ミヤに流れた。モホン・ミヤとラール・ミヤは実の兄弟だったが、二人は常に対立していた。

次の話に移る前に、この兄弟について記しておくべきだろう。このとき行なわれた選挙で常任委員会の委員になったあと、ラール・ミヤは州議会議員の選挙でフォリドプル県の候補指名の際、モホン・ミヤの側に立ち、私たちの派の人間を押そうとはしなかった。私たちは激しい戦いの末、フォリドプルに割り当てられた六議席のうち二議席を何とか確保できただけだった。私たちの派閥からの当選者はラジバリ選挙区のカーン・バハドゥル・ユスフ・ホセン・チョウドゥリとマダリプル選挙区のイスカンダル・アリだった。モホン・ミヤ自身はドットパラ選挙区でムスリム連盟から出馬していたシャムスッディン・アハモド・チョウドゥリことバドシャ・ミヤと争って負けた。バドシャ・ミヤは投票結果が発表になるとすぐ、自分の勝利はムスリム連盟の勝利であり、パキスタンの勝利だと宣言した。

それにしてもラール・ミヤとモホン・ミヤの兄弟は常に互いに異なる党派に属していた。まずラール・ミヤが会議派に所属していたとき、モホン・ミヤはムスリム連盟にいた。その後ラール・ミヤがムスリム連盟に移ってからは、二人はソラワルディ派とナジムッディン派に分かれた。さらにその後パキスタンが出来たあと、アユーブ・ハーンが一九五八年戒厳令司令官となってからは、一人はアユーブ派に、もう一人はそれに反対する立場に立った。しかしこうすることで政権が誰の手に移ろうとも、ミヤ兄弟は常に権力を握っていられるのだった。この前代未聞の作戦を、私たちはずっと目撃することになった。昼は仲違いを装いつつ夜になると打ち解ける。自分たちの利益になると思えば二人はたちまち団結するのだった。

全インドムスリム連盟の本部から指示が来た。各県に人を派遣して、選挙本部の面倒を見させるように、とのことだった。すべての県と郡に選挙本部と運動員事務所が設置される。各県の優れた運動員がその事務所の責任者となる。どの県に誰が派遣されたか、全部ではないにせよ一部は覚えている。カムルッディンがダカ県、シャムスル・ホクがモエモンシンホ（マイマンシン）、コンドカル・モシュタク・アハモドがクミッラ（コミラ）、エクラムル・ホクがクルナ、そして私はフォリドプル県の責任者となった。私たちは自転車、マイク、拡声器、書類などを持って各地に出発した。ムスリム連盟県支部が私たちに協力することになっていた。すべての郡と警察管区に運動員事務所を設置することが私たちの任務だ。私はカレッジでの学生生活を投げ打ってフォリドプルに行かなければならなかった。フォリドプルにはそれ以前何度か会議で行ったことはあったが、長期間逗留したことはなかった。しかし、私が行くようになったことがモホン・ミヤを怒らせた。選挙期間中住む家を確保する必要があったが、彼は私に家を貸さないようにと皆に言い渡した。モホン・ミヤは県ムスリム連盟の議長だったが、私の派遣は受け入れられないという立場だった。そこで私はアブドゥル・ハミド・チョウドゥリとモッラ・ジャラルウッディンに用具一切を持たせ、先遣隊として送り出した。二人はもともとフォリドプル・カレッジの学生で、彼らも政治活動のために勉学を放擲した口だった。しかしモホン・ミヤの指示が行き渡り、中心都市フォリドプルの市内では、私に家を貸そうという者は誰もいなかった。私の遠い親戚が市内から少し離れたところに住んでいて、その二階家の一部を貸しても良いということだった。やむを得ずそこに住むことにした。そこを事務所とし、運動員の研修もできるようにした。そして県内各地を回り始めた。県内のマダリプル、ゴパルゴンジョ、ラジバリの各郡にも事務所を開設し、仕事が本格的に始まった。警察管区にもオフィスができていった。

この頃はコルカタとフォリドプル県を頻繁に往復しなければならなかった。ソラワルディ先生とハシム氏がゴパルゴンジョに来てくれたことがある。盛大な集会が開かれた。しかしこのとき、ソラワルディ先生が私の頼みに応じてゴパルゴンジョ郡に来たということで、フォリドプルのアブドゥス・サラム・カーンたちの派閥が、ソラワルディ先生らの歓迎行事を開くことを断ってきた。そして私のことをムスリム連盟のメンバーの一人に過ぎず、何の公式の地位にもついていないと言い出したことで騒動になった。ソラワルディ先生らがゴパルゴンジョに到着するわずか二日前のことだ。私は、ここにムスリム連盟を立ち上げたのは他ならぬ自分だ、と反論した。

私はソラワルディ先生の歓迎行事に専念したかった。もし誰かが反対派に対応できるなら頼みたかった。そのことを依頼するために、夜になって人をやった。ソラワルディ先生は翌日昼にゴパルゴンジョに着くことになっていた。その当日の朝、何千もの男たちが手に手に槍だの投げやりだの色々な武器を手に集まってきた。その中にはアブドゥス・サラム・カーンの手下たちも混じっていた。だがサラム・カーンは集会を妨害しようとはしなかった。しかし、ソラワルディ先生、ハシム、それにラール・ミヤがそれぞれ演説を終えて次にサラム・カーンが話し始めようとしたとき、彼の派の連中が「アブドゥス・サラム・カーン万歳！」と大声で言ったことで私たちの仲間が反発した。それがきっかけになって両派の間に衝突が起こった。しかし最後にはサラム・カーン側が負けて撤退していった。私たちの方はそれを追いかけた。その様子を見たソラワルディ先生は会議を中断し、自ら両者の間に割って入った。それぞれが盾や刀を持っていたのだから、何人死人が出てもおかしくない状況だった。そこにソラワルディ先生が手に何も持たずに、暴徒化した連中の間に乗り込んだことで、皆が驚いてしまった。ハシム氏はその前に私の住まいに行っていた。この事件で、ソラワルディ先生とハシム氏は、アブドゥス・サラム・カーン氏に対し大層腹を立てた。

その後のことになるが、ソラワルディ先生はマダリプル経由で再びゴパルゴンジョを訪れた。州議会選挙に誰を候補として立てるかを考えるにあたり、住民たちの意識を探るのが目的だった。立候補したい人間は大勢いるが、誰の評判がよいのか確かめる必要がある。元議員のコンドカル・シャムスディン・アハメド氏もムスリム連盟に鞍替えしていた。さらに元警察副本部長のカーン・バハドゥル・シャムスッドハ、アブドゥス・サラム・カーンの他にもまだ何人か候補になりうる人物がいた。それらの人たちの中で、ゴパルゴンジョではアブドゥス・サラム・カーン氏の人気が圧倒的に高かった。住民の八〇%は間違いなくサラム・カーン支持だった。ソラワルディ先生が私の父に尋ねると、住民はサラム・カーン氏が議員になることを望んでいる、と答えた。だが実際のところサラム・カーンもコンドカルも候補として甲乙つけがたかった。ソラワルディ先生に一般の人たちも君のお父さんもアブドゥス・サラム・カーンを推しているようだねと尋ねられたので私は、人々が望む人を候補にしてください、それで異論はありません、と答えた。

その前、アブドゥス・サラム・カーンとも話をした。だが、ハシム氏はアブドゥス・サラム・カーン擁立にあくまで反対の立場を取った。理由は分からない。最後には私からもハシム氏に、アブドゥス・サラム・カーン氏を指名するように頼んだのだが、ハシム氏はそのことで私に対して立腹した。

ゴパルゴンジョで聞き取り調査を終え、ソラワルディ先生はアブドゥス・サラム・カーンが他の誰より支持を集めているとの内容の報告をまとめた。それに基づき、彼を候補として指名することを提案した。ラール・ミヤ、ハシム両氏も折れた。このときには多少金が動いたという。そういう話を聞いただけで、実際に見たわけではない。しかし議論の末、フォリドプル県ムスリム連盟常任委員会は、カーン・バハドゥル・シャムスッドハを推薦候補として指名した。ところが連盟中央委員会はそれを認めず、コンドカル・シャムスッディン・アハメドを指名してきた。そこでアブドゥス・サラム・カーンがもし強引に立候補すれば当選していただろうが、彼はムスリム連盟の意向に逆らう真似はしなかった。選挙の最大の論点があくまで、パキスタンを創るべきか否か、ということだったからである。コンドカルはわずか数カ月前にムスリム連盟に参加したため、本来推薦を受けられるはずはなかった。それが指名されたのは、彼の従兄が連盟の重鎮であるカジャ・シャハブッディンの娘と結婚していたからである。そのつてをたどり、ナジムッディン、チョウドゥリ・カリクッジャマンといった人たちに働きかけて指名を獲得したのだった。

ソラワルディ先生は寛大で卑しいところがなく、派閥の利を斟酌せず、馴れ合いや癒着を嫌った。ある人物が適任と見ればその人を選んだし、信頼もした。誰よりも自分自身を信じていた。先生は実直さ、信念、実行力と有能さで人心を掌握することを目指していた。しかしそのために何度も侮辱され、敗北の憂き目に会うこともあった。畢竟、寛容さは必要だが、心の卑しい連中に対しても寛容になれば良い結果より悪い結果を招くことが多く、そのために国や国民が傷つけられることにもなる。

私たちベンガル人には二つのアイデンティティーがある。一つは「ムスリムであること」であり、もう一つは「ベンガル人であること」だ。私たちの血の中には、「ポロスリカトロタ」と「信頼を裏切る性向」が流れている。ポロスリカトロタにぴったり当てはまる訳語は、おそらく世界のどんな言葉にもないだろう。ポロ（他人の）、スリ（良い様子）を見て、カトロタ、すなわち悔み悲嘆にくれることがポロスリカトロタだ。嫉妬とか怨嗟といった単語はどの言葉にもあり、そのような性向はすべての民族にも多少なりとも見出されるが、ベンガル人の場合は他人の成功を見て、羨むばかりでなく悲しみさえ覚えるのである。自分以外だと、たとえ兄弟でも出世や栄達を喜ぶことができない。素晴らしい資質をすべて備えているのにもかかわらず、ベンガル民族がこれまでずっと他民族の非道な振舞いに耐えてこなければならなかったのはこのために他ならない。豊かな水と肥えた土に恵まれたこのベンガルの地は、さまざまな資源に恵まれている。これほど豊穣な土地は、世界中を探しても滅多にあるまい。しかしここに住む人たちは貧しいままだ。それは誰でもない自分たちのせいで、何世代にもわたって搾取され続けて来たからだ。ベンガル人は自らを知らない。そして自分を知り、理解することがない限り、ベンガル人が真に自由になれることはない。

整った顔立ちと美しい髭を蓄え、裾の長い服を着て、少しばかりのアラビア語やペルシャ語を知ってはいるが実は教育もまともに受けていないような男たちが、このベンガルの地にやってきて、その外見だけで聖者扱いされるようになったという話はこれまでさんざん見聞きしてきた。そんな男の祝福を受けようと、ベンガル人は何千タカも金を使う。よく調べてみれば、その男は実はコルカタの果物屋のしがない使用人だったり、あるいは盗賊だったり、または殺人事件の被告だったりする。こうした暗愚と妄執がベンガル人の苦難のもう一つの原因だ。

ベンガル人ははじめのうち、ソラワルディ先生をきちんと理解できなかった。やっと理解できたときにはもう時間が残っていなかった。

選挙のための資金の工面、広報活動、組織作り……これらすべてをソラワルディ先生は一人でやらなければならなかった。資金のごく一部はムスリム連盟の中央本部から出ていたようだったが、残りはソラワルディ先生が自分で調達しなければならなかった。連絡や広報活動用に何百台もの自転車を買わなければならなかった。私の知る限り、パキスタン建国のあとでさえソラワルディ先生はコルカタに残り、借金返済に取り組んでいた。前にも書いたとおり、ソラワルディ先生は素朴な人柄だった。人の良さのために何度もだまされた。連盟の常任委員会で先生の派の人間が多数だったのにかかわらず、自陣の者を候補に指名することは結局できなかったことはこれまでに書いたとおりだ。

その候補者擁立でナジムッディン氏の派閥はソラワルディ先生に敗れたものの、彼らは新しい手を打ってきた。ナジムッディン氏は選挙に出ないと宣言したのだ。つまりソラワルディ先生がムスリム連盟の最高指導者になるということだった。ナジムッディン氏はソラワルディ先生に、以前からムスリム連盟にいる者たちを州議会議員選挙の候補者として指名してくれるよう頼んだ。その連中は必ずソラワルディ先生を支持するから、というのがその理屈だった。ナジムッディン氏が出馬しないというならもう何も心配はない。ソラワルディ先生はナジムッディン氏の言葉を信じて、元議員のほとんど全員を、連盟の候補として公認した。当時ベンガルでイスラム教徒が持っていた議席は百十九だったと思う。ナジムッディン氏のこの計略で、彼の派閥の約五十人が指名を得ることになった。一方連盟中央にも、ナジムッディン氏の支持者が多くいた。こうした人たち、つまりリヤカト・アリ・ハーン、ハーリクッザマーン、ホセイン・イマーム、チュンドリゴルなどは内心でソラワルディ先生に対して恐れを抱いていた。ソラワルディ先生がすべての面で優れていたからだ。連盟中央の常任委員会もまた、地方から推薦された約三十人の公認を覆した。公認を取り消された者の中には、ソラワルディ先生の支持者が一～二名は含まれていたことは確かだ。

選挙の結果、ベンガル州のイスラム教徒用指定議席百十九のうち、多分百十六をムスリム連盟が占めた。この数字は一つか二つ間違っているかもしれない。正確には覚えていない。ともあれこの百十六議席のうち、ナジムッディン氏の派閥が数的に多くなった。彼らは表向きはソラワルディ先生を領袖にせざるを得なかったが、陰ではグループ工作が盛んに行なわれていた。ソラワルディ先生は派閥にこだわらず、能力重視で閣僚を誰にするかを決めた。そしてナジムッディン派の議員たちの多くに、政務次官や院内幹事といったポストを与えた。院内総務だったフォズルル・ロホマン氏も閣僚になった。

第七章　全インドムスリム連盟総会と北インド旅行

第二次世界大戦中、当時のイギリス首相チャーチルは、政府代表としてクリップス使節団をインドに派遣したが、(55)成果はなかった。戦争終結後、労働党が政権につきクレメント・アトリーが首相になると、一九四六年三月十五日、インドに内閣代表団派遣の発表が行なわれた。代表となる三人の閣僚はインドで各政党と協議し、インドの可能な限り迅速な独立を実行に移す任務を帯びていた。具体的には、インド総督と話し合った上で、各党代表参加のもとに臨時政府の早期発足を目指すものだった。三人の代表――ペシク・ロレンス・インド問題担当相、スタフォード・クリップス通商委員会議長、A・V・アレグザンダー海軍卿――はインドを訪問し、インド総督や各政党代表と協議を行なって独立に向けた工程表を策定することになっていた。だが、代表団派遣に先立って出された声明で、アトリー首相はパキスタン建国の要求について全く触れなかったばかりか、少数者の要求を無視した。その声明の一節を例として挙げると、「少数者が多数者の発展を妨げることは許されないとアトリー氏は宣言した」というようなものがある。アトリーのこの言葉に、国民会議派は満足の意を表した。一方、ムスリム連盟の指導者ジンナーはこれを激しく非難した。

内閣代表団は三月二十三日、インドに到着した。到着後の彼らのコメントは、私たちにとってわけの分からないものだった。私たちはソラワルディ先生のもとに大挙して押しかけ、迷惑を承知で、これからどうなるのかと質問攻めにした。ソラワルディ先生は落ち着いた様子で「何も心配することはない。彼らはパキスタン建国の要求を呑むしかない」と答えた。

ソラワルディ先生は極めて多忙なため、日の高いうちに会えたのは数えるほどしかない。それで私とヌルッディンはよく、夜十一時過ぎに押しかけて行った。話をして帰るときには夜も更けてしまっていた。私たちはそんな夜遅く、ソラワルディ先生の自宅のあるシアター・ロードからベーカー寮まで歩いて帰ったものだった。寮に帰らず、リポン通りにあった『ミッラト』紙のオフィスの椅子の上で寝たこともあった。『ミッラト』紙は新しい印刷所やオフィスを持つようになっていて、ハシム氏はそこに住み込んでいた。そのころ『ミッラト』紙のマネージャーはコンドカル・ヌルル・アロムが務めていた。当時我々の集会は、連盟の事務所より『ミッラト』のオフィスで行なわれることが多かった。コルカタムスリム連盟の事務所は、議員や地方から出てきた運動員たちの住居と化していた。連盟の局長を務めていたボリシャルのフォルムジュル・ホクなどは、家族と一緒に住み込んでいた。ソラワルディ先生は彼に毎月給料を渡していた。

突然知らせが来て、ジンナーが四月七日から三日間、デリーで議員総会を開くことを決め、全インドの中央および州議会のムスリム連盟所属議員を招集したという。その前に行なわれた選挙で、ベンガルおよびムスリムが少数の各州では、ムスリム連盟がムスリム割り当て議席のうち大半を取ったものの、パンジャーブ、シンド、それに北西辺境州のようなイスラム教徒が優勢な州では、単独過半数を確保することができなかった。そのためにムスリム連盟が政権を握ったのは、ソラワルディ先生を首班とする内閣が発足したベンガル州だけだった。パンジャーブではヒジル・ハヤト・ハーン・ティワーナーが率いる連合党政権、北西辺境州ではハーン・サーハブ博士の国民会議派、シンドにはアッラー・バクシュ指導の反ムスリム連盟の立場を取る政権が出来ていた。ムスリム人口が多数を占める四つの州のうち、ただ一つベンガル州だけでムスリム連盟の政府が出来、他の各州では連盟に対抗する政権が出来たことになる。当時のインドには全部合わせて十一の州があった。

ソラワルディ先生の指示で、デリーまで特別列車を仕立てて行くことになった。ベンガルとアッサムのムスリム連盟所属議員および運動員が乗る。列車は「東パキスタン特別号」と名づけられた。コルカタのハウラ駅から出発するこの列車で、私たちベンガルの学生運動員も十五人ほどデリーに向かう。このことについてはソラワルディ先生の了解を取りつけてあった。ムスリム連盟の旗とさまざまな花を使って列車全体が飾り立てられた。私たちはインタークラスの車両二つを勝手に学生専用車両に決めた。車両にはふざけて「シェーク・ムジブとその一党専用」と書きつけた。他の誰もこれに乗ってはならぬ、というわけだ。私の名を出せばソラワルディ先生は何も言うまい、と学生たちは考えたのだった。だが学生たちの本当のリーダーはヌルッディンだった。私たちは皆それを認めていた。

ソラワルディ先生とハシム氏のコンパートメントには二本のマイクが据え付けられた。ハウラからデリーまでの間、ほとんどすべての駅でソラワルディ先生とその一行のための歓迎行事が行なわれることになっていた。ベンガル州でのムスリム連盟の勝利は、インドのイスラム教徒たちにとって極めてセンセーショナルな出来事だった。ジョヒルッディンはハシム氏のコンパートメントの近くにいるように決められていた。デリーにつくまでの間、ずっとウルドゥー語で演説しなければならなかったからだ。コルカタ出身のジョヒルッディンはウルドゥー、ベンガル語、英語でよどみなく演説のできるただ一人の人間だった。コルカタ郊外で集会があったときなどは、私はベンガル語で、そしてジョヒルッディンはウルドゥーで聴衆に向かって話をした。ヌルッディン、ジョヒルッディン、ヌルル・アロム、ショルフッディン、Q・J・アズミリ、アノワル・ホセン（現在はイースタン・フェデラル保険会社[56]の重役となっている）、シャムスル・ホク、コンドカル・モシュタク・アハモドなど多くのムスリム連盟の運動家のほか、ムルシダバードのカジ・アブ・ナセル、私の叔父であるシェーク・ジャフォル・サデクなど多くの人がかなり前からデリー行きの準備をして、同行を許されていた。それ以外にも、ハウラ駅に私たちを見送りに来た学生たちの中にも、この特別列車には切符を買わずに乗れると聞いて、着替えも持たずに飛び乗った連中がいた。多分十人程度だったと思うが、それを阻止することは私たちにはできなかった。彼らも優秀な運動員だった。「神（アラー）を称えよ！」「ムスリム連盟万歳！」「パキスタン万歳！」「モハンマド・アリ・ジンナー万歳！」「ショヒド・ソラワルディ万歳！」など大きな歓声に送られて汽車は出発した。

　列車のいたるところにスピーカーが取り付けられていた。ジョヒル、アズミリそして私が主にマイクを通じてスローガンを叫びながら列車は走り続けた。途中すべての駅で汽車を止めなければならなかった。そんな予定ではなかったのだが。それというのも何千という人々が、ソラワルディ先生とムスリム連盟を歓迎するため集まっていたからだ。朝ビハール州の州都パトナーに着いて見ると、駅中が人で溢れかえっていた。人々は「ベンガルのムスリム万歳！」「ショヒド・ソラワルディ万歳！」「パキスタン万歳！」「パキスタンは戦い続けるぞ！」といったスローガンを声高く叫んでいた。ビハール・ムスリム連盟が私たちの食事の用意をしてくれ、全員の首に歓迎の花輪をかけてくれた。予定の時間にデリーに着くのは無理なことはもうこの時点で分かっていた。それもかなりの遅れになるだろう。私たちもスローガンを唱えようとなると、勝手に汽車を止めて声を挙げた。そのことでソラワルディ先生から叱られると私は、「この人たちは何時間も前からここで待っていたんですよ。先生を見たいと、遠くからやってきたんです。ほんの一分でも汽車を止めなかったらこの人たちがかわいそうですよ」と言い訳した。ともあれ、このように夜中じゅう、どんな小さな駅でも人々が私たちを出迎えてくれた。私たちの列車を見れば人々はそれと分かってくれた。UP州(57)のアラハバード駅では汽車に飾ってあった花を全部新しいものと付け替えてくれた。ビハール州やUP州を通過する毎に、同行したいと学生たちが乗り込んできた。この機会に親しくなり、パキスタン独立の後も付き合いの続いた人も多い。こうした人たちの多くは、分離独立後パキスタンに移動してきた。

デリーには午前中に着く予定になっていたが、実際到着したときには午後になっていた。八時間遅れだった。ジンナーは総会の開始を私たちのために遅らせて待っていてくれた。もともとは朝九時開始の予定だった。私たちは駅に到着後、まっすぐ議員総会の会場に連れて行かれた。デリーの連盟の運動員たちが、私たちの荷物の面倒を見てくれた。

私たちはベンガル語でスローガンを叫びながら入場した。会場にいた人たちは皆、席から立ち上がって私たちを迎えてくれた。ジンナーの席のすぐそばに、私たちの座る場所が用意されていた。ウルドゥー語のスローガンが始まると、私たちはベンガル語でそれに応えた。

ジンナーが立って演説を始めた。会場は静まりかえってその言葉に耳を傾けた。パキスタンを建国しなければならない、という気持ちで皆が一体になっているようだった。演説が終わると、臨時政府検討委員会が発足した。翌四月八日、委員会の会合があった。そこで決議案が作られたのだが、その中にはラホール決議とはほんの少し違った、しかし重大な変更が含まれていた。それは、ラホール決議では今後できる国について複数形を使っていたのに、今回のデリー決議案ではそれが単数形になっていたということで、ハシム氏ほか何人かがそのことで抗議したのだが、結局その決議案は承認された（原文注15）。一九四〇年のラホール大会でムスリム連盟の評議委員会が承認した決議案の内容を、今回のような議員総会で変更することができるのか、総会にそんな権利が付与されているのかを考えてみてほしい。評議委員会はムスリム連盟の最高決定機関なのだ。この総会の後で私たちに、これは議員総会の決定であってラホール決議を変えるものではない、と説明があった。ジンナーはこの決議案を総会に提出するよう、ソラワルディ先生に頼んだ。ソラワルディ先生がベンガル州の、そしてムスリム連盟所属の唯一の州首相だったからだ。

決議案

この広大なインド亜大陸において一億のイスラム教徒は、教育、社会、経済、政治など、生活のあらゆる場面を規定する信仰を遵守してきており、そこに定められた行動規範は単に精神的な信条、教義や儀規や儀式などのみに及ぶものではなく、固定的なカースト制度を生み数千年にわたって保持してきた結果として六千万の人々を不可触賤民なる地位に落とし、人間と人間の間に自然発生的でない障壁を設け、この国の人口の多くの部分を占める人々に社会的経済的不平等を与え、ヒンドゥーの宗教哲学と明確な対を成し、その結果としてイスラム教徒キリスト教徒さらに他の少数者に、社会的経済的に修復不可能な奴隷の地位への下落という恐怖を味わわせたヒンドゥー教の宗教哲学と明確な対比を成すものであるがゆえに、

ヒンドゥーのカースト制度はイスラム教がそこに依るものとしての愛国心、平等、民主主義などのあらゆる有効な理想を真正面から否定するものであるがゆえに、

ヒンドゥーとムスリムそれぞれに異なる歴史的背景、伝統、文化、社会および経済的秩序は共通の希求と理想に動機付けられた単一のインド国の生誕を不可能なものとし、何世紀にもわたり二つの全く別個な主要国として存在しているがゆえに、

多数決の原則に基づいた、すなわち二年半にわたる国民会議派による統治の間に十分に実証されたごとく、国または社会の多数者は、その国または社会の少数者の反対にもかかわらずその意志を押し付けることができるという西洋民主主義に従ってインドに政治組織を設立する内容のイギリスによる方針の導入から時をおかず、一九三五年のインド統治法のもとでヒンドゥー教徒が多数を占める州において、イスラム教徒たちが筆舌につくしがたい嫌がらせと抑圧にさらされ、その結果として憲法およびインド総督に対する指示文書に示されたいわゆる保護条項の無益、無効果を痛感し、統一インド連邦が発足すれば、たとえイスラム教徒が優勢な州においてさえイスラム教徒たちはより良い運命を手にすることはできず、国の中央において永遠の多数派であるヒンドゥー教徒たちに対し、その利益

が適切に守られることはないとの抗いようにない結論に追い込まれたがゆえに、

ヒンドゥー教徒による専有からムスリムのインドを救うため、また自らの才覚に十分相応しい程度までに自らを発展せしめるためという見地から、イスラム教徒たちが、北東部にはベンガルとアッサム、また北西部においてはパンジャーブ、北西辺境州、シンド、バロチスタンで形成される主権独立国家を建設する必要があるとの確信に至ったゆえに、(58)

インドムスリム連盟の中央および州議会議員による当総会は、慎重なる審議の末に、ここに以下に述べる宣言を行なう――

ムスリム国は統一インドのいかなる憲法に従うことなく、また単独の憲法制定のためのいかなるメカニズムにも、イギリスからインド国民の手に権力を委譲するためにイギリス政府によって作られ、この国の内部における平和と安寧維持のための正当かつ平等な原則と合致せず、インドの抱える問題解決に役立つことのないいかなる仕組みにも参加しない。

一．北東部のベンガルとアッサムを合わせた地域、および北西インドのパンジャーブ、北西辺境州、シンド、バロチスタン、とりわけムスリム人口が圧倒的に優勢なパキスタン地区は単一の自治独立国家を形成し、遅滞なくパキスタンの建国が実施されると明確に保障すること

二．パキスタンとヒンドゥスタンの国民により、各々の憲法が制定されることを目的とした別個の憲法起草集団を設立すること

三．パキスタンおよびヒンドゥスタンにおける少数者は一九四三年三月二十三日ラホールで採択された全インドムスリム連盟決議に則ってその安全を保障されること

四．パキスタンを求めるムスリム連盟の要求の容認と遅滞なき実現は臨時中央政府樹立へのムスリム連盟の協力と参加のために不可欠であること

当総会はさらに、統一インドを基盤とした単一憲法の押し付けと中央でイスラム教徒の要求に反する臨時体制を強要するような企てがあれば、それがどんなものであろうとも、ムスリムたちに自分自身とその国家の存続のために能う限りの方法でそれに抵抗すること以外の選択肢を提供しないものであることをここに強く宣言するものである。

ソラワルディ先生がこの演説を行なった後、各州からの代表が二十人か二十五人ほど壇上で発言し、決議案に賛成の意を表した。アブドゥル・ハシム氏も素晴らしい演説を行なった。決議案が満場一致で承認された後、リヤーカト・アリ・ハーン氏より誓約書が提出され、各州議会のムスリム連盟所属議員は全員、それに署名した。

デリーに向かう私たちを見送りにコルカタのハウラ駅にやってきて、そのまま汽車に乗り込みデリーまでやってきた学生がいたことは前に書いた。議員総会が終わって彼らは困ってしまった。どうやってコルカタに帰るか、ということだ。ここまで私たちを乗せてきた特別列車はあくまで片道だ。どうしようかと知恵を絞っても良い考えは出てこなかった。私たちはといえば、デリーからまずアジメールに行ってフワジャ・ムイヌッディン・チシュティー(59)の廟に詣で、そこからさらにアーグラー（アグラ）を訪ねてタージマハルを見物する計画を前から立てていた。一九四三年にデリーに来たときに

はタージマハルを見ないまま引き揚げざるをえなかった。今回こそは絶対に見に行く。そう心に決めていた。タージマハルは私の小さかった頃からの憧れだった。今回を逃したら、また機会があるかどうか分からない。

それはともかく、まず学生たちのことを何とかしなければ、というわけで私たちはソラワルディ先生に会って窮状を訴えた。それを聞いたソラワルディ先生は妙な顔をした。ある人物の名を挙げ、「……が来て、学生たちの切符代だといって金を持っていったぞ。君たちと話をするように、といって金を渡すようにしたんだが……」と言った。「それは知りません。その人ならもうここにはいませんよ」。私の話から事情を知り、ソラワルディ先生は怒った顔になった。その人物というのは学生ではなかった。ここにはその名を書かないでおく。ソラワルディ先生がもう一度金を出してくれた。しっかり計算して一人あたり二十五タカ（ルピー）。これで足りるはずだ。コンドカル・ヌルルと私と二人で学生それぞれに二十五ルピーずつ渡し、一人ひとりから領収書を取った。学生たちは無事コルカタに帰っていった。そこで残った私たち十人ほどは、私たち学生のリーダーであるフォズルル・カデル・チョウドゥリとともにアジメールに向かうことにした。チョウドゥリ氏がいれば、金の問題がおきても困ることはない。デリーの町をあらためてゆっくり見物して回った。ムスリムたちは何百年にもわたってこのデリーを本拠に、インドを支配した。いつかデリーを失うことになるとは、その頃は思いもしなかったろう。デリーのラール・ケッラ、クトゥブ・ミナール、ジャメ・モスクはイスラム芸術の素晴らしさを今に伝えている。オールド・デリーとその周りのあたりを歩き回って、その古い記憶を目の前によみがえらすことができた。

そして私たち一行は汽車に乗り、アジメールに向けて出発した。家の大人たちから「カジャババ（フワジャ・ムイヌッディン・チシュティー）の廟に詣でてきちんとお祈りすれば、何も手にはいらないものはない」などとアジメールの話を何度も聞かされていた。アジメールの駅に着いてみると、たくさんの人が待っていて、盛んに自分のところに泊まっていくようにと勧める。わけが分からなかった。こんなに大切にしてもらえるのはなぜなのだろう？　しかし、私たちは結局、誰の招きにも応じなかった。なぜなら、チョウドゥリこそが我々の代表だからだ。彼のするとおりにしなければならない。チョウドゥリは荷物とともに一等車から降りてきて、ある紳士に向かい、さああなたのところに行きましょう、と声を掛けた。その人はいそいそと車を呼び、私たちを乗せて出発した。着いた家は広くて、私たちが過ごすための場所もたっぷりあった。ここで入浴して汗を流し、食事をご馳走になった。後で知ったことだが、駅で声を掛けてきたのは「カーディム（奉仕人）」と呼ばれる人たちだった。アジメールのカーディムたちは十分に礼儀作法をわきまえていて、私たちにせびろうとは決してしなかった。泊まる場所や食事、世話係の手配をしてくれる。ここを訪れる人が出費するのはただ一つ、決められたときだけだ。アジメールを去る際に志を差し出せば、カーディムたちはそれを受け取る。その一部はフワジャ・ムイヌッディン・チシュティー廟管理委員会におさめるのだと聞いた。その理由は委員会としての出費がかさむことだ。なにしろフワジャ・ムイヌッディン・チシュティー廟においては誰も空腹であってはならない。炊事場からは常に炊《かし》きの煙が上がり、参拝客たちの腹を満たしている。

私たちも廟に出かけることにした。着いて見るとびっくりするような光景だった。何百人もの人がひっきりなしにやって来ている。たくさんの人が両手両足、両膝と額それぞれに鼻の先を地につける格好で跪拝を行なっている。泣き叫んでいる人がいる。悲しみで両の目から涙を流している人もいる。そして皆が「フワジャ様、お姿を現してください」と同じ言葉を唱えている。廟のすぐ隣では地面に座り、ハルモニアム[60]を弾きながら歌を歌う人たちがいる。歌の意味はよく分からないが、何だかずっと聞いていたいような気持ちになった。私たちは参拝を済ませ、歌に耳を傾けた。「カッワーリー」といわれる歌[61]を長い時間聴いた。私たちはそれぞれが出した金を歌い手たちに差し出した。ずっとそこにいたい気分だった。しかしそういうわけにもいかない。タラガルの山に登って、そこにあるいくつかの廟にも詣でなければならない。フワジャ様の代理人だった人たちの廟だ。タラガル山はずいぶん高いが、頂上まで行かなければならない。昔ここで戦いが行なわれたとき、ムスリム兵たちはどのようにしてこの山を越え、プリトヴィラージ・チョウハーン王の軍勢を打ち破ったのだろうか[62]。まだ飛行機が発明されていない時代だったのに。

　歴史専攻の学生なら、なぜフワジャ・ムイヌッディン・チシュティー師がこの地を選んだかを知っているはずだ。私たちの世話を引き受けてくれたカーディムのところの案内人が、そのいきさつも教えてくれた。その案内人と一緒にタラガル山に登った。そこでかなりの時間を過ごした。山の頂上から見える限り、砂漠が広がっていた。そして一方にはアジメールの町が見えた。山から下りてきたらもう昼を回っていた。カーディムの屋敷に戻って食事を摂り、再び出かけた。今度の行き先はアーナーサーガル湖だ。

　アーナーサーガル湖は大きな湖で、近頃はその周囲にずっと町ができている。ムガル帝国時代の優れた遺産を今も見られるところもある。かつてムガル王朝の歴代の皇帝や皇后が休息のためにこの地を訪れた。中でも第五代目皇帝シャー・ジャハーンの記憶が一番鮮明にここに刻まれている。皇帝と皇后が滞在した建物が今も残っている。建物は白い大理石でできていた。私たちは夕刻までをここで過ごし、それからゆっくりと町のほうに向かった。水の国ベンガルの住民である私たちは、水をたいそう好む。周囲を砂漠で囲まれたアーナーサーガル湖から引き揚げてくるとき、どれほど後ろ髪を引かれる思いだったか、言っても言い尽くせないほどだ。仲間の一人などは、湖のそばで一晩過ごすことを提案したほどだ。そうすればきっと素晴らしい体験になっただろうが、仕方がない。夜間は立ち入り禁止になっているからだ。無理やり居続けようとして警察につかまるようなことがあったら、こんな外国で誰が私たちを助け出してくれるだろう。

フワジャ・ムイヌッディン・チシュティー廟に戻ったときにはもう、陽は沈んでいた。そこで少し時間を過ごし､宿所に帰った。カーディムがご馳走を用意してくれていた。その夜はたっぷりと眠った。

アジメールに別れを告げ､再び汽車に乗って､タージマハルを胸に抱いて皇后ムムタ－ズが眠るアーグラーに向かった。タージマハルを見るのは長年の夢だった。タージマハルはムガル美術と建築の粋である。皇帝シャー･ジャハーンの永遠の愛の証でもある。世界七不思議の一つにも数えられる。タージマハル見物のことは、仲間たちの間でもよく話題にのぼっていた。昔からどれほど多くの人が、ただこのタージマハルを見るためだけに世界中からインドにやってきたことか。タージマハルを知らない人は世界でも稀だ。私たちはもう待ちきれない思いだった。早くタージマハルを見たいという気持ちが募って、汽車の速度がやたらに遅く感じられた。

アーグラーに着いた日の夜は、タージマハル見物には最高とされる満月になるとのことだった。別にそのように計算して行ったわけではない。心の内で満月に感謝をささげた。それにこの日に来られるようにしてくれた私たちの運命にも礼をしないのは不公平というものなので、ちゃんとありがとうを言っておいた。

アーグラーには朝のうちに着いた。二日間滞在の予定だ。どこか旅館を探して泊まることにした。とは言っても人数が多い。十二、三人はいる。相当の出費となりそうだ。旅人用の安宿のようなものがあると都合が良いのだがと思っていた。アーグラーの駅に着くと旅館の客引きが大勢集まっていた。ひとりの男が近づいてきて、私たちに向かい「ベンガルのお方ですね？　ベンガル人の旅館がございます。何かとご都合がよろしいかと……」と言う。それを聞いてチョウドゥリが「テントはあるのかね？　何しろ人数が多いのでね」と尋ねた。相手が「ありますとも」と答えたので、そのアーグラー・ホテルに行くことになった。チョウドゥリは部屋をひとつとり、私たちのためにテントが二つ張られることになった。私たちには簡易寝台さえあれば十分だ。あとは入浴のための水と便所があればいい。旅館の経営者はベンガル人で、礼儀をわきまえた人だった。私たちを温かく迎えてくれ、十分に気を配るようにと番頭に指示を与えた。宿泊代の交渉や支払いはすべてチョウドゥリがやってくれて、私たちは一銭も出さずにすんだ。

てきぱきと水を浴び、軽く食べてすぐ外出した。タージマハルを見たいという、はやる気持ちを抑え切れなかった。馬車を雇い、強い日差しの中、タージ見物へ繰り出した。

そこに着いて息を呑んだ。言葉にならなかった。気持ちを表わすのに相応しい言葉を知らなかった。こんなものがあり得るなんて、とひたすら思った。想像していたよりもはるかに美しく、荘厳だった。

しかしこれよりさらに美しい姿を見るには、今日夕暮れ時と、月が満面の笑みを浮かべる時刻にここに来ることだ。というわけであまり長居せず、夕方には閉まってしまうアーグラー城とイトマトウッドラー廟の見物に行くことにした。日が沈みかける少し前にここに戻ってこなければならない。馬車はそのまま待たせておいた。

イトマトウッドラー廟はヌールジャーハーン王妃の父の墓所だ。私たちはアーグラー城に行って、デワニ・アーム（謁見所）、モティ・マスジッド（真珠のモスク）、マチュリー・ババン（魚の館）、ナギナ・マスジッド（宝石のムスク）などを見て回った。デワニ・ハース（特別謁見所）と、シャー・ジャハーンが晩年幽閉生活を送ったジャスミン塔も見逃さなかった。デリーの「赤い砦」とアーグラー城はよく似ていると感じた。ムガル時代の工芸はどれも同じであることは見れば分かる。ヤムナ河に向かって広がる回廊にはかつていくつか岩が置かれていて、その間からタージマハルの全景を見ることができたという。今はもうその岩はなく、ガラスがはめ込まれている。そのガラス越しにもタージがよく見える。私たちはシーシュ・マハル（ガラスの宮殿）の見学を終えて、再びタージマハルに向かった。私たちを案内してくれた人は、いろいろなことを教えてくれた。本当のこともあり、作り話もあるが、ムガル王朝が崩壊したあと、何度も略奪が繰り返されたことは確かだ。ジャート族やマラータ族による略奪の後、イギリス人がとどめを刺した。ジャートとマラータはある程度の略奪の後この地から去って行ったが、イギリスはインド全土からすべてを奪っていった。身分の高いイギリス人たちがその略奪劇の主人公だった。ムガル芸術のさまざまな例証は、今でもインド・パキスタンの各地で目にすることができる。

イトマトウッドラーの後はもう一度タージマハルを訪ねた。夕暮れ近くになっていた。デリーの赤い砦を以前見ていたので、アーグラー城見物にさほど時間はかけなかった。

タージマハルの入り口に着いたときには、日は沈みかけていた。門が閉まるまでここにいるつもりだ。入り口が閉められるのは午後十時。その時刻になると門番たちが鐘を鳴らして一日の終わりを告げる。その後夜の間、タージマハルの中には入れなくなる。

入場した私たちは座る場所を決めた。何人かは夕刻の礼拝に行った。モスクからは礼拝を呼びかけるアザーンが聞こえてきた。パキスタン建国後もタージマハルでアザーンが流れているかどうかは知らない。私たちが訪ねた日には、いろいろな地域から多くの人が集まってきていた。ベンガル人も、マラータ人も、パンジャーブ人もいて、インド全土からすべての民族がここに集まっているように思えた。いつもこんなに人が多いのかと案内人に尋ねたところ、そういうわけではなくて満月の日には見物客が増えるのだ、という答えだった。日が完全に隠れると、金色の光芒が空に走った。タージマハルの新たな姿を見ている気がした。しばらくすると月が空に現れた。月は夜の闇を切り裂き、空に光を降り注いでいった。それとともに、まるでそれまで顔を覆っていたベールを取り去ったかのように、これまで見たことのなかったタージの新しい姿が浮かび上がった。何とも言えぬ美しい光景だった。あのときから二十一年たった今もはっきりと覚えている。これからも忘れることはないだろう。門番が入り口を閉ざすまで、私たちはタージマハルで時を過ごした。

翌朝、ファテープル・シークリーに向かう[63]ことになった。チョウドゥリ氏がバスを手配してくれた。ファテープル・シークリーとシカンドラーを見物し、午後には戻って、夜トゥンドラーに行かなけれ

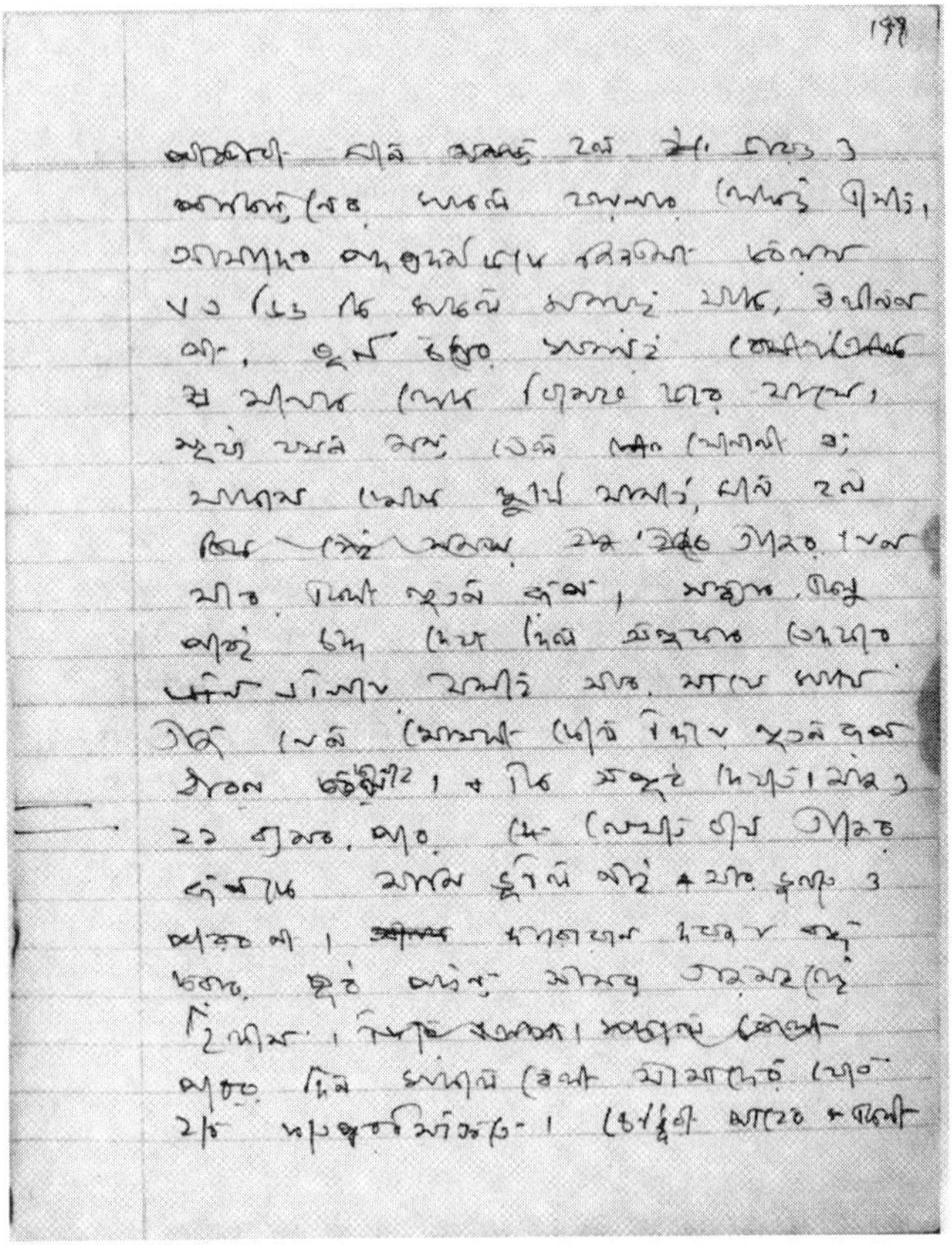

シェーク・ムジブル・ロホマンによる手書き原稿
(内容は本書 129 頁 9 行目「パンジャーブ人もいて、インド全土から」から同頁後から 2 行目「チョウドゥリ氏が」まで)

ばならない。トゥンドラーは接続駅で、そこでデリーから来た列車に乗り換え、コルカタのハウラ駅に帰ることになっている。

朝、バスが迎えに来た。急いで支度を済ませ、バスに乗り込んだ。チョウドゥリを待って出発した。道のりはわずか二十八マイル（四十五キロメートル）。それほど時間がかかるわけではない。ムガル時代の建築について話しているうちにファテープリ・シークリーに到着した。アクバル帝自らがこしらえた都だ。アーグラー城とさほど大きく違っているわけではないが、ファテープリ・シークリーのほうがはるかに規模が大きい。近くにはハーンワーと呼ばれる広い土地があり、かつてここで行なわれた戦いでアクバル帝はラージプート族の王サングラーム・シンの軍を打ち破り、ムガル帝国の基礎をつくり上げた。アクバル帝がなぜここに城塞を築いたのかは理解に苦しむ。学者たちの間でも意見が分かれているようだ。アーグラー門をくぐって進んでいくとブルンド門があった。これがファテープリ・シークリーの正門になる。百三十四フィート（約四十メートル）の高さを持つブルンド門を通り過ぎると、まずセリム・チシュティー廟が見えてくる。なお内部に入る前に、まずその廟に参った。セリム・チシュティーはアクバル帝が聖人として敬っていた人だ。アジメールのフワジャ・ムイヌッディン・チシュティー廟には歌い手たちがいたが、ここでも同じだ。ベンガルでは聖人の墓の前での歌舞音曲などありえない。フワジャ・ムイヌッディン・チシュティーとセリム・チシュティーはともに歌を好んだといわれる。私たちはイバーダト・ハーナー（祈りの部屋）からアブル・ファズルの家、沐浴場、宿泊所、ミーナ・モスク、ジョーダーバーイー・マハル、セリム・ガルなどを順に見て回った。しかし人によって見たいものが違う。私の見たかったのはターンセーン(64)の家だ。行程の最後にそこを訪ねた。

ターンセーンの家は宮殿の外、丘の上の小さな家だった。おそらく音楽修行に邪魔が入るのを避けるために、ターンセーンはこんな離れた場所に住むことを好んだのだろう。それにしてもずいぶん前の話なので、彼が本当にここに住んでいたのかは分かったものではない。

アクバル帝は巨額の費用を投入してここに宮殿と城塞を建設したのに、二年足らずでこのファテープル・シークリーに見切りをつけ、アーグラーに戻らざるをえなかった。歴史家たちは水不足のためだったと言うが、私にはどうも納得がいかない。何か別の理由があったのだと思う。ファテープル・シークリーの広さは八平方マイルもある。宮殿と城塞を合わせて二千九百の部屋がある。アーグラー城の場合はおよそ五百だ。ここファテープル・シークリーには、皇帝のすべての家臣たちの住んだ部屋以外になお、六万人の兵士たちが寝起きするスペースがあった。アクバル帝は力と能力を兼ね備えた皇帝だった。そんなアクバルが臣下たちのために水を都合することができず、この都を捨てることになったなどとは、私にはどうしても信じられない。

夕方には汽車に乗らなければならない。アーグラーからトゥンドラーまでは支線の列車が走っている。ファテープル・シークリーの近くに公務員用の宿泊施設があったのでそこで軽く食事を摂り、次にシカンドラに向かった。アクバル帝が永遠の眠りについている場所だ。アクバル帝は生前、ここを自らの墓所として選んでいった。デリーから始まってこれまで、多くの王や皇帝の墓を見たが、このシカンドラのアクバル帝の墓所の厳かさ、過度な装飾のない様子は、私にはとても好ましく思えた。アクバル帝の墓所は白いそこは多くの種類の樹木でいっぱいで、実のなる木や花もたくさんあった。アクバル帝の墓所は白い石で出来ていた。

時間が迫ってきていた。もう引き揚げなければならない。チョウドゥリにせかされてバスに乗り込んだ。アーグラーに戻り、すぐ荷物を持ってトゥンドラー駅まで行った。着いてみると、ベンガルから来ていた同志たち大勢と顔を合わせることになった。駅は人でごった返していた。荷物をチョウドゥリの乗る一等車の車両に投げ込んでおいて、急いで汽車に乗り込もうとした。皆はうまく乗れたものの、私は首尾よくいかなくて、一等車の車両のドアの取っ手をつかんで、外からぶら下がる羽目になった。友人の一人も私と同じ格好になった。次の駅に着いたら、どの車両でも構わず中に入ろう。扉をがんがん叩いたが、一等車の客は頑として開けようとしない。汽車は猛スピードで走り続け、私たち二人は恐怖に慄いた。何かの拍子に手が離れたら一巻の終わりだ。扉の二つの取っ手の間に両腕をねじ込み、体を扉にくっつけるようにした。特急列車だから駅間が短いわけがない。次第に状況は悪くなっていった。強い風に当たたって腕も足もだんだん感覚が無くなってきた。もう少しそんな状態が続いたらもうおしまいだったろう。しかし間もなく汽車が突然停まった。私たちはようやく地面に下りることができた。そしてアノワル、アノワルと大声で仲間の名前を呼んだ。アノワルはインタークラスの車両にいて、私たちの旅行用の寝具は彼のところに預けてあった。ずっと私たちのことを心配していたらしい。彼の協力で私たちはどうにかこうにか窓から列車の中に入り込むことができた。汽車は出発した。翌日夕方ハウラ駅に帰りついた。他の人の荷物はすべて無事だったが、私のトランクだけが途中でなくなっていた。寝具だけを抱えてコルカタに帰還する羽目になった。

再びコルカタでの生活が始まった。今度は少し学生らしい生活に戻ろうと思った。しかし学費を払っておらず、手持ちの金も不足していた。父から金を貰いに一度実家に帰ってこなければならない。学費はこの一年おさめてなかった。新しい服だっている。盗られたトランクにほぼすべての服が入っていたからだ。

実家に戻って、まず妻のレヌに事情を打ち明けた。レヌにはデリーとアーグラーから手紙を出してあった。今度は父に話さなければならない。話を聴いて父は不機嫌になったようで、無言のままだった。しばらくしてやっと口を開き、「よその土地に行くときには、着るものの数は控えめにしておいて、常に用心を怠ってはならない」と言った。そして金をくれて、「もう何も聞きたくない。とにかく学士号は取れ。お前はこれまでずいぶん時間を浪費してきた。『パキスタン建国運動』については何も言わないが、とにかく今は勉強しろ」と厳命された。金を受け取った私は両親や兄弟に挨拶し、最後にレヌのところに別れを告げに行った。彼女は部屋で立ったまま私を待っていた。その手にはお金があった。「涙は不吉」という言葉を気にしたのか、泣くのを必死にこらえているようだった。「一度コルカタに行ってしまうとなかなか戻ってこないんですもの」と彼女は言った。「今度学校が休みになったら帰ってきてちょうだい」。

コルカタに戻り、学費を払った。友人たちに貸したままになっていた本のうち、何冊かを返してもらった。授業に顔を出すと教授たちはすぐに気づき、何人かの先生からは「学校に来る時間が出来たのかい？」などとからかわれもした。私は何も答えず、ただ笑って見せた。級友たちもそれを見て笑った。

しかし勉強する気になったからと言って勉強ができるわけではない。その頃イギリスの内閣代表団がインドを訪問した。会議派とムスリム連盟はそれぞれの要求を掲げて代表団と交渉を続けた。私た

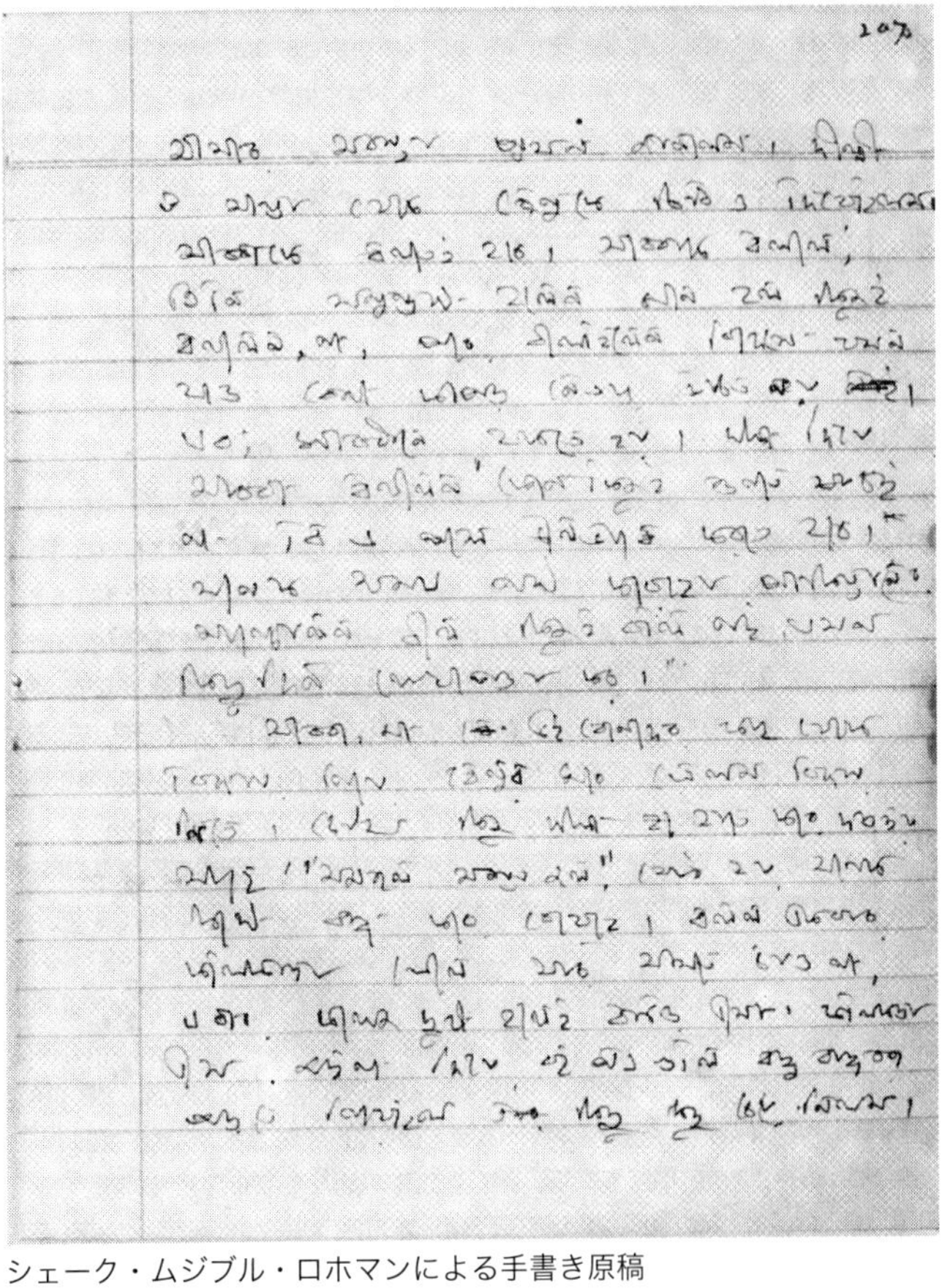

シェーク・ムジブル・ロホマンによる手書き原稿

（内容は本書 134 頁 4 行目「事情を打ち明けた。レヌには」から同頁後ろから 5 行目「返してもらった」まで）

ちもパキスタン建国の要求が認められなければ何も受け入れない、という姿勢を崩さなかった。ムスリム連盟と『ミッラト』紙の事務所で毎日お茶を飲みながら意見を戦わせた。会合や演説会で話をすることもあった。

内閣代表団の提示した案を会議派、ムスリム連盟双方とも受け入れるような状況になってきた。案によれば、国防、外交、交通通信は中央政府が管轄し、それ以外は州政府に委ねられる、ということだった。しかし後になって会議派が約定を違えたので代表団案は廃棄されてしまった。内閣代表団の交渉ぶりを見ていると、イギリス政府は国民会議派に政権移譲を目論んでいると私には思えた。しかしジンナーは会議派やイギリス政府の出方をよく心得ていたので、その目をごまかすのは容易なことではなかった。

第八章　直接行動の日の騒乱

　七月二十九日、ジンナーはボンベイ（ムンバイ）で全インドムスリム連盟評議会を招集した。手元不如意のため、私はこれに参加できなかった。ジンナーは八月十六日を「直接行動の日」とすると発表した。この行動はあくまで平和的に執り行なうようにと声明では指示されていた。この日を定めることで、ジンナーはイギリス政府と内閣代表団に対し、インドの一億のイスラム教徒たちはパキスタン建国要求から退くつもりはないことを示したかったのである。どんな障害があろうとも不退転の決意だった。一方会議派とヒンドゥー・マハーサバー(65)は「直接行動の日」は自分たちに対抗するために設けられたとする声明を発表した。

「直接行動の日」をつつがなく催すために、ということでまた私たちにお呼びがかかった。それを受けてハシム氏の呼びかけで会合が行なわれた。「ありとあらゆる地区へ行って宣伝活動を行なって来るんだ。ヒンドゥー教徒の多い地区もだ」とハシム氏は指示を出した。「このように言うんだ……我々のこの闘争はヒンドゥー教徒にではなく、あくまでイギリスに対するものです。民族や宗教を超えて皆で行動しましょう、と」。

私たちは拡声器を取り付けた車で出発した。ヒンドゥーの集落、ムスリムの集落を問わず宣伝活動を行なった。ただひたすら「パキスタン」の要求を繰り返した。この要求はヒンドゥーではなく、あくまでイギリスに対して向けられたものだ。私たちの出した声明や発表を知ったフォーワード・ブロック（前進同盟）（原文注16）の活動家たちがムスリム連盟の事務所にやってきて、この日が平和的に催されるよう、ヒンドゥーとムスリムが一体となって行動しようとの提案を行なった。私たちはこれに同意したが、前進同盟の動きはヒンドゥー・マハーサバーや国民会議派の宣伝活動にはかなわなかった。結局「直接行動の日」はヒンドゥー教徒に対抗するものとして位置づけられてしまったのだった。

ソラワルディ先生は当時ベンガル州首相の地位にあった。先生からも「平和的に行なうように。騒動になれば、非難されるのはムスリム連盟政権だからな」と釘を刺された。ソラワルディ先生は八月十六日を休日としたが、その措置はかえって会議派やヒンドゥー・マハーサバーを刺激しただけだった。

八月十五日には、各人の翌日の配置が決められた。「直接行動の日」当日はコルカタのモエダン広場（マイダン公園）(66)で集会が行なわれる。すべての地区から参加の人々が行進して集まってくる。コルカタに住むイスラム教徒の学生たちは、朝十時にイスラミア・カレッジに集合することになった。私はカレッジに詰めているよう言われた。その前朝七時に、コルカタ大学にムスリム連盟の旗を掲揚しに行く。

当日、私はヌルッディンと自転車を飛ばしてコルカタ大学に行き、旗を掲げた。妨害はなかった。しかし私たちが引き揚げた後、旗は下ろされ、ちりぢりにされたと聞いた。ともあれ私たち二人はカレッジ・ストリートからボウ・バジャル(67)を通ってイスラミア・カレッジに戻った。そしてカレッジの扉と集会室を開け放った。実はこのとき、帰ってくるのが三十分遅れていたら、多分その際もボウ・バジャルを通る道を選んだのだろうが、私とヌルッディンは死体となって誰にも見つけられないままになっていたかも知れなかったのだ。カレッジに戻ったとき、様子が不穏なことに気づいた。ヌルッディンは私を残して連盟の事務所に向かった。すぐに戻るから、と言い残していった。

ベーカー寮からはほんの数人の運動員が到着していただけだった。彼らに集会室を開けて椅子や机を並べるように指示した。何人かのムスリムの女学生がモヌジャン寮からイスラミア・カレッジにやってきた。皆ムスリム学生連盟のメンバーだった。そこにいた女性たちの中では、ハジェラ・ベゴム（現在名ハジェラ・マハムド・アリ）、ハリマ・カトゥン（今はヌルッディン夫人）ジョエナブ・ベゴム（現在ジョリル夫人）、シャデカ・ベゴム（シャデカ・シャマド）などの名を覚えている。彼女たちが到着したほんの数分後、男子学生たちが何人か、血まみれになりつつもそれでも何とか走ってイスラミア・カレッジにやってきた。背中を切られた者や、頭から血を流している学生がいた。どうしたら良いのか分からなかった。このような事態は考えてもなかったからだ。そこに女学生たちが進み出て、「怪我をした人は私たちのところに寄越してください。それから水を用意してください」と言った。しかし包帯もないのに、と思っていたら女学生たちは自分たちのオルナ（スカーフ）を引き裂いたり、サリーを切ったりして包帯を作り始めた。近くに寮があるので急を知らせた。包帯が巻かれた学生たちを、私の知り合いの医者のところに送り出した。

ある学生によると、こちらが大人数ならヒンドゥー教徒たちは攻撃してこないが、一人か二人でいると襲われる、とのことだった。さらに、旗を掲げに行ったリポン・カレッジの学生たちが襲われたとの知らせも入ってきた。

イスラミア・カレッジの近くにシュレン・バナルジ通りがあり、その先がドルモトラとウェリントン広場の交差点になっている。このあたりの住民のほとんどがヒンドゥー教徒だ。そのウェリントン広場にあるモスクが襲われたという知らせが届いた。そしてヒンドゥー教徒たちはここイスラミア・カレッジに向かっているとも。何人かの男子学生を女学生たちと一緒に残し、私たち四〜五十人の学生はほとんど素手でドルモトラ交差点に急行した。宗教集団間抗争という名は知ってはいたが、実際どんなものなのか実はよく知らなかった。しかしこのときそれを目撃することになった。目に飛び込んできたのは、何百人ものヒンドゥー教徒が、モスクを襲っている光景だった。モスクの説教師が私たちのほうに逃げてくる。そのあとを棒や刀を手にした男たちが追いかけてきていた。そのあたりにはイスラム教徒がやっている店がいくつかあった。店の者たちが棒を持って私たちに加わった。私たちの間から、「パキスタン万歳！」の声が上がった。見る見るうちに大勢の人が集まってきた。一方ヒンドゥーたちは私たちの目の前まで迫ってきていた。こうなったら阻止するしかなかった。レンガや石など、それぞれの手近にあったものを手にして対抗した。私たちの側にいたのは多分百五十人以下だった。いつの間にか誰かが、防御用にと棒を手渡してくれた。それまでは武器といえばレンガしかなかった。しかしそのうちに私たち側の大きなデモ隊がやってきた。途中の妨害を振り切ってやってきたのだ。デモ隊は一人ひとりが棒を手にしていた。デモ隊が私たちと合流すると、ヒンドゥー教徒たちはほんの数分のうちに撤退していった。それを見届けて私たちも引き揚げた。この間、警官隊が何度か出動してきて催涙ガスを撒いていった。警官隊による警戒態勢は続いている。いまやコルカタのいたる所でヒンドゥー教徒とイスラム教徒の衝突が起きていた。しかし明確に言えるのは、イスラム教徒はこのような暴動が起こるなどと考えてもいなかったということだ。

　私たちはモエダン広場に向かった。すでに予定より大分遅れていた。何十万という人が直接行動の日の集会に参加することになっていた。しかしカリガート、ボバニプル、ハリソン・ロード、ボロバジャル……ありとあらゆる地区で、ムスリムのデモ隊が攻撃を受けていた。ソラワルディ先生は集会で行なった演説の中で、集まった人々に早々に帰宅するようにとの指示を出した。しかし家や住んでいる場所がヒンドゥー地区の中だとどうしようもない。ムスリム連盟の事務所はすでに人で溢れかえっていた。コルカタ市ムスリム連盟のオフィスも同様だった。多くの人がザカリヤ通り(68)に難を逃れた。その近くのウェレズリー、パーク・サーカス、ベニヤ・プクル地区はムスリムの居住区と言えた。多くの人が怪我を負っていた。負傷者をコルカタ医科大学病院、キャンベル病院、イスラミック病院などに送る手配もしなければならなかった。電話が鳴りっぱなしだった。騒動に巻き込まれ身動きがとれない、このままでは夜までに子どもたちも一緒に殺される、助けてくれ、という電話ばかりだった。救助を求める人々の電話番号と住所を書き取るために、数人が電話の横に配置された。連盟の事務所はまるで難民キャンプだった。イスラミア・カレッジも避難してきた人たちに開放された。コルカタ・マドラサも同様に開放しようとしたところ、門番が抵抗した。そこで、私は走って校長のもとに行き交渉すると、校長自らが出て行って門を開けるよう命じた、ということもあった。

　近くに住む人たちから少しずつ情報が入ってきていた。ベーカー寮やイリオット寮はすでに人で一杯だという。問題はテーラー寮の学生たちをどうやって救出するかだ。彼らについては何の情報もなかった。テーラー寮の学生たちのうちの何人かは昼のうちに脱出してきていた。しかし逃げ出せずそこに残ったままの学生もいる。寮の建物には出入り口が一つしかない。まわりはすべてヒンドゥー教徒の住居で、寮に火がついたらそれらの家も含めてすべて丸焼けになる。ヒンドゥーの暴徒たちが夜のうちに何度か門を破壊しようとしたのだが、失敗に終わっていた。ソラワルディ先生に相談しようと思ったが見当たらない。電話をしたところ、ラールバジャルにいるとのことだった。つまりラールバジャルの警察本部ということだ。深夜になってヌルッディンが、一台の大型自動車を調達してきて、警察の協力も得て学生たちの救出を試みた。一方タルトラやウェレズリー地区では多くのヒンドゥー教徒がいたが、そのうちの何人かがこっそりと私たちのところに助けを求めてきた。相当な危険を冒して彼らを救い出し、ヒンドゥー地区に送り届けることもした。ベーカー寮の近くに住んでいたヒンドゥー教徒たちも同様に助けた。何とかシュレン・バナルジ通りまで連れて行ければ、彼らの安全は確保できるのだった。

実はこの騒乱の中、自分の家族についても心配を抱えていた。その頃六人の兄弟姉妹のうち、私を含め五人までがコルカタと郊外のスリラムプル（セランポール）に住んでいたからだ。二番目の姉については危惧することはない。ムスリムの多いベニヤ・プクル地区在住だからだ。そこにたまたまもう一人の姉が遊びに行っていた。別の姉はスリラムプルにいることが分かっている。問題はただ一人の弟、ナセルのことだった。ナセルは中等教育修了資格試験の準備中だった。まだまるっきり子どもだ。普段は姉たちの家に行ったり来たりしている。私のところに来て何日か過ごしていくこともある。誰の言うこともあまり聞こうとしない。さらに小さかった頃は元気ないたずら坊主だった。この日はモエダン広場にやって来たに違いなかった。しかしそこから私のところには来ていない。生きているのか死んでいるのか分からない。スリラムプルの状況は極めて悪い。姉が住んでいる地区ではムスリムはわずか二世帯にすぎない。

コルカタの町のいたるところに死体が転がっていた。多くの地区が焼け焦げになっていた。それは恐ろしい光景だった。人間が人間をこのように殺すことができるなどと、考えただけでぞっとする。私は何とか情報を集めようとした。下の義兄がハリソン・ロードのタワー・ロッジに住んでいた。そこに消防署の車で行って尋ねたら、彼はカーマイケル寮に難を逃れたとのことだった。ナセルは二番目の姉のところにもいないし、もちろん私のところにもいない。下の義弟のソイヨド・ホセンに聞くと、「ナセルが八月十六日に来たので、ここにいるようにと言ったんですが、またどこかへ行ってしまいました。無理に引き止めることはしませんでした。ここも安全ではないので。私たちも避難するつもりです」との答えだった。

ナセルについてそれ以上何も分からなかった。知る手立てもなかった。レディー・ブラボーンカレッジが避難所となっていた。建物の二階に女性たちが、一階には男性が難を逃れていた。運動員たちが手分けして世話をしていた。私も何度か行って手伝いをしてきた。さらに救助が必要なイスラム教徒たちを助け出してくる必要もあった。救援活動に行って暴徒に襲われたこともあった。私たちはまた、ヒンドゥー教徒を救出してヒンドゥーの多い地区へ送り届けたこともあった。人間が人間性を失って獣になってしまったように思えた。一連の騒乱の初日となった八月十六日には、ムスリムたちが大きな被害を受けた。だが次の二日間には逆にムスリムたちがヒンドゥー教徒に大きな損害を与えた。これは後になって、医療機関がまとめた数字から分かったことだ。

一方各寮では、米や小麦が足りなくなってきた。略奪を恐れてすべての店が閉まったままだった。ソラワルディ先生を訪ねて、何か手がないか助言を求めた。「ノバブジャダ・ノスルッラ（ダカのノバブ・ハビブッラの弟。とても気さくな人柄で、ソラワルディ先生の片腕として院内副総務を務めていた）に言ってある。彼と会いなさい」との返事だった。それを聞いてノスルッラのもとに駆けつけた。彼は私たちをセント・ハビエル・カレッジに連れて行き、「米はここにあるから、運ぶ算段をしなさい。私たちは車を持っていない。軍が車をほとんど持って行ってしまった。もう少し待てば都合がつくかも知れないが」と言う。しかし事態は急を要するので私たちは手押し車を探し出してきて、それで米を運ぶことにした。しかし誰が運ぶのか。仕方なく私とヌルッディン、ヌルル・フダ（今はDIT・ダカ開発計画で技師として働いている）が車を押していくことにした。しかしヌルッディンは「ヤシの葉っぱの兵隊」という渾名がつくくらいのやせっぽちで、全く力がない。それでも三人で何とか、ベーカー寮とイリオット寮には米を届けた。問題はカーマイケル寮までどうやって行くか、ということだ。かなり遠い上にヒンドゥーの地区を通って行かなければならない。手押し車で行くのは無理だ。するとヌルッディンががんばって消防署の車を一台調達してきた。その車で私たちは米を届け、無事に戻ってくることができた。

スリラムプルでは騒乱は起きていないということだったが、それにしてもナセルはどこに行ってしまったのだろう。ナセルの行方を探るため、スリラムプルに人を遣った。暴力行為と略奪は少し収まってきていた。

ナセルは八月十六日にコルカタに来ていた。ハリソン通りで騒ぎに巻き込まれ危なかったが、救急車に乗せてもらって何とか助かった。ナセルは小さいときチフスに罹り、足に障害が残った。足を引きずって歩く。その障害のある足を見せて救急車に乗り込むことができたのだった。明るいうちは救急車に隠れていて、日が翳り始めてからハウラ駅に行き、汽車でスリラムプルに向かった。普段の三倍以上の三時間もかかった。途中何度か列車は襲撃を受けたが、何とか助かった。ナセルの話では、多くのヒンドゥー教徒たちがイスラム教徒を助けようとして自ら危ない目にあっていたという。私も同じような情景を目撃した。ムスリム連盟の事務所にかかってくる電話のうち多くがヒンドゥー教徒からのものだった。自宅にムスリムを匿《かくま》っているが、早く代わりに引き受けてほしい、さもなければ自分たちも匿われている人たちも命を落とすことになる、という電話だった。

中にはこの騒ぎに全く動じない連中もいた。彼らは騒ぎに乗じて店を壊し、略奪をする。まるでそれしかやることがないというふうだ。こうした男を阻止しようとして危ない目にあったことがある。私に向かって攻撃してきたのだ。

外出禁止令が出され、夜に出かけることはかなわなくなった。日が暮れた後、外に出ればもう助からない。警告もなく、すぐ弾が飛んでくる。兵士はただ発砲し、人を殺す。窓が開いていれば弾を撃ち込む。朝になるとたくさんの人が撃たれ、道に倒れて死んでいるのを見た。兵士は一言もなく、ただ発砲した。

シレットのモアッゼム・チョウドゥリ（現在はコンベンション・ムスリム連盟[69]所属のパキスタン国会下院議員）

と一緒に命令を受けて、夜のうちにパーク・サーカスとバリゴンジ(70)の中間にある、ムスリム教徒が多く暮らすスラムに行って警戒に当たったことがある。そこは毎晩のようにヒンドゥー教徒の攻撃の標的にされていた。私たち二人が選ばれたのは銃を扱えたからだった。私たちは銃の撃ち方を知っていた。二人とも父親が銃を所有していたからだ。

もうすぐ日暮れという時間になって、『ミッラト』紙の事務所からそのスラムへ行くようにとの指示を受けた。急いで出かけ、走った。車がないので自分の足で行くほかなかったのだ。ローワー・サーキュラー通りを通り過ぎて小道に入ったところで、もう夜間外出禁止の時間になってしまった。墓地の横を通って行った。車の音が聞こえると物陰に身を隠し、音が消えたところでまた歩き出した。やっとパーク・サーカスの広場の裏あたりに着いた。しかしここからどうやって広場を横切ったらいいのか。長い時間をかけて広場の裏側からショオガト・プレス(71)の経営者で編集者でもあるモハンモド・ナシルッディンの家の近くまでたどり着いた。そこから一本通りを越えて、ある友人の家に入り込んだ。さて、これからどうするか。友人の両親は私たちが再び通りに出ることを危険だからと、決して許そうとしなかった。通りの角には兵士が詰めていたからだ。兵士たちは影を見ただけでも発砲した。仕方ない。その家で夜を過ごすしかなかった。指示された場所まで行き着くことができなかったのだ。その夜には結局襲撃事件などは起こらなかった。それにしてもその夜、私たちが移動した距離はほぼ一・五マイル（約二・五キロメートル）ほどだったろう。いつ撃たれて死んでもおかしくなかった。

パーク・サーカス地区では、B・A・シッディキ判事、アブドゥル・ロシド、トファッジョル・アリ（前閣僚）といった人たちが防衛隊の指揮を執っていた。私たちはそこにボランティアとして加わった。コルカタの二つの主要駅であるシアルダとハウラにはヒンドゥーとムスリムのために、それぞれ別の避難所が設けられた。コルカタの外からやって来た人たちが、間違った地区に入ってしまうことを避けるためだった。ヒンドゥーがムスリム地区に入ったり、あるいはその逆のことがあると、悲惨な結末は避けられない。コルカタの女性たちの中では、ソラワルディ先生の娘のソラエマン夫人、ノバブジャダ・ノスルッラの娘イッファト・ノスルッラ、アクタル・アタハル・アリ夫人、女性向け雑誌『週刊ベゴム』(72)のヌルジャハン・ベゴム、ロシド夫人、ロケヤ・コビルといった人たちに加え、モヌジャン寮やブラボーン・カレッジの女学生たちが一生懸命奉仕活動にあたっていた。女性ボランティアは昼夜を問わず女性避難者たちの世話に従事し、私たちは男性を担当した。外出禁止令のため夜は何かと不便なことが多かったが、それでも避難所ではハジェラ・マムド・アリやハリマ・ヌルッディンなどの人たちが一日中働く姿が見えた。

コルカタの状況はひどいものだった。ムスリムはムスリムの地区に、ヒンドゥーはヒンドゥーの地区にじっと身を潜めていた。友人たちと会える場所はただ一カ所、私たちがチョウロンギと呼んでいた、現在のエスプラネード(73)だけだった。状況はさらに悪化した。何日か騒ぎが収まっていたのに、ナイフを使った小規模な騒動があって、それがきっかけでまた殺戮が始まったりしたのだ。ソラワルディ先生は安全確保のために昼夜を問わず働き詰めだった。コルカタ市に警官は千五百人ぐらいいるが、そのうちイスラム教徒はわずか五十人程度だ。警察幹部に限っても似たような状況だった。こんな情勢ではソラワルディ先生が首班を務める内閣が立ち行くはずもない。ソラワルディ先生はもう千人のムスリムの警官を増強することを求めたが、当時のイギリス総督はそれに反対した。ソラワルディ先生が辞任をちらつかせてやっと認められた。パンジャーブから戦争帰りの兵士を集めてきて警官にした。しかしこのことがもとで大論争が起きた。特に会議派やヒンドゥー・マハーサバー系の新聞はこのことを書きたてた。

コルカタの騒乱がやっと収まったかと思っていたのも束の間、今度は東ベンガルのノアカリで騒ぎが起こった。ムスリムたちがヒンドゥーの家を襲い、略奪し、挙句の果てに家に火をかけて行ったのだ。ダカでも同じようなことが続いていた。これらの事件に呼応して、ビハールでは大規模な衝突があった。ビハール州の各地で、ムスリムたちを計画的に襲った連中がいた。多くの人が亡くなり、たくさんの家屋敷が破壊された。ビハールで騒ぎが始まった三日後、私たちは州都のパトナーに向けて発った。それまでに数多くのボランティアたちがビハール州に向かっていた。大勢の医師たちもコルカタから出発していった。コルカタでの活動仲間でヤクブというのがいて、写真が上手かった。彼はカメラを抱えて行き、ビハールの各地を回ってたくさんの写真を撮ってきた。ジョヒルッディン、ヌルッディンと私が出立したのと同じ日、「ベンガルの虎」フォズルル・ホク氏もパトナーに向かっていた。ソラワルディ先生はパトナーのムスリム連盟の幹部たちに対し、ベンガル州政府は必要があればどんな援助でもする用意があることを伝え、ビハール州政府にも同様のメッセージを伝達した。

私たちはパトナー駅に着いたが、予想以上のすさまじさに驚くことになった。そこには知り合いは誰もおらず、どこに行ったら良いのかもわからない。三人のうちではジョヒルがそれまで何回かパトナーに来たことがあった程度だった。私たちはまず、ビハール州政府の閣僚の一人、ユヌス氏の経営する「グランドホテル」に向かった。そこではベンガル・ムスリム連盟のモオラナ・ラギブ・アハサンが事務所を構えていた。同じ日、ムスリム連盟幹部のアブドゥル・ラブ・ニシュタールもパトナーにやってきたので、私たちは会合を行なって、善後策を考えた。それから三日後、ヌルッディンはコルカタに戻っていった。しかしジョヒルはパトナーに残った。ソラワルディ先生に、ビハールのために我々として何ができるかと尋ねたところ、避難者たちを汽車に乗せてアサンソル[74]に送り届けることができるなら、あとはベンガル州政府がすべてやるから、という返事だった。私がそのことをアクモルという行政職の官僚に伝えると、「君は本当にソラワルディ首相の代理として来ているのかね?」と聞かれた。おそらく、ソラワルディ先生がそのような重要事項を話し合う相手としては、私は若すぎると思われたのだろう。私はそれに対し「私はソラワルディ先生の考えを知っていますし、ある程度は代理として発言することだってできます」と答えた。それでも周りにいた人たちが、いかにも信じられないといった目で見るので、私はソラワルディ先生の電話番号を伝え、なんならこの番号に電話してみてください、と伝えた。

　翌朝もう一度アクロムと協議した。その席上で、避難者たちをその日からアサンソルに送る予定であることを知らされた。騒乱を逃れて農村部から町へ出てきた人全員を受け入れるのは無理だ。アンジュマネ・イスラミアなど、避難所とされたところではもう場所が不足していた。北西辺境州から到着したムスリム連盟指導者のピール・マンキー・シャリーフの一党に加え、アリーガル[75]から来た私の友人のモスタファやソイヨド・アハメド・アリなど、多くの学生運動員がパトナーに集まってきていた。コルカタからだけでも学生、医師、州兵などを含む千名ほどがボランティアとして来ていた。パトナーから遠く離れた村々から、避難者たちが到着してきていた。私は千人ほどの避難者とともにアサンソルに向かった。出発前に、アサンソル・ムスリム連盟のモオラナ・ヤスミンに電報で知らせておいた。ヤスミンはトラック二台とボランティアたちとともにアサンソルの駅まで出迎えに来てくれていた。避難民がプラットフォームで休めるよう手配された。負傷し、動けない人が多かったからだ。ソラワルディ先生には現況について、ヌルッディンが説明した。ソラワルディ先生はパトナーからも情報を入手していた。先生からすでに県行政官や郡長官に、避難者たちのために場所と食べ物を提供する指示が出されていた。

　コルカタに帰ったヌルッディンは、私に協力するようにとボランティアと医師をそれぞれ数名派遣してくれた。郡長官はヨーロッパ人だった。年は若いが、礼節をわきまえた男だった。一方ソラワルディ先生からは、戦争のときに兵士たちの宿舎とされた駐屯地の建物を、避難者たちの仮設住宅とするようにと指示を受けた。政府により食料が用意された。食料の配布にあたっては、郡長官、アサンソル・ムスリム連盟の幹部と私が協議して決めた。最初に開かれた避難民キャンプは「ニガー」という小さな倉庫の中だった。そこには千人ほどが収容できる。続いてカンドゥリア・キャンプができた。一万人の避難民が暮らすだけのスペースがあった。私が命名したキャンプもあった。「ヒジュラトゴンジ」という。預言者ムハンマドの聖遷（ヒジュラ）にちなんで名づけた。モオラナ・ヤスミンは喜んでその名を承認してくれた。避難民たちはアサンソルか次のラニゴンジ駅で汽車から降り、そこからトラックでキャンプに案内された。モオラナ・ワヒドがいつも私と一緒に働いていた。私たちはかつての同級生で、彼は今はシャハジャドプルのイスラム教指導者になっている。

キャンプでは私たち用の食事が特に準備されていたわけではなかった。避難民たちのために作られる料理を貰って食べていた。近所には店など何もなかった。毎日何百人という人が新たに到着してくる。食事は一日に一回提供するのがせいぜいだった。キャンプの中には診療所も開いた。モエモンシンホ（マイメンシン）のアブドゥル・ハミド医師とゴフォルガオンのホジュラト・アリ医師が診療にあたった。診療所が開いてから四～五日たって、アサンソルのローズ郡長官が年配のイギリス婦人を連れてやってきた。彼女には私たちの業務計画をまとめてもらえて助かった。戦争のときビルマからの難民を受け入れたキャンプで働いた経験を持った人だった。彼女の作ってくれた業務計画はとても役に立った。

それからまた数日後、ベンガル州政府はショリムッラ・ファハミをビハール避難民担当臨時担当官に任命した。ショリムッラはアサンソルに赴任して、まず私を探した。そしてモエラ・キャンプにいた私と出会うことになった。彼の着任後、すべての難民キャンプがベンガル州政府の管轄下に置かれるようになった。ムスリム連盟のボランティアたちも継続して活動を行なった。私はショリムッラと協議して、避難民たちの中から、監督官と副監督官、さらには配給責任者や守衛まで選んで任命した。

避難民たちのための料理作りをまとめて行なうことは無理だったので、配給カードを作り、それぞれの家族に無料で米、燃料用の薪、唐辛子、タマネギなどを一週間分まとめて渡すようにした。肉だけは一日おきの配給となった。これは避難民たちに好評だった。これらの体制を整備するのにひと月を要した。このころビハール州側からジャファル・イマームという担当者が、ベンガル州が難民をどのように遇しているかを視察に来た。私たちの事務所に来て私とも話をした。そのころまでには事務所ができていて、私たちはそのそばの施設で寝泊りするようになっていた。また私たち用の食事もそこで作れるようになっていた。ベンガル人たちの組織と管理体制を見て、ジャファル担当官は満足し、私と同僚たちに対し深い感謝の言葉を述べた。担当官は避難民たちとも会って、その訴えを聞いて引き揚げていった。

モエラ・キャンプとマダイゴンジ・キャンプはさらに後からできたものだ。この二つのキャンプで合わせて約一万人の難民が暮らすようになっていた。難民の中には高学歴で、社会的地位も高い人たちもいた。しかしそれにしても、アサンソル地区で避難民のためにこれ以上の施設を提供するのは不可能な状況になっていた。そのためその後ビシュヌプル、オンダル、ボルドマン（ブルドワン）といったベンガル州のほかの町にも避難民を送り出すようにした。私の同僚たちは食べ物や睡眠の不足、それに仕事のストレスで、ほとんど皆が体調を崩していた。そのためコルカタに送り返した者たちも多かった。そうした中、私自身も熱を出した。そのころモハンモド・アリとA・F・M・アブドゥル・ロホマンの二人は州政府の閣僚で、アサンソルにベゴム・ソラエマン、イッファト・ノスルッラなどの部下を引き連れて視察に来た。そのことは前もって知らされていたので、私はアサンソルまで出迎えに行った。そしてキャンプを案内して回った。しかしそこでキャンプの皆と別れて、大臣たちと一緒にコルカタに戻らざるを得ないことになってしまった。体調がひどく悪化していたのだ。ベゴム・ソラエマンは、そのとき私の顔色と衰えた体つきを見て驚いたという。

体を壊してひと月半ぶりにコルカタに帰ってきた。ベーカー寮に着くと体調はさらに悪くなった。

熱が全く下がらなかった。ソラワルディ先生は州首相として常に多忙だったが、それでも私のごとき下っ端のことも考えてくれ、熱帯医学研究所(76)のヨーロッパ人用病棟に予約を入れたとの連絡が入った。その病院には十五日間入院することになった。その間先生は研究所の所長に電話をいれ、私の病状を問い合わせたりしたので、所長自らが私を診察してくれることになった。私はやっと回復し、寮に戻ることができた。

アサンソルで出会ったイギリス婦人の仕事ぶりを見て、また自分自身でも仕事をして得た経験は、その後の人生においてさまざまなときや仕事に大いに役立つことになった。

このころ私は、学士号取得のために試験を受けようと決心していた。そのことでイスラミア・カレッジのジュベリ校長のところに相談に行った。「パキスタンの建国のために大いに頑張ってきたのは知っている。そのことで君の邪魔をしようとは思わない」と校長は言った。「君が今後数カ月勉強に打ち込み、いったんコルカタを離れ、最終試験までには戻ってきて受験すると約束するならば、受験許可を与えよう」。実はそのときまでには、最終試験の前提となる予備試験は終わってしまっていたのだった。私は校長と、さらにタヘル・ジャミル、サイドゥル・ロホマン、ナジル・アハモドの各教授の居並ぶ前で、その通りにすることを誓った。許可をもらったあと、教科書などを抱えて、元同級生で幼馴染のシャハダト・ホセインの家に転がり込んだ。シャハジャトは一九四六年に学士号を取得し、就職してハウラのウルトダンガにいた。

最終試験の行なわれる幾日か前にコルカタに戻った。寮からはすでに出ていた。義弟のアブドゥル・ロブ・セルニアバトが当時パーク・サーカスに家を借りて住んでいて、妹もそこにいたので面倒になることにした。セルニアバトはボリシャル出身で弁護士だ。それから幾日かたって、妻のレヌもコルカタに出てきた。試験のとき自分がそばにいれば、私が合格するとレヌは考えたらしい。私は試験を受け、無事合格した。

幼馴染のシャハジャトはこの間、勤め先から二カ月の休暇を取って私の勉強を手伝ってくれた。その後の人生では彼のためにいろいろ迷惑を蒙ったが、そのことで彼に文句を言ったことはない。シャハジャトの実家は私の実家の近くにある。

ハシム氏はムスリム連盟の総裁になることを目論んだ。モオラナ・アクロム・カーン総裁の辞職を受けてのことだ。しかしソラワルディ・ベンガル州首相は認めなかった。首相はカーン総裁に辞意を撤回させた。ハシム氏は怒ってムスリム連盟事務局長を休職し、地元のボルドマンに引っ込んでしまった。そこからコルカタに出てくることがあっても、ひたすら『ミッラト』紙のオフィスで寝泊りした。学生や青年たちの間で、そのころまでにはハシム氏の人気はかなり失われてしまっていた。私たちの多くが彼に幻滅していた。なぜそうなったかを言い始めると長い話になる。ハシム氏はコルカタに来るたびソラワルディ先生の悪口を言って回った。その主な理由は、ソラワルディ先生が『ミッラト』紙を日刊にすることに協力せず、その代わりにノバブジャダ・ハサン・アリを発行者、アブル・モンスル・アハモドを編集長とする日刊『イッテハド』紙を創刊したからだった。モオラナ・アブドゥル・カーンの『アジャド』紙も反ソラワルディの立場だった。それまでは『アジャド』が唯一のベンガル・ムスリム向けの日刊紙だったのに、『イッテハド』などという新聞が出るようになってしまったからだった。そのことでアブドゥル・カーン自身より、むしろ彼の周りの連中の怒りがすさまじかった。

一九四六年の終わりごろ、インドの政治状況は複雑な様相を呈していた。イギリス政府はどうあっても政権を移譲すると決めていた。先に派遣された内閣代表団の提案をムスリム連盟は受け入れた。しかし国民会議派はいったん提案受け入れを表明したものの、その後、後退する姿勢を示した。それにもかかわらずインド総督のアーチボルド・ウェーヴェル卿は会議派を核とした臨時政府樹立を発表した。ウェーヴェル卿の不実な態度への抗議として、ムスリム連盟は臨時政府への不参加を決めた。一方パンディット・ジャワハルラール・ネルーが率いる会議派は新政権に参加することになった。ウェーヴェル卿からは、臨時政府の閣僚ポストのうち五つは空白のままで、ムスリム連盟が望めばいつでも入ってきてよいと水を向けられていた。不参加を決めたムスリム連盟だったが、それでもやはりうまくいかないことも出てきたため、ソラワルディ先生がウェーヴェル卿と会見し、連盟の政権参加について協議を行なった。この協議はジンナーの承認を受けて行なわれたものだ。最終的にはジンナー―ウェーヴェル会談が実施され、ムスリム連盟は臨時政府への参加を了承した。一〇月の下旬、リヤーカト・アリ・ハーン、I・I・チュンドリゴル、アブドゥル・ラブ・ニシュタール、ラジャ・ゴジノフォル・アリ・カーン、ジョゲンドロナト・モンドルの五名がムスリム連盟として臨時インド政府の内閣に加わった。ムスリム連盟があくまで中央政府への参画を拒むのなら、国民会議派はパキスタン建国の要求を断固として拒否する構えを見せていた。

一九四七年六月、インド分割が発表された。会議派が分割に同意したのは、ベンガルとパンジャーブがそれぞれ二つに分けられるからだった。アッサムのシレット県以外はすべてインドのものとなり、パキスタンには帰属しない。ベンガル州のコルカタおよびその周辺地域も同様だ。ベンガルを分割するこの計画に対し、モオラナ・アクロム・カーンなどムスリム連盟の幹部たちは強く反発した。ボルドマン管区は仕方ないとしても、コルカタが我々のものにならないのは納得が行かなかった。会議派とヒンドゥー・マハーサバーはベンガル分割に与する世論醸成のために動き始めた。対抗して私たちも、分割は許さないとアピールするための集会を開いた。しかしその時点で、会議派中央とムスリム連盟中央が分割の考えで一致していることなど、私たち末端の運動員は知る由もなかった。ベンガルが分割されることを、ベンガルの指導者たちさえ知らなかったのだ。私たちはベンガルとアッサムのすべてがパキスタンになると思い込んでいた。それなのに実際手に入るのはアッサムの一部だけで、それも住民投票の結果次第だという。さらにベンガルの中でもムスリムが優勢な県が切り離され、インドに併合されるというのだ。私たちは失望した。コルカタや西ベンガルの活動家たちは私たちのところにやってきて、君たちは我々を見捨てていくのか、我々にどんな運命が待ち受けているのか神のみぞ知るだ、と言って嘆いた。彼らをたいそう気の毒に思った。コルカタのムスリムたちは胸のうちで、何があろうとコルカタは捨てない、との決意を固めていた。ベンガル州のモハンモド・アリ財務相はソラワルディ首相に代わって、コルカタは我々の首都であり続ける、との声明を出した。コルカタを手放すことはデリーで行なわれた協議でとっくに決まっていたことなど、私たちは知らなかったし、どうしてそうなるのか理解もできなかった。

そんなときソラワルディ、ハシム両氏がムスリム連盟の代表として、国民会議派の代表ショロト・ボシュおよびキロンションコル・ラエと協議を行なった。協議の結果双方は、ベンガル分割を回避する方策があるのではないか、という点で意見の一致を見た。この結果を受けてソラワルディ先生はデリーに赴き、ジンナーの承諾のもと、会議派側との折衝を始めた。その結果、ベンガルの会議派とムスリム連盟の指導者たちによって解決案が打ち出された。ベンガル・ムスリム連盟の実行委員会はこの原案を満場一致で了承した。私の記憶では、この原案ではベンガルは主権を持つ独立国家となることが謳われていた。人民の参加による選挙で国民議会が作られる。国民議会は、ベンガルがインドかパキスタンに加わるか、あるいは独立国家として存在するのかを決定する。議会で代議員たちの多数がパキスタンへの編入に賛成すれば、ベンガル全体がパキスタンに加わることになる。逆にもしインドへの帰属を支持する意見が多ければそのようになる。また独立派が多数を占めればベンガルは独立国となる。

この案を手に、ソラワルディ、ショロト・ボシュ両氏は、ジンナーとマハトマ・ガンディーとの協議のためデリーに向かった。ショロト・ボシュ自らが書いたものによれば、この会談でジンナーは、もし会議派がこの案に賛成ならばムスリム連盟は反対しない、と述べたという。イギリス政府の立場は、会議派とムスリム連盟間の合意がない限り、どんな新たな方策も認められない、というものだった。しかしながらショロト・ボシュは会議派の幹部たちとの協議で屈辱を味わうことになった。国民会議派の重鎮、サルダール・ヴァッラブバーイー・パテルに「気を確かに持つように。こっちはコルカタがほしいのだ」と言われたのだ。ボシュはその前にガンディーとネルーに会っていたが、二人は特に何も意見を述べず、ただパテルと話をするようにと指示しただけだった。パテルはさらに厳しい言葉を連ねてボシュを追い返した。コルカタに戻ったショロト・ボシュは声明の形で新聞にこのいきさつを書いた。その中でボシュは、ジンナーが解決案に賛意を表わしたことも記している。

この後多くの幹部たちが、統一ベンガルを支持しているとしてソラワルディ先生や私の名を挙げて非難し始めた。おかしなことに、これらの人たちのほとんどはベンガル・ムスリム連盟の実行委員会のメンバーで、先に決めた解決案を満場一致で承認していた。ジンナーは生涯、ソラワルディ先生への批判を口にしなかった。ソラワルディ先生の合意が得られなければ何事も進まなかったからだ。私たちはベンガルとアッサムが両方ともパキスタンの一部となることを目指して運動を展開していたわけだが、ベンガル全体がパキスタンに帰属したとしたら何の問題があったのか、いま考えても理解できない。そんな批判はベンガルが分割され、割譲される分だけをパキスタン側が受け入れた後から出てきたもので、それは政治的な目論見から行なわれる、私たちに対する意図的な批判に過ぎない。より多くのものを得たいと思うこと、またそのために努力することのどこが間違っているというのだろう。もちろん、得たものだけで満足することだってできる。一九四七年四月二二日、カジャ・ナジムッディンは「統一ベンガルこそがヒンドゥー、ムスリム双方にとって望ましい」と宣言している。またモオラナ・アクロム・カーンはムスリム連盟総裁としての声明で「ベンガルを分割したいなら、私を殺してからにせよ。私の眼が黒い限り、ベンガルは分割させない。ベンガルのすべての土地がパキスタンとなるのだ」と述べている。文言はこのとおりではなかったかも知れないが、確かにこのような内容のことを言ったのだ。『アジャド』紙は今もあるので、この新聞の一九四七年版を探せばその記事が見つかるはずだ。

当時インド総督だったマウントバッテン卿は明らかに会議派側に肩入れしていた。マウントバッテン卿は独立後、インドとパキスタン両国の総督となることを目論んでいた。しかしジンナーはそれを許そうとはしなかった。自身がパキスタンの総督になろうという意志があったからだ。ジンナーはマウントバッテンのことをこころよく思っていなかったに違いない。マウントバッテンはそのことで立腹し、パキスタンを潰そうとした。卿はラドクリフをインド・パキスタンの国境策定にあたらせたが、自ら会議派と秘密裡に協議を重ねて国境入りの地図を作成したと多くの人が考えている。私たち若手運動員は、ジンナーが総督になることを全く望んでいなかった。私たちが期待していたのは、ジンナーがまず首相になり、それから大統領となることだった。マウントバッテン卿がもしパキスタンの総督になっていたら、のちに私たちが目にすることになったさまざまな不正ができたかどうか。もっともこれは私個人の意見に過ぎない。ジンナーは私たちよりはるかに賢明であったから、どうしてパキスタン総督になろうとしたのか、ジンナー自身の考えがあったはずだ。

第九章　パキスタン独立後

　パキスタンは独立を果たした。それと同時に陰謀術策に満ちた政治が始まった。ことにデリーで、ソラワルディ先生に対するさまざまな陰謀が行なわれた。ベンガルが分割されたといっても、新しくできた東ベンガル州の人口は、分離独立でパキスタンのものとなったシンド、パンジャーブ、北西辺境州それにベロチスタンを加えた地域の人口を上回っていたからだ。ソラワルディ先生の人柄、豊富な政治知識、賢明さと業務遂行能力は多くの人間にとって脅威となっていた。なぜならそのようなソラワルディ先生がいつかパキスタンの首相になる動きを見せたら、それを阻止することはまず不可能だったからだ。ジンナーはソラワルディ先生に対して好意的だった。だからこそまず先生に何とか打撃を与えなければいけない、と反ソラワルディ陣営は考えたのだった。

　一方コルカタではイスラム教徒とヒンドゥー教徒の間の反目が続いていた。会議派とムスリム連盟の代表を中心とする分離独立評議会が催されるという動きもあった。国民会議派はコルカタで影の内閣を組閣した。こうした中、コルカタとデリーでは、ソラワルディ先生を下ろし、代わりにカジャ・ナジムッディンをすえる企みが秘密裡に始まっていた。パンジャーブは分割されたが、そのことに際して選挙という話は持ち上がらなかった。ナワーブ・マームドートはもともと東パンジャーブの出身だったが、パキスタンとなった西パンジャーブの首相に就任した。リヤーカト・アリ・ハーンはインド出身であったにもかかわらず、パキスタンの首相になった。それでも、ソラワルディ先生は西ベンガルの出身なのに、同じベンガルが基になっている東ベンガルの首相になるためには、新たに選挙をして選ばれなければいけないというのだ。ソラワルディ先生は、全ベンガルのムスリム連盟所属の立法議会の議員たちが全員一致でリーダーに定めた人だ。その人が首相を務めるのは当然なのに、デリーからもう一度選挙をやってリーダーを選べと言ってきたわけだ。(77) ソラワルディ先生にはやるべきことが山積していた。国を治めること、イスラム教徒たちを救うこと。その上さらに選挙もしなければならないというわけだった。シレットで帰属に関する意志を問う住民投票が行なわれた際(78)にも、ソラワルディ先生が現地に赴かなければならなかった。私たちのような運動員をソラワルディ先生は何千人もシレットに派遣した。資金の面倒もほとんど氏が見なければならなかった。当時のベンガル・ムスリム連盟の会計責任者だったＳ・Ｍ・イスパハニが、相当の金額を工面したことを私は知っている。なぜかといえば、シアター通り四〇番地の家でソラワルディ、イスパハニ両氏が打ち合わせを行なったとき、私もそこに居合わせたからだ。

私たちはシレットに到着し、すぐに精力的に活動を始めた。そこへソラワルディ先生もやってきた。コリムゴンジ郡(79)での大集会に出席のためだった。そこでソラワルディ先生と会えた。集会では私も演説を行なった。

シレットにはモオラナ・トルコバギシュ、マニク・ミヤ（現在は『イッテファク』紙の編集長になっている）

それにフォズルル・ホク氏たちと同行した。五百人の運動員を引率して行ったのだ。わたしたちがすべてをやってしまったので、シレットの住民投票事務局は何もすることがなかった。事務局の仕事と言えば、次の活動地域に私たちを案内することだけだった。必要経費はすべてソラワルディ先生が工面した。私たちは誰にも頼る必要はなかった。ダカからはシャムスル・ホクが多くの運動員を引き連れて来てくれた。ソラワルディ先生の懇請を受け、篤志家のラエバハドゥル・R・P・シャハは自身がヒンドゥー教徒であるにもかかわらず、舟を何艘か寄贈してくれた。これらの舟はムスリム連盟の運動家およびパキスタンのために使われた。川の多いシレットでは、移動のために舟がたいそう役に立った。シャハはソラワルディ先生の友人で、先生の頼みは断れなかった。シャハは今でもパキスタンにいる。ミルザプル病院、バロテッショリ・ホームズ女学校、クムディニ・カレッジなどは彼の寄付で存続している。

シレットの住民投票ではパキスタン帰属の意見が多くを占めた。その勝利の後、私たちはコルカタに帰った。戻って知ったのは、ベンガルの首班指名選挙にあたり、一つの派閥がナジムッディン氏をソラワルディ先生の対抗馬として擁立しようとしていることだった。デリーの連盟中央から、選挙実施の指示が出たのだった。さらに中央の執行部は、I・I・チュンドリゴルを選挙実行委員長とした。この当時、インドとパキスタンの間で資産の分配をめぐる論争が起きていたのだが、ベンガルでは誰も注目していなかった。皆がこの選挙に気を取られていたのだ。ナジムッディン氏は指名を受けるとベンガルを離れ、ロンドンとデリーに行ってしまったので、ソラワルディ先生が選挙に関わることのすべてを自分でやる羽目になった。選挙費用を集めたのもソラワルディ先生だった。

ベンガル州の首相になってからというもの、先生は一日たりとも休んだことがなかった。コルカタ、ノアカリそしてビハールの騒乱での被害者への援助からムスリム連盟の運営、デリーやコルカタとの連絡のため走り回ることまですべて自分でこなさなければならなかった。それがパキスタン独立が実現したときになって、ベンガルの指導者として突然別の人物がよそから連れてこられた。このことがどれほど道に反したことなのか、時が判断することになるだろう。反ソラワルディ派の謳い文句は、西ベンガルの出身であるソラワルディが、どうして東ベンガルの首相となるのか、というものだった。ソラワルディ先生には派閥的な思考が全くなかった。だからナジムッディン派の人間でも選挙の際には党候補として公認を与え、閣僚に指名し、政務次官、院内総務、議会議長などの要職に任命していた。しかし首班指名選挙となったとき、そういった連中がおおっぴらに反ソラワルディの態度を取ったのだった。他方、西ベンガルのムスリム連盟の議員たちは投票ができない状態だった。彼らはインドに居残ることになったから、というのがその理由だった。ハシム派の議員たちは派閥の方針に従い、ソラワルディ先生を支持しないと決めた。ハシム氏は配下の運動員たちには公式には何の指示も与えなかった。しかし裏では多くの運動員に対し、ソラワルディ先生のために働くことを禁じた。ソラワルディ先生を支持しないようにとはっきり言ったことさえあった。

しかしソラワルディ先生はそうした動きに目もくれなかった。全く何の対策も取ろうとしなかった。誰かに投票を依頼することもなかった。そのことを言うと、「その気があれば私に投票するだろうし、なければしないまでのこと。私がどうこう言う問題じゃない」という返事が返ってきた。

ソラワルディ支持で動いていたのは、モハンモド・アリ、トファッジョル・アリ、マレク博士、ショブル・カーン、アノワラ・カトゥン、フォリドプルのバドシャ・ミヤ、ロングプルのコエラト・ホセンといった人たちだ。ソラワルディ派で院内総務を務めていたモフィズッディン・アハメドはしかしこっそりナジムッディン側のために動いていた。クシュティア選出の閣僚シャムスッディン・アハモドも反ソラワルディ陣営に加わっていた。やはり閣僚だったフォズルル・ロホマンはただ一人、ナジムッディン氏に投票するしかないのです、と率直に伝えてきた。そこまではっきりと言われれば、逆に好ましく思えた。

それはともかく、そんな状況でもまだソラワルディ先生が優位を保っていた。しかしシレットから十七人の代議員がコルカタに来たことで情勢が変わった。

その前にマレク博士がシレットを訪れた。ソラワルディ支持を取りつけるためだった。代議員たちはソラワルディ先生の政策について尋ねた。マレクは、まず初めに手がけることはザミーンダーリー制度[80]の廃止だと答えた。それが裏目に出た。十七人の代議員のうち、三人を除く残り全員がザミーンダールだったのだ。答えを聞いて代議員たちは狼狽した。

シレットの代議員たちはビルトモアホテルに宿泊していた。私たちがシアルダ駅まで迎えに出て、そこに案内したのだ。彼らはソラワルディ先生に面会し、支持の見返りとして、シレット選出の議員のために閣僚ポスト三つを要求した。しかしソラワルディ先生は「私は何らの約束もしない。妥当なポストを用意するだけの話だ」と突っぱねた。それに対し、ナジムッディン派は、要求どおりにすることを約束した。その結果、シレットの代議員たちの大半がナジムッディン氏に投票し、ソラワルディ先生は敗れた。

投票の前日夜の二時ごろ、私はソラワルディ先生の自宅にいた。氏はベランダで横になっていた。そこへマレク博士が来て、「情勢が思わしくありません。しかし、少し金を使えば逆転できるかも知れません」と告げた。それを聞いたソラワルディ先生は「マレク、パキスタン(81)ができることになったのだ。私はこの国を汚したくない。汚い金は使わない。不正な方法を使ってまで当選しようとは思わない。私は自分のするべきことをするまでだ」と答えた。それを聞いてマレクは感激して「おっしゃるとおりです。私も汚い方法は嫌いです」と言った。その日以来、私はソラワルディ先生をいっそう敬愛するようになった。ソラワルディ先生はもうこの世の人ではない。しかしマレクはまだ存命だ。そのときその場所にいたのは私たち三人だけだった。

投票が行なわれた日の朝、ソラワルディ先生に次のように進言したことを覚えている。「相手方は私たちの派閥の代議員をたらしこんで、シャハブッディンさんの家に幽閉しています。コルカタ・ムスリム連盟にそのことを知らせてください。私たちが皆を連れ戻します。そうすればあいつらに勝ち目はありません」。それを聞いてしかしソラワルディ先生は笑った。「やめておこう。物笑いの種になるだけだ。お前はまだ若い。何も分かっていない」と私に言った。

コルカタではまだ騒乱が続いていた。ソラワルディ先生がその気になれば、外出禁止令を出して投票を繰り延べにすることもできたはずだった。そのときはまだ首相であったのだから。肩書きへの執着がソラワルディ先生にはなかったことがこのことからも分かるはずだ。地位にしがみつくことは決してしようとしなかった。ソラワルディ先生はまた、政治的な陰謀術策を好まなかった。パキスタンの政治の歴史は謀略をもって始まった。ジンナーが存命だった頃はそれでもまだ遠慮があったが、亡くなった後は誰もがおおっぴらに行なうようになった。

選挙に勝利して東ベンガルの首相となったナジムッディン氏は、ダカをパキスタン東ベンガル州の首都と定めることを宣言し、部下たちを引き連れて移っていった。インドの西ベンガルに残された哀れなイスラム教徒たちのことは考えもしなかった。コルカタから割譲されるべき品々についてさえ考慮することがなかった。その結果、我々の資産となって当然だったものの多くが失われることになった。政府の役人たちが奪い合いのようにして何とか確保し、船や鉄道で運び込んだものだけが新しい国の資産となった。コルカタでじっくり交渉し、きちんと分配を受けていたなら、新しい国を作るにあたって足りないものは何もなかったと思う。ナジムッディンはムスリム連盟にも誰にも諮ることなくダカへの首都移転を発表したのだった。そうすることで、東ベンガル側からはコルカタに対して何の要求もないと見做されてしまった。

一方、マウントバッテン卿はコルカタの扱いについて頭を悩ませていた。キャンベル・ジョンソンの『マウントバッテンとの任務』(82)にそのことが記されている。イギリスはそのときもまだ、コルカタをパキスタンの一部とするのかそれともインドに残すのかを決めかねていた。どうしてもうまくいかない場合には「自由都市」とする案さえあった。コルカタではヒンドゥー教徒とイスラム教徒がいがみ合っていた。一触即発の状態だった。コルカタがインドの領土となっても、シアルダ駅まではパキスタンの土地となる可能性すらあった。ヒンドゥー教徒たちはコルカタを確保するためにもっと大きな譲歩を余儀なくされていたに違いない。

キャンベル・ジョンソンの本にはまた、知事としてダカに赴任することを拒んだあるイギリス人についての記述がある。ダカは暑いからいやだ、というのだ。それに対してマウントバッテンがしためた手紙には「東パキスタンは世界でも有数の山岳都市であり、暮らすのに何の支障もない」と書かれていた。つまりインド有数の避暑地であるダージリンまで東のものとなる可能性さえあったのだ。だがその可能性もナジムッディン氏の宣言で潰えてしまった。混乱は生じないと見たマウントバッテンは、それを好機としてジョショル県でムスリム人口が多いボンガオン駅一帯を切り取ってインド領とした[83]。ノディア県ではイスラム教徒が多数なのにもかかわらず、県内のクリシュノノゴルとラナガートの両駅をインドに与えた。ムルシダバード県も同様ムスリムが多数派だが、ここは県そのものがインドに帰属することになった。ヒンドゥーとムスリムが半々のマルダ県は半分に割り、一方ディナジプル県のムスリム地域であるバルルガート郡は二つに分けられた。そうすることでジョルパイグリとダージリンはインド領となって、同じくインド領とされたアッサム州との通行ルートが確保された。これらの地域はすべてパキスタン領となるはずだった。

またシレットでは、住民投票によってパキスタンへの帰属が決まったのにもかかわらず、コリムゴンジ郡はインド領と定められた。私たちはアッサムのカチャル県とシレットは必ずパキスタンのものになると思っていた。特にコリムゴンジのことが私には残念だった。人民投票のときそこで活動したからだ。

指導者が間違いを犯せば、そのつけは人民に回る。東ベンガルから集めた金でつくり上げたコルカタを、我々は自らの意志で放棄してしまったのだった。ムスリム連盟中枢には、コルカタがインドのものとなることを望む声があったと思う。あるいは内密の交渉でそういう話になっていたのかも知れない。ソラワルディ先生が指導者でい続けたら話を進めるのに支障があったため、搦め手から交渉が行なわれたのではないか。コルカタがパキスタン領となっていたらコルカタをパキスタンの首都とせざるを得なかったはずだ。パキスタンの中ではベンガルの人口が多く、また当時のインド亜大陸で最も進んだ町がコルカタだったのだから。何しろ英領インド帝国の初期、コルカタは全インドの首都だったのだ。

その頃私たち運動員の間では、いろいろな事件が起こっていた。一つは『ミッラト』紙の印刷所をめぐるものだ。ハシム氏が経営に当たっていたのだが、その印刷所をどうするかという話になった。それ以前、負債を抱えたハシム氏は、カラー印刷機を売却し、借金返済に充てていた。氏はシャムスル・ホクをダカからコルカタに呼び、こう切り出した。「コルカタの運動員たちの多くがダカに移ったが、私はパキスタンには行かない。君たちがダカに印刷所を移し、そこを基点にムスリム連盟の体制を整えて運動を継続したまえ」。そう言われたシャムスル・ホクは私たちと協議のうえ了承し、ダカのモゴルトゥリ一五〇番地の連盟事務所に印刷所を設置することを決めた。『ミッラト』紙の発行は継続され、私たちはそれぞれ各部門の責任者となることが決まった。それを受けてシャムスル・ホクはダカで準備を整え、再びコルカタに行った。しかしハシム氏はコルカタの運動員たちには全く別の話をしていた。「君らはこれからもコルカタにいるわけだから、きっと印刷所が必要になるだろう。

インドでは他にすることと言って何もないんだからね。パキスタンに実家がある連中は、パキスタンが出来たんだからここにいる必要はないさ」。コルカタの運動員たちはそれを聞いて、それもそうだと考えた。その話を耳にしたシャムスル・ホクはもう何も言わず、ダカに戻っていった。私はその当時、ハシム氏のところへはさほど出入りしていなかった。ハシム氏は私のことをソラワルディ先生側の人間だと見て信用していなかったし、私は私でハシム氏の行動をこころよく思ってはいなかったからだ。彼は信用ならない人間だと私は考えていた。

そんなある日、ヌルッディン、ヌルル・アロムそれにカジ・イドリスに、近所にあったベンガル・レストランに呼び出された。どうした、と聞くと彼らは言った。「困ったことになった。ハシムさんが印刷所を売り払おうとしているんだ。でも印刷所はオレたちで寄付を募って作ったものだ。そうなったらこちらの面目が立たない」「で、どうしろと言うんだ」と私が聞くと三人は私にハシム氏を止めてほしい、と言う。「どうしてオレが？　オレはパキスタンに行くつもりだ。またいつ会えるかだって分からない。オレの出番じゃないよ。君らはハシムさんの取り巻きだろう。オレはとうに見限られているはずだ。それがどうして？」と尋ねると、「お前が言えば恐れをなして売却をあきらめるかも知れない」という答えが返ってきた。「仕方がない。一度頼んでみるか」と私は言った。

翌日ミッラト印刷所に行ってハシム氏と会った。隣の部屋では、仲間たちが私たちの話しを聞き取ろうと耳をそばだてていた。私は冷静に切り出した。「印刷所を売却されるそうですね？」。ハシム氏は答えて言った。「仕方がないのさ。毎月赤字が出ている。このままじゃ誰がやってもうまくいくはずがない」「コンドカル・ヌルル・アロムがマネージャーとしてこれまでやってきました。出費はおさえたはずです。印刷所を売却してしまったら、従業員たちの生活はどうなります？　誰にも顔向けできないことになりますよ。そもそもベンガル中からの寄付で作った印刷所です。みんなから何と言われることか」と私は反論した。それを聞いてハシム氏は突然怒り出した。「売る以外にないんだ！　誰が借金の肩代わりをしてくれると言うんだ」。私は言った。「何カ月か前に機械を一台売却しましたよね？　それで借金返済はできなかったんですか？」。するとハシム氏はさらにいきり立った。私も怒りを抑えることができなかった。私は立ち上がり、こう言い放った。「売ろうというんなら絶対に阻止してやる。ここを買おうとするやつなんているものか！」。その言葉でハシム氏はずいぶん衝撃を受けたようだった。あくる日、この前の三人がまたやってきて言った。「ハシムさんが食事を拒否しているぞ。『ムジブに侮辱された』とずっと言っている。もう一回ハシムさんに会って、好きなようにするようにと言ってやってくれ」。私は答えて言った。「冗談じゃない！」。

その頃私はソラワルディ先生と毎日のように会っていた。一緒に集会に参加していた。イスラム教徒としての共通意識を高めることを目的とした集会がよく行なわれていた。その機会にある日、ハシム氏とのいきさつを話した。聞いてソラワルディ先生は怒った。なぜハシム氏に対してそんな態度を取ったのかと叱られた。ソラワルディ先生はそれほど心の広い人だった。叱られた私はハシム氏のところに謝罪しに行った。「申し訳ありませんでした。至らないことを申しました。どうぞお考えの通りになさってください」。ハシム氏はインドで暮らす。私はパキスタンに行く。私の家はパキスタンにある。私がそうして謝りに行ったことを、ハシム氏は受け入れてくれた。ハシム氏とは意見が異なることもあったが、政治について教わったこともまた多かった。それらの教えは今も忘れられない。

自分が間違ったこと、やってはならないことをしたとき、私はその過ちを率直に認める。間違っていたら直せばいい。人間である以上、間違うことはある。私にはすぐにかっとなる欠点があった。しかしその怒りが後を引くことはなかった。

何かを始めようとするとき、やたらに心配ばかりする人が多い。心配ばかりするうちに時間ばかりが過ぎていき、結局何もできないで終わる。何かをすべきかするべきでないかばかりを考え、生涯何もせずに終わることもある。私は考えた挙句やろうと決めたことは必ず実行する。もしそれが間違っていたら直す。何かをやろうとして過ちをおかすことはある。何もしない人間は間違うことだってできない。

当時ソラワルディ先生に同行していろいろなところに行けたのは、幸せなことだったと思う。ソラワルディ先生はマハトマ・ガンディーとともに、ヒンドゥー教徒とムスリム教徒の融和のための活動を行なっていた。その頃、イスラム教徒が襲われる事件が時折起きていた。ある日曜日、私はソラワルディ先生の自宅を訪ねた。私を見ると氏は言った。「バラクプル(84)に行こう。騒動が起きている。ガンディーも行くそうだ」「行きますとも」と私は答えた。ソラワルディ先生の車でナルケルダンガまで行った。そこでマハトマ、マヌ・ガンディー、アバ・ガンディー、それに彼の秘書や会議派の幹部たちと合流して、バラクプルに向かった。マヌとアバにとってマハトマは大伯父にあたる人だ。道の両側を何万という人たちが埋め尽くし、ひたすら「バープージー・キー・ジャエ！　我らが父に勝利を！」とガンディーを称える言葉を叫んでいた。バラクプルでは大がかりな集会が用意されていた。

マハトマは日曜日には誰とも言葉を交わさない。当然演説も行なわない。集会ではマヌ・ガンディーとアバ・ガンディーがコーランの二つの章、「アラハムドゥ」と「クルフー」を詠み、そのあとでヒンドゥー教の神・ラーマを称える歌を歌った。またマハトマの筆になる挨拶を秘書が代読した。ガンディーは魔法使いだ、と思った。会場にいた人々がいっせいに、「ヒンドゥーとムスリムは兄弟だ！」と叫んだ。会場の雰囲気が一瞬のうちに変わった。

多分その二日後だったと思うが、ムスリムの祝祭であるイードとなった。イードには特別の礼拝を行なうことになっているが、ムスリムたちの間では礼拝を行なうべきかどうか、戸惑いが広がっていた。ヒンドゥー教徒の攻撃を恐れてのことだ。そのときマハトマが、もし暴動が起こってムスリムが被害を受けるようなことがあれば、自分は抗議の断食を行なう、と宣言した。すると近隣の各地区から、特にヒンディー語を母語とする人たちがデモ行進を始めた。彼らは口々にそのスローガンは、「ムスリムを殺すな！　我らが父に断食をさせるな！　ヒンドゥーとムスリムは兄弟だ！」と叫んでいた。

イードの日は何事もなく、平和に過ぎた。私は友人で写真家のヤクブと、マハトマに何か贈り物をしようではないか、と相談した。「いつかビハールで暴動があったとき、二人で写真を撮ったのを覚えているかい」とヤクブが言った。もちろん覚えていた。「あのときはコルカタ中を写真を写して回ったんだ。その写真の焼き増しを持ってきた。そのうち何枚かをまとめて包んで、マハトマに進呈するというのはどうだろう?」とヤクブは提案した。「素晴らしい考えだ。さっそく写真を包もう」と私は答えた。私たちはすぐにその仕事に取りかかった。包みは、開けるのに優に十分《じっぷん》はかかるように作った。包みをマハトマに手渡してすぐ逃げ出す、という企てだった。私たちが選んだ写真の中には、胸を切り落とされたムスリムの女性、頭のない子どもの遺体、燃えさかるスラムやモスク、道に転がった死体などがあった。マハトマに、彼の仲間のヒンドゥー教徒たちが、罪のない人々に対してどんな暴虐を行なったかを知ってほしかった。

それから私たちはナルケルダンガへ行き、マハトマのもとを訪れた。マハトマとイードの挨拶をする、と告げるとすぐに彼の部屋に案内された。マハトマは笑顔で私たちを迎え、リンゴを食べるようにとすすめてくれた。私たちが見ず知らずの人間であることも少しも意に介さなかった。しかしマヌは私が誰か分かったようだった。バラクプルでの集会のとき、壇上でソラワルディ先生の隣にいたからだ。私たちは贈り物を手渡し、急いでそこから辞した。ヤクブの撮った写真がマハトマを驚愕させたことは間違いない。私はあとでソラワルディ先生にこのいきさつを隠さず話した。

その頃までにはコルカタに住み続けることが難しくなってきていた。仲間たちが次々と逮捕されていた。ジョヒルッディンの自宅は捜査された。一度逮捕されたら終わりだ。逃げるしかない。私はある問題を抱えていた。私は義弟のアブドゥル・ロブとパーク・サーカスでレストランを開いていた。アブドゥル・ロブは妻である私の妹と、私の妻のレヌを実家に送り届けるため、コルカタを離れていた。まだしばらくは戻ってこない。私はレストランの経営に全く無頓着だった。それを良いことに、マネージャーとして雇った男が、レストランの金を全部ごまかすという事件が起きたのだ。私は義弟に電報でそのことを知らせ、彼が戻ってきたらコルカタを離れる決心をした。そしてソラワルディ先生のもとへ別れを告げに行った。先生をコルカタに残していくのは何ともやりきれなかった。マハトマ・ガンディーがあとどれだけソラワルディ先生を庇護してくれるのだろう。ソラワルディ先生はこれまで何度か襲撃を受けていた。ヒンドゥー教徒たちが暗殺を企てていたのだ。科学カレッジの建物の前で先生の乗った車に爆弾が投げつけられ、車が炎上したこともあった。そのときは何とか難を逃れた。

私がソラワルディ先生に「パキスタンに一緒に行きましょう。ここにいたってやることはないでしょう」と言うと先生は答えた。「いつかは行かなければならないだろう。だが、コルカタに残ったあれなイスラム教徒たちのために何もしないで、自分だけ逃げるなんてことはできない。インドが今どんな状態なのか知っているだろう。いたるところで暴行やら殺害が行なわれている。ムスリムたちの政治指導者たちはもう誰もいなくなってしまった。私までがここを離れたら、イスラム教徒たちはもうどうしようもなくなってしまう。お前たちはパキスタンに行きなさい。そしてパキスタンで宗教対立による紛争が起こらないようにするんだ。東ベンガルで宗派間の暴動が始まったらおしまいだ。パキスタンにいるヒンドゥーたちがこちらに来なくても良いようにしなければならない。ヒンドゥーがこちらに来て騒ぎ出したら、インドにいるムスリムたちは東ベンガルに移らざるを得なくなる。もし西ベンガルやビハールやアッサムのムスリムたちがいっせいに東ベンガルに移動したら、パキスタンを、とりわけ東ベンガルを守ることが困難になる。そんなにたくさんの人が住めるだけの場所があるはずもない。パキスタンのために、ムスリムとヒンドゥーの対立をおこしてはならない」「私は行かなければなりません」と私は言った。「活動家たちの集会があると、シャムスル・ホクさんから連絡があったからです。それが終わったらまたコルカタに来ます」「分かった」とソラワルディ先生は言った。

同志のヌルッディンは私と行動をともにはしなかった。修士号の試験を控えていたからだ。試験を終えてから来るという。だがヌルッディンは他にも問題をかかえていた。彼の妻が医学校でまだ勉強中だ。彼女も連れてこなければならない。

パキスタンさえ出来たら、と私は考えていた。もう何も心配することはない。ダカに行って法律を学ぼう。しばらく勉強に打ち込もう、と。ムスリム連盟の仲間たちと一緒に、宗教集団同士の対立を防止しようと思った。

第二部　新生パキスタン

第一章　ダカでの活動開始

両親や妻のレヌとしばらく過ごした後、九月にダカに出た。以前二、三回遊びに来たことはあるものの、よく知らない土地だ。ダカで勤めをしている親類もいるが、誰がどこに住んでいるのか分からない。モゴルトゥリ一五〇番地の、ムスリム連盟の事務所にひとまず転がり込もうと決めた。事務所の責任者はショオコト・ミヤという。ムスリム連盟のベテラン運動員だ。私の友人でもある。同志のシャムスル・ホクも同じところに住んでいる。シャムスル・ホクの呼びかけで、ムスリム連盟および各党の合同会議が開かれることになっていた。現在の政治状況について意見を交わすのが目的だ。この会議については私にも知らせがあった。だから会議の数日前にダカに着くようにした。

事務所には賃馬車で行った。事務所の住所を告げたら、御者はその場所を知っていた。「連盟の事務所ですって？　ええ、ええ、知っておりますよ」と御者は言った。話好きの男だった。料金も大して高くなかった。賃馬車の御者たちのふるまいについてはそれまでいろいろ聞いていたが、そのときはふっかけられはしなかったと思う。

シャムスル・ホクとショオコトが笑顔で出迎えてくれた。ショオコトは私をどのようにもてなそう

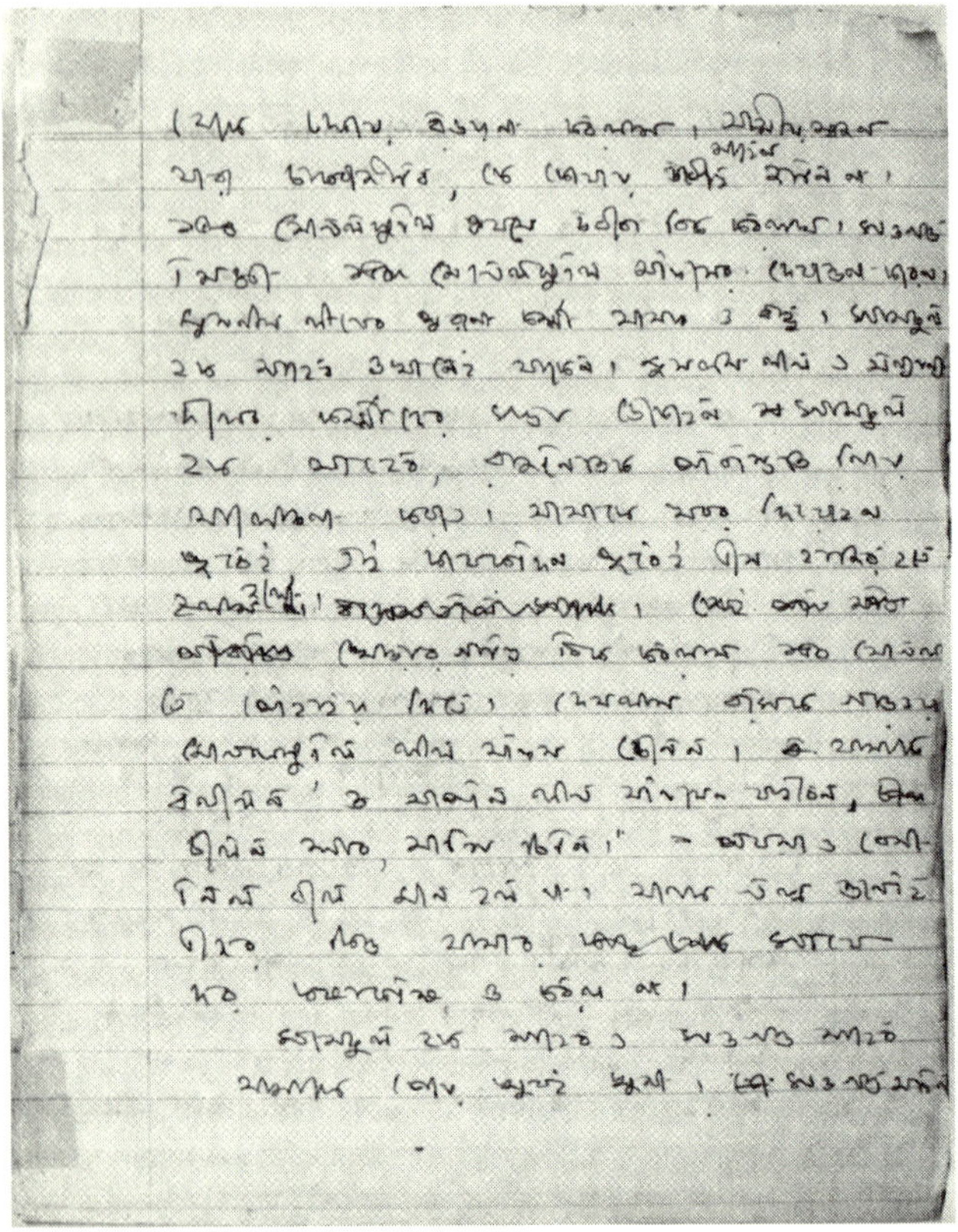

シェーク・ムジブル・ロホマンによる手書き原稿

（内容は本書179頁2行目「ダカで勤めをしている親類」から同頁最後の行「出迎えてくれた」まで）

かと、ひたすら考えていたそうだ。彼はひと部屋を与えられていて、そこに私も泊まることになった。その頃はまだ少し遠慮があって、互いに敬称をつけ、ショオコト・バイ、ムジブ・バイと呼び合っていた。会議が三〜四日後に控えていた。各地から党員、運動員たちが集まってきていた。その多くが連盟の事務所に宿泊することになっていた。シャムスル・ホクは困惑していた。「場所が足りない。総会を開くのに十分なスペースが確保できない。それに政府もこの会議のことをこころよく思っていないようだ。何とか中止させようと、妨害工作まで考えているらしい」。それを聞いて驚いた。「政府がそんなに早く我々のことを忘れるなんて、あり得るのかい？」私がそう尋ねるとシャムスル・ホクは笑って言った。「それが世の中っていうものさ」。

午後になって、ホクを中心に打ち合わせをした。総会の議題について話し合った。若い運動員たちを引き止めておくために青年部の組織を立ち上げなければ、という話になった。それに関して私はホクに意見を述べた。「青年たちの組織を作るのは良いとして、そこに政治は持ち込むべきではないと思う。我々は今もムスリム連盟の人間なのだから」「分かった。政治的な組織にはしない」という答えが返ってきた。

シャムスル・ホクは会場探しに忙しかった。最終的にダカ市のカーン・シャヘブ・アブル・ハシャナト副首長の自宅での開催が決まった。広い広間と芝生の庭がある邸だ。ハシャナト氏以外、誰も私たちに場所を提供するだけの度量を持った者はいなかった。

総会が始まった。アタウル・ロホマン・カーンやカムルッディンといった人たちも、総会を実りあるものにしようと頑張った。カムルッディンとは前から顔見知りだったが、アタウル・ロホマンとはこのときが初対面だった。初日の会議のあと、議題について協議するための委員会が作られた。私もメンバーとなった。委員会で話し合ううち、共産主義色の濃い人間たちが入ってきていることに気づいた。彼らは自分たちの意見を主張し始めた。最初に青年組織の立ち上げが決まった。誰でもが参加できる組織だが、政治への積極的な関与はできる限り避けるということになった。この組織は文化団体として位置づけられた。名前は「民主青年連盟」と決定した。私は自分の意見として、ムスリムとヒンドゥーたちの融和をはかることが青年連盟の唯一の行動計画となるべきであり、暴力行為やヒンドゥーたちの大量出国が起きないよう、英語でいうコミュナル・ハーモニーすなわち宗派間の調和を目指すことだ、と述べた。多くの委員がこれを支持したが、共産党系のグループは、経済の向上など、他の行動計画も定めるべきだと主張した。私たちは、それでは政治組織になってしまうと反論した。長い議論の末、小委員会を作ってそこで行動計画の原案を策定し、民主青年連盟の執行委員会に提出することが決まった。採択の決定権は執行委員会が持つことになった。執行委員会のメンバーは十七名、ただし委員会の判断でその人数は調整できる。執行委員会では我々の側が数的に優勢となった。しかし共産党系の何人かも執行委員となった。数日後小委員会から執行委員会に行動計画原案が提出されたが、それはまるきり政党のマニュフェストと呼ぶべき内容のものだった。私は激しく反対し、現時点では包括的な行動計画を決定すべきではない、と主張した。「コミュナル・ハーモニー」に全会員が全力で邁進することのみを謳うべきである。パキスタンという国が出来てからまだ二カ月しか経っていない。今は何らかの要求を行なうときではない。そんなことをすれば一般国民の気持ちは離れていってしまう。英国の支配からの独立運動が展開されていたとき、共産党の指導者たちは「独立は自らやっては来ない、闘争によって勝ち取るのだ」というスローガンを掲げていたが、共産党のシンパたちはパキスタンが出来た後も、同じ理想を行動計画の中に盛り込もうとしていたわけだ。しかしそんなことをしたら国民は我々に対する信頼をなくし、いくら宗派間の融和を訴えたところでそれを聞く耳を持たないであろう。最初の総会では、私たちの反対で行動計画案は却下された。しかしその後、シャムスル・ホクが仲介役として乗り出してきたことが、私たちにとっては不利に働いた。

その頃、数日間だがコルカタに行ってきた。経営していたレストランをうまく売却するところができたか、売れないままならダカのレストランと所有権を交換することはできないかを探るためだ。着いてみて、義弟のロブがうまく売却してくれたことを知った。胸をなでおろした。

ソラワルディ先生が東パンジャーブ、デリー、ラージャスターンのジャイプルやアルワルを回ってコルカタに帰ってきた。沈んだ顔付きだった。それらの場所で暴動が起こっていたからだ。先生は当時のインドとパキスタンで、あえて暴動が起こっている地域を訪れてその様子を視察してきた、唯一のムスリム指導者だった。私の顔を見てソラワルディ先生は嬉しそうだった。「東ベンガルのムスリムがどれほど民度が高くて善良な人たちかがよく分かったよ。暴動が全く起きていないんだからね。しかしヒンドゥーたちがこちらに移動してきている。連中が面倒を起こすかもしれない。私はこれから東ベンガルに行って集会を開こうと思う。パキスタンからのこちら側へ、ヒンドゥー教徒たちの流入を起こさないためにね」。ソラワルディ先生はそれからダカに行き、カジャ・ナジムッディン首相と協議の末、南部の町ボリシャルで集会を開くことを決めた。

コルカタからダカに戻った。ボリシャルで大規模な集会が準備されていた。ダカに到着したソラワルディ先生は、ナジムッディン宅に滞在していた。私たちは一緒に船でボリシャルに向かった。コルカタからは西ベンガル州首相のプロフッロ・チョンドロ・ゴーシュも来た。集会は午後から始まり、何人かが登壇して演説を行なった。夜八時ごろだったか、そろそろ自分が話す番だと思っていたとき、手元に一枚の紙切れが回ってきた。私はソラワルディ先生のすぐ横に座っていた。紙には義弟のロブの字でこう記してあった。

「お父さんが重体です。お兄さんの居所を捜して、いろいろなところに電話しました。お会いになりたければ夜のうちに発つ必要があります。ヘレン(シェーク・ムジブの妹でロブの妻)はすでに実家に向かっています」。ソラワルディ先生に伝言を読んで聞かせた。すぐに行くようにと指示された。先生に挨拶して演壇を下りると、そこにロブが立っていた。「いつ知らせが来たんだ?」と私は訊いた。「昨日です。ヘレンはもう発ちました。私は兄さんをここで待っていました。ソラワルディ先生がこちらにいらっしゃるなら、兄さんもきっと一緒だと思ったからです」。私は荷物を持ってまっすぐ船の発着所に向かった。船は三十分後に出る。その船をのがせば丸一日遅れてしまう。

船に乗り込み、一晩中まんじりともせずに過ごした。いろいろな考えが頭をよぎった。私は長男だ。私はまだ世の中のことを分からないし、知りもしない。父に辛い思いをさせた数々の思い出ばかりが心に浮かんだ。だが父は一度も何も言わなかった。父親なら誰でも息子を愛し、息子たちもまた父親を愛し、敬う。しかし私が父からどれほどの愛をもらったか、そして私が父をどれほど愛しているか、言葉では尽くせないほどだ。

パトパティ港に船が着いたのは夜明け近い時間だった。そこから実家までは多分二・五マイル（約四キロメートル）ほどだろう。発着所の責任者やそのあたりにいた人たちに、父の容態について何か知っているか訊いて回った。誰の口からも同じ答えが返ってきた。「重篤だと聞きましたよ」。ここから小舟を使うと遠回りになって時間がかかる。そこで荷物を船着場の責任者に預け、歩き始めた。途中モドゥモティ川を越えなければならなかった。最短距離を行くために、まっすぐ野原を横切った。道であろうがなかろうが関係ない。畑の中でもどんどん通っていった。

父はコレラに罹っていた。容態は思わしくない。医者ももう何のすべもなく、見守っているばかりだ。家に着いた私はまっすぐに父のもとへ行き、お父さん、と呼びかけた。私が分かったようだった。父の目から涙がこぼれ落ちた。私は父の胸に頭を預け、泣いた。そのとき父に突然、変化が起こった。脈を取った医者が、何だか良くなっているようだ、と言った。それから父はどんどん快方に向かった。もう心配なさそうだと医者が言った。それまでずっと排尿がなかったのに、しばらくすると出るようになった。危機は脱した。私は父の傍らに座り込んだ。一時間もしないうちに医者が言った。もう大丈夫だ。尿が出るようになった。顔色も良くなってきた。それからさらに二、三時間経って、さて帰りますかな、と医者は言った。結局徹夜になってしまいましたが、あとは心配いりません。また午後にでも様子を見に来ましょう、そう告げて帰っていった。

それから数日を実家で過ごした。父は少しずつ回復していった。両親の愛を受けられない子どもほど不幸なものはこの世に他にない。逆に父や母から愛と祝福を貰える子どもたちほど幸せなものはない。

ダカに戻った。大学に入学した。法律を勉強するのだ。本もいくらか揃えた。こちらに来て、民主青年連盟の大会がすでに開かれたことを知った。執行委員会の構成が変更になったという。以前は十七人の執行委員だったのが、現在は三十四名になったと。私たちを少数派にするための策略に他ならない。大会開催について、私たちの側の委員たちのほとんどには通知さえなかった。コルカタから出ている『イッテハド』紙は、私たちについての記事を、ほかの新聞が載せないときでも掲載するのが常だった。しかし今回はそのイッテハド紙さえ、大会について書いてはいなかった。なぜ十七名の執行委員を急に倍の三十四人にする必要があるのか、私はそう言って抗議した。大会を開いて話し合うべきだ。しばらくして、モエモンシンホで大会が開かれることになったという話が耳に入ってきた。他の皆には知らせが行ったのに、私のところへは来なかった。ダカ市ムスリム連盟の書記だったノアカリ出身のアジズ・モハンモドが連絡を受け、翌日朝九時に大会が開かれることを知らせてくれたのだった。しかし私たち三人の執行委員――アジズ、ダカのシャムスル・フダ（現在ムスリム連盟コンベンション派）それに私――はダカにいる。三人で大会に乗り込み、対立派の動きを抑えようということになった。他の県の委員に知らせている時間はない。今夜のうちに出発しなければ間に合わない。一日一本だけの汽車は夜十時ダカ発で、到着は未明の三時だ。モエモンシンに着いた私たちは、夜が明けるまでの時間を駅で過ごした。シャムスル・ホクの消息は分からなかった。彼は結局その日の大会には来なかった。大会に出席した私たちは、開催方法の妥当性を問題にした。私ほか多数の委員に、大会開催の連絡がどうしてなかったのか。対立派は青年連盟のマニフェストを用意していた。私たちはそれも批判した。まず十分に周知を行なってからダカで大会を開催し、そこでマニフェストの採択を検討するべきではないのか。拙速は避けるべきだ。さらに、我々はどんな政治団体にも加わることはできない。なぜなら、我々は現在もムスリム連盟の評議会に属しているからだ。長い議論になった。しかし相手側はどうあっても私たちの意見に耳を傾けようとしなかった。彼らのほとんどが共産主義のシンパ、あるいは支持者であることが見えてきたので、私たちはやむを得ず途中で退席した。会場を後にするにあたって、ムスリム連盟の運動員は一人としてこの陰謀には加わらない、と言い置いた。青年連盟は今日をもって終わりだ。君たちがどれほどの力を持ち、支持を受けているか、我々はよく知っている。今後我々の名前を使うことは一切やめてもらう。

青年連盟の事務所はダカのモゴルトゥリのムスリム連盟の建物内に置かれていた。私たちはダカに戻るとそこへ行き、青年連盟の看板を下ろした。そうこうするうち、マニフェストは印刷され、モゴルトゥリにも届けられた。ムスリム連盟事務所の責任者だったショオコト・ミヤは、青年連盟に関わるもの一切をそこから排除するよう命じた。しかし引き取りに来る者は誰もいなかった。そんな中、連盟事務所に警察による捜査が入った。警察本部の捜査対象台帳に私たちの誰かの名前が載ったらしい。パキスタン建国運動の本拠地の一つだったこのモゴルトゥリ一五〇番地の建物が、いまや公安による監視の対象となってしまったのだ。私たちは皆ソラワルディ支持者だった。それが私たちの罪状だった。私たちはただ、宗派間の融和を目指していただけなのに。

当時マニク・ミヤが、コルカタから発行されていた日刊紙『イッテハド』の編集局秘書官だった。その頃の私たちの仲間は皆、金がなくて困っていた。そもそも誰も金なんかくれない。学校の費用は何とか実家から工面してもらえるが、政治活動のための資金なんか捻出できるわけがない。そんな中にあって、私は『イッテハド』のおかげで比較的恵まれたほうだった。『イッテハド』紙東パキスタン地区の責任者という名目で、月々三百タカほどをもらっていたからだ。私の任務は、新聞の代理店から集金すること、それに販売部数拡大と新規代理店発掘の面倒を見ることだった。この仕事は長く続けたわけではなかったが、『イッテハド』紙はよく知られた新聞だったので仕事自体は難しいものではなかった。新聞社からの給料と、家から送られてくる小遣いをあわせて、特に不自由のない生活をしていた。

「全ベンガルムスリム学生連盟」の名称が変更され、「全東パキスタンムスリム学生連盟」となった。シャー・アジズル・ロホマンが引き続き事務局長となった。しかしダカで評議会を開くことなく、どこかでこっそりと行なったという。「学生連盟」とは言いながらも執行委員のほとんどはすでに学生ではなく、学生運動からは離れた連中だった。執行委員の選挙は一九四四年に組織内で実施されて以来、行なわれていなかった。私たちはこの委員会を認めることはできなかった。独立以来、かつてコルカタのイスラミア・カレッジ他の学生だった者たちの多くが、東パキスタンに移ってきてダカ大学の学生となった。彼らはしかし「学生連盟」とは関係がない。私は学生連盟の運動員たちと協議を始めた。話をした相手の中には、アジズ・アハメド、モハンモド・トアハ、オリ・アハド、アブドゥル・

ハミド・チョウドゥリ、ドビルル・イスラム、ノイムッディン、モッラ・ジャラルウッディン、アブドゥル・ロホマン・チョウドゥリ、アブドゥル・モティン・カーン・チョウドゥリ、ソイヨド・ノズルル・イスラム他の多くの学生運動のリーダーがいた。私たちは私たち独自の組織を必要としているという点で意見が一致した。それに基づき、一九四八年一月四日、フォズルル・ホク・イスラムホールの集会場で大会が招集され、そこで学生の組織を立ち上げる決議が行なわれた。そこで名称が「東パキスタンムスリム学生連盟」と決まったのだった。ノイムッディンが招集者となることになった。しかしオリ・アハドは新組織の立ち上げに賛同しなかった。宗派的な色合いを持つ団体に関わりたくないからだという。「ムスリム」を取り去って「東パキスタン学生連盟」なら参加する、とオリ・アハドは言い募った。私たちは「まだ機が熟してはいない。政治状況と国の情勢を考慮しなければならない。組織の名称なんてどうでも良いことではないか。目指すところが明確なら、名称の変更には時間はかからない。我々がパキスタンを手にしてからまだ数カ月しか経っていない。パキスタンを実現したあの運動のときの高揚から、一般国民も知識層もまだ抜け出せていない。それを変化させるには一定の時間が必要だ」と言って説得を試みた。

組織の本部をモゴルトゥリ一五〇番地に設置した。ムスリム連盟の幹部たちが何度かやって来ては私たちのオフィスを占拠しようとしたが、ショオコト・ミヤが目を光らせていたためにかなわなかった。私たちは「ムスリム連盟労働者キャンプ」と書いた看板を以前からそこに掲げていた。そして今、「東パキスタンムスリム学生連盟」も同じところで旗揚げしたわけだ。椅子や机、ロッカーといった事務用品は、ショオコト・ミヤが全部揃えてくれた。彼がいなかったら、私たちは何もできなかったと思う。

私たちの何人かはその建物で生活もするようになったが、ショオコト・ミヤが食事の世話やら何やらをしてくれた。私たちに実入りがあると、月ごとに彼に渡すようにした。彼には本当に世話になった。

学生連盟立ち上げと同時に、学生たちから大きな反響があった。ひと月の間にほぼすべての県に支部を作ることが出来た。ノイムッディンが招集者ではあったが、ほとんどすべての仕事を私がこなさなければならなかった。しかし私には良い仲間たちがいた。皆自分の利益など考えず、ただひたむきに働いた。東パキスタン政府は公然と全東パキスタンムスリム学生連盟を支援した。逆に私たちには私服刑事を貼り付けた。

一方、カジャ・ナジムッディン首相はムスリム連盟の民兵組織である国家防衛隊の解体を命じた。これにはコルカタにいた頃から私の同志だったジョヒルッディン、ミルジャ・ゴラム・ハフィズなどが反対の声をあげた。ムスリム連盟国家防衛隊はパキスタンの成立前、それに建国後も十分な働きをみせていたからだ。防衛隊は何千という隊員をかかえていた。彼らを国のための仕事をさせることなく、防衛隊を一方的に解散する命令には、隊員たちの間から大きな不満が噴出した。防衛隊の幹部たちは協議の末、隊を存続させることを決断した。ジョヒルッディンが隊長に選ばれた。ところがジョヒルッディンがダカに来て間もなく、モゴルトゥリにいたときに彼は国家安全保障法違反のかどで逮捕された。モゴルトゥリは国家防衛隊の本部にもなっていた。ここの建物は三階建てで、広いスペースがあったので、いろいろな組織が事務所を持っていたのだ。一カ月半か二カ月拘留された末、ジョヒルッディンはようやく釈放された。この事件で他の幹部たちはすっかり弱気になってしまった。かつてベンガルの国家防衛隊長を務めたモハジェルという人がいて、ナジムッディン首相に何を言われたかしらないが、国が独立した今、国家防衛隊は不要になったとの新聞発表を行なった。政府は国家防衛隊のような優れた組織を国の発展のために生かすことなく、むしろ国に損害を与えたのだった。防衛隊の隊員たちは、国の建設のために大きな犠牲を払った。その貢献度は多くの政府指導者たちをも上回っていたと言える。いろいろな人が国家防衛隊を維持するためには多額の出費が必要になると指摘したが、実際は防衛隊員たちは大金など欲しがらなかったのだ。ささやかな報酬で何年も働き続けた。彼らを徐々にアンサル部隊[85]に編入していけば良かったのにと今でも思う。防衛隊員たちは長期間にわたって十分な訓練を受けていた。国の指導者たちの、冗談としか思えない決定が私には理解できなかった。防衛隊員にはまともに給料も支払われなかった。国家防衛隊とムスリム連盟のメンバーたちの熱意を、パキスタンの指導者たちは国づくりに生かすことが出来なかった。

独立直後、国民と公務員たちは昼夜を問わず懸命に働いていた。公務員が一人で役所を切り盛りしているといったケースを何度も見た。一介の兵隊や警備員が、ムスリム連盟の運動員の協力のもと、警察署を仕切って地域の安全確保にあたっていたのも見た。人々は汽車にただ乗りなどせず、きちんと金を貯めて切符を買ったうえで乗車した。不正や汚職が魔法のようになくなった。

だがそれも束の間で、徐々にすべての悪事が復活した。原因はただ一つ、政策の不備だった。覚醒した民族を国家建設のためにどのように生かしたら良いのか、国民をどのように建設的な仕事に使うべきなのかを政府は知らなかった。何千人もの働き手が統一性もなく配置された。やるべき仕事があり、それをできる人たちもいるのに、その人たちは活用されることがなかった。それは権力を握った者たちが、一般国民を信頼していなかったからだ。彼らと国民の間には何のつながりもなかった。

独立後各州の統治権を握った政治指導者たちのほとんど全員が、かつてはイギリス政府の追従者だった。英国人におべっかを使って、卿だのカーン・バハドゥルだのカーン・シャヘブだのといった称号をもらった連中だった。独立後、彼らはイギリス統治時代からの官僚たちに頼るようになった。官僚主義の頂点に立つ者たちの言うことを聞いた。しかしこうした高級官僚たちはイギリス人たちにすり寄り、昇進を勝ち取るためだけに、独立を目指して無私無欲で戦った人たちに言い尽くせないほどの抑圧を加えた連中だった。その証拠は今でもいくらでも残っている。

こうした元高級官僚たちは、独立とともに二、三階級特進し、すっかり有頂天になってしまった。そして「卿」とか「カーン・バハドゥル」といった連中はその官僚たちの手先と化して行った。独立国家に相応しい自立した国民を育成し、その国民の信を得るために必要な新しい考え方を、新しい指導層は自分たちのものとすることができなかったのだ。その一方で彼らは権力を自家薬籠中の物とする目的で、政治団体であるムスリム連盟を手の内に収めようと新たな手を打った。

パキスタン独立後、ムスリム連盟も二つに分裂していた。一つはインドに残留して「全インドムスリム連盟」と名乗り、もう一つは「パキスタンムスリム連盟」となった。

モハンマド・アリ・ジンナーはパキスタンの総督に就任したため、ムスリム連盟の総裁でいることはできなくなった。そのためチョウドゥリ・ハーリクッザマーンが総裁となった。ハーリクッザマーンは東パキスタンムスリム連盟をパキスタンムスリム連盟から切り離して解体させ、それに代わる臨時委員会を設立した。パンジャーブもベンガルと同様分断されたが、パンジャーブ・ムスリム連盟はそのまま存続した。シンド州でも、北西辺境州でも同様だった。ただ一つ解体の憂き目にあったのはベンガルだけだった。ベンガルにはソラワルディ先生の支持者が多かったからである。ソラワルディ先生に代わったナジムッディン新首相の支持者を中心に、新しいムスリム連盟を作る必要があった。モオラナ・アクロム・カーンが組織委員長となった。こうした動きに対応するため、私たちは急いで百十二名の評議員の署名を集め、決定の再考を求める催告会議を招集する要求書を提出した。署名した者の中には、モハンモド・アリ、トファッジョル・アリ、マレク、アブドゥス・サラム・カーン、M・A・ショブル、アタウル・ロホマン・カーン、カムルッザマン、シャムスル・ホク、アノワラ・カトゥン、コエラト・ホセンなどがいた。私は署名を集めて回った。ダカ以外の県にも行った。催告会議要求のために必要とされる数の署名が集まってから、通告書を作成した。その通告書をモオラナ・アクロム・カーンに届けなければならない。しかし誰もその仕事をやりたがらなかった。結局私が持って行くことになった。当時私たちの各種の会議は常にトファッジョル・アリの自宅で行なわれていた。私自身もカーンに直接会って通告書を手渡すのは気が引けた。それでアリの家ではなく、コルタバジャルにあるアジャド紙のオフィスに、社主の彼を訪ねて行くことにした。訪問を告げると彼の部屋に通された。私は彼に挨拶し、通告書を手渡して、受け取ったことを記録として残して置いてくださいますように、と告げた。彼はそれに同意した。カーンは私に丁重な態度で接し、私の体調を尋ねたりした。しかし私は彼のもとから、一刻も早く逃げ出したかった。それで早々に辞去した。

翌日、モオラナ・アクロム・カーンの『アジャド』紙に通告書の内容と署名者の一覧が掲載された。しかしそれと同時に、元の東パキスタンムスリム連盟の組織は解体されたため、催告会議開催を要求する権利は誰にもないとの声明が発表されていた。東パキスタンムスリム連盟臨時委員会の委員長としての声明だった。すなわち私たちはもはや、ムスリム連盟評議会のメンバーではなくなっていた。私たちはこのようにしてムスリム連盟から放逐されたのである。多くの者たちはそれで沈黙してしまったが、私はあきらめなかった。最後まで頑張ってみよう、と思った。

第二章　ウルドゥー語国語化の動き

　多分一九四八年二月八日だったと思う。カラチで憲法制定議会が開かれた。そこでは国語問題について議論が行なわれていた。ムスリム連盟の指導者たちはウルドゥー語を国語に定めようとしていた。東パキスタン選出のムスリム連盟所属議員のほとんどもそれに賛成していた。しかしクミッラ選出の国民会議派の議員、バブ・ディレンドロナト・ドットはそれに異を唱え、ベンガル語も国語とすべきだと要求した。パキスタンで最も優勢な言語はベンガル語であるから、というのがドットの主張だった。しかしムスリム連盟側はその意見を全く認めようとしなかった。ベンガル語を除いてウルドゥー語を国語としようとする動きの中に、大がかりな陰謀が行なわれていることを私たちは見てとった。東パキスタンムスリム学生連盟とトムッドゥン・モジュリシュ（原文注17）は、制憲議会での動きに抗議し、ベンガル語とウルドゥー語両方を国語とする要求を行なった。東パキスタンムスリム学生連盟とトムッドゥン・モジュリシュは合同集会を開催し、「ベンガル語国語化闘争会議」を結成した。東パキスタンムスリム学生連盟はすでに各県や郡に支部を持っていた。トモッドゥン・モジュリシュはアブル・カシェム教授を中心とする文化団体だった。旧ムスリム連盟で活動していた人たちの中から、カムルッディン、シャムスル・ホクをはじめ多くが闘争会議に参加してきた。闘争会議は集会を開き、一九四八年三月十一日を「ベンガル語要求の日」とする宣言を行なった。私たちは各県を訪れ、オルグ活動を推進した。私自身はフォリドプル、ジョショルから始めてドウロトプル、クルナ、ボリシャルで集会を開催し、「要求の日」の三日前にダカに戻った。ドウロトプルではムスリム連盟支持派の学生たちが、私たちの集会を妨害しようとしたため激しい衝突が起き、負傷者が出た。集会は中止されることなく、私も予定通り演説を行なった。この際、アブドゥス・シャブル・カーンは私たちの支持に回った。ボリシャルのモヒウッディン・アハモドは当時全東パキスタンムスリム学生連盟に属していて、ムスリム連盟と政府を強く支持していた。私たちのグループのリーダーはカジ・バハウッディン・アハモドだった。私はあるカレッジで集会を開いたが、モヒウッディンからの妨害工作はなかった。

ダカに戻り、夜になって作戦会議を開いた。誰がどこに行き、どこにピケをはるのか、といったことを話し合った。ごく少数を除き、ほとんどの大学生がこの運動に参加してきた。その割合は九〇％にもなっていた。特にジョゴンナト・カレッジ、ミトフォード、医科大学、技術工科大学からの積極的な参加が目立った。これに対し、ムスリム連盟側は暴漢の集団を雇って私たちを襲わせた。連盟は一般の人々の大半を自分たちの側につけることに成功した。オールド・ダカの様々な場所で学生たちが暴漢に襲撃された。連盟側は一般の人たちに、私たちがパキスタンを破壊しようと企んでいると信じ込ませようとした。

三月十一日未明、何百人もの学生たちが州の省庁の合同庁舎となっていたイデン・ビルディングや中央郵便局前などでピケットを張り始めた。大学やカレッジではピケットの必要はなかった。ダカのすべてが、私たちの張ったポスターで溢れた。ほとんどの店が閉まっていた。しかし旧市街では完全にホルタル（ゼネスト）が実施されたわけではなかった。

午前八時、中央郵便局の前にいた学生たちを警官隊が襲った。学生たちは棍棒でひどく殴られたが、攻撃された一団が退くと別の一団が現れて警官隊に抵抗した。私たちはフォズルル・ホク寮に予備部隊を待機させておいたのだ。この衝突はしばらく続いた。九時になってイデン・ビルディングの正門前で、棍棒を振りかざした警官隊が攻撃を開始した。カレク・ネワズ・カーン、ボクティヤル（現在ノオガオンで弁護士をしている）、ダカ市学生連盟の書記長M・A・ワドゥドが重症を負った。トプカナ通りではカジ・ゴラム・マハブブ、ショオコト・ミヤほか多くの学生が負傷した。アブドゥル・ゴニ通りの入り口付近では、学生たちは警察の暴力行為に耐え切れず、多くの負傷者を出して撤退した。私が中央郵便局のほうから新たな一団を率いてイデン・ビルディングに向かっていた頃、そこではシャムスル・ホクのグループが警官隊に包囲されていた。建物の門はすでに開け放たれてしまっていた。私は自転車を走らせていたのだが、途中でダカ市警察署長のジープに追われた。警察は私を逮捕しようとしつこく追ってきた。しばらく逃げたがこのままではどうしようもないと思い、道に立っていた仲間の一人に自転車を預け、四、五人の学生とイデン・ビルディングに行き、門の前に座り込んだ。自転車を預かってくれた学生には、急いで他の学生を呼ぶように頼んだ。私たちの人数は少なく、このままでは太刀打ちできない。私たちを見て他の学生たちも集まってきて、座り込みデモに参加した。警官隊は私たちを殴り、逮捕してジープに乗せた。私たちより前、シャムスル・ホクが逮捕されてジープに乗せられていた。このときはたくさんの学生が逮捕され、怪我をした。警察は逮捕した学生のうち何人かを車に乗せて三十マイルか四十マイルほども離れた森に連れて行き、そこに放り出してくることまでした。女子学生たちの中にも怪我をした者がいた。オリ・アハドも逮捕された。しかしタジウッディンやトアハのように逃げおおせた仲間もいた。夕方までに逮捕され、刑務所に収容された学生は七十名を超えた。だがこの結果、私たちの運動は勢いづくことになった。ダカ市民の支持も広がっていった。

その当時、東パキスタン州議会が開催中だった。毎日のようにデモ行進が行なわれるのを見て、ナジムッディン首相は危機感を持った。ベンガル語を国語として認めよという運動は盛り上がりを見せていた。学生活動家のワドゥドとボクティヤルは警察隊との衝突の際重傷を負って、刑務所内の病院で治療中だった。こうした時期に「ベンガルの虎」シェレ・バングラ、ボグラのモハンモド・アリ、トファッジョル・アリ、マレク、ショブル、コエラト・ホセン、アノワラ・カトゥンなど多くの人が、ムスリム連盟に対して激しい抗議活動を行なった。さらにソラワルディ先生の派閥が再び一つにまとまるということもあった。このような状況の変化にナジムッディン首相はあわて、私たちの闘争会議との対話に同意してきた。

もっとも私はそのとき収監中だったので、そんな動きは知らずにいた。だが、闘争会議を代表して刑務所に面会にやってきたカムルッディンがそのことを教えてくれた。「ナジムッディン首相は我々の要求をのんだぞ」とカムルッディンは言った。「ベンガル語を東パキスタンの公用語として認めさせるんだ」。東パキスタン州議会は中央政府に対し、ベンガル語を国語の一つとするよう進言する。今回の運動で逮捕された者たちに対する告訴を全部取り下げ、拘留を解く。さらに警察が拷問を行なったとされていることについて、首相自らが調査することになったという。他にもいろいろあったと思うが覚えていない。ナジムッディンは内務大臣も兼任していたが、自分で調査するというのははったりに過ぎなかったのではないかと思う。

刑務所内で私たちは一つの場所にまとめられていた。私たちがいたのは第四区と呼ばれている所だった。刑務所は三階建ての建物だった。塀の向こう側はムスリム女学校になっていた。拘留されていた五日の間、毎朝十時、女学生たちが学校の屋上にやってきて、私たちを励ますスローガンを大声で繰り返してくれた。それは夕方四時まで続いた。まだ小さい女生徒たちなのに、疲れた様子もなかった。彼女たちは「ベンガル語を国語に！」「お兄さんたちを釈放せよ！」「虐待は許さないぞ」などさまざまなスローガンを、声を揃えてあげてくれたのだった。それを見て私はシャムスル・ホクにこう言ったのを覚えている。「こんな小さな妹たちまでも立ち上がったのだね。もうベンガル語を国語にしないわけにはいかないだろう」「ああ、その通りだ」とホクは答えた。

拘留されたのが三月十一日で、十五日夕方、私たちは釈放された。刑務所の門からソリムッラ・ムスリム寮までの道を皆でデモ行進していった。

拘留中だった三月十三日の夕方、刑務所内で騒動があった。ベンガル人ではない警備員が、私たちが収容されていた房の鍵をかけにやってきた。私たちは房内で座っていた。警備員は一人、二人と私たちの数を数え始めた。全員がちゃんと揃っているか、確認するためだ。人数が合えば外から鍵をかけていく。毎日夕方にこうしたチェックが行なわれる決まりになっていた。だがその日は、何度やっ

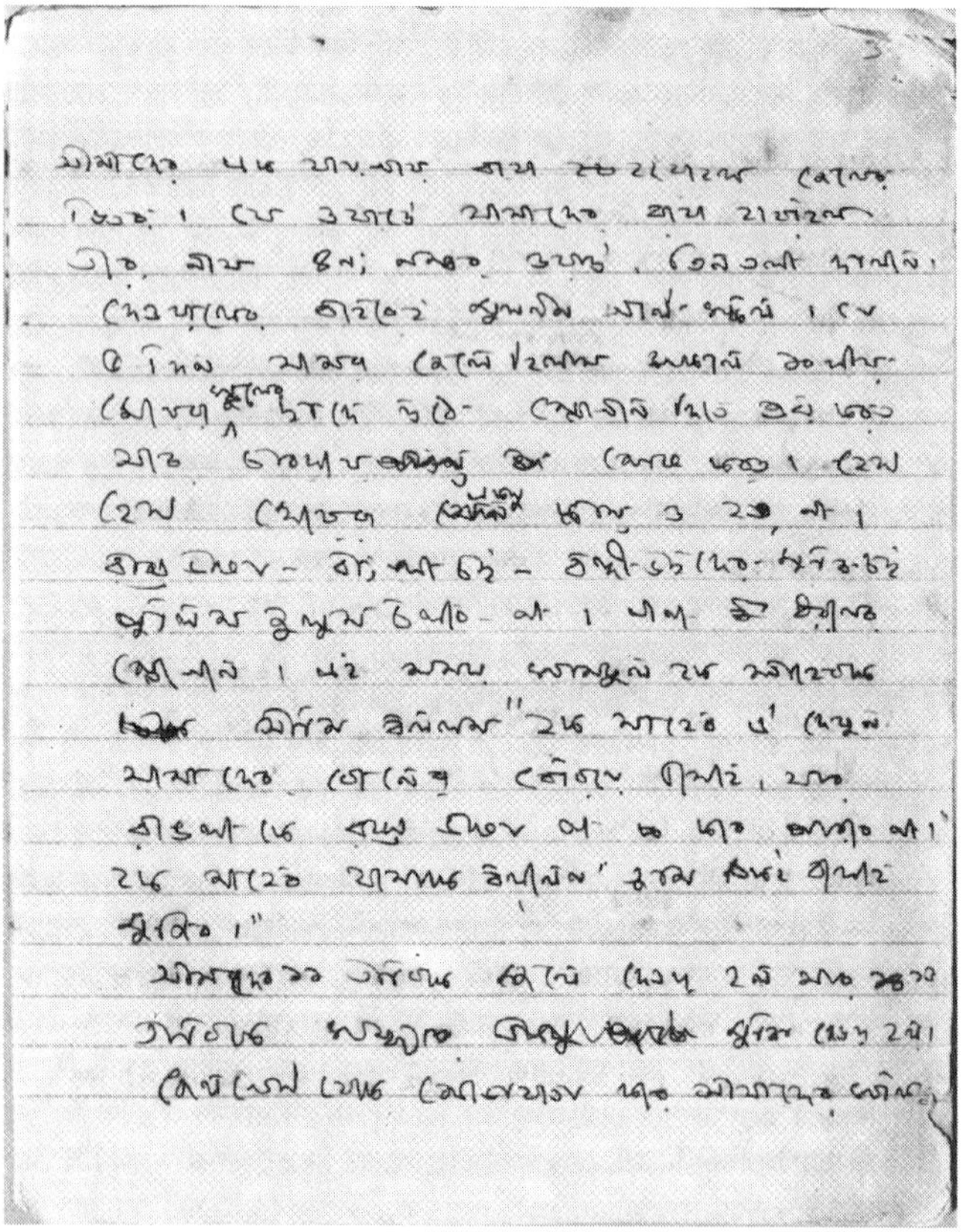

シェーク・ムジブル・ロホマンによる手書き原稿

（内容は本書 199 頁 4 行目「刑務所内で私たちは一つの」より同頁最後から 6 行目「刑務所の門から」まで）

ても数が合わなかった。隣の房にも私たちの仲間が収容されていたが、そちらは揃っている。実は私たちの仲間にはまだ若い連中がいて、なかなか人の言うことを聞こうとしなかった。その連中は警備員が人数を確認しているとき、わざと別の場所に移動したりしていた。いつも私やシャムスル・ホクが彼らを注意して、しかるべき場所に座らせていた。私たち二人とアブドゥル・マンナン（現在はノボクマル高校の校長をしている）は、他の学生たちより少し年上だったのだ。食料の分配などはマンナンが責任者となっていた。それはともかく、計算が合わないことで警備員は怒り出し、汚い言葉を口にした。それが学生たちの怒りに火をつけた。彼らは立ち上がり、騒ぎ始めた。私とホクは学生たちをなだめ、何とか元の場所に座らせた。警備員はもう一度数を数え直し、今度は問題なかった。しかし扉の外側に行ってから、警備員は急に笛を吹き鳴らした。非常ベルも鳴り響いた。非常ベルが鳴れば獄吏たちは何をおいても駆けつける決まりになっている。そんな場合彼らは銃や棍棒を持って房内に入り、必要とあらば収監者たちを打擲することさえある。そうなると法律も何もあったものではない。上役が一緒にいようと、獄吏たちは好き放題のふるまいをする。刑務所長や副所長がいたとしても同じだ。

何が起こったのか、さっぱり分からなかった。実は私たちの房の担当だったベンガル人の獄吏が、鍵をかけてしまったのだった。警備員は鍵を渡すように頼んだのだが、獄吏は聞き入れなかった。そのことで二人が争い始めた。その様子は私たちにも見て取れた。獄吏は鍵を持ったまま、階下に逃げてしまった。警備員はなぜ鍵を欲しかったかというと、私たちを殴ろうと思っていたからだ。鍵を開け、別の警備員と房内に入り暴行をふるおうと計画していたのだった。刑務所長、副所長さらには刑務所統括本部長までが駆けつけてくる前に、私とホクは皆に所定の位置に早く行って座るように指示しておいて、扉の横に立った。私たちに暴行をふるおうとする連中を、そこで食いとどめるつもりだった。皆には、攻撃をされるまでは決してこちらから手を出してはならない、と釘を刺した。もし襲われた場合には、机だとか椅子だとか皿だとか茶碗だとか、とにかく手近にあるものを使って抵抗するしかない。ホクも私も結構強気な性格ではあった。いざとなれば素手でも立ち向かうつもりだった。すぐに手を出すのは、子どもの頃からの私の悪い癖だったのだが。いずれにせよ、あの時獄吏が鍵を持って行ってしまわなければ、間違いなく私たちはやられていただろう。何しろ私たちは一つの部屋に押し込められて、逃げ場がなかったのだから。そうこうするうちに他の獄吏たちも集まってきて、汚い言葉で私たちを罵り始めた。しかし刑務所長とモクレスル・ロホマン副刑務所長が駆けつけて、獄吏たちに階下に行くよう命じた。さらにしばらくするとビル刑務所統括本部長も到着した。ビル本部長は事件の説明を受け、獄吏たちに解散を命令した。シャムスル・ホクが本部長にこれまでに起きたことの詳細を伝えたのだった。このビル本部長という人は、その後の一九五〇年、ラジシャヒ刑務所のカプラ監房で、政治犯として収容されていた愛国の士たちを射殺した人物として知られるようになる。

後になって、この事件は実は私たちの殺害を狙った企てだったことを知った。事件の翌日モクレスル・ロホマン副所長から、刑務所における規則や決まりごとについて詳細に聞かされた。私自身はもっと若かった頃に逮捕され、幾日かを獄中で過ごした経験があったが、刑務所内の決まりごとがあるなど全く知らなかったし、考えてもみなかった。刑務所や刑務所についての知識といえば、一、二冊読んだ本から覚えたことがすべてだった。一緒に逮捕された学生たちが、刑務所内の規則をあまり守らなかったことは確かだ。シャムスル・ホク、マンナンそれに私が指導を行なうようにしていた。学生たちの中には中学生もいた。九歳か十歳ぐらいの子どもまで混じっていたほどだ。その子の父親が刑務所にやってきて、門のところで息子と面会した。父親に「今日のうちにここから連れ出してやるからな」と言われた子どもは「他のみんなと一緒でなければ出る気はないよ」と答えたのだという。戻ってきてそんな話をしたその子を、私たちは皆で褒め、「ジンダバード（ばんざい）」という名を与えた。その子の本名は今となっては覚えていないが、その言葉は鮮明な記憶として残っている。実に強い心を持った子だった。その子ばかりでなく、逮捕された学生たちはただ一人として決意が鈍ることはなかった。ベンガル語を国語とするために、皆がどんな犠牲でも払う覚悟だった。

三月十六日午前十時からダカ大学で開かれた学生総会に、私たちは揃って出席した。突然誰かが、私に総会の議長役を務めてほしいとの提案を行なった。皆がそれを支持した。大学キャンパス内の、アームトラ（マンゴーの樹下）という名で知られるあの場所で、初めて議長として務めた。総会ではたくさんの人が熱弁をふるった。闘争会議と政府の妥協案の各項目について了承された。しかし警察による暴行事件について、カジャ・ナジムッディン首相が自ら調査を行なうとした和解条件については、総会の承認は得られなかった。ナジムッディン首相が内務大臣を兼務しているため、調査内容に信頼が置けない、というのが理由だった。私は皆に向かって言った。「闘争委員会が採択した決議を我々も受け入れるべきである。政府側からのその提案一点についてのみ変更を求めることは許されよう」。私の提言を受けて、学生たちの間から、議会建物までデモ行進を行ない、首相にその要求を提出して戻って来ようではないかという声が上がった。私は続けて、要求書を提出したらすぐに議場付近から引き返すこと、誰もそこに居続けてはならないことを伝えた。闘争会議から私たちの運動をしばらく中止するようにと要請を受けていたからだ。総会の参加者たちは私の提案を了承した。

私たちは議会までデモ行進して行き、ナジムッディン首相宛の要求書を提出した。その場で私はあらためてその場を離れるように呼びかけ、自らソリムッラ・ムスリム寮に向かった。しばらく行ったところで確認すると、かなりの数の学生が私の指示を守って議場付近から立ち去って行っていた。しかし何人かの学生と市民はそこに残り、盛んにスローガンを叫んでいた。私は再び戻り、演説を行なって指示に従うようにと訴えた。それで多くの学生たちがその場から立ち去って行った。私もムスリム寮に行った。しかし四時ごろになって新たな知らせが来た。議会建物の周りに再び人が集まっているという。さらに尋ねるとその大半は公務員や一般市民で、学生はごく少数とのことだった。シャムスル・ホクが現場にいて、人々に立ち去るよう呼びかけているらしい。

一方、ソリムッラ・ムスリム寮では、寮の学生たちが時折、議員たちを引っ張ってきていた。もしベンガル語を国語とすることができなかったら、責任を取って議員を辞職する、との誓約書を欠かせているのだった。閣僚たちは議会の建物内に足止めとなっていた。首相だけは軍の助けを得て、議場裏口から脱出したという。議会の周囲には再び大勢の人が集まってきていた。そんな知らせを受けて現場に駆けつけた。もう少しで到着というとき、警官隊が棍棒と催涙ガスを使って排除を始めた。ガスを浴びて、目が焼けるようだった。涙が流れ出て、何も見えなかった。学生と市民には負傷者も出ていた。私を何人かがポラシ・バラック地区にある池のところまで連れて行って、顔や目を洗ってくれた。そのおかげで、しばらくすると少し楽になった。見るとムスリム寮で騒ぎが起こっている。学生たちはバゲルハト選出のモザンメル・ホク議員を連行してきていた。学生たちは議員に誓約書を書くよう迫っていた。偶然モザンメル・ホクと私は知り合いだった。私は議員を解放するよう学生たちに頼んだ。ホクは好人物で、ソラワルディ先生の支持者でもあった。学生たちを何とか説得し、私はホク議員と寮から外に出た。リキシャをつかまえて彼を乗せた直後、新しい情報が飛び込んできた。ショオコト・ミヤが負傷し、病院に担ぎ込まれたという。私は病院に走った。彼は手と背中を怪我していた。警官に棒で殴られたという。病院には他にも軽症を負った人たちがいた。入院患者たちには、少しでも回復したら早く病院から去るように伝えた。警察がまた逮捕しに来るかも知れないからだ。

夕方になって、フォズルル・ホク寮で闘争会議の集会が行なわれると連絡があった。学生たちも参加するという。私も出向いたが、会場到着が少し遅れた。着いてみると誰かが私を批判する演説をしていた。しばらくその場に立ってそれを聞き、それから演壇に向かった。演説が終わると同時に私は話し始めた。アームトラで行なわれた集会で私は、要求書を提出したらすぐに引き返してくるように、また議場の前では集まった人たちに解散するよう呼びかけた、またその趣旨の演説もしたのだが、それを皆さんの誰も知らないんですか、と私は聴衆に向かって尋ねた。その件はそれで終わり、あとは大した議論もなく、私たちの運動をひとまず休止する決議が採択された。それには、ジンナーが数日後に来訪するという事情があった。パキスタン独立後、初めての訪問になる。しっかりと歓迎しなければならない。私たち学生も歓迎行事に参加することになっていた。学生たちが揃って、空港まで隊列を組んで行けるよう準備が進められていた。

ベンガル語国語化運動はダカ以外でも展開されていた。その関連でフォリドプルとジョショルでは何百人もの学生が逮捕されていた。ラジシャヒ、クルナ、ディナジプルほかさまざまな県でも運動が起こっていた。全東パキスタンムスリム学生連盟は阻止を試みたが不首尾に終わった。この運動は学生たちが始めたものだった。だが始まってみると、一般国民も同様にベンガル語の国語化に断固たる決意で臨んでいることが分かってきた。とりわけ公務員から強い支持が寄せられていた。技術工科大学を暴漢の集団が襲ったとき、ポラシ・バラック地区から一団の公務員が駆けつけて応戦した。暴漢たちはさんざんに殴られ、退散するよりなかった。この事件の後、国語化問題に対するダカ市民の態度に変化が現れた。

それまで政府から、この運動を主導しているのはコルカタからやって来た、ムスリムが好んで着用するルンギ（腰巻）の代わりにパエジャマ（薄手のゆったりしたズボン）を身に着けたヒンドゥーの学生だ、といった宣伝活動が行なわれていた。しかし当局に逮捕された七十人以上の学生の中に、ヒンドゥーの学生は一人もいなかった。それにもかかわらず、私たちに対する国民の嫌悪感を煽り立てるために、ベンガル語国語化要求は、「統一ベンガルとインドの手先、共産主義者、国家転覆を企てるやつら」が行なっているという話を政府は喧伝してきたのだった。政府はさらに報道機関に配布した声明でも私たちを貶めようと努めていた。

ベンガル語はパキスタン国民の五六％の母語だ。だからその言葉を唯一の国語と定めるのは当たり前だ。それでも私たちは譲歩して、ベンガルとウルドゥーの二つの言葉を国語とする要求を行なっていた。パンジャーブ州の人たちはパンジャーブ語で話をし、シンド州の人たちはシンディー語で語り合う。北西辺境州の人々はパシュトゥー語で、ベロチスタン州に住む人はベロチ語で生活している。ウルドゥーはパキスタンのどの州の言葉でもない。だがもし西パキスタンの同胞たちがウルドゥー語を国語として要求するなら、私たちに反対する理由はない。ウルドゥーを支持する者たちの唯一の拠りどころは、ウルドゥーが「イスラムの言葉」ということだ。ウルドゥーがどうしてイスラムの言葉になったのか、それは分からないのだが。

世界のいろいろな国に住むイスラム教徒たちは、いろいろな言葉で話す。アラブの人たちはアラビア語で語る。ペルシャの人たちはペルシャ語で、トルコの人たちはトルコ語で、インドネシアの人たちはインドネシア語で話をする。マレーシアの人たちはマレー語を、中国のムスリムたちは中国語を使う。理屈はいくらでもつけられる。政府は、東パキスタンの宗教に盲目的な人々なら、イスラムの名を挙げればいくらでもごまかせると思っていたのだが、そうは行かなかった。どの民族も自分の母語に愛着を持っている。母語が侮辱されることを許す民族はどの時代にもない。当時与党だったムスリム連盟の指導者たちは、ウルドゥー語のために命を捧げる覚悟まであったのだが、国民の支持が得られなかったことに動揺した。そこで彼らは最後の「タビーズ（イスラム教徒が身につけるお守り）」を使った。ジンナーをごまかして利用しようとしたのである。ジンナーが東パキスタンに来て、ウルドゥー語を擁護する言葉を口にしてくれれば、それに逆らう者は誰もいないだろうと考えたのだ。ジンナーは党派を超えて、誰からも尊敬されていた。誰もがその筋道の立った言葉に従わざるを得なかった。しかし東パキスタンの指導者たちの誰も、この地の世論の動向について、ジンナーに伝えなかったし、伝える勇気も持たなかったのである。

三月十九日、ジンナーはダカに降り立った。何千もの人々がパキスタンのこの最高指導者を出迎えようと、ダカ市内のテジガオン空港に詰めかけた。その日は激しい雨が降っていたことを覚えている。雨に打たれて皆ぐっしょりになったが、濡れた服のままで空港で待ち続けていた。到着したジンナーは元競馬場広場(86)で開かれた大集会に臨んだ。そこで行なった演説の中でジンナーは「ウルドゥー語こそがパキスタンの唯一の国語になる」と宣言した。私たち四〜五百人の学生は広場の一角に座を占めていた。ジンナーの言葉に私たちは立ち上がり、こぶしを振り上げて「我々は認めないぞ！」と叫んだ。ジンナーはそのあとダカ大学の学位授与式での挨拶でも同じ言葉を繰り返した。学生たちは彼の目の前まで詰め寄り、「認めない！　認めない！　認めない！」と大声で抗議した。ジンナーは数分間沈黙し、また挨拶を続けた。ジンナーに向かって直接ベンガルの学生たちが抗議したのは、このときが初めてだったと思う。その後ジンナーは生涯にわたって、ウルドゥー語が唯一の国語との言葉を口にしなかった。

ダカに滞在中、ジンナーは学生たちの二つのグループの幹部たちと話をした。おそらくベンガル語国語化闘争会議にも声がかかったのではないかと思う。いずれにせよ、ジンナーは「東パキスタンムスリム学生連盟」と「全東パキスタンムスリム学生連盟」から代表を二人ずつ招いて接見した。この時点で同じような二つの団体が存在していることが、ジンナーには気に入らなかったのだ。私たちの代表はトアハとシャムスル・ホクで、私は出席しなかった。ジンナーは私たちの組織の名を褒めてくれた。私たちの代表は、「全東パキスタンムスリム学生連盟」の幹部たちの名前を伝える際、彼らのほとんどはすでに勉学を離れ、社会人となって勤めをしているという事実を明らかにした。それを聞いてジンナーは立腹した。ベンガル語の国語化問題の話になったとき、ジンナーと議論になったと、あとでシャムスル・ホクから聞いた。ホクには、相手が誰であろうと正論を堂々と展開する勇気があった。

ジンナーがダカ訪問を終えた数日後、フォズルル・ホク寮の前で学生集会が開かれた。一人の学生が演説に立った。誰だったか、名前は覚えていない。彼は「ジンナーが言うことに我々は従わなければならない。ジンナーがウルドゥーこそが国語だと言えばそうなるのだ」と主張した。それを聞いて反論の演説を行なったことは今でも記憶にある。「指導者が間違った指示をしたとき、それを指摘し、正す権利が人民にはある。ハズラト・ウマルが服を着ているのを見て、一般の人々がそれについて質したように（原文注18）。ベンガル語は国民の五六％の人々の母語である。パキスタンは民主国家であり、多数派の要求は容れられるべきである。ベンガル語が国語となるまで、我々の闘争は止まない。その結果起こりうるどんな状況にも対処する用意が我々にはある」。私のこの主張は、一般学生から支持された。この集会のあと、東パキスタンの学生や青年はベンガル語国語化を要求する集会やデモを続けた。世論は盛り上がっていった。数カ月もすると、全東パキスタンムスリム学生連盟は支持者を失った。幹部たちは何人か残ってはいたが、彼らの仕事と言えば、閣僚たちの家にご機嫌伺いに行くことと、政府の方針に唯々諾々として従うことのほかには何もなかった。

一九四八年の言語運動が起こる前、モハンモド・アリとトファッジョル・アリ、それにマレク博士（アブドゥル・モタレブ・マレク）らのベンガル州議会議員が中心になって動いて、ムスリム連盟所属の議員たちの中に一つのグループが生まれた。その背景には、カジャ・ナジムッディン首相がソラワルディ派の議員に、閣僚ポストを全く与えなかったことがある。政務次官になった人さえいなかった。ソラワルディ派の議員の数は決して少なくなかった。トファッジョル・アリ議員の自宅でよく派閥の会合があった。派閥はどんどん拡大していって、遂にはナジムッディン首相に対してもし不信任案が提出されれば成立してしまうほどの勢力になった。そうした中、派閥の議員の何人かがコルカタに行き、ソラワルディ先生に会った。そしてソラワルディ先生がダカに来てくれれば、不信任案を議会に提出すると伝えた。しかし先生は同意しなかった。「いま混乱は起こしたくない。ナジムッディンに任せようじゃないか」と言って、先生はさらに続けた。「議員たちがついているって、あの古株たちのことか？　この前の選挙のとき、私を裏切った連中じゃないか。今回はナジムッディンに反逆し、その次はまた私に反旗を翻すのかもな。しかしそれはすべてどうでもいいことだ。それより私にはすべきことがたくさんある。私がそれをしなければ、イスラム教徒がインドから逃げ出さなくてはならなくなって、何十万という人が死ぬことになるだろう。私が考えているのはただ一つ、インドでヒンドゥーとムスリムの間に、そしてパキスタンでムスリムとヒンドゥーの間に恒久的な平和をもたらすことができるかどうかということだ」。

その頃ジンナーは、モハンモド・アリ議員を呼びつけ、派閥を作ったことを叱責していた。そして大使としてビルマに行くように命じた。モハンモド・アリがトファッジョル・アリを訪ねてきて、このいきさつを私たちに語ってくれた。ビルマ大使の件は了承したとも言った。しばらくしてマレク博士にも閣僚ポストが回ってきた。残ったのはトファッジョル・アリだけになった。ある日議員から私に話がある、と言ってきた。「見たとおりだ、ムジブ。モハンモド・アリはビルマに行き、マレクは大臣になりそうだ。実は私も大臣にしてやると言われたんだ。どうしたらいいかな。一人で反対したって、どうにもなるものじゃないとは思うが、君の意見が聞きたい」。この人をいまさらとどめたところで仕方がない、と思った。誰も彼もがナジムッディンの派閥に取り込まれてしまったのだから。私は答えて言った。「私の意見を尋ねてくださってありがとうございます。他のどなたからも、こんなふうに意見を求められたことはありませんでした。確かにお一人では何もできないと思います。閣僚におなりなさい。私たちは私たちで闘争を続けていきますから。これまで自分たちの理想とパキスタンのために戦ってきました。その理想が実現されるまで、私たちは運動はやめません」。私の意見を求めてくれた彼の律儀さには敬意を払う。トファッジョル・アリとの関係はその後も悪くなることはなかった。彼はいつも兄のように私に接してくれた。その後それぞれ別の政党に身を置くことになったのだが。

モオラナ・アクロム・カーンの声明が出た後、私たちはムスリム連盟の党員ではなくなった。つまり連盟から追放されたのである。私たちはムスリム連盟を進歩的な組織に変えることを目指していた。タンガイル選挙区で二議席に欠員が生じたことがあった。私たちは、補欠選挙でナジムッディン首相に対抗するような候補を擁立できないかと考えた。ちょうどその頃、著名な政治家のモオラナ・バシャニ氏がアッサムから東ベンガルに移住してきて、タンガイルのカグマリに居を構えていた。そこで私たちはバシャニ氏に立候補してくれるよう頼むことにした。バシャニ氏はそれを了承したものの、一つの議席からだけ立って、もう一つはナジムッディンに譲ったのだった[87]。このときの補欠選挙では、選挙費用の申告をしなかったためにモオラナ・バシャニの当選は取り消しになったという後日談がある。

私たちのベンガル語国語化運動をモオラナ・バシャニ氏は支持してくれた。タンガイルでムスリム連盟の党員集会が開かれ、将来の方針について話し合われたことがあった。この集会では、さらにナラヨンゴンジョで別の集会を開催することが決まった。その機会に今後の方針が決定される。モオラナ・バシャニ、アブドゥス・サラム・カーン、アタウル・ロホマン・カーン、シャムスル・ホクほかのムスリム連盟の幹部および党員の参加が決定した。サルマン・アリ、アブドゥル・アウアル、シャムスッゾハなどが組織委員となった。ナラヨンゴンジョ選出のカーン・シャヘブ・オスマン・アリ議員からも集会開催の支持を取り付けることができた。しかし集会の直前ナラヨンゴンジョに、武器などを帯びた集会を禁じる一四四項が適用され、急遽開催場所をパイクパラ・クラブに変更した。各県から多くの党員や幹部が参加して集会が行なわれた。この集会中、ムスリム連盟の雇った暴漢の一団がシャムスッゾハを襲うという事件があった。このシャムスッゾハたちこそがナラヨンゴンジョでのムスリム連盟立ち上げの中心となり、パキスタン建国運動にも積極的に加わっていたというのに、彼らに対するムスリム連盟の仕打ちはひどいものだった。そしてこのときシャムスッゾハ襲撃事件を仕掛けたのは、かつて反パキスタン、反ムスリム連盟を掲げていた連中だった。各県や郡では、旧ムスリム連盟を解体し、組織建て直しのための臨時委員会を作る作業が進んでいた。しかしどの地域のムスリム連盟の委員会でもソラワルディ支持派が優勢だったため、臨時委員会には以前は反連盟・反パキスタンだった者をも数多く受け入れざるを得なかった。だが一般国民にとっては、ムスリム連盟といえばかつてのムスリム連盟のイメージしかなかった。

モオラナ・バシャニが議長となって集会が行なわれた。代表が二人カラチに赴き、ムスリム連盟のチョウドゥリ・ハーリクッザマーン総裁と会って要求を伝えることが決定された。もとのムスリム連盟を活用せよ、というのが我々の要求だった。これが聞き入れられなければ、ムスリム連盟の党費納入台帳を当方に渡し、中立公正な党内の選挙を実施せよ、との要求もあった。それで一般の人々が誰を望んでいるかが明らかになるはずだ。

当時ダカからカラチに行くのは容易ではなかった。コルカタとデリーを経由して行くしかなかった。アタウル・ロホマンとベゴム・アノワラ・カトゥンの両議員がカラチに行くことが決まった。二人はカラチに行き、ハーリクッザマーンと会見してこちら側の要求を伝えた。それに対してハーリクッザマーンからは「古い話は忘れようじゃないか。カジャ・ナジムッディン首相を支持する者たちだけがムスリム連盟の党員となればいい」という答えが返ってきた。党費納入台帳については、「近頃は紙が手に入りにくいので、台帳を作るのは難しい。モオラナ・アクロム・カーンと東パキスタン臨時委員会に相談することだ。台帳を渡すか渡さないかは彼らの判断次第だ」とにべもなかった。ダカに戻った二人は、カラチまで行って無駄金を使ってしまった、ハーリクッザマーンはまともに話をしようともしなかった、と嘆息した。

この頃ソラワルディ先生もダカを訪れ、マダリプル、ゴパルゴンジョなどで集会を催した。その結果は極めて好ましいものだった。東パキスタンから出国するヒンドゥー教徒の数が激減した。インド側の西ベンガルやビハール州からのイスラム教徒の流入も少なくなった。集会に参加した人、またソラワルディ先生を歓迎するために集まった人の数は考えられないほど多かった。それを見たナジムッディン政権は狼狽した。ソラワルディ先生が宿泊したのはノバブジャダ・ノスルッラ宅だった。ノバブジャダは先生を支持し、尊敬していた。ソラワルディ先生はゴパルゴンジョからコルカタに戻った。帰途のクルナではショブル氏が中心となって先生を歓迎した。ショブル氏はそのときもまだ、ソラワルディ先生を慕っていたのだ。ソラワルディ先生を支持し、私たちを援助してくれたものだった。クルナではソラワルディ先生はムスリム、ヒンドゥー双方の有力者を招き、非公式な会談を行ない、宗派間の平和が保たれるよう努めることを皆に促した。ゴパルゴンジョで開かれた大集会では、先生も私もマイクなしでしゃべらなければならなかった。マイクが調達できなかったからだ。ソラワルディ先生が集会をやると決めたのがあまりにも急だったので、クルナからマイクを取り寄せる時間もなかったのだ。

先生の東パキスタン訪問を政府がこころよく思っていないことは私たちにも分かった。以前なら、ソラワルディ先生が快適に滞在できるよう、官僚たちが進んで世話を焼いたものだった。ところがこのときは官僚たちは遠巻きに見るだけだった。彼らの中には、何も協力しないよう、上のほうから言われているので、とこっそり耳打ちしに来た者もいた。公安の動きも活発になっているようだった。イスラムとヒンドゥーの融和を維持することはパキスタンのためにもぜひ必要だ。そうでなければ、モハジール[88]が大移動を始めた場合、どんなひどい状況になるかは、ものを考える人ならすぐに分かることだろう。しかし狭量な政治家たちはそれが理解できない。インドの西ベンガル、アッサム、ビハールなどにはまだ何十万ものイスラム教徒が残っている。パキスタン建国運動へのその人たちの貢献は、ほかの誰にも劣らないものだ。そういった人たちのためにも、平和を保たなければならないと私たちは考えていた。実際、東パキスタンのムスリムたちはソラワルディ先生の助言を受け入れた。その結果東パキスタンでは宗教集団間の衝突は起こらなかった。それどころか、ムスリムがヒンドゥーに向かい、この国から出て行ったりしないでほしいと懇願したぐらいだったのだ。私は両宗教の信者間の良好な関係の維持のため、国内の各地をまわったときに、そんな話を何度も聞いた。他方残念なことだが、西ベンガルでは、進歩的なヒンドゥーたちもヒンドゥーとムスリムの融和を保てなかった。各地で騒乱が起き、罪のないムスリムたちの命が失われたり、家や財産が損害を受けたりという事件が時として起きた。

第三章　東ベンガル新政府との軋轢

　この頃いくつかの県は食糧危機に見舞われた。特にフォリドプル、クミッラそれにダカの人々は大きな被害を蒙った。そのとき政府が採った対策は「防禦線方式」と呼ばれる。各県間での食料の行き来を禁止するものだ。当時は稲が実る季節になると、フォリドプルやダカからたくさんの人が、クルナやボリシャルの穀倉地帯に日雇いで稲刈りの仕事に出かけていた。稲を刈り取り、農家の庭先まで運び込む。その一部を報酬として受け取る。こうした人たちは「ダワル」と呼ばれた。季節になると何千人というダワルたちが舟に分乗して出かけて行った。仕事を終えると自分たちの取り分をまた舟に乗せて戻ってくる。クミッラのダワルたちはこうして、遠く北東部のシレットまで出稼ぎに行った。ダワルたちの大半はその日暮らしの貧しい人々だった。一年のうち二カ月をこうして家から離れて過ごしていた。出稼ぎに出るとき、ダワルたちは家族の生活費のために金貸しから借金をしていく。仕事を終えて戻ってきてからそれを返済する。舟を持っている者もごく限られていたので、大半は舟を借りていた。その支払いに稼いだ分の一部をあてなければならなかった。食糧危機になる前は、ダワルたちのこうした活動を妨げる者はいなかった。その働きがなかったら、稲が刈り取れないからだ。

稲の穂はいっせいに実るので、時期を逃さず刈って来なければならない。地元だけで大勢の労働者を集めるのは無理なので、ダワルを雇い入れるこの習慣は長い間にわたって続いていた。そしてフォリドプリ、ダカ、そしてクミッラの人々にとっても、ダワルのもたらす米が日常の糧となっていた。

パキスタン独立後もダワルたちはいつものように出稼ぎに出て行った。政府から止められるようなことはなかった。それから二カ月、刈り取り作業を終えたダワルたちは、自分たちの稲を受け取って舟に積み込み家路に着いた。頭の中ではお腹をすかせた母親、妹、妻や子どもたちの姿を思い浮かべていた。家族たちは借りた金で何とか家計をやりくりしつつ、夫や兄や父たちが稲の束を抱えて戻ってきて、腹一杯になるまで食べられる日が来るのをひたすら待ち続けていた。しかし今回は出発した途端、役人らが男たちの行く手をふさいだのだった。「稲の持ち出しは禁止する。政府の命令だ」。ダワルたちは稲を置いていくか、舟ともども拘束されるかの選択を迫られた。稲を放棄することには誰もが抵抗したが、結局はそうするより方法がなかった。

こんな話を聞いて私は黙っていられなかった。政府の措置に激しく抗議した。集会を開き、役人たちと交渉した。しかし何の成果も得られなかった。コンドカル・モシュタク・アハモドが、「防禦線方式」に反対する集会を始めたという話が耳に入ってきたりもした。しかしどれだけ抗議集会をしようが提言をしようが、政府が方針を改めることはなかった。ダワルたちは日雇いで働いている。二カ月働いたのに、その報酬を得ていない。しかも金貸しからの借金返済のために、最後には家屋敷を手放さなければならなくなった人も少なくなかった。そんな話を何度聞かされたことだろう。

またフォリドプル、ダカ、クミッラには、大型の船を使って稲や米を県から他の県へ運び、売ることを生業にしている業者たちがいた。政府の方針によってその商売も成り立たなくなり、船会社で働いていた人たちも職を失った。その人たちの多くは人力車夫となった。ゴパルゴンジョ郡だけでも何千という人がこうしてクルナやジョショルなどに行ってリキシャを引き、あるいは人夫として働いて何とか暮らしを成り立たせようとした。

この政策に対し、私たちは激しい抗議活動を行なった。すると政府は再び、稲刈りに行くことは構わないが、産地からの稲の持ち出しは禁止するとの政令を発した。ただし今回の政令では、収穫した稲は至近の政府の貯蔵所に納めること、その際ダワルたちは担当の役人から領収書を受け取り、それを住所の近くの貯蔵所に持参すれば、相当分の稲と引き換えることができる、となっていた。ダワルの働き場所を奪えば、クルナ県だけでも田んぼ全体の半分で稲が収穫されずに終わってしまうことを、政府は知っていた。この政令が出たのは一九四八年の終わりごろか翌年の初めだったと思う。しかし実際のところ、稲は倉庫に納められたものの、ダワルたちがちゃんと取り分を受け取れたわけではなかった。ダワルたちに渡された領収書は、印刷された正式のものではなく、ただの手書きだった。そんな領収書を持っていくと、役人に罵詈雑言を浴びせられ、追っ払われることのほうが多かった。賄賂を使えば稲を少しは受け取れる場合もあった。ともあれ政府によってダワルたちはすべてを奪われてしまったのである。

同じ時期、クルナでもう一つの事件が起きた。フォリドプルから来ていたダワルたちの舟約二百艘が、稲を積んだまま当局に拘束されたのだ。そのダワルたちは政府の命令を無視し、夜の闇に乗じて「アッラーは至高なり」や「パキスタンばんざい」などと声を挙げながら米を積んだ舟を漕ぎ出したのだった。しかし十数マイル行ったところで、高速艇に乗った警官隊が追ってきて進路をふさぎ、最後には発砲までして舟を止めた。ダワルたちも抵抗したが太刀打ちできなかった。岸まで連れて行かれ、川原で積荷すべてを下ろすように命じられ、それが済むとそこから追い払われた。しかしこの稲が政府の倉に納められることはなかった。翌日降った強い雨で、全部流されてしまったのだ。私が知らせを受けてクルナに行ったときには、まだ何艘かの舟が米を積んだまま係留されていた。私はその場でダワルたちと集会を行ない、デモ行進をして県知事の自宅に押しかけた。知事はアブドゥル・ハリム・チョウドゥリといった。ダカ大学のムニル・チョウドゥリ教授の父親だ。県知事は私の話を聞いたが、「私にはどうしようもない。政府の命令だから」と言った。しかし状況を説明する電報を政府に送ると約束してくれた。それで私はダワルたちを連れて戻った。自分でも電報を打った。私はダワルたちに、この問題が解決するまで、しばらく出稼ぎには行かないように、と助言した。東パキスタン州首相だったカジャ・ナジムッディンはこのときまでにパキスタンの総督になっていた。亡くなったジンナーの後継として就任したのだった。

そのころまた別の不正が疫病のように広まり始めていた。政府は「ジンナー基金」と名づけた基金を開設した。この基金に、誰でもできる限りの寄付をするように、という指示がくだった。「ジンナー基金」そのものに反対した人はいなかったと思う。余裕のある人は喜んで醵金したし、貧困層の中でも寄付を行なった人は多い。だが一部の官僚が政府に媚を売るために、強引に金集めを始めた。郡の役人などの中には、金を集めれば集めるほど出世の道が開けると考えた輩もいた。

私の出身地のゴパルゴンジョ郡ではそれがとりわけひどかった。ちょうどその頃カジャ・ナジムッディン総督がゴパルゴンジョを訪れることが決まった。当時の郡長は会合を開いて、歓迎委員会を結成した。そこで決まったのは、ゴパルゴンジョの住民約六十万人の一人ひとりから、一タカずつ徴収しようということだった。そうすれば六十万タカ集められる。銃を所有している人は、これとは別に拠出しなければならない。商人たちも同様だ。大型の船を所有していたら、その分も基金に寄付する必要がある。郡長は下部の行政組織である区（ユニオン）議会のすべての議長に対し、この方針に従わない者は処分の対象にするようにとの指示を出した。郡のいたるところで強制執行が始まった。その手先として警備員が雇われた。あちこちで牛だの、水差しや皿などの食器類まで接収された。まさに恐怖政治だった。ナジムッディンをゴパルゴンジョに招いたのはワヒドゥッザマンというムスリム連盟の党員だった。ワヒドゥッザマンは党員としては新顔だった。ゴパルゴンジョで、パキスタン独立の一九四七年までムスリム連盟に参加して活動していた他の人たちは、今や誰も残っていなかった。どの地でも臨時委員会がすでに立ち上がっていた。その委員たちは郡長と一体になっていた。

私はダカからクルナ経由でゴパルゴンジョに行った。当時ゴパルゴンジョまで乗合の大型客船は乗り入れていなかったので、そこから二マイルほど離れたホリダシプルという小さな乗船場で下りてあとは小舟で行かなければならなかった。私もホリダシプルから舟を雇った。船頭は私のことを知っていた。舟が岸を離れると話しかけてきた。「若旦那、来てくださったのはいいんだが、私らひどい目にあってますよ。うちは五人家族なんで、五タカ出せと言われました。でも一日中働いたって稼ぎはせいぜい二タカ、時にはそれより少ないことだってあります。どうやったら五タカなんて出せるんです？　うちには親父の代からの真鍮の水差しがあったんだが、昨日警備員どもがやって来て、金の代わりだと言って持って行ってしまったんです」。船頭はそう言って泣き始めた。ここらあたりで起こっていることを、船頭は声をひそめて語ってくれた。船頭はゴパルゴンジョの町の近くに住んでいた。なかなか鋭い頭脳の持ち主でもあった。私が舟から降りるとき、船頭は言った。「あんたがたからパキスタン、パキスタンとさんざん聞かされたけれども、こんなものの ことだったのかね？」「パキスタンのせいじゃないよ」とだけ私は答えた。

家に着くと次から次へ人が集まってきた。皆が同じことを口々に訴えた。午後になると商人たちやムスリム連盟のかつての幹部たちもやって来た。郡に住んでいる元の仲間たちに明日の朝集まってほしいと知らせたところ、ほとんど全員が集合した。皆で話し合うための集会を開き、私は「今行なわれていることを止めなければならない。これは税金とは違う。税金なら住民に払う義務があるが、強制的に寄付金を集める法律なんて存在しない」と呼びかけた。

私が来る前までに、ゴパルゴンジョではすでにおそらく三十万タカほどが集められていたようだ。正確な数字は分からない。郡長とムスリム連盟臨時委員会はその金をナジムッディン総督の歓迎のために使うこと、そして余ったらジンナー基金に寄付するために、ナジムッディンに渡すことを決めていた。さらに可能なら、イスラム教寺院建設のために貯めておくという話もあった。その頃ゴパルゴンジョでは、立派なモスクが建設中だった。

私たちはその案に反対することを決めた。歓迎式典のために必要な金額を除き、残りの金はモスクとカレッジを作るためにプールしておくべきだ。それが行なわれないなら抗議活動を始める。そうなったら歓迎式典そのものでも混乱が生じるかもしれない。この話は瞬く間にゴパルゴンジョ郡じゅうに伝わった。拠金活動は中止された。私が来たことを知って、人々は勇気を持ったようだった。ゴパルゴンジョの人は皆、私がパキスタン建国運動をしていたことを知っている。私はここで皆に好かれていた。私には同じ志の年下の仲間たちがいて、私の命令とあらば火の中でも飛び込む位の勢いだった。

ナジムッディン総督来訪の二日前、郡長は県知事のところに相談に行った。相談というのは、私を逮捕することはできないか、ということだった。県知事はそれを拒否し、翌日自身がゴパルゴンジョに赴いて私と話をする、と言った。そのときの県知事はゴラム・コビルといった。頭脳明晰な人で、私とはコルカタ時代から知り合いだった。私に二人称で呼びかけるときには、親しみをこめた「トゥミ」を使った。私も彼を親しみと尊敬をこめて「コビル・バイ（兄さん）」と呼んでいた。コビル・バイはゴパルゴンジョに着くとすぐ私に連絡を寄こした。行ってみると県警察本部長が同席していた。私は県知事にすべての事情を説明し、私たちの要求を伝えた。ゴラム・コビルは私に向かい、言った。「総督は国家元首であって、政治とは無関係だ。どの政治勢力とも関わりがない。総督は客人としてここに来る。きちんと敬意を表わさないのは不適切ではないか？」。私は答えて言った。「総督に敬意を表わさないなんて誰が言いました？　皆で歓迎するに決まっています。しかし知事、総督とお話になって、現在行なわれている不正な手段で金を集めることについて調査し、責任者を処罰するつもりが総督にあるのかどうかを聞き出し、私に教えてください。それから、集まった募金は総督に差し上げてその使途については何も言うつもりはありませんが、ただその金をゴパルゴンジョにカレッジを創設するために費やしていただければと思います。カレッジを作ってくださるよう、お願いします」。県知事はそれを聞いていった。「何も混乱を起こさないことを約束するんだな？」。コビル・バイ、と私は答えた。「正気ですか？　ナジムッディンさんは今や首相ではなく、総督になられたんですよ。私たちのほうは、混乱が起きるようなことは何もしません。歓迎行事が無事にできるよう、お話しされた結果を朝十時までに知らせてください」。

翌日の午前十一時、ナジムッディン総督は屋形船でゴパルゴンジョに到着した。私に船まで来るようにと言われたので出かけた。通されたのは総督の隣の船室だった。県知事から総督の見解を聞かされた。私たちの要求は正当である、とのことだった。要求について検討する、とも言われた。ゴパルゴンジョにはカレッジがない。カレッジを作ることは必要だとナジムッディン総督は認めた。

私が屋形船で話をしている間、外では騒ぎが起きていた。私が逮捕されたと皆が思い込んだのだ。私を船まで案内した警察官が、制服姿で迎えに来たからだった。人々はスローガンを叫びながら警察の制止を突破して屋形船に迫ってきた。警察が棍棒で攻撃したため、ひどい混乱になった。県知事のところに、私を衝突の現場に連れてきてほしいとの依頼があった。私はすぐそこに行き、皆に向かって「私は逮捕されていない。総督は我々の要求をしっかりと検討してくれることになった」と叫んだ。

私はナジムッディン総督にダワルたちの困難な状況を伝えてほしいと県知事に伝えた。コビル知事自身もその問題で頭を悩ませていたという。このままではフォリドプルで飢饉が起きるのは間違いがなかったからだ。

ナジムッディン総督の歓迎式典は大々的に行なわれた。総督はモスクの開扉式も執り行なった。募金については、事情を調べたかどうかは知らないが、集まった金を受け取ろうとはしなかった。カレッジのために使って欲しいとのことだった。ジンナー基金の名で集められた資金で作られたために、ゴパルゴンジョのカレッジは、「モハンマド・アリ・ジンナーカレッジ」と名づけられた。カレッジは今もあって、順調な運営が続いている。

日付けは正確には覚えていない。しかし一九四八年のことだったと思う。ソラワルディ先生がダカに来訪し、ソリムッラ・ムスリム寮で行なわれた学生集会に参加、演説を行なった。当時モエモンシンホ出身のソイヨド・ノズルル・イスラムが寮の共同議長の一人だった（現在ソイヨド・ノズルルは、東パキスタンアワミ連盟の共同総裁となっている。私は投獄中のため臨時総裁）。ソラワルディ先生の演説は素晴らしく、それまで反対の立場だった者たちも、いっぺんに支持者になってしまったほどだった。一方、政府の大臣たちは学生から反発を受け、ダカ大学や学生寮の近くにもいけない状態になっていた。ソラワルディ先生が次に東パキスタン入りしたときには、ムスリムとヒンドゥーの融和を保つ目的で、各地で集会が企画された。最初に行なわれたのはタンガイルだった。ダカからは乗合客船でマニクゴンジョ経由で行くことになる。そこで途中でもう一度集会を開くことになった。その準備に当たったのはシャムスル・ホクだった。

ソラワルディ先生は飛行機でダカ入りすると、まっすぐベゴム・アノワラ・カトゥン議員宅に向かった。そこで昼食を摂った。タンガイル行きの船は、夕方バダムトリ埠頭から出る。モオラナ・バシャニ氏と私も同行する。私たちはソラワルディ先生について乗船した。しかし、六時に出る予定の船が一向に出発しない。聞いてみると、政府が出発許可を出さないから、とのことだった。船はそのまま二時間岸壁に留まったままだった。カデル・ショルダルとカムルッディンも私たちと一緒にいた。夜八時になって県知事と警察本部長がやってきて、ソラワルディ先生に書簡を手渡した。そこには「ダカを離れることを禁止する。ただしコルカタに帰還する意思があれば政府はそれを妨げるものではない。また、ダカ市内であればいずこに滞留しようと構わないものとする」とあった。ソラワルディ先生は船を下りた。私も先生の荷物を持って後に続いた。しかし、これからどこに行ったら良いのか。誰か泊めてくれる人はいるだろうか？　ホテルもない。ベゴム・アノワラなら政府の圧力を無視する度胸があるものの、彼女の家には人を泊めるスペースはない。アタウル・ロホマンやカムルッディンの自宅も同じようなものだ。そこでカムルッディンがシャジャハン大尉とその妻のベゴム・ヌルジャハンと会って交渉した。夫妻の家ならきれいで、泊まるのに必要なものも揃っているからだ。カムルッディンから話を聞いたヌルジャハン夫人（現在は教授）は言った。「それは私どもにとって嬉しいことですわ。ソラワルディさんのことなら、父のように慕っております。ぜひ泊まっていただきます。どうぞお連れくださいませ」。夫人のこの厚意がなかったら、極めて残念な事態になっていただろう。パキスタンを作り上げた立役者に、居場所が与えられなかったのだ。ソラワルディ先生は二日間その家に滞在した。その間ヌルジャハン夫人から、これ以上ないほどの心をこめてもてなしを受けた。実の娘でさえ父に対してこれほどの心配りをすることはないだろう、と思うほどだった。シャジャハン大尉も十分に尽くしてくれた。二日後、私はコルカタに戻るソラワルディ先生にナラヨンゴンジョまで同行し、乗船の世話をした。もっと先までついていきたかったが、ソラワルディ先生は承知しなかった。「もうここでいいよ。他の連中もいる。困ることはない」と先生はいった。私は船室の寝台やら何もかもがきちんと整えられているのを確認してから別れを告げにいった。「政府は君も狙っている」とソラワルディ先生は私に言った。「連中は頭に血が上っている。政権がこんなありさまだと、これからどうなるかが読めなくなる」「先生、ご心配は無用です」と私は答えた。「弾圧や不正に立ち向かう力を神からもらいました。それにこんなときどうしたら良いか、先生からも教えていただきました」。

ソラワルディ先生に対し政府が行なった弾圧に抗うだけの実力は、まだその頃の私たちにはなかった。さらに準備を整えるだけの余裕もなかった。私たち学生は多少の抗議活動は行なったが、それまでだった。私たちの指導者となるべき人物が誰もいなかったのだ。私たちがもし全力で抗議活動を展開していたら、間違いなく国民の支持は得られたと思う。国民はソラワルディ先生を慕っていたからだ。ダカのベテランの活動家たちに抗議行動を起こすよう提唱したこともあったのだが、止めておくように言われた。私たちはコルカタからダカに来てまだ日が浅く、十分に知られてはいなかった。モオラナ・バシャニ氏は私たちが乗るはずだった船でタンガイルに行き、集会に参加していたのでダカにはいなかった。もしシャムスル・ホクがダカにいたなら、何らかの行動は起こすことができたと確信している。

話は少しさかのぼるが、一九四八年九月十一日、モハンマド・アリ・ジンナーが死去した。代わってカジャ・ナジムッディンがパキスタンの元首である総督となった。そしてヌルル・アミンが東ベンガル州の首相に就任した。このときも議員たちが何人かコルカタのソラワルディ先生のところを訪れ、東ベンガルの首相になってほしいと要請した。しかしソラワルディ先生はその申し出を断った。議会は新しい法案を通過させ、それによりソラワルディ先生は議席を失った。

私は東パキスタンムスリム学生連盟の組織作りに力を注いだ。大半のカレッジや学校に支部ができた。各県にもしっかりした組織ができていった。それに対し、政府系の学生組織の活動といえば、検閲下にある新聞の記事に登場する程度だった。政府による不正に抗議し、それを批判するのは私たちの学生連盟のみだった。パキスタンには野党が存在しなかったため、政府は次第に民主主義からはずれ、独裁主義の道を歩み始めた。リヤーカト・アリ・ハーン・パキスタン首相はすべての権力を掌中に収めていた。そしてどんな批判も許さなかった。

ごく少数だが共産主義シンパの学生もいて、政府に反対する立場を取っていた。しかし彼らが喧伝していた思想は、当時の一般学生や民衆を怒らすだけのものだった。私は彼らによく「あなたがたのやっていることは、民衆が一歩一歩地道に歩いているとき、理想を掲げて飛行機でひとっ飛びするようなものですよ。それじゃあ民衆はあなたがたの言うことを理解もできないし、一緒に歩もうという気にもなりませんよ。一般の人が分かるように伝えなければいけませんよ」。それで彼らはおおっぴらに私に反発する行動に出たが、一般学生たちを味方につけることはできなかった。

またこの頃、ラジシャヒの公立カレッジで、学生たちに迫害が加えられる事件が起こった。被害にあった学生のほとんどは東パキスタンムスリム学生連盟に加入していた。二十一人の学生が退学になり、さらにラジシャヒ県外に追放処分となった。ラジシャヒばかりでなく、多くの県で学生たちに対する弾圧が始まり、逮捕される学生が相次いだ。一九四九年の一月か二月、ディナジプルでも学生が逮捕された。ドビルル・イスラムという学生は刑務所の中で暴行され、一生治らないほどの傷害を負った。学生たちは私を呼びかけ人として「虐待抗議デー」を催すための委員会を立ち上げた。その具体的な日取りも発表された。東ベンガルのすべての県で、「虐待抗議デー」が実践された。委員会の声明として、収監中の学生およびすべての政治犯釈放と、学生に対する懲罰的措置を撤回する要求が行なわれた。

これがパキスタンにおける初めての政治犯解放運動であり、拷問・虐待に反対する抗議行動だった。それ以前は誰もそうした勇気を持たなかった。当時私たちが集会や示威行動を行なおうとすると必ず、当局が雇いあげた暴漢たちがやってきて暴行を加え、妨害しようとするのが常だった。「虐待抗議デー」でもダカ大学周辺にそうした連中が配備された。そのことを知った私は集会の時間を夜に設定した。そして集会で、暴力には対抗しなければならないと訴えた。最初はキャンパス内のアームトラで集会を開く予定だったが、大学当局からの妨害があったので、大学前の広場で開催した。私は優秀な運動員たちを集め、大学の門のそばに配置した。暴漢たちが襲ってきたら三方から攻撃して撃退する作戦だった。彼らが今後一切、ダカ大学のあるロムナ地区を襲ったりする気にならないよう、思い知らせてやることが狙いだった。あきれたことに、政府与党はあからさまに暴漢たちを支援し、庇護さえ与えていたのだった。ジョゴンナト・カレッジやミトフォード（サー・ソリムッラ医科大学）やダカ医科大学の学生などがダカ大学方面に向かってデモ行進などをすると、暴漢が突然現れて暴行を加えたりした。ムスリム連盟の指導者たちは、誰も政府の批判をすることができないような恐怖政治による統治を目指していた。そうしたやり方のつけはいずれ自分たちのところに戻ってくることを、ムスリム連盟の幹部たちは知らなかったのだ。彼らは暴力団を使って力で押さえつければ人々の口を封じることができると考えていた。こんな方法が成功するはずはないということを歴史から学ぼうという姿勢が、当時のムスリム連盟の指導者たちには欠落していた。

ブランモンバリヤ郡のノビノゴル警察管区に属するクリシュノノゴルで、地元選出のロフィクル・ホセン議員が主催してクリシュノノゴル高校の開校式が行なわれた。この学校への資金援助を得る目的で、当時食料局の局長を務めていたN・M・ハーンが来賓として招待された。N・M・ハーンはパキスタン高文官試験に合格して官僚になったキャリア公務員だ。ハーンは出席に同意した。開校式には有名な民謡歌手のアッバスウッディン・アハモド、ソホラブ・ホセン、ベダルウッディン・アハモドも招かれ、歌を歌う。私も来賓のひとりとして出席した。N・M・ハーンはパキスタン独立前、この郡の郡長として善政を行ない、住民から親しまれていた。会場にはN・M・ハーンとアッバスウッディンを見ようと、何千もの人が集まっていた。ベンガルではどんな辺鄙な村までもアッバスウッディンの名は知れわたっていた。その歌はベンガルの民衆の心の歌だった。ベンガルの大地に根ざした歌だった。これほど優れた歌い手なのにもかかわらず、それだけでは生計が成り立たず、政府の広報部で働かざるを得なかったのはとても残念なことだ。

式典が始まった。ロフィクル・ホセンの指名で私も挨拶することになった。私は立ち上がり、N・M・ハーンに向かって話し始めた。「この国の状況はよくご存知のことと思います。長年にわたってベンガルで仕事をされ、現在は食料局の局長という要職にいらっしゃるわけですから。そのような方ですからこそ、ダワルたちの置かれた状況と、彼らがどのように生活していけるのかを一度お考えいただけたらと思います。政府は彼らに食料を与えられないという。しかし、与えることができないのなら、どうして奪おうとするのですか？」。私はそう言ってダワルたちの窮状を訴えた。そして住民たちには、この高校を支援してくれるよう頼んだ。N・M・ハーンはそれに答え、事情を調べ、何かできることがないか考えてみると確約してくれた。夕方になって食料局長が引き揚げていった後は、歌の催しになった。アッバスウッディン、ソホラブ・ホセン、ベダルウッディンが歌を披露した。催しは夜更けまで続いた。アッバスウッディンと私はその夜、ロフィクル・ホセン宅に泊まった。彼の兄弟たちも皆歌がうまかった。私の仲間のハスナトとボロコトも歌が得意だった。彼らは私の弟分だった。私と一緒に投獄されたこともある。

翌朝、舟でクリシュノノゴルを発った。アシュゴンジョ駅(89)まで行って汽車に乗る。舟の上でも歌が続いた。川に浮かびながらアッバスウッディンのバティヤリを直に聞くという、人生の至福のときを過ごした。アッバスウッディンが声低く歌っていると、まるで川波までその歌声に耳を傾けているようだった。その弟子にあたるソホラブ・ホセンとベダルウッディンも、師匠の腕をある程度は継承したように思う。そのときの体験から、私はアッバスウッディンの大ファンとなった。舟に揺られながらアッバスウッディンは私に言った。「ムジブ、ベンガル語を貶めるための陰謀が行なわれている。ベンガル語を国語としなければ、ベンガルの文化も文明もすぐだめになってしまう。今日君が聞いて気に入ってくれた歌の魅力や重要性も失われてしまう。ベンガル語をなんとしてでも国語にしなければならない」。私はきっとその通りにすると答え、そうなるよう頑張った。

夜になってダカに着いた。モゴルトゥリ一五〇番地の学生連盟の本部に行き、ダカ大学の下級職員がストを始め、支援の学生たちも同調してストを行なっていると聞いた。下級職員たちが長期間にわたり、大学当局に対して、自分たちの要求の受け入れを迫っていることは知っていた。その件で相談を受けたこともある。パキスタン独立以前、ダカ大学は全寮制の大学だった。独立後は東ベンガルで唯一の大学となった。学生数が急激に増えた。だが下級職員の数は増えなかった。仕事量が増え、丸一日働かなければならない。以前は官舎があったが、ダカが東パキスタンの首都となり住宅が不足してきたせいで、ほとんどの官舎は召し上げとなった。制服の支給もなくなった。他方、米をはじめ諸物価は値上がりしている。このままきちんと雇用してもらえるのか、その保証もない。誰を採用し、誰を馘にするかは当局の気持ち次第だ。

　私はその職員たちと話し合いの場を設け、まず自分たちのきちんとした組織を作るよう勧めた。それから要求を行なうようにしたら良い。そうでなければ大学当局は話を聞こうとはしない。職員たちは組合を結成し、ある学生がその委員長となった。それ以降の動きについては、私は全く知らないでいた。学生連盟の仕事で各県を回るのに忙しかったからだ。ダカに戻って、職員たちがストを始めたと聞いて、当局との交渉がうまくいかなかったのだなと思った。しかしこれほど早くストに訴えるべきではない。下級公務員たちには、活動を行なうだけの資金がまだないからだ。何しろ出来上がって間もない組織だ。しかし、どうしたら良いのだろう。今となっては何の策もない。翌朝大学へ行ってみた。学生たちも同調してストを始めていた(90)。職員たちは示威行動に出発した。学生たちも同様だ。私は数人の学生リーダーを引き連れて副学長と面会し、事情を説明した。大学当局はそれまでに、下級職員全員を解雇することを決めていた。午後、今度はフォズルル・ホク寮とソリムッラ・ムスリム寮のそれぞれ副議長を伴って再び副学長と会い、「職員たちの公正な要求を当局が聞き入れるよう努力すること、それに彼らを一人として解雇しないことを明言してください。加えて、誰に対しても制裁を行なわないことも約束してください」と要請した。長時間の交渉になった。翌朝になって副学長から遂に合意を引き出すことができた。副学長は「明日デモを中止して職場に復帰すれば、誰も罰則を受けることはない。私は政府に対し、職員たちの正当な要求を認めるよう働きかけるつもりだ」と述べた。

私たちは副学長の言葉を信じて大学に戻った。時刻は午後三時過ぎだった。私たちは大学側の代表たちとの協議を踏まえ、明日以降の学生ストを中止すると発表した。多くの職員たちもストの中止を決めた。副学長の言葉を信じての決断だった。職員の多くは大学からかなり離れたところに住んでいる。その人たちにもできる限りこの情報を知らせるように指示を出した。

翌日、学生たちは授業に出てきた。職員たちも大半が出勤した。しかし、思いがけないことが起きた。大学側は、その日昼の十二時までに職場復帰した者のみの解雇処分を撤回し、それ以降大学に来た者は雇用しないとしたのである。職員たちの中には、ダカ中心部からかなり離れたナラヨンゴンジョ市から来た者もいた。そんなこともあって、約半数の職員が十二時に遅れてしまった。さまざまなところを経由して情報が届いたので、間に合わなかったのだ。職員たちがやってきて、私たちにそんないきさつを話してくれた。再び徐々に人が集まり始めた。私たちが嘘をついたことになってしまいそうだった。皆を大学に残し、副学長の家に押しかけた。どうなっているんですか、と問いつめると副学長はこう答えた。「明日仕事に復帰せよといったことの意味は、十一時までに大学にこなければならない、ということだったのだ。一分でも遅れたらだめだ」。私たちは一生懸命説得を試みた。副学長は状況は分かったとしつつも、説得に応じようとしなかった。政府から圧力がかかっていたせいだ。「たかが一、二時間のことで、なぜこんな騒ぎになるんですか」と私たちはなおも迫ったが、学長の態度は変わらなかった。「十一時までに来なければいけないと、最初からなぜ言わなかったんです？明日のうちに、という話でした」と食い下がったが、副学長はそれ以上話し合いを続けようとはしなかった。私たちは、それではストをやるまでです、と言い捨てて帰ってきた。

大学では学生と職員の合同集会が行なわれた。集会で私はこれまでの経緯を伝え、明日からこちらの要求が聞き入れられるまでストを続けることを宣言した。私たちはデモ行進を行ない、翌日も十一時から再びデモ行進をすることを決めた。こうしてこの事態に私も深く関わることになった。大学のトップで教育者ともあろう人が、政府の圧力に屈して言を左右することが私には信じられなかった。夜になって大学側は協議の末、翌日以降大学を封鎖する、学生は二十四時間以内にすべての寮から退去しなければならない、またストに参加した職員は解雇されたと発表した。私はそのときソリムッラ寮にいた。大学側の方針を知ると同時に私たちは集会を行ない、寮からの退去命令には応じないことを決めた。フォズルル・ホク寮でも夕方、同様の決定を採択した。私たちは職員のための基金作りを目的とする委員会を立ち上げた。街頭で募金運動を行なうことになった。大学の下級職員の給料は月にせいぜい二十〜三十タカといったところだ。これでは生活もたちいかない。何人かの職員にも募金活動に協力してもらうことになった。

翌朝になってみると、約半数の学生が夜のうちに寮を退去していたことが分かった。翌日にも多くの学生が去っていった。三日後にはソリムッラ寮には私たち二十人ほど、フォズルル・ホク寮にもほぼ同数の学生が残っているだけになった。警察が寮を包囲していた。私たちは一室に集まって方針を協議した。こちらの人数がこれほど少なくなってしまっては、警察に抵抗するのは不可能だ。これ以上ストを継続するには、私たちが寮は退去し、職員への資金援助活動を続けるしかないということで皆の意見が一致した。四日目には私たちも寮を捨てたが、募金活動は継続した。二週間ほどすると、職員の中から、大学側に誓約書を差し出して仕事に復帰する者が現れた。ひと月のうちにはほとんどすべての職員が、そうした形で職場に戻った。ストは終わった。

そうした折、私は数人の仲間とディナジプルへ行った。そこで学生たちが逮捕され、中でもドビル・イスラムが獄中で暴行を受けていると知ったからだ。政府は一四四項を適用して取り締まりを強めていた。そのため屋外では集会は開けず、室内でやるしかなかった。私たちはある寮に宿泊していた。アブドゥル・ハミド・チョウドゥリが当時学生連盟の書記長だった。ディナジプルからダカに戻って来たときには、多分彼が一緒だったと思う。汽車の中で読んだ新聞に、私たちを含む二十七人の学生が放校処分になったことが書いてあった。ディナジプルではドビルル・イスラム、オリ・アハド、モッラ・ジャラルウッディン（現在は弁護士として活躍中）それにアブドゥル・ハミド・チョウドゥリの四人が四年間の、他の学生たちはさまざまな期間の停学処分になっていた。ただし四人以外は、誓約書を書き、罰金を払うことでいつでも学校に復帰できるとされていた。女学生の中ではただ一人、ルル・ビルキス・バヌが退学を命じられていた。ビルキスは学生連盟女子支部の発起人だった。それからひと月のうちに、ほぼすべての下級職員がこっそりと職場に戻った。大学は封鎖されたままで、学生はいなかった。この機会に当局は、下級職員を気弱にさせ、大学の言うなりにさせることに成功したのだった。

その当時、旧ムスリム連盟で幹部や運動員だった人たちの間で、今後についての話し合いが始まっていた。新しい政党を立ち上げるべきか、ということが焦点になっていた。私は学生の組織だけでは政治活動を行なうには十分でないと考えていたし、その考えを皆に伝えることもしていた。その頃の政治団体といえば、現在の政府与党である新しいムスリム連盟と会議派系の会派だけだった。しかしパキスタン制憲議会と東ベンガル州議会では、会議派系の議員はほんの数人に過ぎなかった。しかも全員がヒンドゥー教徒だったため、何か発言すればすぐ「国家反逆的」だと言われた。そのため彼らはすっかり弱腰になっていた。宗教集団間対立に結びつく恐れもあった。ムスリム社会は会議派を常に疑いの目で見ていた。イスラム教徒で会議派に味方する議員は皆無だった。一方、旧ムスリム連盟で名を馳せた重鎮たちは、今はすっかり政府支持にまわっていた。閣僚だの政務次官だののポストなどに幻惑されたのだ。反政府の立場で先頭に立って引っ張ることができるような指導者は、もはや誰もいなかった。

その頃、モオラナ・アブドゥル・ハミド・カーン・バシャニ氏が、インド領となったアッサムから東ベンガルに移ってきていた。その名は東ベンガルではさほど知られているわけではなかった。モエモンシンホ、パブナ、ロングプルの少数の人が知っていたに過ぎない。彼のこれまでの活動は、それらの地域に比較的近いアッサムに限られていたからだ。それでも知識人の間ではある程度知られていたと言えよう。モオラナ・バシャニ氏は、かつてムスリム連盟の指導者としてアッサムの「ベンガル人追放運動」に反対し、逮捕・投獄されたこともあった。東ベンガルでは特にタンガイルで彼の人気は高かった。タンガイル出身のシャムスル・ホクは彼のことをよく知っていた。そのシャムスル・ホクとモオラナ・バシャニが話し合うことが決まった。シャムスル・ホクはそれ以前にも、旧ムスリム連盟のメンバーたちの会合に出席したことがあったが、そのときもそれでアッサムを訪れたのだった。彼の帰国を待って、私たち運動員が集まり、政治団体を結成することを決めた。

その頃西パキスタンの北西辺境州では、マンキー・シャリーフという宗教指導者が政治団体を立ち上げていた。その名は「アワミ・ムスリム連盟[91]」となっていた。北西辺境州ではムスリム連盟の政権が出来ていたが、首相となったハーン・アブドゥル・カユーム・ハーンが連盟の古くからの活動家たちを追放し、圧政を行なっていた。ハーンは連盟の多くの党員たちを容赦なく刑務所に送り続けて、今や「辺境州の帝王」となっていた。パキスタン建国運動のときは、「辺境のガンディー」の渾名を持つハーン・アブドゥル・ガファル・ハーン、さらにはドクター・ハーン・サーヒブの活動にムスリム連盟がきちんと対応することができなかったため、北西辺境州には会議派政権が誕生した。一人マンキー・シャリーフのみが「赤シャツ部隊[92]」の対抗勢力としてムスリム連盟をまとめることができたのだったが、連盟はそのマンキー・シャリーフをさえ、きちんと処遇することがなかったのである。

マンキー・シャリーフを議長、ハーン・ゴーラム・モハンマド・ハーンを書記長として、アワミムスリム連盟が結成されたのだった。

一九四九年三月の終わりか四月の初め頃、タンガイルで補欠選挙が実施されると発表された。ムスリム連盟の候補に対抗するため、シャムスル・ホクに立候補してもらおうということになった。説得の末、最終的に同意は取り付けたものの、資金が問題だった。シャムスル・ホクにも私たちにも潤沢な金などない。しかしその気があれば何とかなるというものだ。シャムスル・ホクが選挙運動のためにタンガイルに向けて出発した後、私たちはそれぞれの方法で金を作る算段をした。結局数百タカしか集まらなかったのだが、それでも学生や運動員たちは時計や万年筆を売ってでも寄付金を捻出したのだった。

一方、大学では、学生運動のリーダーたちが放校処分になっていた。抗議しなければなるまい。大学側は四月十七日に授業が再開されると発表した。ダカにいた学生連盟や他の学生運動家たちは学生連盟の本部に集まった。話し合いの末、十七日以降を抗議の日とすることを決めた。学生たちに対する制裁措置が取り消されるまで、学生たちはストを続行する。そうしている間にも運動員たちの何人かはタンガイルに出発していった。その大半は旧ムスリム連盟時代からのベテラン運動員だった。一方、与党ムスリム連盟所属の大臣や議員たちはたっぷりの資金と車など用意周到に整えたうえ、タンガイル入りした。ムスリム連盟の擁立した候補は、コルティアの有名な大地主のクルロム・カーン・ポンニだった。彼には小作人という大票田があった。さらに政府の権力と財力がついていた。それに比べ、私たちの候補者は、貧しいが無私無欲で献身的な運動員が支えていた。理想と実行力も備えていた。私たちには政治組織の後ろ盾は全くなかった。運動員たちはまともに食事も摂らず、自分の足だけが頼りの選挙活動を開始した。学生たちはダカでストライキの準備に忙しかったが、それでも皆でタンガイルに行こうと決めた。私も十九日にタンガイル入りすることになった。

四月一六日、学生連盟結成時の発起人だったノイムッディン・アハメドが、学生連盟の幹部の一人でソリムッラ寮の副議長アブドゥル・ロホマン・チョウドゥリ（現在弁護士）、デワン・マハブル・アリ（同様に現在弁護士）ほか多くの学生とともに、こっそり大学側と接触し、誓約書を提出した。学生連盟のメンバーではないが進歩派を標榜していた多くの学生も、同様に誓約書に署名した。放校処分となっていた二十七人のうち、約半数が誓約書を提出したのだった。四月十七日までに誓約書を提出しなければ退学が決定してしまうからだった。

学生連盟の発起人とソリムッラ寮の副議長が誓約書を差し出したという話が伝わると、学生たちの心は折れてしまった。私は急いで数人の仲間とともにノイムッディンを捜した。しかし行方をくらましてしまっていて、なかなか見つからなかった。夕方前になってようやく、彼の下宿先で捕まえることができた。ノイムッディンは誓約書に署名したことを認め、「他に方法がなかったんだ。こっちもいろいろ大変なんだよ」と言い訳した。彼をさんざんに罵倒し、寮に戻って学生連盟のメンバーたちに連絡して、その夜集会を開いた。大勢が集まった。集会ではノイムッディンたちを除名することを決め、その日のうちにパンフレットを印刷して大学構内で配布する準備をした。また合同発起人にゴラム・マハブブ（現在は弁護士）を指名した。彼はひたすら真摯に職務をこなした。

当時は法律の授業は早朝に行なわれていた。法学部の学生たちはストに突入し、十時にピケを張り始めた。活動家たちは大学の門のところに集まり、地面に横たわった。女子学生の中からは一人だけストに参加した。ナデラ・ベゴムという学生だった。ダカ大学のムニル・チョウドゥリ教授の姪にあたる。ナデラはただ一人男子学生に混じって門のところに座り込んだ。ダカ大学の学生の中で、政府系の全東パキスタン学生連盟を支持しているのはほんの十数人に過ぎなかった。その連中が何度もやって来ては、スト中の学生たちの上をまたいでキャンパスに出入りすることを繰り返した。その中の一人が、通りすがりにナデラに向かって汚い言葉を投げかけた。それを見ていた一般学生たちが怒り始めた。私は立って行って、騒動を起こさないようにと皆に向かって呼びかけた。「授業に出たい人はどうぞ行ってください。それに反対するつもりはありません。しかしやたらと行ったり来たりするのはやめてください。それから、聞き苦しい言葉は使わないように」。

しかし政府系の学生たちは私を無視して、ピケを張っていた学生を踏みつけながら行き来を繰り返した。私としては手の出しようがなかった。そうするうちに多くの一般学生が集まってきた。そして政府系の学生たちに攻撃を加え始めた。襲われたほうは建物の二階に逃げて身を守った。私は門のところに立ち、興奮した学生たちが中に入るのを防いだ。ともあれその日のストライキは終わった。

私たちは再び集会を開き、ストの継続を決めた。この当時、オスマン・ゴニ博士がソリムッラ寮の学寮長だった。博士は大学の運営委員会で、私たちへの退学処分撤回を訴えた。しかしイブラヒム・カーン校長(93)がゴニ博士に賛成しただけで、残りの委員は全員反対意見を表明した。十八日もストが行なわれ、十九日も継続との発表があった。しかし学生たちには嫌気が差し始めていると私には思えた。

十八日の午後、これ以上ストをしたところで多分何の成果もあるまいという結論になった。そのため十八日には副学長の自宅を目指してデモ行進をし、私たちに対する制裁措置が取り消されるまでここを動かない、と宣言した。二階建ての家の一階部分を学生たちが占拠した。一つのグループが退去するとすぐ次の一団がやってきて占拠を続けた。十八日の夜が過ぎていった。仲間たちは交替制でやっているが、私だけはずっと居残っていた。副学長が警察に通報すると聞いたからだ。十九日の午後三時、県知事と警察本部長が警官の大部隊を引き連れて姿を現した。私は急いで集会を招集し、闘争委員会を立ち上げるよう指令を出した。必要とあらば皆と同様私も逮捕されることになるだろう。県知事は五分以内に副学長宅から立ち去るようにと言ってきた。私は八人の学生を呼び集めて告げた。「君たち八人だけがここに残るんだ。他は皆退去する。私は君たちと行動を共にする」。私たちの運動は以前ほどの勢いを失って来ていた。そこで私が逮捕されれば、それが起爆剤になって運動が活性化するかもしれないと学生の代表たちは考えていた。私もその意見を認めた。

期限の五分間が過ぎて、県知事は私たちの逮捕命令を出した。タジウッディン・アハモド（現アワミ連盟書記長）が拘束されそうになった。彼には絶対逮捕されず、逃げるように、と言い含めてあった。タジウッディンは賢い方法で窮地を切り抜けた。警察隊に向かって、自分は新聞記者だ、と言ったのだ。そして紙を取り出し、誰が逮捕されたかをメモし始めた。私は彼にこっそり目配せをした。私たちは逮捕され、護送車でまっすぐ刑務所へ送られた。

翌日から一般の人々の間で、運動が急に盛り上がりを見せた。全面的なストライキが行なわれた。

逮捕されないようにと釘を刺しておいた学生たちも三日ほどすると皆捕まってしまった。カレク・ネワズ・カーン、カジ・ゴラム・マハブブ、アジズ・アハメド、オリ・アハド、アブル・ハシャナト、アブル・ボルコト、K・G・モスタファ、バハウッディン・チョウドゥリほか大勢が捕まって連行されてきた。それぞれ第一級の活動家だ。これで運動は進まなくなったと思った。実際そうなった。学校は再開され、私たちは刑務所に入ったままだ。このときはおそらく三十人以上の学生運動のリーダーたちが逮捕されたろう。私たちは揃ってダカ中央刑務所の第五区の二階に収容された。うち何人かは政治犯として認められ、特別待遇を受けることになった[94]。しかしそうでない者もいた。それはずいぶんと辛いことだった。特に食事に困った。しかし私たちは絶対に離れずにいて、食べ物も分け合おうと決めた。

刑務所に入っていた者たちも二つのグループに分かれていた。三人は急進派だった。他の学生たちはその三人を共産主義者と呼んでいた。彼らは学生連盟に属していなかった。他は皆、学生連盟のメンバーだった。私たちはいろいろな遊びをして時間を過ごした。ボルコトは常に私のそばにいた。夜になると歌を歌った。ボルコトは歌がうまかった。少しは本を持ち込めたし、刑務所の中の文庫にも何冊か本があった。少しは勉強もした。全員学生で、いたずら盛りの年齢だった。皆の中では私とアジズ・アハメドが少し年嵩だった。刑務所付きの医者がいて、収容者の健康状態に合わせて食事内容を決めていた。そのことを利用して皆で医者を困らせたりしたこともあった。中でもボルコトが一番のいたずらで、医者が巡回に来ると、「足が痛いんです。牛乳とタマゴを処方してくださいよ」などと言ってからかったりしていた。それを聞いて皆で大笑いしたものだ。また収監中は、政治について何時間でも飽くことなく議論した。

私たちのうちで、両親がダカに住んでいるのはバハウッディン・チョウドゥリだけだった。私たちの中では一番年少で、私は彼のことを可愛がっていた。バハウッディンの母親は息子のために食べ物をたっぷり差し入れしていた。バハウッディンは仲間たちに分け与えた後、自分の分を食べていた。しかし夜、彼が寝入った後、残った食べ物を食べてしまったり、またはどこかに隠してしまう連中がいた。バハウッディンは誰にも言わず、こっそり私だけに打ち明けた。私は怒って皆を怒鳴りつけたが、誰も名乗り出る者はいなかった。毎夜トランプ遊びをしている連中が犯人だった。ボルコトが何も包み隠さず、すべてを正直に伝えてくれていた。

カレク・ネワズのこともちょっとした事件だった。カレクは毛深いたちで、体全身が毛で覆われているようだった。そこで何人かが南京虫を捕まえてきて、こっそり彼の体の上に放したのだ。カレクは口が悪い男でもあって、そのことでさんざん汚い言葉を吐きながら騒ぎ立てた。

午後になるとバレーボールをした。刑務所の統括管理官の名はアミル・ホセンといった。私たちにはやさしかった。何か必要なものがあれば都合してくれたし、私たちが困ったりすることのないように、と刑務所の係官たちに常に言っていた。

ある日バレーボールをしていて転び、その拍子にひじを痛めた。ひどく痛んで我慢できないほどだった。医科大学付属病院に送らなければ、という話になっていたらしい。そこに刑務所付きの医者がやってきた。新顔だった。その医者が私の腕を取り、ずれていた骨を直すと痛みはみるみる引いた。それでもう病院にいく必要がなくなった。

実家では私の逮捕のことを知って、両親がとても心配していた。妻のレヌは娘のハシナとともに、私の両親と一緒に住んでいた。ハシナはやっと歩き出すくらいの年齢だった。レヌは刑務所宛によく手紙をくれた。父からは多少の金も届いた。レヌは私がタバコを吸うことを知っていた。タバコ代がかかるのではないかと心配して、お金が必要なら言ってくるように、と手紙に書いて寄越した。

六月初旬頃から一人二人と釈放されるようになった。ダカ大学は平穏になっていた。タンガイルの補欠選挙では、シャムスル・ホクが与党のクルロム・カーン・ポンニ候補を破って当選を果たしていた。パキスタンになってから、これが与党ムスリム連盟の初めての敗北だった。政治を仲間内の馴れ合いにしたことの代償だったと言えるだろう。私たちは刑務所の中でこの選挙の結果を気にしていた。ホクは私がタンガイルに応援に行かず逮捕などされてしまったことで腹を立てていたようだ。しかし後で事情を知ってそれでは仕方ないと思ってくれたらしい。

一九四七年のパキスタン独立のときにはあれほど民衆の支持を集めたムスリム連盟の候補が、なぜタンガイルの選挙では敗北することになったのか？　馴れ合い政治、悪政、拷問、不正、さらに経済発展を目指したきちんとした方針の不在がその原因だった。独立はしたものの、統治のやり方は英領時代と少しも変わらなかった。独立したことで、民衆には大きな期待があった。イギリス人がいなくなれば自分たちの生活がよくなるだろう、搾取はなくなるだろう、と人々は考えていた。しかし現実はそれとは全く逆だった。国民は失望した。しかし為政者たちはそのことに目もくれなかった。ジンナーが死去してからというもの、仲間内の馴れ合いと裏工作の政治が始まった。リヤーカト・アリ・ハーンが全権を握った。彼は自分以外の誰も信じようとしなかった。口では民主主義を謳いながら、実際にはまさにそれとは逆のことをやった。東ベンガルの人々はジンナーを慕い、尊敬していた。その名を知らない者はなかった。リヤーカト・アリ・ハーンが首相になったとき、彼を知っていたのはせいぜい知識層ぐらいで、それもジンナーの一番弟子と言われる人物なのできっと良い仕事をし、早期に憲法も作るだろうと期待した程度だった。ジンナーがもし憲法を制定してから亡くなっていたら混乱や誤解が起こらなかったかどうかについては疑問も残る。それはともかく、ジンナーがしたことなら何でも人々が受け入れざるを得なかったということは事実だ。ジンナーはパキスタンの総督となって、その権力を存分に行使した。それに比べ、同じ総督でも、カジャ・ナジムッディンは全くそうすることはなかった。彼は人が良く、気弱な性質だった。個性というものを持たない人だった。

ともあれリヤーカト・アリは私たちの運動を決して好意的には見ていなかった。東ベンガルの政治指導者たちが彼に間違った先入観を植えつけたということもある。東ベンガル州の首相となったヌル・アミンは官僚たちに頼りっぱなしで、官僚が差し出す報告に基づいて弾圧を始めた。タンガイルの補選で敗北しても為政者たちの目がさめることはなかった。与党は大会で「何としてもシャムスル・ホクに制憲議会の議席は与えられない」ことを宣言し、選挙の有効性について法廷に提訴した。一方、選挙に勝ちダカに凱旋したシャムスル・ホクは、市民と学生たちに熱狂的に出迎えられた。彼を肩に担ぎ上げて、人々はダカの町中を練り歩いた。私たちは刑務所の中でその勝利を祝った。シャムスル・ホクがダカに帰ってきたすぐ後、旧ムスリム連盟の活動家たちがダカで集会を開いた。そこでは今後の方針について話し合うことが目的だった。その集会が招集されたのは一九四九年六月二十三日だった。

拘束されていた私たちの仲間のうち、大半が釈放された。そしてとうとう私とバハウッディン・チョウドゥリのみが残ることになった。バハウッディンはまだ年少だ。そんな彼が釈放されなかったのは、共産主義者ではないかとの疑いがかかっていたためだ。当時国家安全保障法により、大勢の人が共産主義者の疑いで逮捕されていた。裁判も何もなかった。このとき逮捕された人の多くは、英領時代に長期間に渡って拘束されていた経験があった。

ほとんどの仲間がいなくなって、刑務所がいかに辛いところかということを身にしみて感じた。夕暮れになって看守が獄舎をまわって鍵をかけていくととても憂鬱になった。日没と同時に看守は囚人の数を確認し、それから独房の一つひとつに外から施錠する。私は他の囚人からそれぞれの人生や思い出話を聞くのが好きだった。(95) 当時囚人の喫煙は法律で禁止されていた。ただし政治犯はその限りではなかった。自分の金でビリやタバコを買って吸うことができた。一般の囚人たちはたった一本のビリに目の色を変えた。しかしもし喫煙が見つかると懲罰は免れられなかった。看守たちがたまに親切心を起こしてビリやタバコを恵んでくれたときの囚人たちの喜びようといったらなかった。私もビリを取り寄せて、牢仲間に配ったりした。皆が物陰に隠れて吸った。

刑務所の外では六月二十三日の集会に向けた準備が、大わらわで進められていた。刑務所にもその情報は伝わってきた。モゴルトゥリ一五〇番地の学生連盟本部の建物に、集会に向けた準備室ができた。ショオコト・ミヤが皆の食事や宿泊の手配をしてくれた。こんな面倒を引き受けてくれるのは、ダカ広しと言えどもショオコト以外に誰もいなかった。さらに昔からダカのムスリム連盟で働いてきたベテランの運動員、ヤル・モハンモド・カーンも協力を申し出てくれた。ヤル・モハンモド・カーンには金も人もついていた。アタウル・ロホマン・カーン、アリ・アムジャド・カーン両弁護士、アノワラ・カトゥン議員の協力も得られた。刑務所の中の私たちは、集会がどんな結論を出すのか、気を揉んでいた。外からは私の意見も聞きたいと連絡をつけてきた。私はこう伝えた。「もうこれ以上ムスリム連盟にこだわりを持ち続ける必要はない。連盟はすでに人心を離れた組織に成り下がってしまった。私たちに秋波を送ってきても受け入れてはいけない。彼らは政治を私物化した。ムスリム連盟はもはや民衆のものではない。彼らは何の政治的手法も備えていない」。私自身の今後についても聞かれた。学生の組織で活動を続けるか、それとも政治団体ができればそれに加わる気があるか、ということだ。「私は学生運動からは離れる。政治組織で活動するつもりだ。なぜなら野党が誕生しないかぎり、この国は独裁国家になってしまうからだ」と回答を送った。

そのときから少し前、カムルッディンが人民自由連盟という組織を立ち上げたことがあったが、実際の活動はなかった。それはともかくとして、旧ムスリム連盟の活動家たちによる集会は、適当なホールや場所が見つからなかったため、フマユン氏のローズ・ガーデンと名づけられた邸宅で開かれることになった。活動家ばかりでなく、政界で名を知られた重鎮たちも多く出席した。「ベンガルの虎」A・K・フォズルル・ホク、モオラナ・アブドゥル・ハミド・カーン・バシャニ、アッラマ・モオラナ・ラギブ・アハサン、東ベンガル州議会議員ではコエラト・ホセン、ベゴム・アノワラ・カトゥン、アリ・アハモド・カーン、ハビブル・ロホマン・チョウドゥリことドヌ・ミヤ、さらに各県のベテラン政治家たちも参加した。参加者は全員一致で新しい政治団体を立ち上げることで合意した。そしてその団体の名は「東パキスタンアワミムスリム連盟」と決まった。総裁はモオラナ・アブドゥル・ハミド・カーン・バシャニ、シャムスル・ホクが書記長、そして私は書記次長ということになった。新聞では私の名前に添えて「治安問題で収監中」とあった。私はパキスタンが成立した今、宗教集団対立問題に重点を置いた政党の必要性は失われたと考えていた。それよりも明確なマニフェストを持つ、宗教に根ざさない政党をつくらねば、と思っていた。しかしおそらくその機はまだ熟していないということなのだろう。刑務所の塀の外にいる人たちはさまざま考えた挙句、ムスリムという名を入れたにちがいない。

アワミムスリム連盟が発足した数日後、私とバハウッディンに釈放命令が出た。その情報は外にいる同志たちにも伝わったに違いない。釈放された日、刑務所の門の前で、モオラナ・バシャニ氏に率いられた大勢の仲間が私たちを迎えてくれた。それを見たバハウッディンが私の耳元で「ムジブさん、もし私だけ前に釈放されていたら、こんなふうに花束をもらうこともなかったでしょうね。ムジブさんと一緒に釈放されたおかげですよ」とささやいた。私は笑って「他の誰が寄越さなくても、私は絶対君に花束を渡していたよ」と答えた。門の外には私の父の姿があった。私と会うためにわざわざ田舎から出てきてくれたのだ。私は父に敬意を込めて挨拶し、それからバシャニ氏の所へ行って同じように頭を下げた。それと同時に「アワミムスリム連盟ばんざい！　学生連盟ばんざい！」の声が起こった。刑務所の門前でこのとき初めて、「アワミ連盟ばんざい」の声が響き渡ったのだった。シャムスル・ホクの姿が見えたので近づいていき、おめでとうございますと声をかけた。「ホク先生、これは先生の勝利で、また民衆の勝利ですね！」。そういうとホクは私を抱擁して言った。「さあ、始めようじゃないか」。

その後「アワミムスリム連盟」はムスリムという言葉を落として「アワミ連盟」として知られるようになった。

アワミ連盟は数人の副総裁を指名した。アタウル・ロホマン・カーン、アブドゥス・サラム・カーン、アリ・アムジャド・カーン、それにもう一人いたはずだが名前が思い出せない。アワミ連盟の作業部会の最初の会合はモゴルトゥリ一五〇番地で行なわれた。「ベンガルの虎」ことA・K・フォズルル・ホクもこれに出席した。この日党の組織分科会と行動計画分科会が設置された。いよいよ本格的な稼働だ。ショオコト・ミヤが本部の建物に、党の名前を書いた巨大な看板をかけた。机や椅子の手配はいつもの通り、彼が全部やってくれた。私が釈放される前、アルマニトラ広場でアワミ連盟の大集会が開かれていた。この集会でモオラナ・バシャニ氏は、彼にとってダカで初めてとなる演説を行なった。シャムスル・ホクはすでにダカの人々によく知られるようになっていた。ホク氏も演説がうまい人だった。アワミムスリム連盟の集会を妨害するため、ムスリム連盟は暴漢を雇った。集会に人が集まり、いよいよ開始というとき、この暴漢たちが乱入してきて、マイクを壊し、演壇を破壊した。アワミ連盟の運動員たちが大勢殴られた。気が荒いことでダカ中で悪名の高かったボロ・バドシャ（バドシャ・ミヤ）は当時バブバジャル（バダムトリ・ガート）に居を構えていた。たくさんの子分を抱えていて、彼らはボロ・バドシャの名前をちらつかせてそこら中を脅してまわっていた。政府はバドシャ・ミヤたちに、アワミ連盟の党員と連盟の集会に関わっている連中は、パキスタンを壊そうとしているので、その集会は阻止しなければいけない、と言いくるめた。そしてバドシャ・ミヤに五百タカを渡し、人を集めて集会を妨害するようにと言った。

バドシャ・ミヤは名門の生まれだったが、悪い仲間と付き合い、またダカでヒンドゥー教徒とイスラム教徒の争いに関わったことで道を踏み外していった。暴力事件を起こして何度も訴えられたことがある。アワミ連盟の集会を妨害してバドシャ・ミヤが帰宅すると、近所に住むアリフル・ロホマン・チョウドゥリがやって来てこう言った。「バドシャ・ミヤ、今日の集会はあんた方に邪魔されたが、私たちはあきらめない。体勢を立て直してこれからもやる。まず集会に来て私たちの話を聞いてごらんなさい。それでももし私たちがパキスタンや国に反対していると思ったら、そのときはまた妨害したらいいでしょう」。アリフル・ロホマン・チョウドゥリの話しぶりには心がこもっていた。一九二〇年代のヒラーファト運動(96)の頃からの、長い政治活動歴を持つ人だった。国の政治のためにすべてを捧げた人だった。生まれはボリシャル県のウラニヤに長く続く地主の家だ。そう言われたバドシャ・ミヤは、子分たちを率いてアワミ連盟の集会に出かけていき、道ばたで演説を聴いた。何人かが話し終わったとき、バドシャ・ミヤは突然演壇のそばに駆け寄り、怒鳴った。「言いたいことがある。オレに話をさせろ！」。抵抗できる者などいなかった。アルマニトラ広場は彼の領地のようなものだったからだ。バドシャ・ミヤはマイクの前に立ち、言った。「ムスリム連盟のやつらは、あんた方について嘘をオレに吹き込みやがった！　あんた方の集会を邪魔しろと、五百タカ寄越した。その金は今、オレのポケットの中にある。こんな金を受け取ったら、オレはとんでもない罪を犯したことになる。だからこの金をあんたたちの目の前で破り捨てようと思う」。そう言ってバドシャ・ミヤは五タカ札の束を取り出し、破り始めた。会場に札が舞った。札を拾った者もいたが、自分で破り捨てる者もいた。バドシャ・ミヤはさらに、「今日からオレはアワミ連盟の党員だ。アルマニトラでいくらでも集会をやってくれ。邪魔しようとするやつがいたら、オレが相手だ！」。人々は争うようにしてバドシャ・ミヤの首に花輪をかけた。これまでとは別の興奮が人々を包んだようだった。バドシャ・ミヤの話で、ムスリム連盟が暴力団に頼っていたことがはっきりした。さらに金で雇っていたことも白日のもとにさらされた。しかしそれで連中は恬として恥じ入る気配はなかった。それからも私たちがやめさせるまで、彼らの政治と暴力の結びつきは長年にわたって続いた。政府与党は、野党の存在は絶対に許そうとしなかった。自分たちが民衆の支持を失っている状況を是正しようとせず、なぜ暴力で野党を押さえ込もうとしたのかが私には分からない。

　私が釈放されるのを待ってダカに来た父は、私を実家に連れ戻そうとした。私は「先に行っていて下さい。一週間ぐらいしたら私も行きますから」と告げた。

　金がなかった。実家に行かないと金はもらえない。年老いた母や妻、それに娘にも会いたかった。私はフォリドプルのサラム・カーンに連絡し、ゴパルゴンジョで集会をやるから参加してほしいと告げた。ゴパルゴンジョにもすでにアワミムスリム連盟の支部ができていた。旧ムスリム連盟委員会を改組したものだ。一方パキスタン政府はすでに私たちの反対勢力を使って、郡ムスリム連盟組織委員会を作らせていた。

　ゴパルゴンジョに知らせを送ってから実家に向かって出発した。多分六月の半ば頃だったと思うが、大集会が招集された。サラム・カーンが私の願いどおり参加し、私も実家経由で出席した。何千という人が集まった。しかし政府は朝突然、一四四項を適用した。私たちはその集会をモスクの前庭で行なうことを決めていた。それでももし一四四項違反を問われるなら仕方がない。モスクは巨大で、その前の広場には数千人が集まることができる。サラムも私に同意した。集会が始まると同時に郡長が姿を現し、一四四項適用を申し渡した。私たちが従うことを拒否すると、警官隊がモスクの敷地に侵入し、棍棒を使って攻撃してきた。私たちも抵抗し、双方に負傷者が出た。私とサラムはその場から一歩も退かないつもりだったが二人とも拘束された。しかし大勢の人がモスクを包囲し、私たちを連行させまいとした。警察は私たちを裁判所か警察に連れて行こうとしていたのだが、それを見て発砲でもしない限りそれは無理だと判断したらしい。そもそもこのとき、警察の現場はモスク敷地内で一四四項を適用することに反対だったという。それを郡長がごり押ししたということだったようだ。人々が道をふさいでいるのを見た郡警察の幹部は、状況は非常に悪く、このままで大混乱になるのは避けられないと悟った。そこで私とサラムのところにやってきて言った。「このままだと多くの死者が出ます。そこでお願いなのですが、あの人たちに包囲を解いて道を開けるようにいってもらえませんか。お二人には裁判所に行っていただきますが、そこですぐに保釈するようにしますから」。

夕刻が迫る時間だった。集まった人の中には、ずいぶん遠くからやってきた人たちもいた。雨も降り出していた。夕闇の中でどんな不測の事態が起きないとも限らない。集まった人たちも手に手に棒やら舟の櫂を握っていた。郡の役人たちは特に私に、いきり立った人たちをなだめてほしいと言ってきた。サラムやゴパルゴンジョ郡のアワミ連盟幹部と相談し、私が皆の前で話をし、この場から立ち去るよう呼びかけることになった。私はモスクを包囲した人たちの前に出て行き、言うべきすべてのことを言って、道を開けてほしいと頼んだ。膠着状態はもう何時間にもわたって続いていた。しかし人々は最後には私の説得を受け入れて包囲を解いた。モスクから裁判所まではほんの二、三分の距離だった。私たち二人と一緒に、集まっていた人たちもばんざいを叫びながら裁判所まで行進した。夜八時、私たちは保釈命令を受けて解放された。それを見届けて人々はようやく解散した。これがアワミ連盟が地方で行なった最初の集会であり、また政府がアワミ連盟に対して一四四項を使った最初のケースとなった。

翌日、ゴパルゴンジョにアワミ連盟支部が開設された。カジ・アルタフ・ホセンがゴパルゴンジョ郡アワミムスリム連盟創設の発起人となり、旧ムスリム連盟のカジ・モジャッフォル・ホセン弁護士が委員長になった。このとき起こったことは今でも覚えている。私とカジ・アルタフ・ホセンがモオラナ・シャムスル・ホク（現在はラールバーグ・マドラサの校長を務めている）と会いに行くことになった。モオラナは私と同郷の人だった。地元の人々の尊敬を集めていた。私たち二人は夜十時、一艘の舟に乗って私の実家のある村に向かった。小さな舟で、船頭はひとりきりだ。私たちはモドゥモティ河の向こう岸にあるモオラナ・シャムスル・ホクの家を目指した。モドゥモティ河の一方は私の出身県であるフォリドプル、反対のほうはジョショル県とクルナ県になっている。川幅がとても広くなっているところがあった。ここには時折、川の盗賊が出没することは知らないでもなかった。舟がちょうどその場所にさしかかった頃には、私は疲れが出て寝入ってしまっていた。水の国の住民である私たちには、川の上で寝ることがちっとも苦にならない。もっともカジ・アルタフ・ホセンはまだ起きていた。

そのとき突然、一艘の船足の速い猪牙舟《ちょきぶね》が私たちの舟の横にこぎ寄せてきた。舟には四人の男が乗っていて、私たちの舟の船頭に、タバコの火を貸してくれるかねと訊いてきた。実は火を借りるのを口実に近づいてくるのは川の盗賊のやり口だった。男たちはさらに近づいてきて、どこに行くのかと尋ねた。船頭はトゥンギパラ、と私の村の名を答えた。次に舟には誰がいるのかと訊かれて船頭は私の名を言った。それを聞いた男たちは櫂《かい》で船頭をひどく打ちすえて喚いた。「ばかやろう、シェーク様の舟だってことをどうして先に言わない？」。そう言って盗賊たちはこぎ去っていった。揉られた船頭は楫棒《かじぼう》を放し、泣き叫びながら私たちのところへやって来た。その声で私の目が覚めた。ずっと起きていたカジは盗賊の襲撃にびっくりして、時計や指輪など身につけていた高価なものを外して隠そうとしていたところだった。彼はなかなかおしゃれな男で、商売をしていたこともあって金はたっぷり持っていた。目を覚ました私にカジと船頭はたった今起きたことを口々に語って聞かせた。カジは言った。「盗賊はあんたを尊敬しているんだね。あんたの名を出して良かったよ。でなけりゃあぶなかった」。私は答えて言った。「盗賊たちに仲間だと思われているんでしょうよ」。そう言って二人で大笑いしたが、問題は船頭だった。櫂で打たれた拍子にひどく背中を痛めていたのだ。仕方なく、近くにあった村の横にいったん舟をつけた。そんなことがあったせいで、トゥンギパラ村には夜明けに着くはずだったのが、日も高い十時になってしまった。神学校にいたモオラナ・シャムスル・ホクと話を終えてから実家に向かった。

このときは実家に数日滞在した。私がこれ以上法律の勉強を続ける気がないことを知って、父はとても残念がった。「ダカで勉強するのが嫌ならイギリスに行け。向こうで弁護士の資格を取って来い。

必要なら土地を売って金を作ってやる」。そう父は言ったが私は「イギリスに行ったたって仕方ありません。私は金儲けなんてできません」と答えた。

ムスリム連盟の幹部たちのことを考えると、怒りを抑えることができなかった。今のパキスタンは、私が夢見たパキスタンとは全く違う。現状を何とか変えねば。私たちを知る一般の人々からこう訊かれる。国が独立したのに、一向に楽にならないのはどうしてなんだい？　汚職がはびこり、食料不足が問題になりつつあった。政治活動をする者たちが、裁判で裁かれることなく刑務所に送られていた。ムスリム連盟の指導者たちは、ベンガル語を国語として認めようとしない。西パキスタンには産業が興り始めているが、東パキスタンは全く考慮外だ。首都はカラチで、何もかも西パキスタンで行なわれている。東パキスタンには何もない。私の気持ちを父にすべて包み隠さず話した。父は言った。「私たちのことはいい。だがお前には妻がいて、娘がいる。二人のことは何とかしろ」。私は答えて言った。「お父さんには私たちのために土地や財産を十分に用意していただきました。本当に感謝しています。でももう少しやらせてください。それで何もできなかったらあきらめて帰ってきます。しかし不正を許すわけにはいかないんです」。それを聞いた父は、それ以上何も言わなかった。妻のレヌからは「いつまでこんなことを続けるの？」と訊かれた。レヌは物陰から父と私の話を聞いていたらしい。レヌはさんざん苦労していたが、口に出したことはなかった。苦労しながら私のために金を貯め、送ってくれた。

私はダカに戻ることにした。レヌの体調が悪いことは分かっていたが、『イッテハド』紙の仕事が残っていた。この新聞社からは時々支払いを受けていた。しかし『イッテハド』の経営状態は極めて悪化

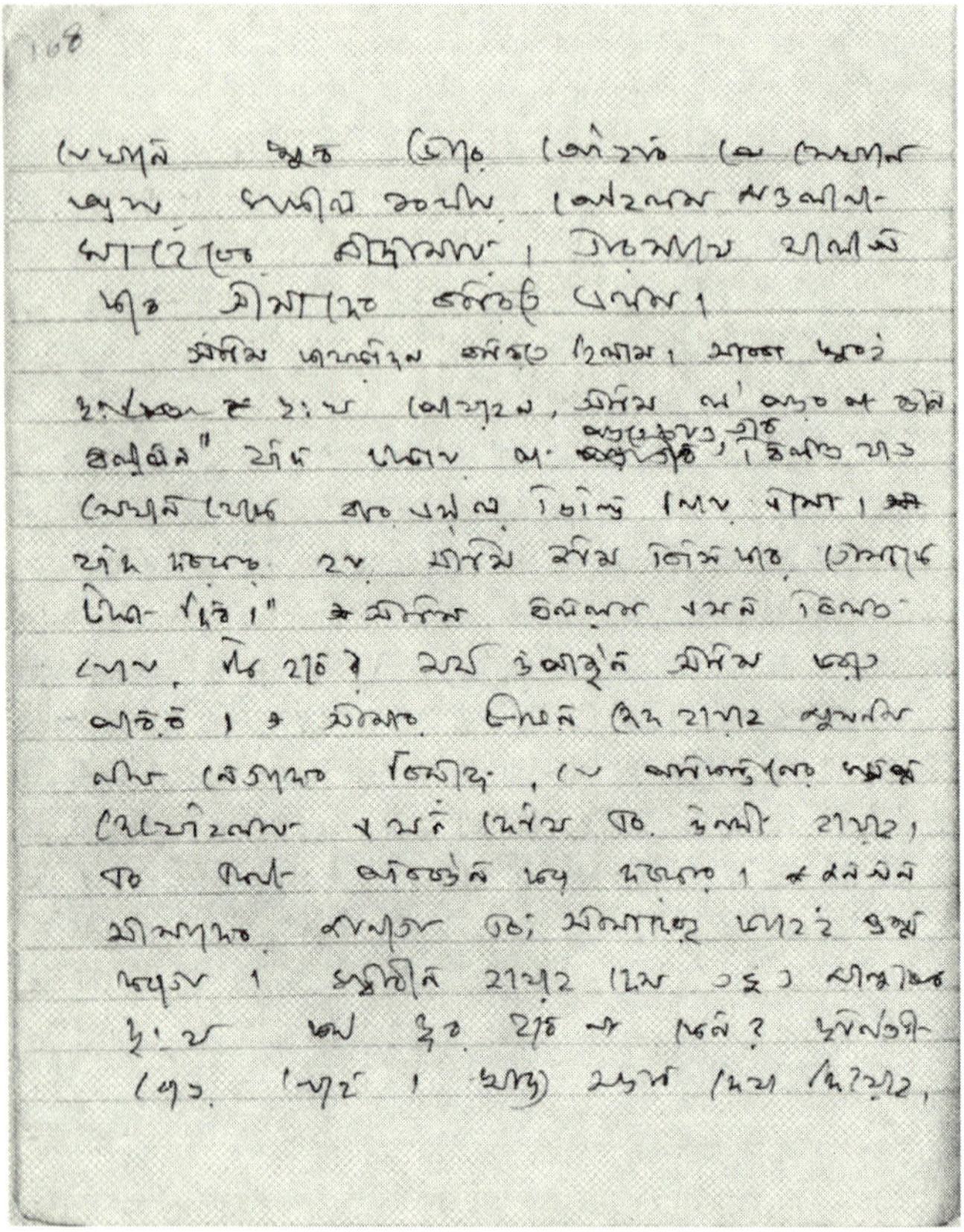

シェーク・ムジブル・ロホマンによる手書き原稿
（内容は本書 254 頁後ろから 5 行目「夜明けに着くはずだったのが」より 255 頁 6 行目「問題になりつつあった」まで）

していた。東パキスタン政府からは頻繁に発禁命令が出されていた。代理店から料金の回収ができないこともあった。それでも東ベンガルではこの新聞はよく読まれていた。

第五章　アワミ連盟の勢力拡大と政府の妨害

ダカに戻り、学生連盟の年次総会を早期に開催する準備を進めた。まずこれまで一度も行なわれていなかった評議会の会合を開いた。執行部の選挙を実施しなければならないという合意ができた。それに新執行部を作って、私自身が早く身を引きたかった。総会はダカのタジモハル映画館で開催された。私が議長役を務めた。出席者の前で私は次のように挨拶した。「今日を持ってこの組織から引退します。学生連盟に関わり続ける資格は私にはありません。もう学生でなくなってしまったからです。これで皆さんにお別れしたいと思います。しかし、この東パキスタン学生連盟がこれまで果たした役割を、東ベンガルの人々は決して忘れることはないでしょう。ベンガル語の誇りを守るために皆さんが払った犠牲は、この国の人々の心に永遠に刻まれるでしょう。そしてこの国に野党を誕生させたのは皆さんです。有力な野党が存在しない限り、民主主義は成立しません」。こういったことをしゃべった。実際には原稿を用意してそれを読んだのだが、どこかになくしてしまって今はない。そして選挙が行なわれ、そのときはまだ受刑中だったドビルル・イスラムが議長に、カレク・ネワズ・カーンが総書記に選ばれた。ドビルルについては誰の反対もなかったが、カレクの選出については多くの異論があった。彼は少ししゃべりすぎる癖があったからだ。しかし最後には私が皆を説き伏せた。私の最後の願いを誰もが聞かないわけにはいかなかったのだ。しかし、この人選は率直に言って私のミスだった。組織のためには、カレク・ネワズの功より罪の方が大きかった。一生懸命やったことは確かだが、彼は決断力に欠けていた。他人の話にはよく耳を傾けたが、善悪の評価をくださなかった。あるいはくだす能力がなかった。それを救ったのはダカ市学生連盟の書記長、アブドゥル・ワドゥドだった。彼のおかげで組織が壊滅的な打撃を受けることが避けられた。私は学生連盟のメンバーではなくなったが、その後も連盟の幹部たちは、私との連絡を絶やすことはなかった。私も必要に応じてアドバイスをした。学生たちは私に、学生連盟の生みの親として敬意を払ってくれた。

シャムスル・ホクは大変苦労して、アワミ連盟の綱領とマニフェストの案文をつくり上げた。作成にあたっては私たちと協議を重ねた。私たちの間での合意の後、綱領案とマニフェスト案は作業部会に提出され、それをめぐって議論が行なわれた。協議は数日にわたって続いた。何度かホク氏とバシャニ氏の間で緊迫した議論になった。シャムスル・ホクが興奮してバシャニ氏に向かい「こういうことはあなたには分からないんだ。こういうことを理解するのに必要な学識が、あなたにはないからだ」と言ったことがあった。バシャニ氏は怒ってその場から退出してしまった。私が必死で説得して、ようやくホク氏はいくら本当のことではあっても言うべきではなかったと認めた。そして自分でバシャニ氏のもとに行き、頭を下げて協議に戻ってもらった。ホク氏は怒りをいつまでも引きずったりはしない人だった。

バシャニ氏には運営委員会のメンバーを指名する仕事が託された。しかし氏が指名した顔ぶれは、私には納得のいかないものだった。「どこからこんな連中を引っ張ってきたんですか？　何かあったらすぐ逃げ出すようなやつばかりですよ」と言うとバシャニ氏は「仕方ないだろう。誰がどういう人物か良く知らないんだから。君の仲間の学生たちが推薦した人たちを挙げただけのことだよ」と答えた。「まあ、危機が迫ったとき、連中がどうするかご覧になることです」と言って話を打ち切った。

運営委員会でマニフェスト案が了承され、次は評議会を招集して承認手続きを行なうことになった。マニフェスト案は印刷に回され、皆に配られることになった。それをもとに、何か提案があれば話し合うようにするためだ。マニフェスト案を作成したのは広く意見を募るためだった。案文では、東パキスタンを完全な自治領とすることが明記されていた。防衛、外交、財政のみが中央政府に委ねられる。ベンガル語をパキスタンの国語の一つとすることも謳われていた。経済と政治面における多彩な計画にも言及されていた。

私たちは組織作りに全力をあげて取り組んだ。バシャニ、シャムスル・ホク、私の三人は揃ってモエモンシンホ県のジャマルプル郡で初の集会に出席した。ハエダル・アリ・モッリク弁護士がジャマルプルにアワミ連盟の支部を立ち上げたのだ。この大会が成功したのは、学生運動の指導者だったハテム・アリ・タルクダルの功績が大きい。会場に到着した私たちの目に飛び込んできたのは、ものすごい数の参加者だった。集会が始まる直前、十数人が大声をあげて妨害しようとしたが、私たちはそんなことに目もくれずに開始した。ジャマルプル支部の幹部たちはシャムスル・ホク氏が大会議長をつとめ、バシャニ氏には基調演説を依頼することを決めていた。集会が始まったと同時に当局は一四四項が適用されたと発表した。警察がやってきてバシャニ氏にその旨を記した文書を差し出した。私は「一四四項なんて認めない。私は演説を行ないます」と強弁した。するとバシャニ氏が私を押しとどめるように立ち上がり、「一四四項が適用された以上、集会はやらせてもらえますまい。私は演説はやめておきます。その代わりに皆さん一緒に祈りましょう」と言って礼拝を始めた。目の前にあったマイクを使い、叫ぶように祈ったのだが、その祈禱文の中に言うべきことすべてを織り込んだのだった。警官隊もムスリムの儀礼にのっとり、両手を胸の前に上げて一緒に祈るしかなかった。三十分にわたって続いた礼拝の中に演説内容を全部入れ、バシャニ氏はやっと祈りを終えた。警察もアワミ連盟の党員たちもあっけにとられ、ただ黙って聞いているしかなかった。

夜、ある人の家で食事をすることになっていたが、バシャニ氏は怒っていて、食べないと言う。自分を差し置いてなぜシャムスル・ホクが議長に指名されたのか気に召さなかったのだ。私は困ってしまった。人がなんと思うか、考えてみてくださいと言って説得したのだが、氏は聞く耳をもたない。自分は侮辱されたのだと言い張る。そのことを知って今度はシャムスル・ホクも、バシャニは皆の前でどうしてあんなことを言うのだ、と怒り始めた。この事件で私はモオラナ・バシャニ氏は狭量な人だと悟った。しかしそれでも氏に対する私の尊敬の念や信頼は変わらなかった。なぜかと言うとバシャニ氏は民衆のためなら自分を犠牲にすることを厭わない人だからだ。何か偉大な事業をするためには、自己を捨て去ることと徹底した努力が必要だ。それができない人間は、生涯何も成し遂げることは叶わないと私は信じている。この国で政治を行なうには自己犠牲が不可欠で、その犠牲はパキスタン国民全員を幸せにするために行なわれなければならないことを私は悟っていた。ムスリム連盟政権は今後も暴力行為を繰り返し、暴力と虐待により政権を維持しようとするだろう。しかし暴力行為を恐れては、一層の暴力がふるわれるだけの結果になる。今でもムスリム連盟の名は、人々を欺くのに少しは有効だ。しかしいつまでもこうして騙しおおせるものではない。人々のムスリム連盟への幻想を断ち切り、強力な組織をつくり上げることができれば、ムスリム連盟はこれ以上の不当行為を続ける気持ちをなくすに違いない。私はそんなふうに考えていた。

ダカに戻った私たちは、アルマニトラ広場で集会を開催した。極度に悪化した食糧事情を何とかしなければならなかった。国民は底のない苦しみにあえいでいた。この集会ではバシャニ氏が議長をつとめた。アタウル・ロホマン・カーン、シャムスル・ホクそれに私が演説をした。ムスリム連盟は妨害をこころみたが、バドシャ・ミヤが私たちの側についたこと、それに民衆の支持が私たちに集まっているために連中はあきらめざるを得なかった。集会はかつてないほど大規模なものとなった。大聴衆が集まった。国民もダカ市民も真実に気づき始めていた。演説を行なった私たちは皆、パキスタン建国運動に深く関わってきた。そんな私たちのことを「国家の敵」と呼ぶことは、民衆が許さなかった。私たちこそがパキスタン独立の先頭に立っていたからだ。

この大集会でバシャニ氏は「リヤーカト・アリ・ハーン首相が十月にダカを訪問する。そのときに食糧問題と政治犯釈放について話をしたい。もし我々との対話を拒否すると言うのなら、私たちは再び集会を開き、抗議デモを行なう」と宣言した。それから数日後の新聞に、リヤーカト・アリ・ハーンが十月十一日に来訪するとの記事が出た。バシャニ氏からの指示で、ダカ滞在の折、我々の代表との会見を求めた電報を私が首相宛に打つことになった。バシャニ氏の名で電報が送られた。シャムスル・ホクはちょうどその頃、自分自身の結婚式が近づいていたこともあって多忙だった。そのため党の仕事の一切が私にかかってきていた。もちろんことを進めるにあたっては常にシャムスル・ホクに報告・相談するようにしていた。ホク氏からは組織のことはお前が中心になるように、と言われた。シャムスル・ホクと私はとても馬が合って、行き違いなどは一切なかった。バシャニ氏がホク氏を疎ましく思い始めたことに私は気づいていた。ふたりはことあるごとに反発していた。両者の関係がこじれないよう、私はいつも気を使っていた。もっとも、バシャニ氏はおおっぴらにホク氏に何か言うほどの度胸は持ち合わせてはいなかった。

当時アワミ連盟に大きな貢献をしたある人物についてぜひ記しておきたい。それは州議会の議員だったアノワラ・カトゥンである。彼女は組織のために大いに尽くしてくれた。必要なときには資金援助もしてくれた。アタウル・ロホマンもまた、何かあればすぐに駆けつけてくれた。アワミ連盟に加わるまで政治経験はなかったし、政治に関する知識もそれほどあるわけではなかった。しかし学識があり、仕事に対する意欲と誠実さを兼ね備えていた。彼とはとても良い関係を築くことができた。

各県ではソラワルディ先生の支持者がこぞってアワミ連盟に入党するようになっていた。だがこの時期、コルカタではイッテハド紙が立ち行かなくなりつつあった。ソラワルディ先生はついにコルカタを離れ、カラチに移った。ソラワルディ先生とともに働いていたマニク・ミヤ（トファッジョル・ホセン）もダカにやってきた。ほとんど何もかも失ってしまったような状態だった。ダカに着いたマニクはモゴルトゥリの連盟本部を居場所に定めた。ソラワルディ先生はコルカタから去るにあたり、ほんの少しの衣類以外は何も持ち出すことができなかった。インド政府が氏の所有物を差し押さえてしまったからだ。驚くべきことに、ソラワルディ先生はコルカタに自宅を持っていなかった。シアター通り四〇番地の家は自身の所有ではなく、借家だったのだ。カラチに行った先生は自身の兄を頼った。小遣いや食べるものにも事欠くような状態だったからだ。

ダカで旧ムスリム連盟の幹部だった人たちのうちでアワミ連盟に参加しなかったのはカムルッディンである。アブドゥル・カデル・ショルダルは金銭面でも私たちを支援してくれた。ショルダルには財力もあったし、広い交友関係を備えてもいた。カジャ・ナジムッディン総督の出自であるダカのカジャ一族とは常に対立していた。貧しい人たちを助け、大衆に好かれていた。

県毎に連盟の組織委員会を立ち上げる作業はなかなか進まなかったが、それでも二、三の県では創設することができた。チョットグラムではM・A・アジズとジョフル・アハモド・チョウドゥリ、ジョショルでは「コルキの聖者」の名で知られるシャー・モハンモド・アブドゥル・モティンとハビブル・ロホマン弁護士が中心となって委員会ができた。モシウル・ロホマンとカレクも私たちに協力してくれたが、二人ともまだ正式にはアワミ連盟に加入していなかった。フォリドプルではサラム・カーンの指導で組織委員会が作られた。一九四九年のうちにすべての県に支部を作ることが私たちの目標だった。暇があればいろいろな県を回るようにした。感触は良く、励まされる思いだった。

一方、リヤーカト・アリ・ハーン首相はバシャニ氏からの電報を受け取っても無視を決め込んだ。十月十一日にダカ入りすることは明らかになっていたが、そのことについて新聞記者に聞かれた首相は「アワミ連盟なんて聞いたこともない」と答えた。

私たちは首相到着の当日、アルマニトラ広場で集会を開くことを決めた。私たちの運動員はその周知のために馬車に乗ってダカ中をまわった。広報用に私たちはマイクを一本備えていた。午後三時か四時ごろノバブプルの道で、ムスリム連盟の運動員——やくざの集団と同じようなものだ——が突然襲ってきて、私たちの仲間を殴り、貴重品だったマイクを奪っていった。こちらには馬車に三人しか乗っていなかったので、抵抗のしようがなかった。法の秩序などというものはこの国から全く失われてしまっていた。襲われた運動員たちはモゴルトゥリのアワミ連盟本部に逃げ帰り、急を知らせた。私はそのとき十人ほどの同僚と打ち合わせ中だった。襲ってきた連中のうち、何人かの顔を私たちの運動員は見知っていた。何と言ってもかつては一緒に活動した仲なのだ。話を聞いた私は頭に血が上った。「とんでもないことだ。やつらを問いつめて、マイクを返してもらおうじゃないか。もし返さなかったらどうしてやろうか。とりあえず警察に被害届を出しておこう」。私と一緒に学生連盟のヌルル・イスラム（後に『イッテファク』[97]紙に勤務した）、チョクバジャルのナジル・ミヤ、それにアブドゥル・ハリム（現在国民アワミ党の書記次長。当時はダカ市アワミ連盟の書記次長職にあった）が行くことになった。私たちはビクトリア公園の近くにあったムスリム連盟のオフィスに向かった。コオペレーティブ銀行の入っているビルの、銀行の上の階がその事務所になっていた。そこに行くと、数人が立ち話をしているのが見えた。その中には以前ムスリム連盟で一緒に仕事をしたイブラヒムとアラウッディンの顔があった。私は彼らに向かって言った。「どうしてマイクを奪った？　ひどいことをしてくれたな。マイクを返すんだ」。すると連中は私に向かい「そんなことオレたちはしていないよ。誰がやったんだか知るもんか」ととぼけた。しかしヌルル・イスラムたちがマイクを奪われたとき、彼らは確かにそこにいたのだ。ヌルル・イスラムが言った。「いや、あんたは絶対にいた。言い合いになったじゃないか」。

そのときちょうど、ヤル・モハンモド・カーンがハフィズッディンというもう一人のアワミ連盟の党員と一緒にリキシャでそこを通りかかった。私はヤルを呼びとめ、事情を話して聞かせた。ヤル・モハンモド・カーンはずっと以前からのダカの住人だ。名門で、財力、人などすべてを備えていた。ヤルは問いつめる口調で言った。「なぜマイクを奪ったりした？　ここは無法国か？」。すると連中の一人が喚いた。「ああ、取ったよ。それがどうした？」。それを聞くとヤルは手を上げ、その男の顔を殴った。ハリムも殴りかかった。連中の後ろに隠れていた連中が飛び出してきた。ハリムは彼らの手を逃れ、自分が住んでいる地区に助けを求めに走った。プレシデンシー書店から経営者のフマユンがとんできて、ヤル・モハンモド・カーンを書店の中に匿った。ムスリム連盟の男たちは書店の前に陣取り、汚い言葉を浴びせ始めた。私はその隙にリキシャを拾い、アワミ連盟のオフィスに走った。そこには十人ぐらい人がいるはずだ。ムスリム連盟の連中は私の動きに気づかなかった。もし気がついていたら私を襲ったことだろう。ハフィズッディンがリキシャで、ヤル・モハンモド・カーンの自宅に急を知らせに行った。すぐさま彼の兄弟や親戚の男たち、それに近所の人たちが取るものもとりあえず現場に急行した。ハリムもビクトリア公園から、近所の男たちを連れて戻ってきた。それを見てそれまでヤル・モハンモド・カーンを狙っていた敵は、どこかに退散して行った。

ムスリム連盟側にはカジャ一族の者が大勢いた。その中の一人、閣僚をつとめていた男も上の階から、この事件のあらましを、自分の仲間のやったことを見ていた。私が現場に戻ると、警官隊[98]がすでに到着していた。ヤル・モハンモド・カーンとその仲間たちは、ラエ・シャヘベル・バジャルにあったムスリム連盟本部に向かった。ラエ・シャヘベル・バジャルあたりにはやくざのような連中が住んでいた。彼らは常日頃から金をもらって人を脅したり、学生を殴ったりしていた。その連中は捕まえられ、地区の裁きにかけられた。ダカでは当時それぞれの地区の裁きというのが行なわれていて、まずモスクで裁判が行なわれ、有罪と決まるとさんざんに打ちすえられたのだった。ラエ・シャヘベル・バジャルではそれまで、学生がデモをしたり私たちの仲間が通りかかったりすると捕らえられ、怪我を負うことが起きていた。しかしこの日以来、ラエ・シャヘベル・バジャル地区では、私たちに手出ししようとする者は誰もいなくなった。

この事件の後、ヤル・モハンモド・カーンは政治活動に積極的に関わるようになった。そのためにダカで私たちの勢力を伸ばすことができた。私も各地区を精力的にまわり、若い運動員を増やしていった。ショモシャバードとボンシャルという二つの団体から、若者たちがアワミ連盟に入って来たのもこの頃のことだ。ショモシャバードの本部もアルマニトラ広場のすぐそばにあった。アルマニトラ広場で集会が行なわれるときは、ショモシャバードの若い運動員たちが中心になって準備作業にあたるようになった。その結果、ムスリム連盟はどうあがいても私たちの集会を妨害できないようになった。

十月十一日、そのアルマニトラ広場で予定通り、アワミ連盟の大会が催された。広場と周囲の道路が人で埋まった。シャムスル・ホク氏に続いて私も挨拶に立った。モオラナ・バシャニは初めに演説を行なっていた。私が最後の演説者だった。集会が妨害される可能性があったので、バシャニ氏の演説を最初に持ってきたのだった。バシャニ氏は私に言った。「この後デモ行進の予定だ。デモ行進をせずにいられないような演説をするんだ」。私の番になったとき、論壇に立ってまず自分の言うべきことを言い、それから聴衆に質問を投げかけた。「もし誰かが人を殺したら、どんな罪を受けなければならない？」「絞首刑だ、絞首刑だ！」という答えがいっせいに返ってきた。私は続いて尋ねた。「何千人も人を殺したらどうなる？」すると聞いていた人たちは口々に「そいつらも絞首刑だ！」と叫んだ。「いや、違う！」と私は言った。「銃殺刑が正しいんだ！」。その時の聴衆とのやり取りは今もはっきり記憶にある。演説を終えて私は全員に呼びかけた。「さあ、デモ行進を始めよう。東ベンガルのひとたちが何を望んでいるか、リヤーカト・アリ・ハーン首相に見せるんだ！」。

デモ行進が出発した。バシャニ、ホク、私の三人が先頭に立った。ノバブプル踏切まで来ると、警官隊が道路を封鎖し、銃を構えているのが見えた。私たちには法律違反をする予定はないし、警察と事を構えるつもりもない。そこで隊列の向きを変え、駅の方向に進んで行った。ナジラバジャルで線路を横断し、ニムトリからダカ博物館の横を通ってナジムッディン通り経由で再びアルマニトラ広場に戻るというのが私たちの予定だった。しかしナジラバジャルに行っても警官隊が道をふさいでいた。ちょうどそのとき、イスラムの礼拝の時間になった。モオラナ・バシャニは道路の上で礼拝を始めた。シャムスル・ホクもそれに従った。そのとき警察隊は催涙ガスを散布した。一般の人たちは警官に向かってレンガを投げつけ始めた。五分後、警官隊は棍棒を振り回しながら前進してきた。数人の運動員たちがバシャニ氏を担ぎ上げ、近くのホテルに避難させた。警察に襲われた活動家が何人も重症を負った。逮捕された者もいた。シャムスル・ホクも拘束された。私も何度か攻撃を受けた。最後は気を失って道端の溝に転がり落ちた。カジ・ゴラム・マハブブも怪我をしたが、意識を失うことはなかった。数人が私を救い上げ、リキシャに乗せてアワミ連盟本部まで運んで行ってくれた。足からかなり出血していた。弾が当たったと言う者もいたし、いや催涙弾だと言う者もいたし、転んだ拍子に切ったのだと主張する者もいた。医者が呼ばれ、傷口を洗ってくれた。その上で催眠剤の注射を打ってもらった。傷が痛んで眠れそうになかったからだ。

この日アワミ連盟の党員およそ三十名が逮捕された。チョットグラムのフォズルル・ホク、アブドゥル・ロブそれにロシュルという運動員が頭に大怪我を負った状態で逮捕された。私の親戚でフォリドプルのドットパラで代々地主をつとめる家柄のシュルジョ・ミヤことサイフッディン・チョウドゥリはずっと私のそばについていて、何くれとなく世話をしてくれた。彼はその夜二時過ぎまで起きていた。そのとき警察が、モゴルトゥリのアワミ連盟本部――私はそこでいつも寝泊りしていたのだが――に押しかけてきて、門を開けろと言った。門は鉄製で、内側から施錠してあったので、開けるにしても壊すにしても容易ではない。サイフッディン・チョウドゥリは私とカジ・ゴラム・マハブブ、それにモフィズを起こして「警察が君たちを逮捕しに来たぞ」と告げた。

私は催眠剤の注射で眠っていたが、バシャニ氏から逮捕を避けて逃げのびるように、という指示が届いた。体中が痛く、熱も出て動けないような状態だった。しかし無理やり起き上がり、どうやって逃げようかを考えた。ショオコト・ミヤはすでに姿をくらましていた。彼はその辺りの地理に詳しかった。私たちがいたのはビルの三階で、すぐ横には二階建ての建物があった。そこの屋上に飛び移って逃げようということになった。二つの建物の間には少し隙間があった。そこを飛び越えなければならない。もし飛び損ねたら終わりだ。しかし思い切って跳んだ。カジ・ゴラム・マハブブとモフィズも後に続いた。サイフッディンは一人で残った。彼は政治とは関わっておらず、顔を知られていないから逮捕される心配はない。屋上から階段をつたって下りて行ったのだが、途中にバケツが一つ置いてあったのに気がつかず、足に当たってしまった。バケツは転がって大きな音を立てた。その音に驚いて家の者が大声をあげた。私たちは立ち止まって息を殺した。幸い警官隊は連盟の本部の門を破るのに夢中で、こちらの音には気づかなかったようだった。私たち三人は建物から外に出て近くのスラムを通り抜け大通りに出たとき、警察が門を破って突入する音が聞こえた。ここから脱出するにはモウロビバジャルを通り過ぎて行くしかない。大通りでは警官が三人、警戒に当たっていた。見ていると三人が固まって同じ方向に行き、しばらくするとまた元のほうに戻る、というパターンで歩いていることが分かった。そこで警官が私たちとは逆の方向に行ったとき、その後ろで道路を横切って逃げた。私たちの動きに気づくことはなかった。無事にモウロビバジャルを抜け、友人のアブドゥル・マレク・ショルダルの家に庇護を求めた。そこで一夜を過ごし、夜明けを待ってカジ・ゴラム・マハブブらと別れた。二人には逮捕状が出ているわけではなく、むしろ私と一緒にいるところを見つかったら危ないことになるからだ。私はマフトトゥリ地区のショルダルの家にもうしばらくいて、翌日の朝、シャジャハン大尉の自宅に行った。大尉の妻のヌルジャハンは前々から私を実の兄弟のように大事にしてくれていた。彼女は政治とは関わっていなかった。私は怪我をし、弱っていた。そんな状態でどこに行けるだろう。また、このダカには他に私を匿ってくれる人などいなかった。ヌルジャハン夫人は甲斐甲斐しく世話をして、医者から薬を取り寄せたりもしてくれた。

その家には二日間いた。そうするうちに諜報機関の捜査官がそこを訪ねてきた。以前から出入りしていたので、今回も逃げ込んだのではないかと考えたらしい。二人の捜査官がやって来たのは夜八時だった。ちょうどそのとき、間が悪いことに私たちの運動員の一人が、ヌルジャハン夫人に私がどこにいるかを訊きに来た。捜査官に出くわして彼は青ざめた。その表情を見て捜査官たちは私の居場所が分かったらしかった。実はそのとき、私は隣の部屋ですべてのやり取りを聞いていた。ヌルジャハン夫人は賢く、機転のきく人だ。彼女は捜査官たちにお茶を出し、その隙に私を二階から階下に連れて行き、状況を説明してくれた。私は彼女にショールを一枚貸してください、と頼んだ。逃げ出したときに身に着けていたパンジャビ（上着のシャツ）とルンギ（腰巻）以外何も持っていなかったからだ。ありがたいことに、昼の間にヌルジャハン夫人が私の服を洗ってくれていた。彼女はショールを持ってきて私に手渡し、逃げる道を教えてくれた。私がこっそりその家を後にしたときには、諜報部員二人はまだそこに残っていた。彼らの警護の者が二人、家の外で待機していたのを知らなかったので少し驚いたが、何とかその目もごまかすことができた。

バシャニ氏はヤル・モハンモド・カーンの家にいるはずだった。まだ逮捕されてはいない。バシャニ氏と会わなければ、と思った。会って、なぜ私に警察に拘束されずに逃げるよう指示したのか、その真意を聞きたかった。私は逃げ回る政治を正しいものだとは思わない。陰でこそこそやる政治が好きではないし、その価値を信じないからだ。私はリキシャを拾ってまずある仲間の家に行き、彼と同道してヤル・モハンモドの自宅に向かった。その家の裏口に面した道が一本あって、そこを通って変装した姿で家の中に入った。その家にも刑事が張り付いていたが、私だということに気づかなかった。バシャニとヤル・モハンモドは、私がやってきたのを見て笑顔になった。私はそれまでにかなり回復していた。私はバシャニ氏に「いったいどうしてなぜ逃げまわらなければいけないんですか？」と尋ねた。

リヤーカト・アリ・ハーン首相は与党ムスリム連盟の党大会で、「アワミ連盟などに関わるやつは、全員頭を砕いてやる」と発言していた。口では民主主義を唱えながら、野党の存在を決して認めようとはしなかった。政府の方針への批判も許さなかった。ムスリム連盟内でも誰か反対の声をあげる者がいたら、すぐさま抑えつけようとした。例えばナワーブ・マームドートの事件がそうだった。ナワーブ・マームドートは西パンジャーブの首相で、ジンナーの忠実な信奉者だった。ジンナーの命令に従い、ナワーブ（太守）の称号と莫大な資産を放棄した人だった。リヤーカト・アリ・ハーン首相がムスリム連盟以外の政党を認めようとしなかったことは、彼自身の発言からも明白だ。一九五〇年に行なわれたムスリム連盟評議会の会合でハーンはこう言っている。

「私がいつも言っていることだが、と言うよりむしろ常に私のゆるぎない信条となっていることだが、ムスリム連盟の存在は単に連盟が存在しているということにとどまらないのである。連盟の力はパキスタンそのものの存在および力と同義である。私自身に関して言えば、私は当初よりこれまで、そして今日改めて確認するのだが、自分自身をムスリム連盟の首相として考えてきた。自分を制憲議会の議員たちによって選ばれた首相であるなどと思ったことは、かつて一度もないのである」。

ハーンは国民の首相ではなく、特定の政党の首相になりたかったのだ。国家と政党は決して一つになれないことを彼はすっかり失念していた。民主主義国には複数の政党が存在し、かつそのことを裏打ちする法律を持つことが当然だ。残念なことに、リヤーカト・アリ・ハーンの目的はムスリム連盟以外の政党がパキスタンにできないようにすることだった。「アワミ連盟などに関わるやつは、全員頭を砕いてやる」などという台詞は、独裁者でない限り、民主主義を奉ずる者の口からは決して出てくるはずがない。ジンナーの死後すべての権力を手中にしたハーンは、すっかり舞い上がってしまっていたのだった。

第六章　ラホールへ

モオラナ・バシャニ氏から西パキスタンに行くように、と言われた。「ラホールに行くんだ。ソラワルディさんがいる。ソラワルディさん、それにミヤ・イフティカルウッディンと話をして来い。二人に東ベンガルの状況を聞いてもらえ。全パキスタンレベルの政党が必要だ。北西辺境州のピール・マンキー・シャリーフと話をして、ソラワルディさんが中心になってアワミ連盟を全パキスタン規模の政党にできれば一番良い。ソラワルディさん以外にはそんなことのできる人物はいない」。

カラチではリヤーカト・アリ・ハーンが、「インドは犬を我々に向かってけしかけた」などと聞くに堪えない言葉でソラワルディ先生を侮蔑していた。ジンナーは一度としてソラワルディ先生の悪口を言ったことはなかった。これぞ運命の皮肉というものだ。かつて選挙でリヤーカト・アリ・ハーンを当選させるために、アリーガル・ムスリム大学(99)の全学生が動員されたことがあった。ラフィ・アハメド・キドーヤーにすんでのところで負けそうだったところを、彼は学生たちに救われたのだ。パキスタン建国運動では、リヤーカト・アリ・ハーンがジンナーの背中の後ろに隠れるようにしてデリーから声明を出すこと以外、何かをしたのか私は知らない。ソラワルディ先生がベンガルの首相になっていなかったら、ムスリム連盟を立ち上げなかったら、ハーンはどうなっていたことだろう。ジンナーにはそれが十分分かっていた。だからこそ何も言わなかったのだ。

ソラワルディ先生は弁護士として、ラホールでナワーブ・マームドート元西パンジャーブ州首相の裁判に関わった（原文注19）。この裁判もまたリヤーカト・アリ・ハーンの奸計だった。自分のことを評価しないナワーブ・マームドートを陥れることが目的だったのだ。

私はバシャニ氏に尋ねた。「どうやって行ったらいいんですか？　いずれにせよインドを通らなければなりません。私がパキスタン人だという証明が必要です。そうでなければインドから西パキスタンに入国できません」。当時はまだパスポートやビザというものはなかった。もう一つの問題は、冬の衣料はすべて実家においてあるということだった。ラホールの冬は厳しい。暖かい衣服がなければとても我慢できるものではない。さらに金もなかった。それにインド領となった東パンジャーブではムスリムと分かっただけで殺される危険がある。「どうしたらラホールまでたどり着けるのか、見当もつきません。それに私には逮捕状が出ています。警察が私を捜し回っています」。そう言って抵抗したのだが、バシャニ氏は意に介さなかった。「それは私の知ったことではない。ともかく何とかしてラホールまで行け。ソラワルディさんに会って、事情を全部話して来い」。それに先立つ一九四九年の初め頃、モオラナ・バシャニ、ミヤ・イフティカルウッディンなどがダカでソラワルディ先生と協議し、ムスリム連盟が馴れ合いの政治をやめないのなら新しい政党を作るとの決議を行なっていた。ソラワルディ先生も賛成していた。今がそのときだ。そのためにはソラワルディ先生とミヤ氏の手助けが欠かせない。ソラワルディ先生とミヤ氏の関係は良好だった。

仕方ない。バシャニ氏のもとを辞して出発の準備を始めた。私が持っている冬物衣料といえば、アチカン(100)しかなかった。叔父のジャファル・サデクから少し借金をした。イッテハド紙から未払いになっていた報酬の一部を受け取った。それらを手に出発した。ラホールまでたどり着くことができれば後は何とかなる。向こうにはソラワルディ先生がいるのだ。何も困ることはあるまい。結局、さんざん大変な思いはしたが、何とかラホールまで行くことができた。特に東ベンガルの警察の目を欺くのに苦労した。警察はさまざまなところを徹底的に調べていた。実家の家にも捜査に行ったが、私がそこには立ち寄っていないことを知っただけだった。

ラホールは寒かった。我慢できないほどの冷え込みだった。ラホールに行ったのはそのときが初めてだ。知り合いといえばミヤ・イフティカルウッディンしかいない。ソラワルディ先生がナワーブ・マームドートの邸に滞在していることは知っていた。ある店の前に荷物を置き、マームドート宅に電話してみた。ソラワルディ先生はラホールにおらず、二日しないと戻らない、とのことだった。そのとき私の所持金といえばたったの二タカだけだった。どうしよう？　どこに行ったらいいのか？　荷物はどこに預けようか？　午後一時だった。朝から何も食べていなかったから空腹でもあった。何か買って食べたりしたら、二タカなどあっという間になくなってしまう。さんざん考えたすえ、ミヤ・イフティカルウッディンの家に電話を入れた。ミヤ氏はラホールにはいるものの、今は不在だという。決心して馬車を拾い、ミヤ氏の自宅に向かった。住所は手元にあった。スーツケースと寝具を抱えた姿で家を訪ねたが、門番はミヤ氏はいまいないと言う。しかし玄関脇にある小屋の中で待たせてもらうことができた。スーツケースは小屋のわきに置いた。私の名と住所を紙に書いて門番に渡し、ミヤ氏が戻ったら見せてくれるよう頼んだ。しばらくして帰ってきたミヤ氏はメモを見てすぐに私のところへやって来た。私のことは即座に思い出したようで、あたたかく迎えてくれた。私の様子を見て驚いた様子で、私の部屋を用意するよう家人に命じ、まず入浴するようにと言った。その後で一緒に食事をしながら東ベンガルの情勢を聞こうと言ってくれた。ミヤ氏のもとへはボリシャルのS・A・サレから手紙が届いていて、私がラホールに行くかもしれないと書いてあったそうだ。同じ手紙はソラワルディ先生にも届いていた。サレは私の幼馴染で、ヌルッディンの従弟にあたる。彼とはパキスタン建国運動を通じた付き合いが長かった。

ミヤ氏夫妻と一緒に食事をしながら、国の政治情勢について話をした。私は東ベンガルの状況を詳しく語って聞かせた。モオラナ・バシャニ氏のことを話し、政府による弾圧についても語った。そのときミヤ氏は閣僚を辞任したばかりだった。「しばらく政治から離れることにした」とミヤ氏は私に言った。「自分でやりたいことがあるので、しばらく政治には積極的に関わらないと決めたのだ」。

それからミヤ氏は私に、ムスリム連盟の現状について尋ねた。「選挙があればムスリム連盟に勝てます。それも大勝でしょう」と私は答えたが、ミヤ氏は信じられないといった様子だった。そこに夫人が言った。「でも、案外そうなるかも知れませんわ。東ベンガルでは最近、何か抗議活動もあったようですし」。夫人は政治が分かる人だったし、情報にも通じていた。教養豊かな人に思えた。

夜になって高い熱が出た。ミヤ氏は慌てて医者の手配をしてくれた。薬のおかげで二日のうちに熱は下がった。ミヤ氏の家には客間は一つだけだった。ソラワルディ先生の弟のシャヘド・ソラワルディ教授が近くラホールに来て、ミヤ氏宅に泊まることになっていた。家人たちの話からそんなことを知った。では二日以内にここから出るようにしなければ、と思った。しかしミヤ氏が、何か別の方法を考えるから、と言ってくれた。

ソラワルディ先生はラホールに戻り、電話をくれた。熱も下がっていたので、会いに行くことにした。ひどく寒い日だったことを覚えている。午前十一時にナワーブ・マームドートの邸に着いた。ソラワルディ先生は庭の芝生にすわって数人の弁護士たちと裁判の話をしていた。私がそばに行って挨拶すると氏は立ち上がって抱擁してくれた。「ラホールにはどうやって来た？　体調が悪そうだが、どこに泊まっているんだ？」と聞かれた。それからそこにいた人たちに私を紹介してくれた。その後皆を帰し、私と向き合って座った。私はこれまでの出来事をすべて語った。ソラワルディ先生は私たちの運動員や幹部一人ひとりの消息を尋ねた。東ベンガルの状況について細かく聞きただした。先生がどれほどベンガルを愛していたか、実際に会って話をしない限り分からないだろう。ソラワルディ先生は自分の財政状態についても話してくれた。今回の裁判を担当することになったおかげで、何とか息を継げたとのことだった。私が辞去しようとしても許さず、食事を一緒にすることになった。ナワーブ・マームドートも同席した。彼にも私たちの状況を伝え、東パキスタンの情勢についてこと細かに尋ねられた。

午後になってハーン・ゴラム・モハンモド・ハーン・ルンドホールとピール・サラウッディン（当時はまだ学生だった）が、ソラワルディ先生と話をしにやって来た。ゴラム・モハンモド・ハーン・ルンドホールは北西辺境州から追放処分になっていた。辺境州を訪ねることも禁止されていた。彼は北西辺境州ムスリム連盟の事務局長だった。私と会えたことを喜んでくれた。ソラワルディ先生は彼に、私が泊まるホテルを手配するように頼んでくれた。安いところが良い。ピール・サラウッディンは当時パンジャーブの学生運動のリーダーで、良く知られた人物だった。

夜、ミヤ氏のところからホテルに移った。ミヤ氏は「うちがもっと広ければホテルに行かせたりしなかったんだが……」と残念そうだった。「全く大丈夫ですよ」と私は答えた。

ソラワルディ先生に連れられて洋品店に行った。「スーツが一着しかないので作らなければ」と言って服を注文した後、先生は質の良い毛布を一枚、厚手のセーターと靴下を何足か、それにマフラーを買った。服は要るかと訊かれたが、私は先生の経済状態を知っていたので、いいえ、何もいりません、と答えた。車でホテルまで送ってもらい、別れるときに買い物の包みを手渡してくれながらソラワルディ先生は「これはきみ用に買ったんだ。もっと要るものがあったら遠慮するな」と言ってくれた。長袖の暖かいセーターと毛布をもらって生き返った心地だった。ラホールの寒さには真底参っていたからだ。

翌日からは、朝ソラワルディ先生のところへ出かけ、夜になってホテルに戻る日々が続いた。一緒に法廷に行ったこともある。ナワーブの兄弟たちとも親しくなった。三日後モハンモド・ハーン・ルンドホールがやってきて言った。「一緒にキャンベルプルに行こう。辺境州アワミ連盟の実行委員会の会合がある。ピール・マンキー・シャリーフや他の幹部たちと話してみればいい。私も君と同意見だ。二つの州のアワミ連盟が合流して、全パキスタンアワミ連盟になるべきだと思う——それもソラワルディ先生をトップに据える形でな」。私たちは連れ立ってソラワルディ先生のところに行った。「行って来い。話をして来い。君たちの言うとおりになればとても良い。私もナワーブと話してみる」とソラワルディ先生は言った。

別れるとき、ソラワルディ先生は金を少し渡してくれた。夜十時、ルンドホールと一緒に、彼の車でパンジャーブのキャンベルプルに向けて出発した。ルンドホールは自分で車を運転する。夜明け近くになってラワルピンディーまで来た。そこで少し休憩し、朝食も摂ってまた出発した。キャンベルプルに着いたのは十一時か十二時ごろだったろう。生まれて初めてのパンジャーブ入りだ。「五つの川」という意味を持つこの土地を、私は気に入った。

東西パンジャーブの騒乱は、未だ人々の記憶に新しい。分離独立に伴い、パンジャーブが東西に分割されるというので、東部に住んでいた、モハジールと呼ばれる何十万というムスリムが西パンジャーブに流入してきて一時は大混乱となったが、事態は徐々に収束していった。なぜなら西パンジャーブからもまた何十万人にも及ぶヒンドゥー教徒やシク教徒が東に流出し、残された資産はムスリムのものとなったからだ。

キャンベルプルに行く前に、私は一本の声明文を書いた。東ベンガルで今何が起きているか、ということをそこに記した。モオラナ・バシャニとシャムスル・ホクが逮捕され投獄されたこと、政治活動家への迫害、それに食糧難になっていることを訴えた。この声明文はミヤ・イフティカルウッディン氏が経営していた『パキスタン・タイムズ』と『イムローズ』紙に大きく掲載された。当時この新聞の編集長で、詩人としても有名だったファエズ・アハメド・ファエズとその同僚のマズハールを私は見知っていた。二人とも聡明で教養溢れる知識人だった。ミヤ氏と同様この二人も、ベンガル語が国語の一つになるべきだという考えを支持していた。私たちの要求が正当なものであることを認めてくれていた。私は声明文を書き終えるとまずソラワルディ先生に読んでもらっていた。

　キャンベルプルに着いた私たちは、そこにあるダークバンガロー[101]に向かった。北西辺境州の宗教・政治指導者、ピール・マンキー・シャリーフの名でダークバンガローに予約が入っていた。間もなくするとペシャワールやマルダーンなどから来た辺境州アワミ連盟の幹部や運動員たちが次々と姿を現した。ルンドホールが辺境州に入れないため、パンジャーブで会合を開くことになったのだ。ここでピール・マンキー・シャリーフ、サルダール・アブドゥル・ガフル、サルダール・シカンダール、元閣僚のシャミーム・ジャング他大勢の知己を得ることができた。会合は長時間にわたって続いた。私も出席を許された。ダークバンガローが会場となった。その周辺では銃を持った警備員が二人、警戒に当たっていた。公安の侵入を防止するためだった。話し合いは夜まで続いた。私にも発言の機会が与えられ、英語で話した。それをある人――名前は覚えていない――がパシュトゥー語に通訳した。全パキスタン的な組織を作るべきだという私の提案をめぐって議論が行なわれた。最終的にはほぼ全員の賛同が得られたようだった。ゴーラム・モハンマド・ルンドホールが発言した後、辺境州アワミ連盟の代表が三人、ソラワルディ先生と会い、新しい組織を率いるよう要請することが決まった。

　夜、会議は終わった。当時パンジャーブと北西辺境州を隔てるアトック橋を渡るには特別許可が必要だった。ピール・マンキー・シャリーフは許可証を持っていたので、部下を引き連れて夜のうちに帰って行った。ダークバンガローに宿泊した者も何人かいた。ルンドホールは私を小さなホテルに案内した。そこで夕食を済ませ、一泊した。

この夜、パンジャーブの冬がどんなに厳しいものかをいやというほど味わうことになった。私は東ベンガルの人間である。ベンガルでは冬でも厚手の肩掛けが一枚あれば十分しのげる。ところがここでは厚い衣類を何枚も重ね着し、毛布を何枚も掛け、しかも部屋の中に火の気がなければとても眠れるものではなかった。そうしたところで実際眠れるかどうかは保証の限りではない。

ピール・マンキー・シャリーフは私から東ベンガルの状況を聞いて大いに同情してくれた。そして辺境州でカユーム・ハーンがどんな圧政を行なっているかを聞かせてくれた。辺境州ではアワミ連盟の幹部、党員が逮捕・収監されているという。集会を行なおうとするとすぐに一四四項が適用され、警官隊は遠慮なしに棍棒による攻撃や発砲をしてくるそうだ。圧政もここに極まれり、という情勢が続いている。それに比べれば東ベンガルの状況はまだ良いと言わざるを得ない。ルンドホールは前に逮捕され、刑務所に送られた。釈放された後は辺境州から追放処分にあい、現在はラホールを本拠地としているわけだ。

翌日は午前中に出立した。せっかくここまで来たのだから、アトック橋とアトック砦を見て行きたい、とルンドホールに頼んでみた。ここからわずか数マイルの距離なのだ。ルンドホールは了承してアトック橋のたもとまで連れて行ってくれた。私は橋を渡り、辺境州に足を踏み入れてみた。ルンドホールが護衛代わりに人を一人つけてくれた。小さな果物屋がいくつか出ていた。果物を買ってパンジャーブ側に戻った。アトック砦の中に入るにはまた許可が必要だ。戦争のときの捕虜が収容されているためだ。遠くから、砦の中に囚われているシク教たちが何かしているのが見えた。私が戻るとルンドホールは車をスタートさせ、ラホールに向かった。来たときと同じく、ラワルピンディーに寄った。そこで少し休憩した。このあたりでルンドホールは有名人だった。彼は道すがら車を停めては水タバコを吸った。ホテルだろうとレストランだろうと、入るとすぐ彼の前に水タバコが持ってこられた。皆辺境州の人のようだった。ラホールに着くまでにジラーム、グジュラート、グジュランワラで休憩してお茶を飲んだ。ラホール着は夜十時ごろだった。ルンドホールは私をホテルで下ろし、明日朝私と一緒にソラワルディ先生のところに行き、キャンベルプルの会合について報告する、と言った。

当時パンジャーブのナワーブ・マームドートのグループはムスリム連盟から離れていた。その時点では自分の政党は立ち上げていなかったが、進行中だったプロダ訴訟（原文注20）の決着がつけばそうすることを考えていた。

多くの優れた活動家たちがソラワルディ先生のもとを訪れるようになっていた。大半は以前ムスリム連盟に属していた人たちだった。先生はある集会に参加を要請され、了解した。集会が行なわれるのはサールゴーダー県だ。ソラワルディ先生に一緒に行くように言われた。他にすることもないので、行きます、と答えた。私たちは自動車で出発した。サールゴーダーにはインドから逃れてきたムスリムたちが多く住んでいた。その暮らしぶりは哀れなものだった。ソラワルディ先生は集会で演説した。私も何か話すようにといろいろな人から言われたが、「私はウルドゥー語もパンジャーブ語も話せませんし、英語でしゃべったところで誰も分からないでしょうから、遠慮します」と言って断った。それを聞いたソラワルディ先生は、しゃべらなくてもいいよ、と勘弁してくれた。集会では私も壇上に上がり、紹介を受けた。私は短い挨拶だけをした。この集会に参加して、サールゴーダーのような遠隔地でもソラワルディ先生は人気があることを知った。

ラホール滞在中宿泊していたホテルでは、アジズ・ベーグとK・H・フルシド（パキスタンの統治下に入った自由カシミールの大統領をつとめた）が二部屋を借りて、『ガーディアン』という週刊の新聞を発行していた。私が『パキスタン・タイムズ』に発表した声明文がこの二人の目にとまり、その一部が『ガーディアン』にも掲載された。私は二人と会い、詳しい話をした。『ガーディアン』紙の記者が私のインタビューを行なって記事にした。ラホールの政治関係者たちの間で、私の存在が徐々に知られるようになった。そればかりでなく、ホテルのマネージャーからは、公安が私をつけていると耳打ちされた。マネージャーによると、一人の男が四六時中、私を付け回しているそうだ。乗合馬車（タンガ）に乗ったり、道を歩いていると、こっそり自転車でついてくる。ピール・サラウッディンを通じて私はパンジャーブ・ムスリム学生連盟の代表と会い、学生の全国組織を作る必要性について話をしていた当時の学生組織の幹部には、ファハミー、ヌール・モハンマド（彼はデリーからやってきた）といった人たちがいた。皆私の考えに賛同してくれた。彼らの法律学校の寮まで出かけていって議論したこともあった。私は彼らに「自分はもう学生組織とは関わっていないが、もしあなた方が全国規模の学生組織を作る気があるのなら、それに加わるよう東パキスタンの学生を説得できると思います」と請合った。学生たちはそうすることを決め、その方法についても決定した。彼らは綱領を作り、私に手渡した。それを受け取り、ダカに行って学生連盟に彼らの考えを伝えることを約束した。その返事はダカから手紙で届くはずで、パンジャーブとダカから同時に組織立ち上げの発表が行なわれることになるだろう。

このころ嫌な事件が起きた。ある日ミヤ氏と会うために『パキスタン・タイムズ』のオフィスに行った。午前十一時頃だった。ミヤ氏は不在だった。少し待ったが、ミヤ氏は姿を現さなかった。ソラワルディ先生と用事があったので、裁判所に出向いた。歩いていると三〜四人の男たちが近づいて来て、どこから来たかと聞いてきた。東パキスタンだと答えると、いきなり男の一人が私の腕を、もう一人が胸ぐらを摑んで「お前はパキスタンの敵だ！」と叫んだ。残りの男のうち一人は狩猟用のナイフを、最後の男もナイフを取り出した。私は腕を振りほどいて、「私が誰だか知っているのか！」と怒鳴った。知っているさ、と男たちが答えたので私は「わけを話せ。どうしてもやると言うなら、一人ずつかかって来い」と言った。一人が殴りかかってきたが、手でそれを払ってよけた。そうするうちに多くの人が集まってきた。そのうちの何人かの男性が、一体どうしたのかと聞いてきた。「訳が分からないんです。知らない連中です。私は東パキスタンから来ました。今日は『パキスタン・タイムズ』のオフィスにミヤさんを訪ねてきたんです。この連中にどうして狙われたのか分かりません」。その場には数人の男性と学生がいて、その人たちが暴漢たちに何か言った。叱りつけている人もいたようだった。それで連中は退散して行った。私はその足で法律学校の寮に向かった。友人のカーズミーに今の事件のことを知らせておこうと思ったのだ。しかし彼は不在だった。それで馬車をひろって、ソラワルディ先生に会うため高等裁判所へ行った。しばらく何も食べていなかったが、腹わたが煮えくりかえるようだった。

午後、ナワーブの家に行き、先ほど起こったことを話した。私の言葉をソラワルディ先生がナワーブに伝えてくれた。夕暮れ前にホテルに戻った。カーズミーがやって来て私から話を聞き、数人の学生を連れて現場を見に行った。付近の店などでも聞き込みをしたという。店主たちは口々に、私を襲った男たちはそのあたりの者ではなかったと証言した。どこかよそからやってきたらしい。ムスリム連盟の仕組んだことだと見当がついた。このあたりにも暴漢を放っているようだ。ルンドホールが私に気をつけるように、と言った。

この事件については他の誰にも話さなかった。だがパンジャーブ政府の高官の中にナワーブの心酔者が何人かいて、その人たちに私が襲われた話が伝わった。ここにいて不便なのは、私がウルドゥー語をうまく話せないことだ。パンジャーブ人も普通、ウルドゥーはうまくない。パンジャーブ語とウルドゥー語を混ぜて会話をする。私がベンガル語とウルドゥー語をまぜこぜにしてしゃべるのと同じだ。

このころパンジャーブで、進歩派の作家・文筆家が大会を開いたことがあった。ミヤ氏から参加するように言われて行ってみた。私は作家ではないので、ゲストとして出席した。大会は二日にわたって行なわれた。ルンドホールもこの大会に行ったのだが、会場の外に自動車を停めておいたところ、その車が放火されてしまった。彼は独立闘争最中の一九四二年、イギリス人によって家を焼かれたことがある。当時辺境州国民会議派の委員長をつとめていたからだった。その後逮捕され、保釈後はムスリム連盟に加わった。放火事件の後ルンドホールは私に言った。「ラホールではこんなことはしょっちゅうだ。私がパターンなので、奴らは私のことが怖いのさ[102]。正面切って何か言ったりやったりする勇気がないから、こんな汚いまねをする」。

ラホールに来てひと月以上が過ぎていた。あと何日ここにいるべきなのだろう？「バシャニさんやシャムスル・ホクさんや、それに大勢の仲間が刑務所に入れられています」とソラワルディ先生に訴え、ダカに戻りたいと伝えた。「だがダカに入った途端に逮捕されることになるぞ。ラホールにいたら捕まらないですむかも知れない」とソラワルディ先生は言った。「でもここで逮捕されてダカに送られることだってあり得ます。リヤーカト・アリは相当頭にきているようですから、東ベンガルの政府がこのまま手をこまねいていることはないでしょう。パンジャーブ政府に私を逮捕する指示を出すよう、東パキスタンから中央に具申が行なわれていると思います。その知らせがもう届いているかも知れません。私もここでおとなしくしていたわけではありませんからね。私は、どうせ逮捕されるなら東ベンガルで逮捕されたいと思います。東ベンガルなら監獄でも米の飯が出るでしょう。ここではパンばかりで、このままでは死んでしまいそうです。肉とパンばかりの食事なんて、もう耐えられません[103]。それに向こうの刑務所なら、仲間たちと一緒にいられます」と私はあくまで帰国したいと主張した。それを聞いたソラワルディ先生は、では行く支度をするがいい、と言って、どのルートで行くつもりかと尋ねた。「行きかたは一つだけです。東パンジャーブには行きません。ラホールから飛行機でデリーに入り、そこからは鉄道で行きます。インド経由で行くとなると通行許可が必要です。許可は大使館の大使補が発行することになっていて、ラホールでも手に入ります」と私は答えてさらに言った。「ミヤさんにその話をしたら、大使補は知り合いだから頼んでみると言ってくださいました」。ソラワルディ先生はうなずいた。

当時東ベンガルの高等文官試験に合格した知り合いが何人か、ラホールの公務員研修所で研修中だった。そこに遊びに行って皆と会ってきたことがあった。そのうちの一人は与党の学生組織の元リーダーで、ベンガル語国語化運動に異を唱えた男だった。彼とは以前からの知り合いだった。私の顔を見ると彼はこう言った。「お茶をご馳走させてください。このラホールに来て分かったことですが、ベンガル語の国語化要求は正しいものでした。私が間違っていたんです。ここの人たちはベンガル人のことを嫌っています」。私はそこではそれ以上何も言わなかった。言うべきではないと思ったからだ。この連中はいずれにせよ公務員で、私が何か言えば問題にするかも知れないからだ。

ミヤ氏が話をしてくれたおかげで、インドの通行許可証は案外早く手に入った。ただし許される滞在期間はたった三日。その間にインドを出国しなければならない。しかし計算したところ、三日以内に東ベンガル入りすることは可能だった。ソラワルディ先生が私のホテル代を清算し、デリーまでの航空券も買ってくれた。当時オリエント・エアウェイズがパキスタンに就航していた。先生はさらに、実家まで帰る費用だと言って金を少し渡してくれた。パキスタンからは多額の通貨は持ち出せない。おそらく当時はパキスタンもインドも、国外への持ち出し制限は五十ルピーだったと思う。

ソラワルディ先生は、ナワーブザダー・ズルフィカル（ナワーブ・マームドートの弟）に、私を飛行機に乗せてくれるよう依頼した。空港で逮捕されるかもしれないという情報があった。私が逮捕されたらソラワルディ先生にすぐそのことが伝わるように手配したのだ。ズルフィカルは空港まで同行してくれた。空港では私の荷物が、他の乗客のものとは別にされた。係員がやってきて、私を建物の上の階の一室に連れて行った。私の許可証をあらため、荷物を詳細に調べてから言った。「ここにいて下さい。外に出ないように」。ナワーブザダー・ズルフィカルが私のところに近づいてきて耳打ちした。「何かしようとしているようです。飛行機の出発時間は過ぎたのに、出る気配がありません」。乗客たちはいったん飛行機に乗り込んだものの、また下ろされた。おそらく上からの指示を待っているのだろう。ナワーブザダーがまたどこからか情報を仕入れて来た。「どうもあなたが問題になっているようです」。しかしそれから一時間経って、飛行機に離陸許可が出た。私も行ってよいと言われた。私はナワーブザダー・ズルフィカルに別れを告げ、ソラワルディ先生に今日のいきさつを伝えてほしいと頼んで飛行機の中に入った。私を行かせるか、それとも足止めするかでもめていたのだろう。しかし最後には、ベンガルの面倒事をパンジャーブが抱え込むことはない、という結論になったのではないか。インドからは三日以内に出国しなければならない。東ベンガルの政府に知らせておきさえすれば、ドルショナかベナポルの国境で私を拘束するのは簡単だろう。インドは通過するだけで、滞在することはできないと許可証に明記されている。コルカタの役人たちが知ったら、私にコルカタの刑務所の米の飯を食わせてやろうという気になるかも知れないが。何しろ私は、コルカタで目の敵にされているソラワルディ先生の側の人間なのだから。

ソラワルディ先生をラホールに残してきたことで、心は沈んでいた。これまでの人生のほとんどを、一緒に過ごしてきた師なのだ。可愛がってもらい、その指導のもとで働いてきた。かつてベンガルでは、誰もがソラワルディ先生を敬愛していた。その指導でベンガルの人々は、パキスタン建国運動を推進したのだ。先生のちょっとした仕草を見ただけで、何千もの人々が命をかけて戦う気になったものだった。しかし今はすっかり変わってしまった。裁判の弁護でも引き受けなければ、ソラワルディ先生には食事をする金もないのだ。なんと痛ましいことだろう。以前は先生を誇りと思っていたかつての仲間たちが、今や敵だと見做している。先生に次はいつ会えることだろう。しかしいつか必ず、また私たちの先頭に立ってもらえる日が来るという気がした。ソラワルディ先生は不正を黙って耐え忍ぶような人ではない。いつかきっと立ち上がる。ソラワルディ先生が手助けしてくれるなら、きっと東ベンガルに政党を作ることができるだろう。そしてそこにはもうムスリム連盟の居場所はない。その組織作りの能力と指導力を、ベンガル民族は再び手に入れることができるだろう。

第七章　逮捕

デリーに着き、まっすぐ駅に向かった。まず二等車用の待合室に荷物を置いた。水を浴び、軽く食事をして、警備員に荷物をちゃんと見ているようよく言い聞かせ、それから外に出た。汽車の切符はすでに買ってある。発車は夜だ。それまでたっぷり時間がある。馬車をひろってデリー最大のモスク、ジャマ・マスジッドのあたりまで行ってみた。独立後、インドのムスリムたちがどうしているかをひそかに見てみたかった。分離独立のとき、このデリーでは大規模な暴動が起こったのだった。イスラム教徒の店もいくつかは残っているようだった。しかしその中の誰かと話をしてみようという気にはなれなかった。そのまま歩いてラール・ケッラまで来た。ここには以前も来たことがある。今はインドの旗が翻っていた。城の中は少し様変わりしていた。以前はムスリムの経営する店が多かったが、今はもうほとんどなくなっている。あまり長い時間いたいという気分でもなかったので、外に出て、再び馬車に乗った。向かったのはアングロ・アラビアン・カレッジの方で、一九四六年にそこで開かれたムスリム連盟の総会に参加したことがあった。

ニューデリーの町も歩き回ってみた。ニューデリーはさらに新しくなっていた。独立インドの首都がこのニューデリーだ。過去何百年にもわたってムスリムたちがこのデリーから統治を行なったのだったが、今はもう誰も残っていない。ただ歴史にその足跡を記しているだけだ。しかし今はまだかろうじて残っている記憶が、いつまで保たれるのかは分からない。マハトマ・ガンディーのような指導者までも殺害しようとする狂信的なヒンドゥー教徒の集団が、他の宗教の存在を許そうとするだろうか？　このデリーで、マハトマ、ジャワハルラール・ネルーそれにホセン・ショヒド・ソラワルディの暗殺計画が練られた。ソラワルディ先生は神のご加護により死から免れたのだった。マハトマの暗殺犯ナートゥーラーム・ゴードセーの裁判で、その仲間だった男がそのことを証言している。

夜の汽車でデリーを離れた。列車の予約は取ってあった。二等車のコンパートメントには他に三人の乗客がいた。誰ともすすんで話そうという気になれなかった。ずっと新聞を読んでいた。インドではまだ時々騒動が発生していた。しかしガンディー暗殺の後、国民会議派政府はヒンドゥー至上主義組織国家義勇団（RSS）〔原文注21〕とヒンドゥー・マハーサバーに対して制裁措置を講ずることを余儀なくされた。マハトマ・ガンディーがイスラム教徒たちを守るために命を捧げる結果となったことで、その信奉者たちの中に変化が起きた。ムスリムに対する彼らの態度が改まったのだ。

早朝目が覚めると、同室の客のうち二人はすでにどこかで下車していた。一人だけ残っていた人は西ベンガルの出身だった。どこから来てどこまで行くかと聞かれたので正直に話した。ラホールから東ベンガルに向かっているところで、実家はフォリドプルにある、というようなことだ。するとその人は言った。「私ももともとは東ベンガルのボリシャル出身です。今は仕事の都合でデリーにいますが」。それがきっかけで東ベンガルの魚や野菜の味の良さ、東ベンガルの太陽の光や風などについて話がはずんだ。もうボリシャルに行く機会も生涯ないだろうと嘆息して、向こうにはもう親類縁者誰もいないんでね、とその人は付け加えた。ハウラ駅で下車すると、家に泊まっていくようにと言ってくれたが、明日朝には発たなくてはならないので今夜は友人のところに行きます、と丁重に断った。

一人になって、さてどうしようかと考えた。ホテルには泊まりたくない。友人のコンドカル・ヌルル・アロムの家なら知っている。あいつのところへ行こう。そう思ってパーク・サーカスにある彼の家へ行った。アロムは外出していて不在だったが、アロムの兄がいて丁寧に迎えてくれた。少しするとアロムも戻ってきた。私を見て大喜びした。一緒に食事をした後で散歩に出た。アロムが言った。「いつの間にか一人になってしまった。ここには友人もいないが、ダカに行ったところで何もすることがない。金がないから商売もできない。仕事を探すにしたってムスリム連盟のヌルル・アミン首相が許してくれないだろう。何しろこっちがソラワルディ先生とハシム氏側の人間だったと知られてしまっているのでね」。私は何も言えず黙っていた。ぜひ来るように、などと言える立場ではない。私自身がこれからどうなるか分からないのだ。明日には刑務所の飯を食べている可能性だってある。アロムは、コルカタにあるパキスタン総領事館の仕事に応募したと話した。

駅に電話を入れ、汽車の時間を確かめた。クルナ行きは午前十一時に出る。夕方頃国境のベナポルに着き、終点クルナ着は夜十時だ。インタークラスの切符を買った。国境検問所のあるベナポルで警察の目をくらまさなければならない。私が二、三日のうちに東ベンガル入りすることは政府側も心得ている。公安は私を逮捕しようと躍起になっているはずだ。私もその覚悟はしている。しかし拘束される前に一度、両親や兄弟、子どもたちに会いたい。妻のレヌにはラホールから手紙を出しておいた。

おそらくもう届いているはずだ。実家では皆が私の帰りを待ち焦がれている。ダカに行って同志たちと打ち合わせをする必要もある。私が逮捕されることで運動が滞ってはならない。資金も確保しておかなければ。金が全く足りなかった。だが少しなら私ができることもあるはずだ。ソラワルディ先生に心酔している人たちを何人か知っている。私が行って資金援助を頼めば嫌とは言えないはずだ。

汽車はラナガート駅で長い時間停まった。インド側の税関職員たちが列車と客の荷物を検査してまわった。禁制品を持っていないかどうかチェックするのだ。私の荷物も調べた。ベナポルに着いたときには間もなく日が暮れようとしていた。汽車が完全に停止する前に私はプラットフォームに下りた。汽車の中で知り合いになった人に荷物を預け、ちょっと用事がありますので、パキスタン側の税関吏が来たらこれを見せておいてください、と頼んだ。戻るのは少し遅くなるかもしれません、とも伝えた。そして夕闇の中、大きな木の陰に身を隠した。汽車は長々と停車した。公安の人間と数人の警察官が列車中をくまなく捜査しているのが分かった。彼らの目をごまかすためにいろいろな場所へ移動を繰り返した。捜査員たちの様子を確かめて、列車の反対側に身を隠したりした。何とか連中をまかなければならない。私の心はふるさとの家に飛んでいた。数カ月前に生まれたばかりの長男、カマルをよく見ることもできないままだ。娘のハシナは私と会ったらもう離そうとしない。自分が父親になったということを、ずっと噛みしめていた。両親にも会いたかった。私がラホールから戻れば必ず会いに来ると二人は思っている。レヌももちろん待ちわびているに違いない。妻はどんなに辛いことがあっても、何も言わず、じっと耐えるだけだ。彼女が何も言わないので、何も言おうとしないことで、私の心はさらに痛む。

モオラナ・バシャニ、シャムスル・ホク両氏を始めアワミ連盟のたくさんの同志が、刑務所での非道な扱いに耐える毎日を送っている。そのことを考えても辛い気持ちになった。何もできなくとも、皆のそばに行くだけで心が安らぐのではないか。

そんなことを考えているうちに汽車が動き出した。最初はゆっくりと、だが徐々にスピードを上げていく。走っていって列車に飛び乗った。駆けつけるのがあと一分遅かったら間に合わなかったかもしれない。汽車は走り続ける。次はジョショルで用心しなければならない。駅で公安が張り込んでいるのは知っていた。ジョショル到着の数分前、私は便所に行った。汽車が再び動き出した後、席に戻った。学生が一人、同じ車両に乗って来ていた。私が便所から出てきたとき、その学生が「あれ、ムジブさん！」と声をあげた。私は彼を呼び寄せ、彼の耳に「私の名を口にしないでくれ」とささやいた。その男は学生連盟のメンバーだった。状況をすぐに悟って口を噤《つぐ》んだ。客車内には多くの乗客がいたが、誰も気づかなかったようだ。それに当時はそれほど顔を知られていたわけでもなかった。学生は途中の駅で降りて行った。

クルナは私にとって馴染みの町だ。若い時分からどこかに行くときクルナを経由することが多かった。コルカタでの学生時代は実家とカレッジの行き来に、必ずクルナを通った。この日汽車がクルナに着いたのは夜の十時か十一時ごろだった。他の乗客が全員降りたあと、私は着ていたパンジャビを脱いで携帯用寝具の中に隠した。ルンギを引っ張り上げ、腰高に穿きなおした。寝具を肩に担ぎ、スーツケースは手で抱えて列車から出た。荷物運びの苦力たちのように、荷物を抱えたまま乗船場を目指して走った。当然公安の人間は駅にいたが、気づかれずにすんだ。線路を越え、乗船場に行った。そ

著者（＝シェーク・ムジブル・ロホマン）

マハトマ・ガンディーおよびホセン・ショヒド・ソラワルディとともに著者（最後列右側）、**1947** 年撮影

中央刑務所を出て、アワミ連盟の指導者シャムスル・ホク、ヤル・モハンモド・カーン、父親のシェーク・ルトフォル・ロホマンらと党の集会に向かう、**1949** 年 **6** 月

ホセン・ショヒド・ソラワルディ（左）とともに、**1949** 年

同志たちとの会合

アワミ連盟の幹部・党員とともに（中央メガネ）、**1952** 年

言語運動の殉難者追悼行事でモオラナ・バシャニらと（中央）、**1952** 年 **2** 月 **21** 日

アルマニトラ広場での集会、**1953** 年 **5** 月

州議会選挙を前に統一戦線擁立候補者選びの協議、**1953** 年 **12** 月

著者、**1954** 年撮影

ソラワルディとともにラジシャヒ訪問、**1954** 年

集会で演説中の著者、**1954** 年

サッカーのユニフォーム姿で、**1940** 年

妻のフォジラトゥンネサ（レヌ）とともに、**1947**年

著者、**1949** 年

実家のトゥンギパラにある先祖代々の住居

家族とともに。写真左より長男シェーク・カマル、次女シェーク・レハナ、著者、三男シェーク・ラセル（著者膝上)、妻フォジラトゥンネサ、次男シェーク・ジャマル、長女シェーク・ハシナ、**1972** 年撮影

父シェーク・ルトフォル・ロホマン、母サエラ・カトゥンとともに

自宅書斎にて

して乗船場の別の出入り口を通って通りに出、リキシャをつかまえて荷物を乗せた。そしてパンジャビを取り出し、身につけた。人力車夫はゴパルゴンジョの出身で、私に気づいた。「これはこれは兄さん。一体なぜこんなところから？」と聞いて来たので「いろいろあってね。後で話すよ。とにかく出してくれ」とうながした。こうなると全く黙っているわけにもいかない。少し話してやった。誰にもこのことは話すなよ、と釘をさしておいた。ゴパルゴンジョの人間なので、誰かに話すような裏切りはしないはずだ。

母方の従弟の一人がクルナで勤めをしている。住所は分かっていたので、その家に行くことにした。前もって人力車夫をやって、従弟の父である叔父に知らせておいた。叔父は頭の回転の早い人だ。船の出発時刻は朝の六時。叔父に頼んで乗船場に行ってもらい、叔父自身の名で一等船室の切符を二枚取ってもらった。そうすれば他の誰も私の船室に入ってこない。さらに船会社に勤務している友人にも、私が乗ることを知らせた。彼からは、出発時刻の二分前に乗船するようにと言われた。私が乗ったらすぐに出すように取り計らってくれるということだった。乗船場にも公安の捜査官が配備されていた。

朝、霧が出た。濃霧のために船の到着が遅れ、その影響で出発も一時間ほど遅れて七時になった。私は焦りを感じた。六時ならまだ薄暗いものの、七時になると日が昇りきってしまう。叔父が前もって荷物を運び込み、船室を確保しておいてくれた。私は近くにあった店に入って隠れていた。クルナの公安部の人間は私の顔を知っている。叔父の助けを借りて、ズボンを履き上着を着、帽子をかぶって変装した。船の四つのタラップのうち二つが収納され、残りが二つとなったときを見計らって走って行き、船に飛び乗った。船会社の友人が岸壁にいるのが見えた。私が乗ると同時に残りのタラップも船内に引き込まれ、船は岸を離れた。私は友人に目でありがとうと伝えた。

これで実家まで行けそうだ。私は船室で横になった。食事は取り寄せて船室内で済ませた。私が船に乗るところを多くの人に見られていた。ゴパルゴンジョの人たちもたくさん乗船していた。この船はゴパルゴンジョ経由でボリシャルを通りナラヨンゴンジョまで行く。ゴパルゴンジョの町の中心部まで行くわけではない。三マイルほど離れたマニクドホというところにできた新しい船着場に停船する。ゴパルゴンジョ付近では、川が運んできた土砂が堆積して、水深が浅くなってしまったためだ。マニクドホに着いたとき、私は船室から外の様子を眺めていた。たまたま岸にいたロホモト・ジャーンとユヌスという二人の学生――ともに優秀な運動員だ――と目が合った。二人に見えたのは目だけだったはずだが、彼らはそれだけで私だと分かり、大声で呼びかけてきた。私は身振り手振りで静かにするように言った。帰国のニュースが伝わればまた警察が実家に押し寄せるだろう。ロホモト・ジャーンとユヌスはボリシャル・カレッジの学生だ。この船でボリシャルまで行くところだった。二人は船に乗り込み、まっすぐ私のところへやって来た。そうするうちに船が再び動き出した。どうして私だと分かった、と聞くと「あなたの目ですよ。私たちはみんな、その目を見ればわかります」という答えだった。私が「警察がかぎつけたら途中で逮捕しようとするかも知れない」と言うと二人は答えた。「兄さん、ここはゴパルゴンジョですよ。あなたの地元であなたを逮捕するなんて、よほど頑張らないかぎりできる話じゃありません」。ゴパルゴンジョの人たち、特に学生や若者たちは、尊敬を込めて私を「兄さん」と呼んでいた。時によっては、一組の親子の父親と息子の両方から「兄さん」と呼ばれることもあった。ゴパルゴンジョから私の実家に近い舟着場まで行くにはさらに二時間かかる。そのパトガティ港に着いたころにはもう夕方になっていた。そこで小舟に乗り換え、一時間かかってやっと実家に着いた。

家族の誰も私が帰ってくるなどと考えてもいなかった。みんなが大喜びだった。娘のハシナは私の膝から下りようとしなかった。寝に行くのも嫌がった。父にこれまでのことを全部話した。家の外には見張りを置いた。居間にも寝ずの番がいて、誰か来たらすぐ私に知らせが来るようになっていた。私の家は大きく、人も多い。

家族と再会できたのだから、たとえ逮捕されてもそれほど悔いは残らない。しかし一度ダカにも行っておく必要がある。父とレヌには、実家にはあまり長居できないと告げた。結局家にいたのは一週間あまりだったろう。「ボリシャル経由の船便があるけど、それは危険が多すぎる。ゴパルゴンジョを通って行くのも無理です。そこで、ゴパルゴンジョから二つ離れた乗船場から船に乗ろうと思います。それからコビラジプルから小舟でマダリプル郡のシブチョルまで行き、また船に乗ります。途中二、三日、姉さんの家に寄って行こうと思っています」。姉の家はシブチョルからわずか五マイルほどしか離れていない。私の計画を聞いてレヌが言った。「次はいつ会えるか分からないので、私もあなたと一緒に義姉さんのところまで行って、二日か三日過ごして来たいと思います。子どもたちも連れて行きます。あなたとお別れした後でお義父さんに迎えに来ていただくのはどうでしょうか？」。私はそうすれば良いと答えた。もし今度逮捕されたら簡単には釈放されないことは明白だからだ。小さな舟でそんな遠くまで行くのは楽ではないが、私たちは家族に別れを告げて出発した。用心のため二人の男も同行させた。ショヒドゥル・イスラムとシラージだ。小学生だった頃から私を慕っていた。今は二人とも商売をしている。ショヒドゥル・イスラムは今も私の熱烈なファンで、政治の面では一〇〇％私に追随している。シラージは今は別の政党に所属しているが、私への信愛は変わらない。二人はコビラジプルまで私たちと一緒に来て、夜も寝ずに番をしてくれた。冬の最中だというのに一重の服しか着ていなかったので、レヌが自分のショールを貸してやっていた。

姉の家に着き、あと一日だけ、あと一日だけというのを繰り返して結局一週間滞在した。そうなると子どもたちと別れるのがますます辛くなってきた。だが別れたくなくても、私は行かなければならない。国のために生きることを始めた以上、個人的な感情などは不要だ。国と国民を愛すれば、捨てなくてはならないものがある。ときには何より大切なものを捨てることもある。

実家を離れるとき、父から少し金をもらった。レヌも私のためにと金を用意してくれていた。私はレヌに言った。「君にはずっと一人でやりくりしてもらってきたが、さらに子どもが二人に増えて、ますます大変だと思う。しかし私は金銭的な援助はしてあげられない。君には何とかやってもらうしかない。いつもお父さんに頼るわけにはいかないことは私も知っている。お父さんだっていつもお金が自由になるわけではないからね。私にはお金はそれほど必要ではない。だってそのうち逮捕されるだろうから。いつまでも逃げ回ることもできないだろう。君たちと次にいつ会えるか、分からない。ダカに来てはいけない。子どもたちが辛い思いをすることになる。ダカにいる姉さんの家も小さいからそこに住むのは無理だ。私のことで家族がこれ以上苦しんでほしくない。手紙を書いてくれ。私も書くから」。

夜に発った。昼間だとハシナが嫌がって泣くに違いない。そう思ってのことだった。カマルの方はまだ小さいから何も分からないだろうが。シブチョルから直接船には乗れないので、まず十マイルほど離れたチャンデルチョルに行かなければならない。長姉の義理の弟にあたるサイフッディン・チョウドゥリが――この人は私自身の友人でもあり、また親戚筋になるのだが――ダカまでついて来てくれることになった。別れのとき、レヌは静かに涙をぬぐっていた。何も言わず、キスをひとつだけして別れた。何も言うことはなかった。言うべきことはすべて伝えてあった。夜のうちに小舟に乗り、朝になってチャンデルチョルに着いた。船が出るには間がある。同志の一人の実家が近くにある。そのサマド・モロルに私がここにいることを知らせた。知らせを受けたサマドはとんでやって来た。家に寄って食事をしていくようにとさんざん勧められたが、それほどの時間はない。私の乗る予定のフェリーはタルパシャまで行く。そこでさらにゴアロンド―ナラヨンゴンジョ行きの快速船に乗り継がなければならない。しかしタルパシャに行ってみると、快速船は出てしまった後だった。となると一日ここにいなければならないことになる。しかし夜遅くここに到着する船があって、それでも行けないことはないと聞いた。仕方ない。乗船場で待つことにした。

翌日午前中にムンシゴンジョに至った。船の中では学生連盟の運動員と顔を合わせた。彼はすべての事情を知っていた。そこで彼に私たち二人の荷物を託し、モゴルトゥリ一五〇番地のショオコト・ミヤのもとに、何も言わずに届けてほしい、と依頼した。「日が高いうちにナラヨンゴンジョに着いたりすると、そこからダカに行く代わりにまっすぐ刑務所行きとなるだろう。気遣いの名人のショオコト・ミヤが、私の滞在場所を用意しておいてくれれば良いのだが。さらに可能なようなら、夕方、ナラヨンゴンジョのカーン・シャヘブ・オスマン・アリに家まで彼に来てほしいと言ってくれ。カーン・シャヘブの長男のシャムスッゾハにも、夕方家にいるようにとショオコト・ミヤから伝えてくれるように」。

私たちはムンシゴンジョで下船し、ミルカディムまで徒歩で移動した。そこにある親戚の家で食事をし、夕暮れ前ナラヨンゴンジョに向け小舟に乗って出発した。日が暮れた後でナラヨンゴンジョに到着し、リキシャでカーン・シャヘブの家まで行った。シャムスッゾハには知らせが届いていなかった。その弟のモスタファ・ソロワルはまだ中学生ぐらいだったが、私のことを知っていて、急いで兄に知らせに行った。私たちは家の中に通されてお茶と軽食を出してもらった。カーン・シャヘブの家は私たちの拠り所のようなものだった。運動員たちが日がな働き、疲れ切ってこの家に行くと、必ず食事と休む場所を供された。カーン・シャヘブのビジネスはすっかり駄目になっていたが、懐の深さは失っていなかった。シャムスッゾハは帰宅するとすぐタクシーを手配し、私たちを乗せた。ショオコト・ミヤを待っていたことで、出かけるのが少し遅れた。結局彼の到着を待たずに出発したのだが、私たちが出た数分後にショオコト・ミヤもナラヨンゴンジョにやってきて、すぐに私たちを追いかけてダカに戻った。私たちは用心のため途中でタクシーを降り、リキシャでモゴルトゥリに着いた。私たちの荷物はちゃんと届いていた。そのうちショオコト・ミヤも顔を見せた。私をしっかりと抱きしめ、「ムジブさん、一体どうやってラホールに行って、それでまたどうやって戻ってきたんですか」と聞いた。「それよりまず、バシャニさんとホクさんはどうなんですか？　誰と誰が捕まったんです？　アワミ連盟はどうなっているんです？」と私は聞き返した。ショオコト・ミヤから一部始終を聞いて辛かったが、全く参ってしまったわけでもなかった。

　モオラナ・バシャニ氏がアワミ連盟の運営委員に指名した者たちのうち十二、三人が辞任していた。怖気づいたせいだ。長い間中心的な役割りを果たしてきたベテランたちの中には、ただ辞任するだけでなく、逮捕を免れるためにわざわざ声明を出すことまでして辞めた人もいた。

「ベンガルの虎」A・K・フォズルル・ホク氏はアワミ連盟に加入はしたが、その後すぐモオラナ・バシャニ氏と私の二人に会いに来てこう言った。「私は金銭的に厳しい状態にある。そこで仕方なく、政府の法律顧問になる申し出を受けた。今後政治に積極的に関わることはできなくなった。アワミ連盟は脱退せざるを得ない。だが君たちの成功は心から祈っている」。私たちには氏の苦悩が理解できた。何とかやりくりして私たちの会合に出てくれたこともあった。この時点でアワミ連盟にいたのはモオラナ・バシャニ、シャムスル・ホク、アタウル・ロホマン・カーン、アブドゥス・サラム・カーン、州議会議員ではアノワラ・カトゥン、コエラト・ホセン、アリ・アハモド・カーン、それ以外ではコンドカル・モシュタク・アハモド、ヤル・モハンモド・カーン、ナラヨンゴンジョのアブドゥル・アウアル、アルマス・アリ、シャムスッゾハそれに私で、さらにあと数人いたが名前が思い出せない。

　ショオコト・ミヤが私の住む場所を用意してくれた。昼間は部屋でじっとしていて夜、皆と会うようにした。今後どうしたらいいかについてアドバイスを仰いだ。コルカタから来たマニク・ミヤもモゴルトゥリの本部で寝起きしていたが、今後どうするかについては決めかねていた。アブドゥル・ハリムにも数日間家に置いてもらったことがある。以前何人か、資金面での協力を約束してくれたことがあった。そのうちのひとりで、政府の官僚になっている友人の家に、ある晩前触れもせずに会いに出かけたことがある。突然現れた私の顔を見てその友人は驚いたようだった。しかし怖気づくような人間ではない。私を慕ってくれていた。私たちの窮状を知っていたし、私たちに同情してくれてもいた。私は友人の様子を見て早々に辞去してきた。

こんなふうに逃げ回っていることが嫌になってきていた。私はアブドゥル・ハミド・チョウドゥリとモッラ・ジャラルウッディンに、一緒に住まわせてほしいと頼んだ。二人はその頃アリ・アムジャド・カーンのカジャ・デワンの古い家の一階を借りて住んでいた。そこに移って昼間は部屋で本を読んで過ごし、夜になるとあちこちに出かけた。

アルマニトラ広場で集会が開かれることが決まった。私はそこで演説をしてから逮捕されようと考えた。すべてが決まり、集会まであと二、三日となったある日、昼間部屋にいたら、いつの間にか警官に家が包囲されているのに気づいた。白い制服を着た警部が二人、家の中に入って来て、私の部屋のドアをノックした。私は、どうぞ、と答えた。そして入って来た二人に言った。「もう何日もお待ちしていましたよ。少し時間をいただけますか？　午後二時ですが、昼食がまだなんです。今買いに行かせたところですので」。

ハミドが近くのレストランから食べ物を買って来たのだが、家に警察が来ているのを見て踵を返して逃げた。警察がいつまでも待ってくれるはずもない。ハミドは戻らず、ジャラルも出かけたままでいつ帰って来るか分からない。そこでアリ・アムジャド・カーンの長男のヘンリーに事情を話した。ヘンリーは自宅から料理をそろえて持って来てくれた。私がまだ食事を済ませていないと知ると、ヘンリーの弟のシャジャハンはその頃多分まだ七年生ぐらいだったと思うが、一緒にやって来て、警察がやって来たのは叔父さんのせいだという。シャジャハンたちの叔父さんという人は、同じ家の二階に住んでいた。シャジャハンは言った。「他の誰も警察に知らせてなんかないよ。叔父さんがやったんだ。父さんが帰って来たら言いつけてやる」。シャジャハンは私のことが大好きだった。しじゅう私のところに遊びに来ていた。私が警察の車で連行されて行くときは大泣きしていた。私も悲しくなった。シャジャハンのあの泣いている姿は今も忘れない。やはり叔父さんという人が、金に釣られて警察に通報したのだと後で聞いた。アリ・アムジャド・カーンと妻のアノアラ・ベゴムは、そのことで弟を追い出したという。

第八章　幽囚生活

拘束され、ラールバグ署へ連行された。二人の捜査官が私の尋問を始めた。尋問は二時間にわたって続いた。私は、アワミ連盟の運動をやめる意志はないとはっきりと伝えた。捜査官には、私がラホールに行ったか、どこにいたか、何をしていたのか、ダカにはいつ来たか、実家には幾日いたか、今後何をするつもりか、ソラワルディ先生からは何を聞いたか、などとこと細かに訊かれた。私は答えられる質問には答え、答える意志のないものについては黙秘した。その後国家安全保障法違反の容疑で逮捕状を示され、夕方コトワリ署へ移送された。その夜は警察署に留置された。ジャラルが私のスーツケースと簡易寝具を届けてくれた。日が暮れてからアノワラ・カトゥン議員、アタウル・ロホマン・カーン、レヌの親戚筋で、土地所有者としてドットパラの有力者でもあるシャムスッディン・アハモド・チョウドゥリ議員が面会に来た。夜になってシッディク・デワン――当時警部だったと思うが――が、自宅から布団と蚊帳を持って来てくれた。私の寝具もあったので、眠るのに不自由はなかった。デワンを含む警察官僚たちは私に対して礼儀正しくふるまった。私が困ったりすることのないよう、気を使ってくれていた。

翌日昼、ダカ刑務所へ身柄を移された。着いてから、私についてはディヴィション、すなわち特殊収容と呼ばれる特別待遇の対象外だと聞かされた。つまり一般の収監者の扱いになる。当時はまだ、政治犯に対する特別扱いの取り決めはなかった。政府のその時々の考えによりディヴィションが適用され、そうでない限りは普通の受刑者として服役しなければならなかった。食事も一般の収容者と変わらなかった。その日昼食はあえて食べなかった。他の受刑者と一緒の房に入れられた。中には他にも二、三人政治活動家がいた。房内で一緒にいようと声をかけてくれた。夜あまりにも空腹だったので、皆と一緒のものを少し食べた。モオラナ・バシャニ氏とシャムスル・ホクは刑務所内の第五区に収容されているとのことだった。特殊収容の扱いを受けているそうだ。私についてはその扱いの対象とならなかったので、二人と一緒の房には入れられなかったというわけだ。

明け方ひとりの看守がやって来て、私を他の場所に連れて行くと言う。「どこに行くのか先に教えてください。そうしたら行ってもいい」と言うと看守は「特殊収容として扱うという決定が夕べ届いたのです。モオラナ・バシャニのところへ連れて行けという命令を受けています。私が知っているのはそれだけです」と答えた。同じ房にいた人たちに別れを告げて外に出た。ひと晩一緒だった政治犯は、国家安全保障法の嫌疑で逮捕されていたわけではなく、他の容疑で立件されていた。一両日中にも保釈されるかも知れないということだった。私はモオラナ・バシャニ氏とシャムスル・ホクと同じ房に収容された。シャムスル・ホクの横に寝具を敷いた。私はタバコを吸うからだ。ただし目上のバシャニ氏の前では吸わない。

このときの刑務所行きは一九四九年のことだ。パキスタンの独立は一九四七年。その二年間で三度目の刑務所暮らしだった。モオラナ・バシャニ氏にラホールであったことすべてを話した。そして細かい質問攻めにあった。ソラワルディ先生は何と言った？　ピール・マンキー・シャリーフの意見は？　ミヤ氏はもう政治には関わる気がないのか？　全パキスタンアワミ連盟は本当に出来るのか？　できるとすればあとどのぐらい時間が必要か？　ラホールではどこにいたのか？　ダカの様子はどうか？

　バシャニ氏から、私たちが告訴されたことを知った。被告はモオラナ・バシャニ、シャムスル・ホク、アブドゥル・ロブ、フォズルル・ホクそれに私だ。その中でアブドゥル・ロブとフォズルル・ホクは保釈金を払って釈放されている。その二人は国家安全保障法違反の容疑で逮捕されたわけではなかったので保釈されたのだ。私が今まで未拘束だったため、裁判自体はまだ始まっていなかった。去る十月十一日、ナジラバジャルで起きた警官隊との衝突が直接の容疑とされていた。

　私たちがいた監房には、私たち三人以外にも数人の特殊収容者が収監されていた。懲役二十年という人もいたし、軽い量刑の人もいた。みな金銭的に豊かな人ばかりで[104]、そのため政府から特殊収容人としての扱いを受け、私たちと同じく寝台、蚊帳、寝具、白い布などが与えられていた。その中の一人はマネージャーと呼ばれていて、私たちの食事などの世話を行なっていた。刑務所の中ではあったが、まず快適な生活と言えた。ただシャムスル・ホクは私のことを非常に怒っていた。なぜ抗議デモなど提案したかと言うのだ。あれがなければ何の混乱も起こらず、私たちがこうして逮捕されることもなかったというのが彼の言い分だった。

　シャムスル・ホクはわずかひと月半前に結婚したばかりだった。ホクと妻のベゴム・アフィア・カトゥンはともにダカ大学の学生だった。恋愛結婚だったというわけだ。ホクの言葉が過ぎるたびに私は「嫁狂い」と言ってからかった。すると彼はさらに怒って私をなじった。それを横で見ていたバシャニ氏が笑うと、ホクはますますいきり立って、今度ははるか年上のバシャニ氏にまで食ってかかる始末だった。

毎日モオラナ・バシャニ氏とともに私たち二人も礼拝を行なった(105)。本来イスラム教の宗教指導者のバシャニ氏は、一日五回の礼拝のうち、夕方の礼拝の後で聖典に記されていることの意味を解説してくれた。それが私たちの日課となった。しかし礼拝のことではシャムスル・ホクには少々困らされた。何しろ祈り始めると最低一時間はかかるのだ。礼拝のとき額を床につけることを繰り返すのだが、一回ごとに十分ほどかける。ときには目を閉じたまま長い間瞑想を続けることもあった。

そうこうするうちに私たちの裁判が始まった。十五日毎に裁判所に出頭した。行くと被告人控え室に用意された椅子に座らされ、審問が終わるとまたすぐ、そこに戻された。

刑務所には私たちの同志がよく面会に訪れた。学生連盟の運動員たちはほとんど毎日顔を見せた。アタウル・ロホマンは裁判で私たちの弁護をしてくれた。シャムスル・ホクの妻が面会に来た日には、彼女が帰ってしまった後はホク氏に話しかけるのもはばかられた。気の毒というしかなかった。新婚早々なのにひと月半も引き裂かれてしまっているのだ。二人は深く愛し合っていたのだろう。ホク氏の妻のことを私は義姉さんと呼んでいた。義姉さんは私にも時折本を差し入れるなどしてくれた。何かあったら言うようにと、ホク氏を通じて私に言ってくれた。私は刑務所内で花を育てていた。二人の面会日には育てた花で花輪やブーケを作って贈った。

ホク氏は刑務所での閉ざされた生活にもう我慢ができないという様子だった。そのせいか新たな迷惑行為をするようになった。真夜中を過ぎた頃に神の名を大声で唱えることを始めたのだ。それが一時間から二時間続く。深夜になってそれが始まることが多かった。同じ房には十五名ほどが収容されていたが、そのために全員が寝不足になった。最初の数日間は誰も何も言わなかった。受刑者たちには昼間のうち、さまざまな労働が義務づけられている。夜眠らないとても体力が持たない。そこでバシャニ氏にこっそりと訴えてきた。祈りはあんなふうに大声でやらずとも、心の中でしたっていいはずだ。あれでは我々が眠れない。それでバシャニ氏はホク氏に、心の中だけで祈ってみたらどうか、と言ってみた。ところがシャムスル・ホクは聞く耳を持たなかった。私の寝台の横が彼の寝所になっていた。今度は二つの寝台の隙間に礼拝用のカーペットを敷いて祈り始めたのだ。私の眠りは三十分ばかりで破られた。耳のすぐそばで大声で祈られては眠れたものではない。どうしたものか？

しかし黙ってじっと耐える以外に方法はなかった。この祈りというのがいったん始まると十日か二週間ほど毎日続く。ある日の昼間、食事の後でホクに言ってみた。「こんなことが続いたらたまらないよ。夜眠れなかったら体を悪くしてしまう」。それを聞くなり彼は怒り出した。「オレは祈らなきゃならないんだ。嫌だと言うんなら、好きにしろ。お前がどこかに行けばいいことだ」。そのときは黙って聞いておいたが、しばらく経ってから言い渡した。「夜中に祈り始めたら、頭に水をぶっ掛けてやる。どうなっても知らないからな」。今度は彼は怒らなかった。低い声で言った。「お前は何にも分かっていない。私は宗教的修行を積んでいるのだ。いつの日か報われるんだ」。そう言われたら黙って耐えるしかない。ホクの健康も損なわれていった。

私たちが刑務所に入っていたときに、コルカタとダカでは宗教対立をめぐる流血の惨事が起こった。コルカタでは何の罪のないイスラム教徒が、ダカとボリシャルでは罪のないヒンドゥー教徒が死んだ。誰かが、「ベンガルの虎」フォズルル・ホクがコルカタで殺害されたと噂を流したらしい。暴動が起きるにはそれで充分だった。ムスリムたちもそんな噂に飛びついてしまった。多くの人が逮捕され、ダカ中央刑務所に送られてきた。昼の間は私たちがいる第五区に収容された。七、八百人が逮捕されたのではなかったかと思う。私は逮捕された人たちと話をした。全員が悪いことをしたわけではない。罪を犯したのはほんの一握りだ。本当の犯罪者はそう簡単には捕まらないものだ。その場に居合わせた罪のない人が間違って逮捕されることのほうが多い。私は彼らを前にして言った。「暴動はいけません。悪くもない人を殺すことは犯罪です。神と預言者により、罪のない人をムスリムが抑圧することは禁じられています。ヒンドゥー教徒たちもまた、神がお作りになったものです。ヒンドゥー教徒たちも私たちと同じ人間なのです。インドでヒンドゥーたちが不当な行為を行なったからといって、私たちも同じことをするのは許されません」。

これまでもダカの悪名高い暴力組織の人間たちの多くと話をした。今後は暴力行為を慎むという約束も取り付けた。彼らが私との約束を守ったかどうかは分からない。だがそのうちの何人かは私を敬愛するようになったという証拠を、刑務所から釈放された後で確かめることができたのは事実だ。彼らは私が思っていた以上に私を慕うようになっていた。私が危機に直面したときには、自分の危険も顧みず私を救ってくれたこともある。

しかし私と暴動での逮捕者たちとのこうした交流は、当局の気に召さなかったようだ。ある日の朝、私たちは突然第五区から新しくできた第十区に移された。ここには下の階に十、上の階にも十の独房があって、小ぎれいだった。モオラナは二階の独房を選んだ。そして私には隣に入るようにと言った。シャムスル・ホクはまたその隣に来ると決め、言った。「これはいい。これでひと晩中祈ったって誰からも文句は出まい」。それを聞いた私は慌てた。「ホクさん、私たちのどちらかが一階に行くようにしないか。隣で祈られたら眠れるものじゃない」。そういうとホクは怒ったが階下に行くことに変更し、一番隅の独房に入った。私は彼に冷静になるよう懇願し、モオラナ・バシャニ氏も一緒に頼み込んだのだが、ホクの怒りは収まらなかった。そしてさらに大声で祈ることを始めた。それで隣の房でなくとも、私たちの眠りは大いに妨げられた。

それから幾日かたって、共産党の指導者として名を知られたハジ・モハンモド・ダネシュが私たちのいた区画に連れてこられた。だが二日後にはまたどこかへ移された。私たちと同じ区画には誰も収容してはならない、と政府が命じて来たからだ。特に政府が共産主義者と見なす者をここに置いてはならないとのことだった。では私たちが共産主義に鞍替えしたらどうなるのだろう？　刑務所の中では政治犯たちは二、三カ所に分けられ、別々に収容されていた。独房に入ったのはこのときが初めてだった。「刑務所の中の刑務所、それが独房」などという言葉がある。しかし二カ月ほど経つと、暴動の関連で逮捕されていた被告たちのほとんどが保釈金を払って釈放され、少しだけ残っていた者たちが第五区から四区に移されたのに伴って、私たちはまた第五区に戻された。

私たちのいた第五区は大きな建物だった。最上階の三階には若い男性の受刑者たちが収容されていた。二階の一方は私たちがいて、反対側は刑務所の事務所になっていた。一階は倉庫で、所内で生産された製品の置き場となっていた。当時東ベンガルで唯一の毛布工場は、この刑務所の中にあった。受刑者たちが上質の毛布を作っていた。洋服を作るグループもあった。約百人が所属していて、警官や守衛など、公務員の制服を製造していた。また木工部では寝台、テーブル、椅子などを作っていた。籐製品も作られていた。監視官が一人配属されて、これらの作業全体の統括を行なっていた。この商品製造部門を受刑者などはＡＳＤ—調達供給部と呼び習わしていた。私はよく階下へ下りて行って、こうした製品を見てまわった。一つ階を下りれば倉庫だったから、便利だった。一階の一方にも事務所があった。

私は刑務所の中で花を育て始めた。私が来る前は花壇はなかった。私は看守や守衛の助けを借りて花を運び込み、花壇を作った。そのうちきれいな花が咲いた。第五区の横は政府の印刷所になっていた。これも刑務所の一部だ。建物の中は壁があり、それが印刷所との仕切りになっていた。壁にはドアが一枚ついていた。壁越しに印刷の音は聞こえて来たが、実際の様子を見ることはできなかった。朝になると役人たちが出勤してきて、午後仕事を終えて帰って行く姿を、私はいつも窓から眺めていた。彼らを見るたび、私自身は小さな刑務所に、彼らは大きな刑務所に収監されているのだな、という思いが心をよぎった。独立国家の国民なのに臆することなく意見を表わす自由がないことほど、不幸なことがあるだろうか？

パキスタンの市民たちが、裁判も行なわれないまま、何年も刑務所に閉じ込められていた。六カ月ごとに政府から収監延長命令が出される。英領時代にさえ政治犯に与えられていた特別な権利が、独立後は撤廃されてしまっていた。イギリスが統治していた頃は政治犯たちには特別な食事、衣服、薬、新聞、スポーツ用品、さらには家族手当まで支給されていたのに、ヌルル・アミンのムスリム連盟政府はそれらすらも受刑者から奪ってしまったのだ。多くの政治犯が一般受刑者と同じ扱いを受けた。政治犯たちは国のため、理想のために自らを犠牲にすることも厭わないという事実をもパキスタン政府は認めようとしない。さらにムスリム連盟の幹部たちは、愛国者の名に相応しいのは、外国政府に対して立ち向かい、その結果として投獄された者だけだ、とさえ言い始めている。独立後逮捕、投獄の対象となった者は「国家への反逆者」というわけだ。だからそんな連中を特別扱いしてやることはないというのが政府の理屈だ。かつて英国への協力の褒章として「卿」や「カーン・バハドゥル」の称号を受けた人間どもが、自分たちが政府の中枢についたのをいいことに言いたい放題、やりたい放題の振る舞いをしている。

当時はリヤーカト・アリ・ハーンがパキスタン全体の、そしてヌルル・アミンが東パキスタンの首相だった。この時代にパキスタンで政治犯に対して行なわれた残虐行為と不当な扱いは、世界のどの文明国にも例を見ないものだった。政治犯たちは英領時代に得ていたのと同様の便宜を受けられるように繰り返し嘆願や要求を行なったが、政府は聞く耳を持たなかった。政治犯たちはやむを得ずハンガー・ストライキという手段に訴えた。一九四九年には一年三百六十五日のうち二百日、政治犯によるハンストが行なわれた。この結果、ダカ刑務所では収監者の一人だったシベン・ラエが死亡した。生き延びた人たちの中にも、一生癒えない健康的問題を抱えることになった人が大勢いた。後に結核を発症した人も多い。精神疾患に罹った人も少なくなかった。ちゃんとした食物と医療が不足するとどうなるかということは、被害者でない限り実感できないだろう。

一九五〇年、ラジシャヒ中央刑務所のカプラ区で、房中にいた受刑者が撃たれ、七人が死亡するという事件が起こった。房は外から施錠されていた。何とか生き残った人たちもひどい暴行を受け、一生不自由な身体となった。各地の刑務所で暴行事件が相次ぎ、政治犯たちも要求を掲げて刑務所内でハンストを行なった。政治犯の家族も稼ぎ頭を失い、生活のために物乞いをしなければならない場合もあった。英国による支配に反対して終身刑を言い渡され、アンダマン[106]にある監獄に収監されていた政治犯たちが、国が独立した後は新しい国の刑務所で日を過ごさなくてはならないとは、何という運命の皮肉だろう。

リヤーカト・アリ・ハーンは自らの約束を果たす努力を怠らなかった。「アワミ連盟に関わる連中など、頭を砕いてやる」という言葉を実行しようとしたのだ。さすがに頭を砕くまではしなかったが、拷問により政治犯たちの体を痛めつけたことは事実だ。

私たち三人は政府のこうしたやり方に対して抗議を行なった。ムスリム連盟政府の意図にもかかわらず、私たちは食べることには困らなかった。少数ではあるが、私たちに同情的な役人もいたからだ。ダカ刑務所の幹部たちは私たちが辛い思いをすることを望んではいなかった。当時の刑務所統括本部長はアミル・ホセンといった。本部長は週に一度、モオラナ・バシャニ氏と私の様子を見に来た。そのたびに私たちは他の政治犯にも気を配ってくれるよう依頼した。しかし私たちに同情的な担当官にもそれなりの苦労があった。政府が所内にスパイを潜入させ、担当官たちの動静を探らせていたからだ。そのため彼らも自由にはできなかった。モハンマド・アリ・ジンナーが死去した後、リヤーカト・アリ・ハーンは全権を掌握し、恐怖政治の体制を作り上げた。その命令に従って地方政府は野党指導者と運動員を弾圧した。北西辺境州とベンガルの刑務所は当時、政治犯で溢れていた。

アワミ連盟結党と同時に発表されたマニフェスト案に、東パキスタンの完全自治の文言があったことは、リヤーカト・アリ・ハーンの怒りに油を注ぐ結果となった。パキスタンの中では東ベンガルが圧倒的な人口を抱えている。その事実がありながら、東ベンガルが示した寛大さは世界でも例を見ないものだ。独立後最初の制憲議会でベンガル選出議員の数は四十四だった。パンジャーブ、シンド、北西辺境州、ベロチスタンからは合わせて二十八人が選出された。東の定員四十四のうち六議席は東ベンガル在住の西パキスタン人のためのものだった。しかしそれでも東では誰も反対しなかった。私たちが人口の面ではるかに多いにも関わらず、パキスタンの首都は西のカラチとされた[107]。それでも東選出の議員も国民も反対の声をあげなかった。にもかかわらず、独立後興り始めた産業はほとんどが西に集中していた。閣僚の中には東ベンガル出身者はごく少数だった。政府高官となれる者は多くが西出身で、東の出身者は明らかに差別されていた。

リヤーカト・アリ・ハーンが、ベンガル人と西の大多数を占めるパンジャーブ人の議員たちの間に亀裂を生じさせることで国政を操作しようとしたのは、彼自身がインドからの引き揚げ者であったからだ。ハーンが最も頼りにしたのは官僚たちで、一人残らず西パキスタンの出身者だった。この高官たちは全員がムスリムだった。東ベンガルの国民は、自らの村に住むヒンドゥー教徒の有力者や官僚たちを信じず、同じムスリムということだけで西の官僚たちを信頼したのである。その結果はどうだったかと言うと、ベンガルのムスリムたちを同胞と口では言うものの、官僚たちは東を欺いて西の勢力を増すことばかりに心を砕いたのだった。

憲法草案を巡って東ベンガルの要求を突きつける目的で、一九五〇年ダカで国民代表者会議が行なわれることになった。東ベンガルの知識人、アワミ連盟の党員、特にアタウル・ロホマン・カーンやカムルッディン・アハモドなどが主導していた。ハミドゥル・ホク・チョウドゥリは州政府の閣僚だったが、辞任してこの大会に積極的に参加した。チョウドゥリは当時パキスタン・オブザーバー紙を発行していて、それは私たちにとってとても都合の良いことだった。代表者会議では東による完全自治の要求が採択された。リヤーカト・アリ・ハーン首相がダカを訪問した折、東ベンガルの代表団が首相と会い、要求を伝えた。首相はしかしこの動きに対して全く好意的ではなかった。

一方、ソラワルディ先生もいつまでも沈黙を守っていたわけではなかった。何しろ、生涯を闘争に捧げた人なのだ。先生の力で西パキスタンで新しい政党が立ち上がった。分離独立の際、インドから流入したムスリムの若い運動家たちがカラチでソラワルディ先生に面会し、西パキスタンでアワミ連盟を結成するよう懇願した。パンジャーブとシンドの活動家たちも賛同の動きを見せた。ナワーブ・マームドートのグループも、リヤーカト・アリ・ハーンに対抗する準備を開始した。

政府内ではゴーラム・モハンマドが勢力を蓄えていた。パキスタン独立前は官僚だった男だが、財務大臣のポストに就くとその官僚主義を発揮し、ジンナーが亡くなった後から急に台頭してきたのだった。またチョウドゥリー・モハンマド・アリは中央政府の幹事長として、官僚たちを集めて強力な派閥を作り上げた。東ベンガル政府では書記長のアジズ・アハメドが真の実力者だった。ヌルル・アミン首相など、アジズ・アハメドの意見なしでは何一つできなかった。

私たちは相変わらず刑務所にいた。当時私たちの擁護をしてくれるような人物は誰一人いないような気がしていた。ソラワルディ先生がラホールで声明を出したことを新聞で知った。私たちの裁判もまだ続いていた。

シャムスル・ホクのことでバシャニ氏と私は大いに頭を悩ませていた。ホク氏の健康はすでにひどく損なわれていた。体重が十一キロも減った。それでも深夜の祈りは続いていた。暑い盛りの時期の昼間、毛布をすっぽりかぶって何時間も眠ったりした。バシャニ氏と私は彼のことでさんざん話し合った。このままでは遠からず精神に破綻を来してしまうだろう。シャムスル・ホクは私への怒りをあらわにしたこともあった。「オレをここから行かせないっていうんなら、政府に誓約書を書いてでも出て行って見せるからな。お前とバシャニのくだらない意地のために、ここに閉じ込められるなんてまっぴらだ！」。そう言って私をなじったのだ。保健衛生局から医師が来たときに、シャムスル・ホクの病状について話してみた。医師の言うには、体重の急激な減り方からすると、いつ重大な事態が起きてもおかしくないという。しかし、医師から政府に対して何か言うのは無理なのだそうだ。「政府が求めて来た場合のみ、私は報告を提出することができるんです。あるいは、ホクさんから政府へ嘆願書が出されれば、私がそれに添え書きするという手もありますす」。シャムスル・ホクはすでに嘆願書を一通用意していた。しかし私はそれは手元に留めておくよう言い聞かせた。代わりに、健康上の理由で保釈を望むという内容の嘆願書を書いてもらった。内容的には少々問題はあったが、仕方がない。医師は本当に健康が損なわれる可能性があると、その嘆願書に添え書きしてくれた。それが功を奏したのか、一週間ほどで保釈命令が出た。シャムスル・ホクは自由を得て刑務所を出て行った。バシャニと私はしかし相変わらずそこにいた。その後裁判所でホクと顔を合わせることがあった。政府は、ホクのような意志強固な人物でさえ頭を下げてきたのだから、バシャニと私も遠からず降参するだろうと考えたようだ。

刑務所にはダカに住んでいる下の姉（シェーク・フォズルル・ホク・モニの母）が時々面会に来てくれた。家の者たちには大変だから来なくていいと言ってあったが、父は一度会いに来てくれた。

ある日バシャニ氏とともに裁判所に行ったら、マニク・ミヤ（トファッジョル・ホセン）がいた。私たちと会いにきたのだと言う。しばらくあれやこれや話した後でマニクは言った。「いろいろ困っている。私たちのことを気にかけてくれる人なんか誰もいなくてね。ここではもうどうしようもない。カラチに良い仕事の口があって行こうかと考えているんだが、どう思う？」「マニクさん、私たちを刑務所に残したままで行くんですか？　それじゃあ私たちこそ見捨てられることになりますよ」と私は答えた。四人の子どもを抱えて、マニクが大変な苦労をしていることは私も知っていた。子どもたちをピロジプルに残し、一人ダカで働いているのだ。マニクは黙って少し考えていたようだった。そして再び口を開いて言った。「やっぱりやめておく。二人をこんなところに残しては行けない」。

モオラナ・バシャニ氏は以前、『イッテファク（調和）』という名の週刊新聞を発刊したことがあった。しかし数週間で休刊になった。資金不足が原因だった。その新聞をやってみないか、とその日バシャニ氏はマニクに言った。「休刊中だが、面倒を見てくれないか」。そう言われてマニクはびっくりしたようだった。「どうやって？　金はどうするんです？」。しかし、それでもやるだけやってみる、と答えた。私はマニクにある友人の話をした。官僚で、私を実の兄弟のように思ってくれていた。コルカタ勤務で、ソラワルディ先生に心酔していた。自分自身が東ベンガルに住んでいるわけではないが、この土地と人々をこよなく愛していた。私の名前を出せば金銭的援助をしてくれるかも知れない、と私はマニクに言った。

次の公判の日、マニクがまた面会に来て、『イッテファク』紙をやっていくつもりだと告げた。すでに発行もしたと言う。いろいろな所から金をかき集めてのことだ。自分の手持ちの金もつぎ込んだ。『イッテファク』はあっという間に評判となった。アワミ連盟の支持者から多くの支援が寄せられた。この新聞は刑務所には置かれなかったが、裁判所に行ったおりに読むことができた。各県でアワミ連盟の運動員たちがこの新聞を広めていった。一般の人たちはイッテファクをアワミ連盟の機関紙だと考えたようだった。マニクはもともと英語でものを書くのが好きで、ベンガル語では書きたがらなかった。しかしそのマニクがいまやベンガル語の優れたコラムニストの一人と認められるようになった。確かに素晴らしい文章を書いた。自らが『イッテファク』の編集長もつとめた。学生連盟の活動家たちの何人かもマニクの助手として働いた。資金面に関しては、私のあの官僚の友人が大いに支援した。広告料はあてにできなかった。広告を出すような企業がないし、政府の広告がアワミ連盟の新聞に載るはずもなかった。それでもマニクは自分の力で『イッテファク』紙を育てていった。

一九五〇年の年末、私たちの公判が終わった。治安判事が下した判決は、モオラナ・バシャニとシャムスル・ホクは無罪、アブドゥル・ロウフ、フォズルル・ホク、そして私は懲役三カ月というものだった。有罪になろうとなるまいと結果は同じだ。国家安全保障法違反ということでどうせ刑務所につなぎ止められるのだ。同じ理由で、十月十一日の騒乱に関しては無罪判決を受けたバシャニ氏も、結局は刑務所に舞い戻って来ることになった。裁判ではアタウル・ロホマン、カムルッディン他大勢が私たちの側に立って証言してくれた。特殊収容者として有利な扱いは受けたが、判決の後、上告したのに刑務所内での労働を課された。

第九章　ゴパルゴンジョでの裁判

数日後、ゴパルゴンジョに移送された。ゴパルゴンジョで別の案件で起訴されていたのだ。長い間バシャニ氏とずっと一緒にいたせいで、離れてしまうことが寂しく、辛かった。しかし仕方がない。行くほかはない。私は騒乱で有罪判決を受けた者であり、国家安全保障法の違反者でもあった。ダカ刑務所では糸をつむぐ作業を課された。できる限りのことはした。糸つむぎの仕事は楽しかった。だがずっと座って作業を続けたせいで身体的にも精神的にも相当なダメージを受けた。

ゴパルゴンジョにはナラヨンゴンジョからクルナ・メールという高速船に乗せられて行った。この船は途中ボリシャルに停泊する。ボリシャルには姉の一人と親戚がおおぜい住んでいる。しかしボリシャルでの停泊時間は長くなく、誰とも会えなかった。せめて従弟のジャハンギルに会いたいと思い、私がボリシャル港にいることを知らせてくれるよう、一人の人力車夫に頼んだ。この町の人なら誰でもジャハンギルを知っている。ちょうど船が出たとき、ジャハンギルが自転車で疾走して来るのが見えた。タラップはもう引き揚げられてしまっていた。私たちはそれぞれ甲板と岸に立って、ほんの少しだけ話をした。たった今知らせを受けたばかりだとジャハンギルは言った。そうするうちに船は岸を離れた。

この先には、実家に近いパトガティ乗船場がある。船はそこを経由していく。そこから三つめの乗船場がゴパルゴンジョで、夜遅くなってから着いた。日頃パトガティ乗船場を使っているので、このあたりでは誰でも私を知っている。そこの責任者に、私の実家の様子を何か知っているか尋ねてみた。心配していたことが起きていた。前日の夜に両親とレヌが子どもたちを連れて、私に面会するため出かけたというのだ。私がこちらに来て、家族はダカに向かった。それぞれの乗った船は途中、同じ河のどこかですれ違ったはずだが、私たちが会うことはなかった。もう一年も家族に会っていない。気持ちが沈んだ。今度こちらに来ることは知らせてなかった。レヌからは数日前に手紙が来て、私に会いにダカに来ると書かれていたが、こんなに早くとは思ってもみなかった。

深夜マニクドホに着いた。そこからゴパルゴンジョの中心部まで数マイルを舟で行かなければならなかった。数名の武装警官とその隊長、公安の係官が二人、刑事が一人それに多分警備員と思われる男一人が護送役として私についていた。夜明け前にゴパルゴンジョの町に着き、私は警察本部に連行された。ゴパルゴンジョにも実家があって、そこは警察本部のすぐ近くだった。その実家には学生が何人か居候している。アワミ連盟と学生連盟のゴパルゴンジョ支部もそこになっている。気分が滅入っていたし、疲れてもいた。警察本部では私のために寝台を一つ用意してくれた。とても丁重に扱われた。寝台にはすぐに布団も敷いてくれた。おかげでぐっすり眠れた。

翌朝はまず洗顔などして出かける用意をした。私が連行されて来たという話はすでに、ゴパルゴンジョの町中に伝わっていた。警察本部のすぐそばにはシャムスル・ホク・モクタルの家があった。皆からはボシュ・ミヤと呼ばれていた。ボシュ・ミヤの奥さんはいつも私に優しかった。私も親しみを込めてお義母さんと呼んでいた。私の遠い親戚でもあった。気の置けない、賢明な女性だった。私のことを聞いて急いで食事を作り、届けてくれた。

十時に裁判所に出頭した。たくさんの人が傍聴に来た。治安判事は私を警察管区内に留め置くようにとの命令をくだした。翌日から公判が開始された。ゴパルゴンジョ予備刑務所には特殊収容人や国家安全保障違反で拘束された人間を収容する設備がない。そのため裁判所から警察署の約一マイルの道を自分の足で歩いていかなければならない。他の手段はなかった。なにしろ、ゴパルゴンジョにはその頃リキシャさえなかったのだ。私はゴパルゴンジョのことなら何でも知っていた。ここで学校に通ったし、原っぱで遊んだり、川で泳いだりもした。ここの人なら誰でも分かるし、逆に誰にも知られている。子どもの頃の記憶は簡単に消えたりはしない。ヒンドゥーにしろムスリムにしろ、私が知らない家など一軒もなかった。ゴパルゴンジョのすべてのものは私の馴染みだった。この町の光と風が私を育んでくれた。政治活動を始めたのもここだった。川の近くの裁判所とミッションスクールは以前からあった。今はそこにカレッジも出来た。学生たちは授業を放り出して、連行されて行く私を見に出てきた。もう少し行くと両側に店が立ち並んだ区画があって、全部の店の主人の名を私は諳《そら》んじていた。皆と挨拶を交わしながら、私は警察署まで歩いて行った。

警察署に到着するとすぐ担当官が私を、ある部屋に入れた。この部屋には独立前、政治活動家たちが収容されていたという。このあたりには小さかった頃一時住んでいた。この部屋に入れられていた人たちとよく話をしたりしたものだ。そんなことをしても、私はまだ幼かったから、誰も何も言わなかった。独立が達成した今になってここに入らなければならないとは、何という運命の皮肉だろう。

署のすぐ横が母方の叔父の家だった。叔父は著名な弁護士だった。今はもう亡くなっている。叔父は政治家のアブドゥス・サラム・カーンの兄弟だった。名前はアブドゥル・ラッジャク・カーンといった。教養人で、政治のこともよく分かった人だった。誰からも好かれていた。この叔父ほど自分の利益に無頓着で、国のために自身を捧げた人物を他にあまり知らない。全く欲というものがない人だった。私は叔父にずいぶん迷惑をかけたが、一度も叱られたことがなかった。実は叔父とアブドゥス・サラム・カーンは異母兄弟だったのだが、誰もそのことを知らなかった。後にサラム・カーンはアワミ連盟から離党したが、叔父は残留する道を選んだ。理想主義に燃えた人でもあった。叔父が亡くなったときにはゴパルゴンジョ中の人々が親をなくしたように感じたものだ。住民たちは誰もが叔父を慕い、信頼を寄せていた。官僚たちも尊敬していた。叔父は皆から親しみを込めて「ラジャ・ミヤ」と呼ばれていた。私自身は「ラジャ叔父さん」と呼んでいた。

私が警察署にいるという知らせは、裁判所から叔父の家に伝わった。私の食事はそこから届けられることになった。私が警察署に着く前に叔父のところの祖母と叔母から、食事の用意はもうできているので、水浴びなど済んで食事ができるようになったら知らせるように、と言ってきた。警察署に到着したとき、祖母と叔母が署の前に立って、私を待っているのが見えた。私は二人に心を込めて挨拶した。警察署の両側の道では、たくさんの人が私の顔を見ようと待ち受けていた。私は署から出て、集まった人たちに挨拶した。それから私の部屋と定められた部屋に入った。実家から人が会いに来たので、実家の様子を聞くことができた。

それまで長い間、日没後の時間を部屋の外で過ごすことはできないでいた。刑務所暮らしももう一年になっていた。夕方になると房の中に入れられ、外から鍵がかけられてしまう。だから房の窓を通して月の光や星の瞬きを楽しむのがせいぜいだった。今日はそんな制約はない。部屋にいようという気には全然なれなかった。そこで部屋から外に出て腰を下ろした。もちろん監視の警官が横についていた。夜のシフトに入っている上役の警察官もやって来て私のそばに座った。警官たちといろいろな話をした。私の友人たちも面会にやって来た。夜遅くなったので部屋に入ったが、眠るどころではないことが分かった。私の部屋の隣に無線機が置かれていて、それが間断なくカタカタ音を立てているのだ。どうしようもないのでまた外に出て、しばらくときを過ごした。外にいるのも飽きた頃になって部屋に戻り、眠りについた。外で寝ようとしてもみたのだが、駄目だった。ゴパルゴンジョの蚊は獰猛なことで有名なのだ。隙があると見るとすぐに攻撃してくる。眠りについたのは夜明け近くで、遅くまで目が覚めなかった。

翌日裁判所に行った。裁判の日程を聞かされた。フォリドプルからそのために検察官がやって来ていた。検察官によると、私の裁判を担当するのはラエ・バハドゥル・ビノド・ボドロ判事だが、今日は来られなかったので、私の公判は一カ月後となるということだった。同時に検察官の命令により、私の身柄はフォリドプル県刑務所に置かれることになった。つまりフォリドプルから毎月公判の日にこのゴパルゴンジョまで来なければならないということだ。

ゴパルゴンジョ郡はフォリドプル県に属してはいるが、交通の便がきわめて悪い。クルナからはゴパルゴンジョ行きの船が一日二便ある。ボリシャルからも船で直行できる。

フォリドプルに移るために、ゴパルゴンジョからまずマダリプルに向けて船で出発した。シンディアガートという停船場でいったん下り、そこで一夜を過ごさなければならない。翌朝別の船で今度はバンガという港に行く。そこからはタクシーでやっとフォリドプルに着く。一日半の行程だ。

夕方シンディアガートに着いた。そこには灌漑局が管轄する公務員用施設がある。三つの河の合流地点にその建物が立っている。私はそこで一泊したいと思った。同行の警察官や刑事にも異存はなかった。だいたい、他に泊まる所もないのだ。シンディアガートは川沿いの港町で、私たちが泊まった施設の門番は私を見知っていた。部屋は二つあって一つはここの役人が使っており、私にはもう一つの部屋が与えられた。近くの村にも私の支持者がいる。知らせを聞いて駆けつけてきた。門番に食事の用意を頼んだ。下役の護送担当官たちも手伝った。コルバン・アリとアジハルという名のアワミ連盟の活動家がすぐ近くに住んでいて、ぜひ自分の家に来て食事してくれと熱心に誘ってくれた。「私は構わないが、君たちの家に行くのはまずいと思う。なぜなら、そのことが政府にばれたら、私を監視している連中が首になるからだ」と私は答えた。それを聞いて二人は誘うことをあきらめ、代わりに食事を作って届けてくれた。その日は夜遅くまで、ベランダの安楽椅子に寝そべり、川を眺めながら時を過ごした。たくさんの小舟が行き交う。私は警備の警官たちに「逃げたりしませんから、心配せずにどうぞ寝てください。こんなに気分の良いところですから、たとえ追い払おうとしたって動きませんよ」と言った。警官たちは笑って「それは分かっています。心配なぞしていませんよ」と答えた。

しかしそうは言っても、いつまでもそこにいるのも無理だった。何しろ全く音というものがないのだ。まだ十一時だというのに、まるですべてのものが眠りについたかのようだった。時折舟が通る水音が聞こえるだけだ。

朝早い時間に目が覚めた。十時か十一時ごろにマダリプルからの船が来る。それに乗ってバンガに行くことになる。待つうちに船がやって来て、私たちは乗り込んだ。その船でたくさんの人と出会った。バンガには民事裁判所がある。私の遠い親戚にあたる人がそこで司法関係の仕事をしている。またバンガの近くのヌルプル村には叔母の実家がある。船は裁判所前の船着場に停まった。親類の一人が知らせを聞いて会いに来た。タクシー乗り場に向かった。叔母の家族は私の到着を知らないようだ。どのタクシーにするかが決まって、私たちはフォリドプルの町に向かって出発した。すでに夕方になっていた。夜の時間は刑務所の受付が閉まっていると聞いた。それで警察本部に連れて行かれた。そこにはひと部屋だけ――おそらく地元の人たちのクラブハウスになっているのだろう――があり、そこに入れられた。そこに勤務している予備監視官がやって来て、部下たちに私の世話をするよう命じた。ここに来ることは誰にも言ってなかったのだが、それでもずいぶん多くの人が会いに来てくれた。フォリドプルには親しい親戚もたくさん住んでいるのだが、あえて知らせなかったのは、私のことで皆に面倒をかけるのが嫌だったからだ。

朝は警察本部の看守たちがお茶と軽食を出してくれた。仕方なく口にした。食べながら心のうちで、ずいぶん大事にしてくれるんだねとつぶやいた。パキスタンが出来る前、一緒に働いた人たちの口から、あんたのようなできる活動家はいないよ、という賞賛の言葉を何度聞いたことか。その連中がいまは裁判という手続きを踏まず私を刑務所に押し込めたばかりか、私に刑罰が与えられるようにとひたすら頑張っているのだ。

警察本部の連中から別れて、フォリドプル刑務所に行った。刑務所には県警本部から通知が行っていたようだ。刑務所には午前のうちに着いた。刑務所長と副所長が待っていた。副所長の部屋に連れて行かれた。副所長は私のファイルを見ながら言った。「三カ月の懲役判決を受けたんですね。それに国家安全保障法違反で拘束中だ」「懲役期間はもう長くは残ってないはずですよ。一カ月ぐらいはもう過ぎたと思います」と私は言い返した。

私をどこに収容するかが問題になったらしい。係員たちはお互い相談し、上役に電話で意見を求めたりもしたようだ。ここの刑務所には政治犯も収容されていた。私もそこに入れるか、それとも別にするかで議論になったらしい。最後には、病院の病室を一つ空け、そこに収容せよという命令が下ったと聞いた。私の持ち物の入った箱、衣服などが検査された。私はそのわきで黙って座っていた。守衛が私のところに来て、この部屋に入ってくださいと言う。その言葉に従おうとしたとき、守衛がいきなり私の服のポケットに手を突っ込んできた。「私に手を触れるな！　身体検査をする権利などないはずだ！」と私は大声で抗議した。「そんなことは法律で許されていない。私の身体検査ができるのは、刑務所長か副所長だけのはずだ」。私の強い口調に守衛は震え上がった。私はなおも怒鳴った。「誰の命令で私の身体に触れた？　言うんだ！」。次に副所長に言った。「一体どういうことなんですか？　あなたの命令ですか？」。副所長は守衛に立ち去るように言ってから私に向き直った。「申し訳ありません。ものを知らない男でして」「私が何を持っているか、どうぞ見て下さい。タバコ、マッチ、ハンカチ、それだけです」。副所長はすっかり恐縮し、せきたてるようにして私を部屋の中に入らせた。

フォリドプルでの刑務所経験は初めてだ。私が収容された病院は二階建ての建物で、私は一階のひと部屋に一人で入っている。他の部屋には入院患者たちがいる。部屋にはベランダがついていて、外の空気を楽しむことができるのが嬉しい。フォリドプルは私の出身県だから、病院の中で時々知り合いと顔を合わせることもあった。受刑者の一人が私の身の回りの世話役としてついた。食事は政治犯用の台所から届けられる。ここの刑務所には数人の政治犯が収容されていると聞いた。だがこの部屋では私の相手をしてくれるのは、持ってきた本だけだ。新聞を読ませてほしいと頼んだ。病院の前にはちょっとした空き地があって、花壇もあった。もっときれいにしようと、その世話を自分から申し出た。暇つぶしにはうってつけの仕事だった。

他の政治犯と顔を合わせることはできなかった。刑務所自体はそれほど大きなものではなかったが、彼らが収容されているところは私の居場所からかなり離れていたからだ。

私はその頃、礼拝をし、聖典を読むのを日課としていた。コーランのベンガル語訳を何巻か持ってきていた。ダカ刑務所にいた頃は、シャムスル・ホクから借りた、モオラナ・モハンモド・アリが英訳した聖典も読んでいた。

刑務所長は自ら私のところに出向いてきて、何か困ったことがあったら自分に直接伝えてくれ、と言った。

刑務所内では普通昼間に眠ったりはしないのだが、ここに来た初日は寝てしまった。疲れていたせいだろう。午後になって目覚め、お茶を一杯飲んで少し散歩した。夕方になって部屋が施錠された。

見張り役として五人の受刑者が、また世話役が一人、私の部屋につけられている。見張りは二時間ずつの交代制だ。部屋の中に来て私を監視する。確認のため看守が部屋の外から声をかけると、見張り役は「窓も明かりも異状ありません！」と大声で叫び返す。何人収容されているかも報告する。私は見張り役に言った。「そうやって叫ぶのはやめてくれないかね。看守に聞かれたら静かに答えれば良い。そんな大声でやられると眠りが妨げられる」。それで少しおとなしくなったが、他の監房では相変わらずがなり合いをやっていた。私が収容されている部屋が、刑務所の他の部分と離れているのが幸いだった。でなければ参ってしまっていただろう。

私を他の収監者から離したのには、懲罰の意味があった。真っ暗な監獄で一人いるときの心細さは、体験した者でなければ分からないだろう。刑務所に関する規定には、どんな囚人も三カ月以上一人きりの状態にしておくことは許されないとある。受刑者が決まりに違反すると、懲罰として独房送りになることはよくある。しかしその場合でも三カ月以上独房に閉じ込めておくことは許されない。

ある朝、起床して少し散歩し、ベランダでお茶を飲んで休んでいたら、初老の受刑者がやって来た。受刑者だが、病院に入院して治療を受けている身でもある。私の前に座った彼に、どこの出身かと聞いた。「ゴパルゴンジョ警察管区のベンナバリ村です。名前はロヒムと言います」とその男は答えた。その名には聞き覚えがあった。「ひょっとしてロヒム・ミヤとおっしゃる？」。ロヒム・ミヤの名を知らない者はそのあたりにはいなかった。ゴパルゴンジョきっての大盗賊だ。誰もがその名を聞いただけで震え上がる。ロヒム・ミヤは窃盗を主に行なっていたが、邪魔が入ると流血の強盗事件も起こした。「私の実家に押し入って、財産すべてを奪って行ったのはあなたでしたよね？」。私の問いかけにロヒム・ミヤは何も答えず、長い時間黙ったままでいた。一九三八年か三九年ごろ、母や姉たちの計百十五ボリ（約一・三キログラム）の金の装飾品と母が持っていた何千タカの現金が盗まれる事件があった。父は当時単身赴任でゴパルゴンジョで勤務していた。私の家の四百年の歴史の中で、盗みにあったのはこれが初めてのことだった。沈黙を守っていたロヒム・ミヤはようやく口を開いた。「はい、私が盗みました」「それにしてもよくそんな大胆なことができましたね。大家族が暮らす家と言えば銃を備えているのは常識でしょう。うちでもそうでした。あんな大きな家で、人もいっぱいいるというのに」と私は聞いた。「村の連中とあなたの家の使用人が私らと一緒にやったんです」とロヒムは答えた。確かに事件の二日後、私たちの耳に入ってきたのは、家の使用人の一人で同じ村の人間が――長年家で船頭として働いていた――自分の舟でロヒム・ミヤ一味を引き入れたという話だった。その翌日、その男は自ら家に姿を現してその事実を認めたのだった。しかし盗品の行方が分からなかったため、起訴はできないままになってしまった。ある刑事が事件をもみ消そうとしたせいもある。そのときロヒムが捕まっていれば宝飾品も少しは取り戻せただろうが、警察は彼を逮捕することができなかった。しかし父が問題の刑事を告発したため、彼は危うい立場になった。当時の警察本部長はその刑事に懲罰を与えた。

もうずいぶん長い間刑務所にいるというロヒム・ミヤは、その後のいきさつを語った。「あなたの家に盗みに入っても何ということもなかったのがきっかけで、私は『盗人は家を持てない』などというが、オレが家持ちになってみせる、と広言してまわったんです。それで地元の人たちに正体がばれてしまいました。しばらくたってバゲルハトで盗みをやったとき、捕まってしまいました。多額の保釈金を払って郷里に帰ってきました。次にゴパルゴンジョのウルプル村のラエ・チョウドゥリの家に盗みに入りました。しかし引き揚げる途中で逮捕されてしまったんです。どの道を通って逃げるのか、警察にはお見通しだったというわけです。この事件でも保釈金を払っての釈放が認められたんですが、次の盗みで捕まったときにはもうだめでした。これまでのいろいろな盗みが積み重なって、もう十五、六年は監獄で過ごしてきました。パキスタンができる前には、コルカタ近くのドムドムの刑務所にいました。そこからラジシャヒ、次にこのフォリドプルに移されてきたんです。長いこと盗みや強盗をやっても捕まったことなんてなかったのに、あなたの家に入ってからは必ず捕まるようになってしまった。監獄でずっと考えていたんです。あなたの家が実は私の聖地だったんじゃないかってね。そこに手を触れてしまったから、こんなことになったのかも知れません。あなたのお母さんに会ってお詫びすれば、私の罪も清められるんじゃないかと思いましてね」。私は答えた。「ロヒム・ミヤ、あのことで私の両親がどれほど辛い思いをしたか、分かりますか？　私たちの財産はまあいい、しかし盗まれたもののうちには、未亡人になっていた姉の宝飾品がたくさんあったんです。姉は男の子と女の子を抱えて、十九歳で未亡人になったんですよ」。私の言葉を聞いてロヒム・ミヤは言った。「もう生涯、盗みはしません。しかし後何年かは刑務所で過ごさなければなりません。体も弱ってきました」。何かあったらぜひ言ってほしい、と盗賊は言葉を続けた。自分の口の中に金が隠してあるから、何かあったら役に立てると言うのだ。そんなことはいいですよ、と私は口では言ったが、心の中では、一キロ以上の金を盗んだんだから、口の中に金が隠してあったっておかしいことはないさ、と毒づいていた。ロヒム・ミヤはさらに、フォリドプル刑務所の大勢の人間を金で手なずけてあるので誰も自分には逆らわないなどと自慢げに言った。そんなことは誰にだって分かることだろうと私は思った。その後も彼はほとんどずっと病院に入院していた。確かに身体がひどく衰弱していた。それでも時間があれば私のところにやって来た。そしてこれまでのいろいろな話を私にした。ロヒム・ミヤの中で何かが変わってきているのかな、と私は思った。

当時、フォリドプル刑務所所長をつとめていたのはソイヨド・アハメドだった。常に私のことを気にかけてくれていた。何か困ったことがあれば言ってほしいと何度も言われた。刑務所では昔から、囚人たちに臼をひいて油を搾り出す作業を強制労働としてやらせていたが、さすがに現代ではこの非人道的な強制労働は禁止されていた。しかしフォリドプル刑務所ではその蛮行が未だ行なわれていた。私が指摘すると刑務所長は、この作業は数日中に廃止し、代わりに作業をやらせる牛を注文したところだという。実際その労働はすぐに廃止になった。

ダカとフォリドプルの刑務所では、名前の知れた泥棒や盗賊とよく話をした。そのうちの何人かはロヒム・ミヤのように、口の中のどこかに穴を作り、そこに金や金の製品を隠していた。例えば金貨や金の指輪などだ。必要なときには取り出して、手下を使ってものを買わせたりする。刑務所内で快適に過ごすには、それなりの出費も必要というわけだ。私の持っていた本のページは、タバコを巻く紙として使えるというので人気が高かった。あるとき、ダカの刑務所で、紙を欲しいと言ってきた受刑者に、「あんたの口の威力を見せてくれたらやってもいいよ」と言ってみた。すると「見せてやるよ。ちょっと待ってくれ」といって、看守が少し離れた隙にものを吐き出すようなふりをして、口の中から硬貨を取り出して見せた。私は降参して「よく分かった。もういいよ」と言うほかなかった。

一カ月が過ぎた。またゴパルゴンジョに行く日が来た。夕方になる前に公安の係員と銃を持った警備の人間が私を連れに来た。夜は警察本部に一泊した。明日朝五時にタクシーでバンガに向かうことになっているのだが、そんな時間に刑務所から囚人を外に出すことは禁止されている。そこで前日のうちに私が連れ出されることになったわけだ。警察本部のすぐ近くに住んでいる友人がいた。行くことを知らせておいたら、面会に来てくれた。長い時間話した。友人は政治とは関わりのない人間なので、私に会いに来ても咎められることはなかった。

夜は警察本部の中にある、地元の社交クラブの部屋で寝た。早朝バンガに出発した。バンガに着くまでに数時間を要した。途中二つの川をフェリーで渡らなければならず、それで時間を食ったのだ。それに道も良くなかった。バンガでは親類筋の人二、三人が出迎えてくれた。食事の用意もしてくれた。乗る予定の船はそれほど遅れることなくやって来た。それに乗って午後、シンディア港に着いた。ここでまた一泊することになっていた。しかし私はここで泊まらずに、マダリプルに行ったらどうかと提案した。私たちが乗る船がマダリプルを出るのは夜十一時の予定だ。ここシンディアでその船を待っていると、乗るのは未明になってしまい、時間的に辛い。同行の護送担当官たちにも異存はなかった。かなりの距離を逆方向に行くことになった。それでもマダリプルには午後のうちに着いた。乗る予定の船はすでに入港していた。私は船の飲食係に皆の食事の用意を頼んだ。だが護送官たちが、それはもったいないからやめましょう、と言う。港の近くには食堂があるから、そこで食べたほうが安上がりだと言うのだ。船が出るまでにはたっぷり時間もあることだし。マダリプル港には五、六時間は停泊する。親戚や友人に私が来ていることが伝わって、たくさんの人が会いに来てくれた。しばらくの時間、消息を尋ねあったりした。甘い菓子をたくさん貰った。皆に配って食べてもらうように執事に頼んだ。夜十一時、船は出発した。ここにいる限り、私は自由だ。確かに監視されてはいるものの、川風を心行くまで満喫できる。

翌朝八時にホリダシュプル港で船を下りて、小舟に乗り換えゴパルゴンジョに着いた。同行の警官たちに、警察署まで連れて行ってくれるよう頼んだ。私を署に預けてしまえば彼らも自由になれるというものだ。ゴパルゴンジョ署に行くと、警察の前の舟着場に、実家の舟がもやってあるのが見えた。皆もちょうど着いたところだった。ゴパルゴンジョから実家までは十四マイルある。家族に会えるのは一年ぶりだった。ハシナは私の首っ玉にかじりついて離れようとしない。カマルの方は私をじっと見ているだけで、私が誰なのか分からない様子だ。母はただ泣いていた。そんな母を父は泣くな、と叱りつけた。

家族と別れた後、私は警察署に入った。家族はゴパルゴンジョの自宅に向かった。警察署に行ってみると、以前ここにいた刑事が転勤になって、住んでいた家が空いているという。私がそこで寝起きしても良いとのことだった。

裁判所に出頭する時間が迫っていた。急いで支度をして外に出てみると、裁判所に通じる道に人垣が出来ている。ゴパルゴンジョの町ばかりでなく、近在の村からも私の同志や支援者たちが私の顔を見ようと集まってきていたのだった。裁判所に着いた。裁判官は予定の時刻からあまり遅れることなく口頭尋問を始めた。次の日も公判が行なわれることになった。私は自分の弁護士に、両親や妻、子どもたちが警察署に来て私と面会する許可を取ってほしいと依頼した。判事はその申請を認めてくれた。ゴパルゴンジョの公安と、フォリドプルから同行した公安の係官からは、家族なら良いが、外部の人間と面会することはならないと言われた。同志や友人に迷惑がかかるといけないので、会いに来てくれるなと皆に伝えた。もう裁判所で会えたし、それで良いと思った。警察署に戻り、刑事が以前住んでいた家に行って荷を解いた。父、母とレヌが面会許可の知らせを受けてそこにやって来た。私の監視のためにフォリドプルから来た護送担当官たちはそのまま居残り、公判が終了したら再び私を連れ戻すことになった。家族と数時間、一緒のときを過ごすことができた。カマルはどうしても私の膝に来ようとしなかった。遠くから見つめるだけだった。この人は誰だろう、と思っていたのだろう。

翌日の午前中、再び家族との時間が持てた。裁判所から戻って、フォリドプルに帰ることになった。午後皆に別れを告げて船に乗り、夕方過ぎにシンディアガートの港に着いた。その日はそこで泊まりだった。いつか来た公務員用施設に宿泊した。快適な夜を過ごせたが、食事は粗末なものだった。しかし家の者が持たせてくれた食べ物があったので、何とかしのぐことができた。翌早朝、フォリドプル行きの船に乗った。シンディアガートでも何人かの同志たちと会うことができた。船は遅れなかったので、夕方にはフォリドプルに着くことができた。刑務所に戻るころには夜になっていた。刑務所は鍵と錠ばかりだ。門に鍵、区画ごとに鍵、監房に鍵。外から鍵がかけられた部屋で夜を過ごす。

公判が行なわれていた間、三、四カ月にわたって、このようにフォリドプルとゴパルゴンジョの間を往復した。ゴパルゴンジョに行くたび、家族が面会に来てくれた。それにしてもフォリドプルとゴパルゴンジョの往復は楽ではなかった。そこで政府あてに要望書を出した。ゴパルゴンジョとの行き来の便を考慮して、私をフォリドプルからボリシャルかクルナの刑務所に移しては貰えないだろうかということを書いた。クルナかボリシャルからなら、まっすぐゴパルゴンジョまで行ける。途中下船乗船を繰り返す必要がない。政府は私の要望を聞き入れ、クルナかボリシャルに私の身柄を移すように指示が出た。その指示を受けて当局は私をクルナに移した。ラジバリとジョショルを経由してクルナに着いた。

クルナの刑務所に行ってみて愕然とした。ごく小さな刑務所だった。獄舎はたった一つ。その中に受刑者と未決囚全員が押し込められていた。私をどこに入れるつもりなのだろう？　独房が一つだけあるが、そこは凶暴な囚人専用になっていた。刑務所長は私に建物の内部を案内した。「見ればお分かりでしょう。さてどうしたもんですかな？　何しろこんなちっぽけな刑務所で……」と所長は私に話しかけてきた。それまでに騒乱罪の刑期は終わっていたので、私は再び政治犯ということになっていた。たった三カ月の懲役だった。この刑務所には私の他に政治犯はいなかった。あきれてしまった。警察当局はどうして私をこんな所に送り込んだのか。房の数は多分六で、その前には十四フィート（約四・五メートル）の壁が聳えている。とっつきは処刑部屋となっている。反対側は便所で、個室が三十二並んでいた。受刑者全員がここで用を足す。便所の前には三～四ハート（一・四～一・八メートル）ぐらいの空間があるが、悪臭がひどくてとても居られたものではない。食事にしても政治犯と一般の受刑者の区別はない。それより他仕方がないからだ。結局私を独房に入れ、食事は近くの病院からごはんとおかずを運んでくることになった。とはいっても病人用の食事だ。実家から乾米、はぜ米、ビスケットなどを貰って来ていた。これを食べて生き延びなければならない。しかし生きていくことに疲れきってしまったように感じていた。刑務所長に「あなたの意見を上にあげて下さい。ここは絶対に狭すぎます。私はこんな所ではとうてい暮らせない。どうしてもここに収容すると言うんなら、きちんと整備してからにしてください」と訴えた。

数日後が次の公判になっていた。ゴパルゴンジョに行くため船に乗って、すぐに眠ってしまった。ゴパルゴンジョ到着は次の朝だ。ここ数日でずいぶん体調を崩してしまっていた。

ある日、刑務所の事務所に呼び出された。公衆保健担当官が会いたいと言う。当時は公衆保健担当官は職権上として県刑務所の監督官もかねていた。クルナの公衆保健担当官はモハンモド・ホセンといった。視察に来て私のことを耳にし、一度話をしてみようと呼び出したのだった。部屋に入って行くと、ホセンは私に横に座るようすすめた。そして「あなたはどうして刑務所にいるんですか？」といきなり聞いてきた。私も間髪入れず答えた。「権力を手に入れるためです」。彼は私の顔をしばらくじっと見つめた。それから言った。「権力を手に入れてどうするつもりですか？」。私は答えて言った。「国民のためになるようなことができるなら、そうしたいと思います。ともかく権力がなければ、何もできませんから」「長年刑務所関係の仕事をしています」と公衆保健担当官は言った。「たくさんの政治犯と話す機会もありました。しかしあなたみたいな答えをしたのは誰もいなかった。皆同じことを言うんです――民衆のために刑務所に入っている、とね。国のために自分を捧げようとしてとか、不正を見過ごしにはできなかったので抗議活動をやったりして刑務所に来たという人ばかりですよ。あなただけです、そこまではっきりおっしゃったのは。ありがとう」。そしてここで何か困っていることがあったら遠慮なくどうぞ、と言った。ホセンも上層部にあて、政治犯の待遇改善を訴える意見書を提出したと言う。まもなく何らかの返事が来るだろう、とのことだった。私がここで辛い思いをしていることも認識していると担当官は言葉を添えた。クルナ刑務所で私がいた房には窓がなく、一枚だけのドアのすぐ外には高い壁が聳えていて、一日中真っ暗な井戸の底にいるようなもので、耐え難かった。事務所の前にはわずかばかりの空き地があって、午後になるとそこに出て散歩代わりに歩き回ったりすることができた。刑務所所長が特別許可を出してくれたのだった。ラジシャヒ出身の看守が一人いて、よく私の監視についた。歌がすこぶるうまく、彼が勤務についたときには、その歌を聴いて慰められたものだった。

再び公判のためにゴパルゴンジョに来た。今回は官僚たちが証人として召喚された。しかし私が起訴される原因となった事件からはかなりの日が経ち、当時関わった役人たちはほとんどが異動になっていた。皆が遠くから、それもばらばらにやって来ることになった。さらに私はクルナの刑務所から行くし、検事や法廷監察官はフォリドプルから来る。

今回も実家から食料が届いた。前もってタマゴを用意するように頼んでおいた。まともな食事が取れていないので、体が弱ってしまっていたからだ。この一カ月で私はすっかり衰弱していた。目の調子も、腹具合もおかしくなっていた。胸に痛みも感じていた。レヌは心配して言った。「昔心臓の病気をしたし、目の手術もしたこと、覚えているでしょうね？」言葉を尽くして彼女をなだめるよりなかった。娘のハチュ（ハシナ）は相変わらず私にくっついて離れようとしない。近頃はさよならのときには必ず泣くようになった。カマルはようやく私になついたようだ。ハチュが私を「パパ」と呼ぶのを聞いて自分も「パパ」と言うようになった。裁判のときはゴパルゴンジョ警察の管区内にいるおかげで、家族とともに何時間かを過ごすことができた。

クルナ刑務所では政治犯仲間が二人出来た。一人はヌルンノビといって、クルナで行なわれる裁判のため、ラジシャヒから移送されてきた。ある訴訟で、クルナで起訴されていたのだ。一九五〇年にラジシャヒで政治犯たちが銃撃され死亡する事件が起こったとき、ヌルンノビはその現場にいた。彼も弾が足に当たり、大怪我を負って片足を切断した。政府は、まだ若くハンサムなこの青年の人生を台無しにしておきながら、今も自由の身にしようとしない。ヌルンノビはインドの西ベンガル州となったボルドマン（ブルドワン）の出身だった。

さらに数日経ってダカ刑務所から、ビシュヌ・チャタルジという農民の指導者が、足枷をつけられたままの姿で送られてきた。ある訴訟で有罪判決を受け、今は一般の受刑者の扱いを受けている。もう一つの裁判がクルナで始まるところで、それでここに連れてこられたのだった。しかしいつも笑顔を浮かべ、何も悩みなどないようなふうだった。ある日話をしていたらこう言った。「悩みと言ったら、強盗事件の被告とされたことだな」。一般受刑者だったから、ビシュヌは政治犯に適用される特殊収容の対象となっていなかった。だから普通の囚人と同じ服を着せられ、同じ食事を与えられていた。

ビシュヌと違って、ヌルンノビはいつも暗い顔をしていた。一生直らない障害を背負ったことがその心を重くしていた。彼の口から、ラジシャヒ刑務所で起きた非道な出来事について聞いた。独立後だったというのに、イギリス人の役人が権利もなく下した発砲命令により、政治犯として収容されていた七人の独立運動家が命を落とした、あの事件のことだ。なんとか生き延びた人たちも拷問によって痛めつけられ、不自由な身体となってしまった。

クルナ刑務所に来て三カ月がたった。国家安全保障法違反で逮捕された容疑者たちには、政府から半年毎に拘束命令が改めて出ることになっている。しかし私が逮捕されてからおそらくもう一年半が経過していた。六カ月の拘束命令の期限はとっくに過ぎている。新たな命令はクルナ刑務所に届いていない。では刑務所側としては、どの命令を根拠として私の収監を続けているのか？　私は所長に談判した。「命令が来ていないのなら、私を釈放していただきたい。もしこのまま拘束を続けるのなら、不法拘束のかどで訴訟を起こしますよ」。刑務所長はクルナの治安判事と警察本部長に相談に行った。治安判事たちの元にも、私を引き続き刑務所に拘束するような命令は届いていないとのことだったようだ。しかし、ゴパルゴンジョの件で私に対する勾引命令が出ていた。協議のすえ、私をゴパルゴンジョ裁判所に送り、ダカに打電して判断を求めることになった。そうすればゴパルゴンジョにつくまでには、ダカから何らかの返答があるだろうという考えだった。

私は大勢の警官の監視つきで船でゴパルゴンジョに護送された。ゴパルゴンジョ裁判所は翌日、私の保釈を認めた。その知らせが伝わると、ゴパルゴンジョでは人々が集まって、喜びの大行進が行なわれた。実家にも保釈のことを知らせ、夜にはそちらに行くからと伝えた。そして舟を調達に行く間、ゴパルゴンジョの家で休んだ。舟がやって来たので皆に別れを告げて出発しようとしたそのとき、警察から幹部が二人やって来て、ちょっと話があるという。警官は同行していなかった。私の周りには相変わらず百人を超える人が集まっていた。私は人の輪から離れ、警察の人間と三人だけで話ができる場所に行った。すると彼らは一枚の紙を取り出し、私に見せた。それはダカからの電報で、国家安全保障法違反で私を再逮捕せよと書かれてあった。私はそれに目を通し、二人に向かって「分かりました。行きましょう」と言った。二人は礼儀正しさをくずすことなく、「私たちと同行する必要はありません。お一人で警察署に出頭してくだされば良いのです」と答えた。そのようにしたのは、私を連行しようとすれば大騒ぎになる恐れがあったからだった。私は皆の前に出て行って告げた。「どうか冷静に聞いてください。私は保釈されないことになってしまいました。私の逮捕命令が新たに出たからです。これから警察に出頭しなければなりません。ここにいる警察の人たちのせいではありません。私は自分の目で逮捕状を確認しました」。雇った舟を返すように手配した。家に持ち帰るつもりでまとめておいた服や本の入った箱を、そのまま警察署に届けるよう頼んだ。集まっていたアワミ連盟の党員たちの中には泣く者もいたし、「ムジブを行かせてたまるか！　連れて行けるものならやってみろ！」と叫びだす者もいた。私はそういう党員をなだめ、言い聞かせて納得させた。私に逮捕状を見せたうちの一人で公安の捜査員は、礼儀をわきまえた男だった。私は彼に、「やはり一緒に行きましょう。でないと見た目が良くない。大丈夫、何も騒ぎは起こりませんから心配無用です」と言った。実家に知らせるために再び人をやった。使いが出たときにはすでに夜になっていた。おそらく明日はまた別の刑務所に連れて行かれることになるだろう。ゴパルゴンジョには来ないように、来ても私には会えないから、と家の者たちに知らせた。

その夜はゴパルゴンジョの警察署で過ごした。警察の人間たちも辛そうな様子だった。一年半も拘束した後、釈放してまたすぐ逮捕するとはいったいどういうことだろう？　実家に使いに出した者が翌日戻ってきて、家族の様子を教えてくれた。私がいつ帰ってくるかも知れないと、家族全員が寝ずに待っていたそうだ。母はひどく泣いたという。それを聞いて私も悲しい気持ちになった。両親や兄弟姉妹、子どもたちを悲しませてしまったことが悔やまれた。私は政府に許してもらうための誓約書などは書いていない。それでは一時的にせよ釈放したのはなぜだったのか？　命令書がこれまできちんと届かなかったのはどうしてだろう？　私が何も罪を犯していなかったからではないのか？　彼らにはもう少しちゃんとしたやり方というものがあったのではなかろうか？　私の仲間たちは深夜まで警察署を去ろうとしなかった。私も皆と一緒に時を過ごした。また長い間刑務所暮らしが続くのだろうな、と思った。

ゴパルゴンジョ署には結局二日いた。私の行き場所についてダカから何の指示も来なかったためだ。クルナにいたときから体調を崩していたが、今回のことで調子はさらに悪くなった。

第十章　フォリドプル刑務所

二日後、私をフォリドプル刑務所に連れて行くようにとの指令が届いた。再びフォリドプルに戻ってきたわけだ。今回は政治犯用の区画に収容された。この区画には監房が二つあり、片方には五人が入れられていた。もう一つの部屋にはゴパルゴンジョのチョンドロ・ゴーシュとマダリプルのフォニブション・モジュムダルが入っていて、そこに私が加わった。この二人を私は以前から知っていた。フォニ・モジュムダルは以前、前進同盟(108)の指導者の一人だった。英領時代には八～九年を牢獄で過ごしたはずだ。国が独立した後も再び逮捕・投獄されていた。未だ独身だった。父親は年金を貰ってパキスタンで暮らしている。ヒンドゥー教徒ではあるが、息子のフォニが祖国を離れようとしなかったので、分離独立後、父親もパキスタンに残ったのだった。フォニ・モジュムダルはヒンドゥー教徒にもイスラム教徒にも、どんな宗教や出自の人にも愛されていた。誰かが危機に陥ったときには必ずフォニが現れた。誰かが病気になればフォニが来て助けてくれた。私をたいそう可愛がってくれてもいた。共産主義者と思われる活動家たちはまとめて刑務所の同じ監房に押し込めておくのが政府の方針だった。私たち三人が他の政治犯とは別に収容されたのは、共産主義者と見られていなかったということだ。

チョンドロ・ゴーシュは社会運動家だった。生涯政治とは関わりを持たなかった。マハトマ・ガンディーのように、いつも一重の衣服を一枚だけ身につけていた。夏であろうが冬であろうが変わることがなかった。動物の皮で作った靴を履かず、常に木の下駄を使っていた。ゴパルゴンジョ郡にたくさんの学校を建てた。同じ郡のカシヤニ警察管区内のラムディア村には、学位の取得できるカレッジまで設立した。その他に運河を掘り、道を作った。そういうことをしてきた人だったのに、パキスタンの独立後、政府に取り入ろうとしたある官吏の讒言《ざんげん》により、チョンドロ・ゴーシュは捕らえられ、有罪とされた。ソラワルディ先生は一九四八年にゴパルゴンジョを訪れた際、チョンドロ・ゴーシュのような人をでっち上げ話で逮捕させたことはパキスタンの顔に泥を塗ったと同じだと、この官吏をきびしく非難した。

　チョンドロ・ゴーシュは刑期を終えた後も再び国家安全保障法違反で逮捕された。何しろ地元のゴパルゴンジョで起きたことなので、私の耳にはすべての情報が入って来ていた。ムスリム連盟の党員として、またパキスタン建国運動で私が最も活動したのはこの地域だ。ムスリムもヒンドゥーも一様にチョンドロ・ゴーシュを敬愛していた。ムスリムの中にも彼の信奉者は大勢いた。特に指定カースト[109]に属するヒンドゥーたちに絶大な人気があった。ゴパルゴンジョ在住の指定カーストの一部はパキスタン建国を支持した。さらにノモシュドロと呼ばれる、ベンガル・ヒンドゥーの指定カーストの中には、シレットで行なわれた住民投票の際、私たちと一緒に働いてくれた人もいた。チョンドロ・ゴーシュはまた女子高校も設立した。

　私自身も政府の役人たちに向かって、この著名な社会運動家に対して迫害などしないようにと何度も言ってきた。彼は政治活動に関わったことがなかったから、それは当然なことなのだ。多くの社会的事業は、チョンドロ・ゴーシュのような無私無欲で自己犠牲の精神に溢れた社会奉仕家によって成し遂げられるものだ。国が独立した今こそ、そのような人たちに働いてもらわなければならない。しかしそんな言葉に耳を傾ける者はいなかった。ヒンドゥーたちは法を無視していると政府に告げ口をした連中がいた。ヒンドゥーたちはこの地にインドの旗を掲げようとしているのだと、そしてその頭領がチョンドロ・ゴーシュなのだと、だから早く軍隊を送れとか何とか、わけの分からない中傷をした者たちがいた。それらは全部嘘っぱちだ。ゴパルゴンジョではムスリムたちも十分な力を持っていた。だからもしそのようなことがあれば、ムスリムたちは必ず押さえ込みに出ただろう。ヒンドゥーたちが暴挙に出れば、間違いなく宗教集団間の抗争が起こっただろう。実際はそのような事態には全くならなかった。チョンドロ・ゴーシュが逮捕されたことで、ヒンドゥーたちはすっかりおびえてしまった。指定カースト以外のヒンドゥーたちはこぞってインドの西ベンガル州に向かって脱出していった。少数の残った人たちも、いつでも逃げ出せる用意をしている。チョンドロ・ゴーシュが逮捕された唯一の原因は、心ない役人たちが政府にへつらおうとでっち上げた作り事なのだ。役人どもは自分がいかに国家の反逆者どもを阻止して国を守ったか、どうか見てくださいな、というような虚言を並べて政府に気に入られようとしたのだ。

体調を崩したままで私はフォリドプルの刑務所に戻った。すぐに高い熱が出た。頭痛がひどく、胸にも痛みがあった。刑務所側はきちんと治療の手はずを整えてくれたが、それでも数日間はひどく苦しむことになった。チョンドロ・ゴーシュがひと晩中水で私の頭を冷やしてくれた。気がつくといつも彼が傍らにいてくれた。フォニも私のために深夜までおきていてくれた。チョンドロ・ゴーシュは三日間寝ずに私の看病をしてくれた。頭を揉んだり、冷やしたり、薬を飲ませてくれたりした。病人用の食事を摂るよう勧めてくれたりもした。私が食べたくないと断ると叱ってでも食べるように仕向けてくれた。私は彼に、自分のためにそんな大変な思いをしないでほしいと頼んだ。しかしこの社会奉仕家は「今までずっとこんなことばっかりやってきました。この年になってもことさら辛いなんて感じませんよ」と笑うのだった。医師は私に入院するよう勧めたが、チョンドロとフォニは反対した。病院に入ったら誰がムジブの面倒を見るのか、というのが二人の反対の理由だった。政治犯として収容されていた他の連中も、私のためにいろいろとやってくれた。数日経ってやっと快方に向かった。しかし体力をすっかり消耗してしまったため、ゴパルゴンジョで行なわれた公判には出席することができなかった。私に会いにやって来た家族たちはがっかりして帰って行った。実家から舟で来たり、ゴパルゴンジョに泊まったりすることは家族にとっても大変なことなのだった。私がゴパルゴンジョに行かなかったことを父はひどく心配し、様子を尋ねる電報を送ってきた。

熱は下がったが、心臓が弱ってしまっていた。目の調子もさらに悪くなっていた。腹にも痛みがあった。このような状態で一カ月が過ぎた。ゴパルゴンジョで裁判が開かれるときには、またあの経路をたどって出向く羽目になった。シンディアガートの公務員用施設に宿泊したときには以前より良い気分を味わえた。ずいぶん久しぶりに、夜、外の空気を吸うことができたからだ。いろいろな思い出が心に浮かんだ。一九四五年、ソラワルディ先生とここに来たことがあった。友人で同志のモッラ・ジャラルウッディンが一緒だった。彼がここから小舟で、ソラワルディ先生をゴパルゴンジョに案内して行ったのだった。フォリドプル出身のジャラルとハミドとは、ともにパキスタン建国運動のために働いた。

夕暮れ時、たくさんの人が私と面会しにやって来た。シンディアガートは小さな川の湊だ。下級の役人が数人、ここには配属されている。私の体調が思わしくないと聞きつけて、役人たちも見舞いに来てくれた。私と話をして帰って行った。私と会ったことが公安の耳に入れば、困った事態になるかも知れないのに。

そのことに関連して、ある出来事があった。マダリプルの公安の捜査官が、そこに停泊中だった船にいた私と面会した人間がいたという報告書を出したのだ。そのため、私を監視していた警官たちが、何か責任をとらされるのではと恐れを抱いた。それで私に、外部の人間とあまり話をしないでくれと頼み込んできたのだ。話をしないのはいいが、会いに来るなとは言えないだろう。それに話と言っても、こんにちは、お元気ですか、くらいだ。警官たちは、ここが私の出身県で、親族も大勢いることを忘れてしまっている。ここで政治活動をした。ほぼすべての郡に足を伸ばし、パキスタン建国をめざす政治集会を開いた。だからここには知己も多い。そもそも政府が、しっかり私の監視をしようというのなら、少なくとも警官を二、三十人はつけるべきなのだ。政府の船を出して、フォリドプルからゴパルゴンジョへ、ゴパルゴンジョ裁判所からまたフォリドプルへと護送すべきなのだ。私についている監視たちを叱責していったいどうなるというのだろう。私としてはこの哀れな連中に危害が及ばないよう、気を遣うくらいがせいぜいだ。

外の風にあまり長く当たっているのもよくあるまい。また熱が出たら大変だ。未明にまた船に乗らなければならない。船の乗場はごく近いとはいえ、用心しなければ。

ゴパルゴンジョに着いた。今回も家からみんなが揃って会いに来た。大きめの舟二、三艘を連ねてやってきた。私のやつれた様子を見て一様に心配そうな表情になった。母などは大声で泣き出したほどだ。

法廷から戻ってきたのは午後になった。翌日もまた公判が行なわれることになったと言われて、私は法廷監視官に、証人は皆揃っているのに、どうして審理を引き延ばす必要があるのかと文句をつけた。実は元ゴパルゴンジョ郡警察本部長が、証人として呼ばれていたのに出廷しなかったからだった。おそらくそのときにはチョットグラムに転勤になっていて来られなかったのだろう。結果的にはその人は来なくて良かった。彼が出廷していたら混乱が起きていた可能性があったからである。民衆の怒りは頂点に達していた。

そのとき私が目撃したような出来事とは次のようなものだ。ゴパルゴンジョの元警察本部長が証言に立った。裁判のときはダカに異動になっていたはずだ。ゴパルゴンジョ勤務だった頃は潔癖な人物として知られていた。決して賄賂を受け取らなかった。私の裁判でも嘘は言わず、本当のことだけ、自分の目で見たことのみを話した。だから三月の暴動のとき、私が集まっていた人々に、平静に解散するよう呼びかけたと証言した。検事がそれを聞いて逆上したのが分かった。しかし、いったん口から出たものはもうどうしようもない。判事もすでに書きとめてしまった。これで裁判で私が有罪とされることはないだろうが、それでもまだ何度か行ったり来たりを繰り返さなければならないのだろうな、と思った。パキスタンにはこのように、嘘をつくことを嫌う警察官も存在する。しかし私たちの国に流布している法律では、たとえ起訴内容が事実であっても、嘘の証言が行なわれない限り誰も有罪とはならない仕組みになっている。すべての裁判が嘘で始まり、嘘で終わるのだ。司法の根源が虚偽であるような国で、国民は正しい裁きを受けることなど期待できようか？

次の公判は翌月行なわれた。そのため、私はまたゴパルゴンジョ警察署に戻ってきた。この機会に二日間にわたってそれぞれ午前と午後、皆と面会した。ラジャ叔父と叔母が、私の食事の世話を全部焼いてくれた。叔父と叔母はこれだけは決して他人にさせなかった。叔母も私をとても可愛がってくれていた。叔父たちと一緒に祖母も来てくれた。ゴパルゴンジョ滞在中は、私の食事は必ず叔父の家で用意されたのだった。実家の者たちがゴパルゴンジョに来たときには、女たちは皆、叔父の家で厄介になった。男たちは舟で寝起きした。

妻のレヌと私と二人きりになった時があった。「刑務所に入っているのは構わないけど、身体だけは気をつけてね。あなたのやつれた姿を見て、悲しくなってしまったわ。私が一人ぼっちということ、忘れないでくださいね。小さい頃に両親に死なれてしまって、この世の中にはあなた以外の誰もいないの。もしあなたに何かあったら、私、生きていけない」。レヌはこう言って涙を流した。彼女をなだめようと試みたが、逆効果だった。母親がひどく泣き出したのを見て、ハチュとカマルはとんで来て、レヌに抱きつき、慰めた。「すべては神の思し召しさ。これからのことを心配して何になる？」。翌日実家の皆に別れを告げた。母をなだめるのが大変だった。

フォリドプルの刑務所に戻った。チョンドロ・ゴーシュが入院したと聞いた。状態はひどく悪いという。もともとヘルニアの持病があった。何かの拍子に腹部を圧迫したせいで、腸が捩《ねじ》れてしまったらしい。そのせいで腸内の残留物が逆流し、口から噴出する症状が現れた。いつ何があってもおかしくない状態だった。フォリドプルの県保健部長は腕の良い医者で、自分で手術することを望んだ。このままでは救いようがないので、努力だけはしてみよう、というわけだ。チョンドロ・ゴーシュに代わって手術の同意書に署名できるような家族・親族は一人もいなかった。しかし彼は、他に誰もいないから自分で署名すると言った。保健部長は刑務所内でなく、外部の病院で手術を行なうことを指示した。それを聞いたチョンドロ・ゴーシュは「外に出されるわけですな。私には家族もいないけれど、ここから出る前にシェーク・ムジブル・ロホマンとだけは会っていきたいんです。あの男は私の弟のようなものですからな」と部長に告げた。そこで保健部長と刑務所統括本部長の指示により、私が呼び出されることになった。チョンドロ・ゴーシュは担架に乗せられていた。もう長くはないと見えた。私に会うと彼の目から涙がこぼれた。「私は『宗派対立主義者』の汚名を着せられた。それだけが心残りだ。私はヒンドゥーだから、ムスリムだから、などと考えたことは一度もない。しかし私に何か落ち度があったのなら、許してほしいと皆に伝えてくれ。もう一つ、君に頼みたいことがある。人間を他の何者でもない人間として見てほしいのだ。神はすべての人間を等しくお作りになったということを肝に銘じてほしい。私には家族も親類もいない。君がたった一人の身寄りだと思っている。だから最後に君に会いたかった。君に神の祝福があるように」。その言葉を聞いて、そばにいた刑務所統括本部長、刑務所長、副刑務所長、医師それに公安の刑事まで一様に目に涙を浮かべた。もちろん私も涙がこみ上げてきた。「心配なさらないでください。私はいつも人間を人間として見ています。政治においてはイスラム教徒もヒンドゥー教徒もキリスト教徒もありません。皆同じ人間です」。それ以上は言葉にならなかったが、それでも何とか最後に「神の思し召しにより、お元気になられますよう」とだけ言うことができた。チョンドロ・ゴーシュは病院に搬送されていった。保健部長は「助かる可能性は低いが、何とか手術して頑張ってみよう」と言った。

その後手術がどうなったかと、皆で気を揉んでいた。二時間後刑務所当局から、手術が行なわれ経過は良好のようだとの知らせがあった。夕方になってまた新しい知らせがあり、まだ分からないが助かるかも知れない、とのことだった。気を揉みながら一夜を過ごし、朝になると、状態が改善しているとの嬉しい話を聞いた。胃腸からの逆流も止まったという。今回は何とか危機は脱したようだ。翌日になって、政府からチョンドロ・ゴーシュの釈放命令が届いた。釈放はされたものの、病院暮らしは変わらなかった。そのときは十五日ぐらい入院していたと思う。ともあれ、体力はまだ完全に回復したわけではないがもう心配はない。退院と同時に、県知事からチョンドロ・ゴーシュに蟄居命令が出された。出身の村であるラムディアで謹慎しなければならないという。知事はチョンドロ・ゴーシュを引見して言い渡した。「もしパキスタンにいたければラムディアから出てはなりません。しかし病気治療のためコルカタに行かれるというのは構いません。その場合、再入国の際には警察への報告が必要です」。

チョンドロ・ゴーシュはその条件に同意し、わずかばかりの手回りの品を受け取るためにいったん刑務所に戻ってきた。そして出て行くときには私に知らせてくれた。チョンドロ・ゴーシュがいなくなって、私は本当に寂しい思いをした。数日後にはフォニブション・モジュムダルもどこかへ行ってしまった。監房の中には私一人きりとなった。昼間は他の政治犯と顔を合わせることもできたが、夜は全く孤独で過ごさねばならなかった。毎週日曜だけは他の連中と会って、四方山話《よもやまばなし》をする機会があった。政治の話はあまりしなかった。しかし何かの拍子で話題がそちらに向くと、必ず議論になった。共産主義者の四人は当然同じ思想の持ち主だったし、私ともう一人の収監者だったネパル・ナハ[10]にはそれぞれの考えがあった。政治的な物の見方が違っていたのだ。

私たちの刑務所での食事担当はマルフ・ホセンといった。私たちは彼のことを「マネージャー」と呼び習わしていた。刑務所の食事は大概はひどいものだったが、フォリドプルは野菜の栽培が盛んなこともあって、私たちも時々は新鮮な野菜を口にすることができた。

それはともかく、私はさらに一度ゴパルゴンジョに裁判のため出向くことになった。私の体調はますます悪くなっていた。心臓が弱り、目は痛みがひどくて読み書きができない状態だった。左足にはリューマチ性の痛みがあった。県保健部長と医師は十分な治療を行なってくれたが、改善は見られなかった。ある日私は呼ばれ、こう言い渡された。「あなたをダカ刑務所に移そうと思います。目と心臓の治療はここではもう限界です。医科大学での治療が必要です」「お任せします。私にも言うことはありません」と私は答えた。必要な書類作成に数日かかった。それからまた何日か経って、ようやく政府から、私をダカ刑務所に移送せよとの命令書が届いた。

フォリドプルからダカにはまず汽車でゴアロンドまで行った。そこから船でナラヨンゴンジョに、そしてナラヨンゴンジョからはタクシーに乗ってダカ刑務所に着いた。手続きを終えるとすぐに刑務所内の病院に収容された。

ゴアロンドからの船旅は当時も快適だった。政府ははじめ私のためにインタークラス(11)の切符を用意していた。しかし私は抗議して言った。「一等船室にしてください。船の中は混雑してうるさいので眠れません。私の金を管理しているのはあなた方だ。そこから一等船室の切符を買ってください」。貧乏な下級役人たちにとっては、私と面倒を起こして何の得もない。私の言い分どおりになった。このこと以外でも、下級役人たちは普段から私に気を遣ってくれたものだった。

ダカ刑務所に戻ったのは一九五一年の終わりごろだったと思う。約一カ月を刑務所内の病院で過ごした。その間私の荷物は、かつてこの刑務所にいたときと同じ場所に保管されていた。モオラナ・バシャニ氏はすでに釈放されていた。数日経って、ボリシャルのモヒウッディンがこの刑務所に入れられたことを知った。国家安全保障法違反のかどで逮捕されたという。モヒウッディンといえば、つい最近までボリシャル県のムスリム連盟の書記長だったはずだ。それが宗教集団間抗争に加担した疑いで逮捕されたという。確かにこの年、ボリシャルで大規模な宗派衝突が起きていた。

モヒウッディンはパキスタン建国運動で運動員としてよく働いた。学生運動では、私とは対立する派閥に属していた。その後私がムスリム連盟を抜けたのに対し、モヒウッディンは残留した。ボリシャルで彼のかつての同志であり、私の友人でもあるカジ・バハウッディンは県学生連盟の指導者となり、モヒウッディンのグループとは相容れない関係になった。私や仲間たちはモヒウッディンを評価していなかった。私たちには彼が政府の盲信的支持者に思えたのだ。しかし今回、刑務所で話をしてみると、モヒウッディンはずいぶん変わったと感じた。釈放されたらもうムスリム連盟に居残る気持ちはないことが私には分かった。宗派主義に基づいた政治はパキスタンにとって有害であることを、モヒウッディンは私の前で認めたのだ。

それはさておき、刑務所の病院では治療がままならず、私はダカ医科大学付属病院に移されることになった。入院に際して私は、大部屋ではなく個室に入ることを条件とした。政府は私の要求に応じた。私を医科大学病院に転院させる手続きが続いていたある日、モヒウッディンと話をする機会があった。二人の間には以前はいろいろ軋轢もあったが、今は同じ囚人の身の上だ。私たちは互いに友人として認め合うようになっていた。モヒウッディンは私に言った。「お前の政党と学生連盟はお前の釈放運動をするだろうが、オレのためにそんな運動をしてくれるやつなんて一人もいないさ。何しろ自分がいたムスリム連盟の政府がオレを逮捕したんだからな。お前は分かってくれると思うが、オレは政治活動家にすぎない。自分から暴動に加わって暴れるなんてできっこないさ。オレは嵌《は》められたんだ。ムスリム連盟は二つの派閥に分かれている。オレはヌルル・アミン首相の派閥と対立する立場だから狙われた。ヌルル・アミンは国家安全保障法なんか持ち出してオレを捕まえたってわけさ」。ひと息ついでモヒウッディンは言った。「ソラワルディやモオラナ・バシャニもお前のために釈放運動をやってくれるんだろう?」。私はそれに答えて言った。「起こるべくして起こったたってことさ。もしソラワルディさんたちがオレのために釈放運動を展開してくれるって言うなら、お前の分も頼んでやるよ」。

それから数日後、私はダカ医科大学付属病院に入院した。両目の痛みが特にひどかった。それで目の治療が先に行なわれることになった。有名な眼科医のロシュコル大尉が私の担当医となった。数日のうちに改善の兆候が見えたが、治るまでにはもう少し時間がかかりそうだということで、次はシャムスッディン博士による心臓の治療が始められた。毎日夕方になると私の病室は人で溢れかえった。四時から六時までが面会時間となっていたため、見舞い客がこの時間帯に殺到するのだった。当時、医科大学付属病院には個室の病室は少なかった。私の病室は二階の階段を上がったすぐ横にあった。特に医科大学の学生がまとまって押し寄せてきたが、それを咎められる者はいなかった。病室の外では、警官たちが警備についていた。夕方になって病院内の混雑が収まってから、私は外のベランダを散歩代わりに歩くようにした。かなり衰弱してしまっていた。

釈放されたモオラナ・バシャニ氏はまたすぐに政治活動を再開した。逆にシャムスル・ホクは、しばらくの間沈黙を保っていた。一方ソラワルディ先生も東ベンガルへやって来た。そしてモオラナ・バシャニとともにモエモンシンホやクミッラで政治集会を開いた。政府とムスリム連盟は各集会を妨害しようとした。ダカでの集会では一四四項が適用となったが、ソラワルディ先生はあえて、集会が行なわれたアルマニトラへ行った。そこにはすでに大勢の人が集まっていたからだ。先生は参加者たちに向かって、平静に解散するよう呼びかけた。一四四項に違反する事態が起きることを危惧したのだ。

各集会でソラワルディ、バシャニの両氏は私の釈放を要求する演説を行なった。私が病気で入院中であることを強調した。ソラワルディ先生とアタウル・ロホマンが特別許可を取って私の見舞いに来てくれたこともある。私たちはいろいろな話をし、先生は私を心から労ってくれた。そして医師たちに向かい、私のことをくれぐれもよろしくと頭を下げた。この折、私はモヒウッディンの話をし、彼の釈放の件もぜひ集会で取り上げてほしいと頼んだ。それを聞いてソラワルディ先生は、意外そうな面持ちで私を見やり、言った。「君は知らないんだろうが、一九四八年にボリシャルで平和使節団の集会を開いたとき、そのことでリヤーカト・アリ・ハーンに嘘だらけの手紙を書いたのはそのモヒウッディンなんだぞ。あいつは一九五一年の宗派抗争にも加わっている」「先生、しかし人間は変われるものです。モヒウッディンが腕利きの活動家だということはご存知でしょう。今は私と同じ刑務所にいます。彼は本当に変わりました。信じてください。あの男に正しい道を歩ませることができたら、きっと国のためになる仕事をするでしょう。我々が彼に対して寛大になって、困ることは一つもありません。私の解放を訴えてくださるついでに、モヒウッディンの名も少し付け加えてください。お願いします」。ソラワルディ先生は海のように広い心の持ち主だった。どれほどの不実や不正を行なっていようと、自分のもとにやって来て頭を下げる人間は必ず許した。

一方、ショオコト・ミヤと学生連盟は私の釈放を訴える要望書を作り、署名活動を始めた。ダカの多くの著名人が署名してくれた。私はショオコト・ミヤに、モヒウッディンの名も要望書に付け加えてほしいと頼んだ。それを知った学生連盟のメンバーたちは怒った。学生連盟の幹部たちは私に談判するため、夜、面会時間外にこっそり大学病院を訪れて来た。医科大学の学生のふりをして会いに来た連中もいた。私は事情を説明して多くの学生を納得させた。しかしボリシャルの学生連盟の幹部のように、そのことで私を誤解した者たちもいる。彼らとは後に刑務所から釈放されてから話し合ってその誤解を解くことができた。

一九五一年十月、モオラナ・バシャニ氏と私がまだ刑務所にいたころ、ラワルピンディーでリヤーカト・アリ・ハーン首相が暗殺された。集会に出席していたところを銃撃されたのだった。急遽カジャ・ナジムッディンが総督を辞して首相となり、自分の代わりに財務相だったゴーラム・モハンマドを総督とした。陰謀術策の政治を始めたリヤーカト・アリは、皮肉なことに陰謀術策にかかって命を落とすことになったのだ。この暗殺事件の背後にいたのは誰なのか、未だに解明されていない。おそらくこれから解明されることもないだろう。この陰謀を企てたものは、極めて大きな力の持ち主だったことは想像できる。全く何の証拠も残していないからだ。何しろ白昼、集会に集まった多数の人の目の前で、パキスタンの首相が狙撃されたのだ。狙撃犯はどうして首相のごく近くまで行くことができたのか。ピストルを振り上げて撃った瞬間を誰も見ていなかったのはなぜか。狙撃とほぼ同時に暗殺犯が撃たれて死亡したのはなぜだったのか。さまざまな疑問が浮かぶ。私はリヤーカト・アリ・ハーンの命令とヌルル・アミンの厚意により、ありがたくも刑務所暮らしをさせていただいているとは言え、首相暗殺のニュースには心が痛んだ。何はともあれ、謀略の政治を信じることなどできないからである。

パキスタンで陰謀と策略の政治が始まったことを私たちは憂慮した。政治上のライバルを銃撃して殺害するなど、筆舌に尽くしがたい汚い行為だ。私たちのように民主主義を奉ずる者にとって、全く許しがたく、憎むべき行動だ。

カジャ・ナジムッディンは首相に就任し、内閣に新たに一人の元官僚を加えた。パキスタン政府の事務局長を務めていたチョウドゥリー・モハンマド・アリだ。アリは財務大臣のポストを与えられた。この後パキスタンの政治において官僚主義が大手を振って歩き出すようになった。かつて高級官僚だった前財務大臣が総督に就任し、空いたポストを別の官僚が占めたわけだ。カジャ・ナジムッディンは脆弱な性格の人だった。優れた点も多々あったが、政治家としての資質と気構えを欠いていた。その結果、官僚政治がはびこることとなったのである。とりわけ官僚たちのひとりが財務相となったことで、多くの官僚がひそかに野望を抱くようになった。官僚主義集団の前に、政治家たちが敗北するようになった。当時のムスリム連盟出身の政治家たちの中には、陰謀術策が渦巻く官僚主義を押さえ込むことができるような強い人柄を持った指導者は、一人としていなかった。つまりカジャ・ナジムッディンは民主主義の根幹を断ち切ってしまったことになる。官僚は国民の選挙によって国会の議員に選ばれるという過程を経ていない。そんな官僚の一人に公務員を辞職させ、閣僚に抜擢することにどういう意味があるというのか。ある特定の州からの圧力で、ナジムッディンはこの人事を決めたと私たちには思えた。ナジムッディンは首相ではあったが、実際は二つのグループが彼の内閣を動かしていた。一つはパンジャーブ人のグループであり、もう一つはベンガル人のグループだった。パキスタンの他の州の指導者たちは、明らかにベンガルを支援していた。つまりパンジャーブからの圧力に屈したことで、カジャ・ナジムッディンは大きな過ちを犯したことになる。

第三部　政権の道へ

第一章　言語運動

パキスタンの首相に就任してしばらく経ってから、カジャ・ナジムッディンは東ベンガルを訪れた。最初は何も言わなかったのだが、数日後、おそらく一九五一年の終わりか五二年の一月、ダカ中央部のポルトン広場で行なわれた集会での演説で首相は「ウルドゥー語がパキスタンの唯一の国語となる」と言明したのだった。これは自身が東パキスタンの首相だったときにした約束を自ら踏みにじるものだった。一九四八年、ナジムッディンは国語闘争会議と合意文書を交わし、自ら東ベンガル議会に対して、ベンガル州の公用語はベンガル語とする内容の動議を行なっていた。さらにベンガル語をパキスタンの国語の一つと定めるよう、中央議会において政府に要望することも動議には盛り込まれていた。東ベンガル州議会はこの動議を満場一致で採択した。カジャ・ナジムッディンは、ダカでした約束をダカで破ったのだ。東ベンガルには怒りが満ち満ちた。唯一の野党である東パキスタンアワミ連盟は、傘下の学生組織である学生連盟および青年たちが中心となって作っている青年同盟とともに、首相のこの方針を激しく非難した。

私はまだ入院中だった。夕方になって学生運動仲間のモハンモド・トアハとオリ・アハドが会いに来た。私の病室には、病棟に向かって窓が一つあった。二人はその窓を通ってこっそりやってきたのだ。私は二人に、夜一時以降もう一度来てほしいと告げた。さらにカレク・ネワズ、カジ・ゴラム他の学生連盟の幹部たちにもこのことを伝えるように依頼した。病室の前では警察が警戒にあたっている。しかし夜になって警官たちは寝入ってしまった。それを見計らって病室の背後のベランダに、学生連盟の幹部数名がやって来た。私は普段から、深夜になるとよくベランダを歩き回っていた。夜は誰も訪ねてくるわけではないので、警備の連中も何も言わなかった。私が逃げようとはしないことを知っているので、警官たちは安心しきって、片隅のほうで固まって寝ていた。私と学生たちはベランダに座って打ち合わせをした。私は全組織一体となって闘争委員会を結成することを提案した。アワミ連盟の幹部たちにはすでにそのことは知らせてあった。学生連盟はその頃学生たちに支持されている唯一の学生たちの組織だった。学生連盟の幹部たちは私の提案をすぐに受け入れた。オリ・アハドとトアハは、青年連盟も賛成するだろうと言った。ベンガル語国語化の要求を潰す陰謀が行なわれている今、しっかりと抗議をしなければ、中央議会でムスリム連盟が、ウルドゥー語を唯一の国語とする動議を通してしまうだろう。カジャ・ナジムッディンは、ウルドゥーを単独の国語と定めることばかりを主張したわけではなかった。その後ろ盾にしようと、いろいろと新しい話を持ち出してきた。オリ・アハドはアワミ連盟や学生連盟の正式メンバーではなかったが、私を個人的に尊敬し、慕っていた。

「私は間もなく刑務所に戻されるらしい」と私は集まった者たちに言った。「病院で政治活動をやっているからという理由だ。だからゆっくりしてはいられない。明日の夜、また集まってほしい」。この日来ていなかった学生連盟の他の幹部二、三名にも声をかけるように言った。さらにショオコト・

ミヤとアワミ連盟の運動員にも顔を出すよう伝えた。

翌日の夜、仲間たちが三々五々集まってきた。話し合いの結果、二月二十一日を国語の日とし、集会を開催して闘争委員会を立ち上げることを決めた。学生連盟が国語闘争委員会の招集団体となる。二月にはいったら世論喚起の運動を始めることになった。「私も自分の釈放を要求して、獄中で二月十六日からハンストを始める」と私は皆に告げた。逮捕されてからもう二年二カ月が経っていた。「モヒウッディンも投獄されている。私が刑務所に戻ればまた一緒になるだろう。彼にもハンストをするように言うつもりだ。もし了承したらみんなに知らせる。そのときは私だけでなく、彼の釈放も要求として掲げてほしい。ショオコト・ミヤに頼みたいのだが、私たちがハンストをすることが決まった時点で、ビラとポスターを刷って配る手配をしてほしい」。

その二日後、医療チームが結成されて私の健康状態をチェックしに来た。私はかなり回復してきているので、今後は刑務所に戻して治療を続行しても差し支えないという結論になった。その報告を受けて政府は私を、十分な治療もしないままに病院から刑務所に送ったのだった。刑務所に戻された私は、モヒウッディンにこれまでのいきさつを話した。モヒウッディンもハンストを実行することに同意した。私たち二人は二月一日、政府あてにハンスト計画について申し入れを行なった。二月十五日までに釈放されなければ、翌十六日からハンストを決行するという内容だった。これらのことを二通の申し入れ書に認めた。刑務所側からはハンストの計画を取りやめるように言ってきたが、私は、無実であるにもかかわらず、裁判も開かれないまま二年以上にわたって拘束することは不当だ、と反論した。そして今回はどうあっても出獄するつもりである、と通達した。生きた状態であろうが、あるいはたとえ遺体となってもこの刑務所から出て行くという決意を示したのだ。刑務所当局は政府に私の意志を伝達した。刑務所の外にはすでに、政府へこうした申し入れをすることは伝えてあった。学生連盟の運動員が活動しているところやアワミ連盟支部がある県にはこの情報がもたらされた。当時はごく少数の県以外ではアワミ連盟の支部はまだ出来ていなかったが、私の友人や仲間たちはすべての県にいたため、情報伝達に支障はなかった。一方で国語闘争会議も結成された。二月二十一日を行動の日とすることも決まった。

ベンガル語国語化を求めて一九四八年に行なわれた闘争に参加したのは学生に限られていた。しかし今回は一般国民も私たちに加わるに違いないという確信が、私にはあった。なぜなら、ベンガル語を国語として認めさせなければ、パキスタンの中にあってベンガルは再び奴隷の身分に甘んじなければならないことを一般の人たちもよく理解するようになっていたからだ。母語が侮辱されて平然としていられる民族は存在しない。パキスタンの全人口のうち五六%がベンガル人だという事実がありながら、ベンガル人はベンガル語を唯一の国語とすることを要求したわけではない。ベンガル語とともにウルドゥー語も国語とすることに、ベンガル人は決して異を唱えなかったのだ。しかしこの寛大さを心の弱さと考えた者たちが多くいた。

ベンガル人たちも徐々に、経済や商業活動、公務員採用などあらゆる場面で自分たちが不当な扱いを受けていることに気づくようになった。西パキスタンのカラチがパキスタンの首都と定められた結果、ベンガル人たちはさまざまな便宜や機会を奪われることになった。東パキスタンアワミ連盟による自治要求、そしてそれが拡大した形での国民代表者会議からの自治権要求が出されたことで、ベンガル人の思いは明確なものとなった。東ベンガルのムスリム連盟の指導者たちと国民の間の溝は拡大して行き、それとともにムスリム連盟は権力に拘泥するあまり、西パキスタンの馴れ合い政治、官僚主義にますます傾いていった。カジャ・ナジムッディンとヌルル・アミンは人民の行動に恐れを抱き始めた。その恐れから、タンガイルで行なわれた補欠選挙でムスリム連盟の候補が敗れた後、議会で欠員が出ても決して補欠選挙を実施しようとしなかったのである。

人民の信頼を失ったため、ムスリム連盟の指導者たちは官僚主義を頼り始めた。その当時東ベンガルの主席事務官だったのは、英領インドで高級官僚だった経歴を持つアジズ・アハメドだった。アジズ・アハメドは賢明、怜悧で優れた行政能力を持った人物だった。後になって、アユーブ・ハーン大統領の統治時代の一九五九年に行なわれた、いわゆるポド裁判（原文注22）に証人として出廷したアジズ・アハメドは、主席事務官だった当時、東ベンガル州政府の閣僚たちの行動について報告書を作成し、中央政府に提出していたと証言した。彼の証言により、この裁判の被告となっていたハミドゥル・ホク・チョウドゥリ元東ベンガル財務相が閣僚辞任を余儀なくされたあとも、その影響を受けた人物たちが権力を握っていたことが明らかにされた。その人物たちは事態打開に有効な手を打つ気概もなく、またアジズ・アハメドに対し、事実のすべてを打ち明ける勇気もなかったと証言で述べられた。ムスリム連盟政府は人心を掌握する努力をする代わりに、アワミ連盟など対立する陣営の指導者や運動員たちを弾圧することで権力を保とうとしたのだった。そのためどんなささいな事態でも、すぐ国家安全保障法を使って力で抑え込む手段に出たのだった。

刑務所の中で、モヒウッディンと私はハンガー・ストライキに入る準備を進めていた。何があってもこの抗議行動を最後まで続けると二人で誓い合った。たとえそれで死ぬことになってもやりぬく覚悟だった。刑務所当局、特に管理官のアミル・ホセンと政治犯担当副所長だったモクレスル・ロホマンは必死に私たちを翻意させようとした。しかし私たちは二人に言った。「あなた方に対して不満があるわけではありません。そのためのハンストではないのです。政府が裁判も行なわないまま私たちを何年も拘束していることへの抗議として行なうのです。これまで刑務所にいてあなた方との間には何の問題もありませんでした。政府の命令に従うしかないというあなたたちの立場はよく分かっています」。モクレスル・ロホマンは親しみやすい人柄で、礼儀正しい教養人だった。豊富な知識の持ち主だった。

二月十五日の朝、ハンガー・ストライキのことで話があると言って、刑務所の正門のところに呼び出された。私が行ってしばらくするとモヒウッディンも連れてこられた。同じことを言われたという。そのまま待っていると、看守が私の荷物や衣服、寝具などを運んできた。どういうことかと尋ねると、私たちを他の刑務所に移す指示があったという。どこかと訊いたが誰も何も答えない。そうこうするうちに、武装警官や公安の捜査官たちが姿を現した。そうなるといつまでも秘密を保てるものではない。一人がフォリドプル、と口をすべらせた。私たち二人ともフォリドプルへ移送されるという。それが九時のことだった。午前十一時にナラヨンゴンジョを出る船に乗らなければならないと聞き、私はわざとゆっくり準備を始めた。さもないと私たちがどこに連れて行かれるのか、仲間たちに知らせることができなくなってしまう。まず本を一冊ずつ取り出して仕舞い始めた。それから服を一枚ずつ。

続いて金の計算を始めた。出費がいくらで、残高はどのくらいか。そんなことに一時間以上を費やした。それから出発の準備にさらに三十分かけた。警官隊の下士官と公安の人間がせかしに来たが、無視した。その下士官というのは、パキスタン独立時ゴパルゴンジョに配属されていたベロチスタン出身の人間で、私もよく知っていた。以前から私を慕い、敬ってくれていた。彼は私がどれほどパキスタン建国のために尽くしたかを知っていた。私と刑務所で出会ってびっくりして聞いてきた。「どういうことですか、こんなところで？」。私は短くウルドゥーで「運命ですよ」とだけ答えた。

私たちを護送するために、外から鍵のかかる馬車が用意されていた。私たちが乗り込むとすぐに、外から中の様子が見えないように窓と扉が閉めきられた。警察官が二人、私たちの横に座った。他の護衛たちは別の馬車で私たちのあとをついて来た。二台の馬車はビクトリア公園に通じる道を走っていった。ビクトリア公園の入り口では、一人の武装警官がタクシーを一台つかまえて私たちを待っていた。その頃はタクシーを確保するのはとても骨の折れることだった。私たち二人はゆっくりと馬車から下り、またゆっくりとタクシーに乗り込んだ。その間しきりにあたりを見回してみたが、知った顔を発見することはできなかった。同行の警官たちはタクシーの運転手を急がせたが、私は逆にゆっくり行くようにと言った。「あまりスピードを出さないようにね。交通事故で死んだりしたら大変だ」。

ナラヨンゴンジョ港に着くと、船はすでに出てしまっていた。さて警察はどう出るか。私たちをどこに連れて行くというのだろうか。深夜一時に別の船が出るという。その間私たちはナラヨンゴンジョ警察署で待つことになった。警察官たちが上司に電話で相談し、そのように指示されたという。私たちは警察官舎のひと部屋に収容された。警察署で顔見知りを一人見かけたので、シャムスッゾハに私がここにいることを知らせてほしいと頼んだ。このあたりではシャムスッゾハの父親で地元選出のカーン・シャヘブ・オスマン・アリ議員の家と言えば誰もが知っている。一時間もしないうちにシャムスッゾハ、ボズルル・ロホマンほか大勢が署にやって来た。私たちのために食事も用意してくれていた。後からアルマス・アリも駆けつけてきた。私は集まった人たちに言った。「夜の食事はレストランで取りたいと思います。どのレストランが良いか、教えてください。そして先にそこに行って待っていてください。話したいことがあります」。私たちがダカからフォリドプルに移送されようとしている事情についてはその場で説明した。署では長い時間話をすることは許されなかった。仲間たちは私にレストランの名を告げ、引き揚げて行った。私は八時から八時半の間にそこに行くから、と皆に言った。レストランはダカとナラヨンゴンジョを結ぶ幹線道路沿いに新しくできた店で、建物の二階にあった。

私は例の下士官に「どこかで食事をしなければなりません。レストランに行きましょう。そこからまっすぐ乗船場に行けばいい」と言った。下士官は了承した。私の願いをむげには断らないだろうという確信があった。だいいち彼らにしてみれば、私たちをどこかで食事させなければならないのだ。荷物は下役に命じて河岸に運ばせ、私たちは時間通りレストランに着いた。二階のひと部屋に私たちのために食事の用意がしてあった。私たちは食卓についた。シャムスッゾハも運動員を十人ほど引き連れて来ていた。私たちはゆっくりと食事をしながらいろいろな話をした。モオラナ・バシャニ氏やシャムスル・ホクたちの近況を聞いた。可能なら刑務所に新聞を届けるようにしようと言ってくれた。『週刊イッテファク』でいい、と私は答えた。私たちが翌日からハンストを始めることを伝えたが、すでに皆知っていた。ナラヨンゴンジョの活動家たちの献身と忍耐強さは定評がある。その活動家たちは私に言った。「二月二十一日にはここでゼネストを展開します。ベンガル語国語化はもちろんですが、あなたがたの釈放も要求事項に加えます」。ここでもモヒウッディンについての質問が出た。「モヒウッディンは本当に信じられるのですか？　刑務所から出たらまたムスリム連盟に復帰するのではないでしょうか」とナラヨンゴンジョの活動家たちは言った。「私たちは私たちのすべきことをやり、モヒウッディンは彼のなすべきことをする、ということです」と私は答えた。「しかしムスリム連盟に復帰することは絶対にありえません。それは間違いない。彼も私と同じ囚われの身です。その解放を要求するのは当然です。人間を変えることができるのは愛情と慈しみです。暴力や拷問や嫌悪によって人間を征服することは決してできません」。

食事と打ち合わせを済ませ、乗船所に着いたのは夜十一時だった。船はすでに入港していたのでそのまま乗り込んだ。同志たちは船が出発するまで河岸で見送ってくれた。深夜一時、皆に別れを告げた。「もう会えないかも知れません。これまで私の犯した過ちを、どうぞ許してくださいますように。私は悲しくはありません。どうせいつかは死ななければならないのです。不正や抑圧に反対するために死ななければならないとしたら、その死には平安があります」。

船は碇《いかり》を揚げた。私たちは寝具をのべて横になった。その前にモヒウッディンと話をして、船でハンストをしても仕方がないということで意見が一致していた。刑務所で実行してこそ意味がある。船は一日中走り続け、夜になってゴアロンド港に到着した。そこから汽車に乗り換え、フォリドプルに着いたのは午前四時だった。こんな時間に刑務所は囚人の受け入れはしない。そこで私たち二人は、看守たちの官舎の廊下で朝を待つことになった。朝になって下士官が私たちのところにやって来て言った。「刑務所の幹部たちが来ないと受け入れはできないそうです。それまでに朝食を済ませましょう」。朝食はどうでも良かったが、食事に行って誰か知り合いに会えれば、フォリドプルの同志たちに、私たちがここの刑務所にいてハンストを行なっているという情報が伝わるかも知れないと思い、同行することにした。予定していた時間より三十分長く茶店にいたが、誰とも会えなかった。引き揚げようとしたときにちょうど店の主人がやって来たので、私の名を告げ、仲間たちに知らせてほしいと頼んだ。刑務所に戻ろうとしたそのときちょうど、アワミ連盟の党員が一人、向こうからやって来るのに出くわした。彼の名もモヒウッディンといい、仲間内ではモヒと呼び慣わされていた。一九四六年にここの選挙活動の責任者だったとき、いっしょに仕事をしたことがある。モヒが自転車に乗って通り過ぎようとしていたところを呼び止めると、彼は私に気づき、こちらにやって来た。公安の係員は止めようとしたが、私は一喝して下がらせた。そしてモヒに、私たちがここに来ていて、今日からハンストを始めることを皆に知らせてほしいと依頼した。モヒは刑務所の入り口まで私を見送ってくれた。

刑務所に着いた私たちを待っていたのは刑務所長と副所長だった。二人は私たちを早く中に入れるよう、警官たちに指示した。到着の知らせはすでに届いていて、私たちが入る監房も決まっていた。他の政治犯たちとは別の房だった。私とモヒウッディンは手早く下剤を飲んだ。胃腸を空っぽにするためだ。そしてハンストを開始した。

二日たって体調がひどく悪化したため、私たちは病院に入院させられた。二人とも衰弱していた。モヒウッディンは肋膜炎を発症し、私にはさまざまな病気の症状が見られた。四日目、当局は私たちに強制的に食物を摂らせる手段に出た。鼻の穴に管を突っ込み、胃まで食物を送り込もうというのだ。とんでもないことを考えるものだ。穴の開いた管の先端にコップのようなものを取り付ける。コップに牛乳に似たどろどろの液体状にした食物をいれ、それを胃に流し込む。絶対に死なせてなるものか、という意志の表われだ。

私はもともと鼻に持病があった。そのためか二、三回管を入れられると粘膜に傷がつき、出血するようになった。ひどく痛みもした。私たちはこのやり方に抗議したが、刑務所側は聞こうとしなかった。ひどく辛く、私は鼻の両方の穴が傷ついた。嫌がると彼らは人を呼んで手錠をかけさせた。抵抗するたびに手錠をかけられ、食物を流し込まれた。

五、六日目には私たちはさらに衰弱していった。寝床から起き上がることもできない状態になった。私たちは水分を摂取するために、自発的にライムを搾ったものだけは飲んでいた。これなら全くカロリーがなく、食物とは言えないからだ。体重はどんどん減っていった。鼻から食事をさせられるとき、体が動いて管が左右に揺れたりすると命の危険さえあった。県の保健部長や担当の医師や刑務所の幹部たちは、私たちの苦痛をなるべくやわらげるべく気を使ってくれた。保健部長は何度もハンストを止めるように言った。それでも私にもモヒウッディンにも止める意志はなかった。二人とも衰弱し、起き上がる体力もなかった。私は心臓の調子が悪くなっているのが自分でも分かった。ひどく動悸がした。呼吸も苦しかった。もう長くはないなと思った。私の監視役を務めている受刑者に頼み、こっ

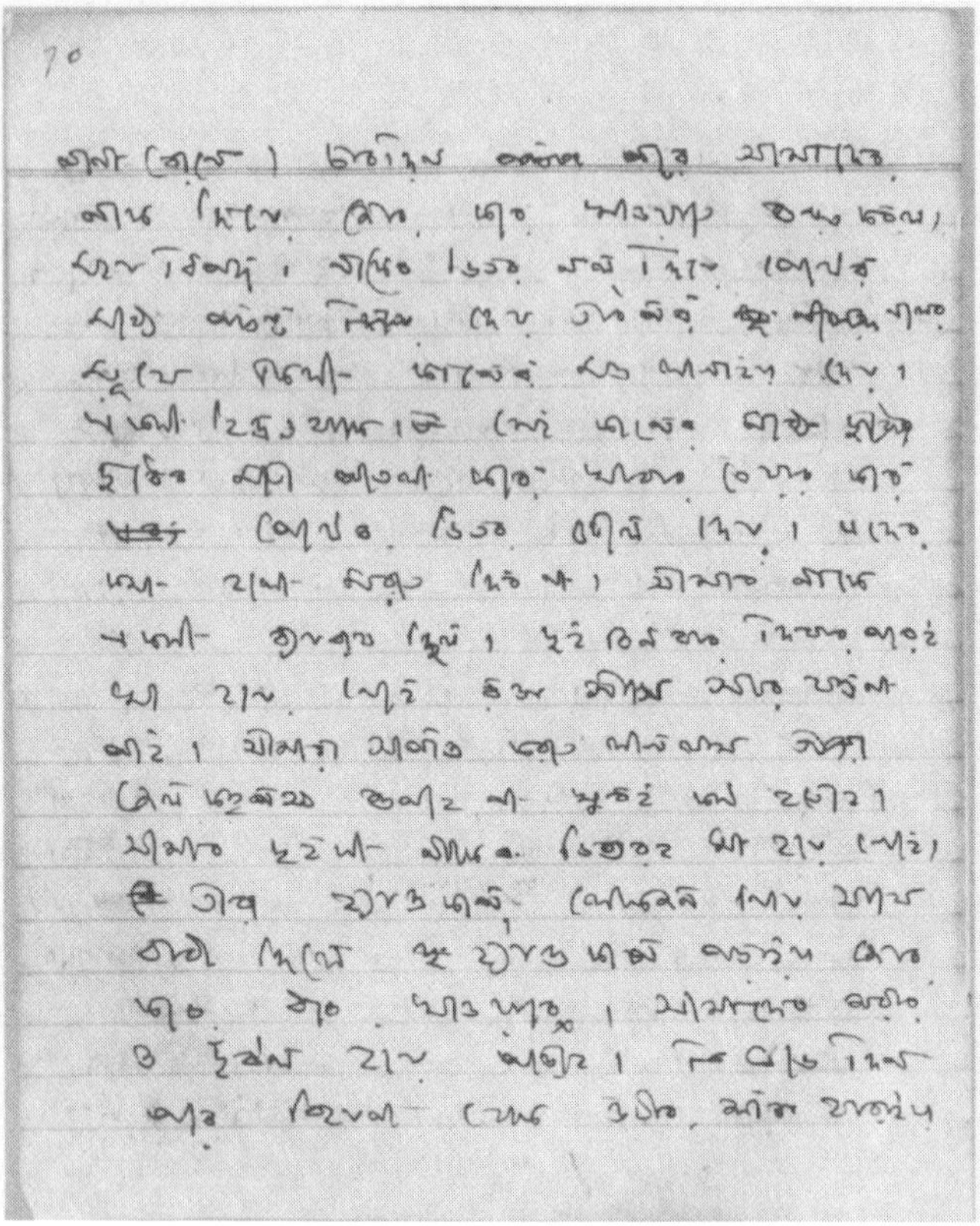

シェーク・ムジブル・ロホマンによる手書き原稿
（内容は本書389頁2行目「四日目、当局は」より同頁後ろから8行目「起き上がることもできない状態になった」まで）

そり紙を何枚か持ってきてもらった。手が震えてうまく字が書けなかったが、それでも何とか四枚、短い手紙を書き終えた。父とレヌと、それからソラワルディ先生とバシャニ氏にあてたものだ。もう二、三日したらおそらく字を書く力も失っていただろうと思う。

二月二十一日は一日中不安な気持ちで過ごした。夜になって当番の看守から、ダカは大混乱になっていると聞かされた。ラジオで聞いたニュースでは、警官隊の発砲で何人もが死亡したとのことだった。フォリドプルではホルタル（ゼネスト）が始まり、学生たちのデモ隊が刑務所前に押し寄せた。デモ隊は「ベンガル語を国語にせよ」「ベンガル人の搾取を止めよ」「シェーク・ムジブを釈放せよ」「政治犯を釈放せよ」などと叫んで気勢を上げた。しかしその内容は私には至極残念に思えた。それは私の地元であるこのフォリドプル県でのデモだというのに、モヒウッディンの解放を求める声がなかったことだ。それならばむしろ私の名を挙げずにただ「政治犯を釈放せよ」にすれば良かったではないか。ダカの状況が分かってくるにつれ、心はますます重くなった。犠牲者の数ははっきりとは分からない。しかしたくさんの人が警官隊に撃たれて死亡したと聞いた。

私とモヒウッディンは隣り合ったベッドに寝かされていた。医者には身動きはしてはならないと言われていた。しかし気持ちが高ぶって、寝ているどころではなかった。受刑者が二人、私たちの監視と世話役としてつけられていた。私たちが起き上がったのを見て、慌てて駆けつけてきて横たわらせた。心が張り裂けそうだった。まるで一切の思考能力を失ってしまったように感じていた。なぜ発砲などする必要があったのか。ゼネストや集会やデモが行なわれたのは確かだ。だが誰も騒乱を起こそうなどと考えてはいなかった。秩序を守って行動しようとしていただけだ。一四四項などわざわざ持ち出すことはなかった。そのためにこんな騒動になった。でなければこんな事態になる確率も低かったはずだ。

深夜になって、看守の一人が、たくさんの学生が命を落としたらしいと教えてくれた。さらに大勢が逮捕されたという。その夜はそれ以上の情報はなかった。そもそも眠気などないところへ、そんな話を聞いて眠れるはずもなかった。翌朝九時か十時ごろ、フォリドプルの町の目抜き通りで大規模なデモがあった。刑務所は大通りの近くにある。私たちの耳にも、デモ隊の声がはっきりと届いた。建物の二階からだったらデモの様子も見ることができたのだろうが、あいにく私たちの房は一階にあった。誰かがメガホンを使って演説している。おそらく牢内にいる私たちにも聞かせるためだろう。その演説のおかげで、ダカで何が起こったのかを少しは知ることができた。刑務所の役人たちは何の情報も寄越そうとしなかった。刑務所当局は私たちには何も知らせず、また私たちから外部へ何も情報が行かないようにしていた。新聞は読めるものの、ダカから届くにはまる一日かかる。

二月二十二日はフォリドプルで終日デモが行なわれた。女生徒を含む学生たちが各所で集まってスローガンを叫んで気勢をあげた。小さな子どもたちまでがスローガンを叫びながら道を歩いた。この日届いた新聞から少し状況が分かった。ムスリム連盟の政権は何と軽率な行動に出たことか。ベンガル人が世界で初めて、母語を守るための運動で血を流した民族となってしまったのだ。これまで世界のどこにも、こうした言語運動に対して発砲し、死者を出した例などなかった。ヌルル・アミン東ベンガル首相は官僚主義がどんな結果をもたらすのか、見通すことができなかったのだ。警察が発砲したのはダカ医科大学の寮の構内で、一般道路ではなかった。たとえ一一四項違反があったとしても逮捕すればよかったわけで、発砲などすべきではなかった。青年たちの血が流れた以上、私自身がそれを見届けることができるかどうかは別として、もうベンガル語を国語としないわけにはいくまい、と私は思った。落ちぶれた者は落ちぶれていく過程でさまざまな過ちを犯す。ベンガルのムスリム連盟の幹部たちは、誰がどうしてカジャ・ナジムッディンにウルドゥーを唯一の国語とするなどと言わせたのか、そして首相がなぜあえてそれを口にしたのか、理解できなかったことだろう。かつてジンナーもベンガルで同じことを言い、猛烈な反発にあってその言を撤回せざるを得なかった。ジンナーほどの指導者でもそんな目に会ったことを、東ベンガルの指導者たちが知らなかったわけではあるまい。ましてや同じような発言をしたのがカジャやその一党だったとしたら、その結果は明白だったはずだ。これはある一味が――陰謀術策を巡らす政治を始めた連中が――カジャを人民から遠ざけるために企てた陰謀だ。その狙いは、将来さらに大きな陰謀を実行することにある。しかし、そこまでしなくとも、カジャ・ナジムッディンはもともとダカの人でありながら、ベンガルでは人気はなかったのだが。

それはさておき、二十一日の騒乱では、モオラナ・アブドゥル・ロシド・トルコバギシュ、コエラト・ホセン、カーン・シャヘブ・オスマン・アリの東ベンガル州議会の三議員、モハンモド・アブル・ホセン、コンドカル・モシュタク・アハモドほか何百人もの学生や活動家が逮捕されたことを新聞で知った。さらに翌日かその次の新聞には、数人の大学教授とともにモオラナ・バシャニ、シャムスル・ホクほかのアワミ連盟の幹部、党員や運動員逮捕のニュースが出ていた。ナラヨンゴンジョではカーン・シャヘブ・オスマン・アリ議員の自宅に警官隊が入り、乱暴狼藉を行なったという。高齢のオスマン・アリやその家族に言いようもないようなひどい暴力が振るわれた。ダカとナラヨンゴンジョは恐怖の町となった。アワミ連盟の党員で投獄を逃れたものは、おそらくひとりもいなかった。

私とモヒウッディンの体調は悪化の一途をたどっていた。いつ永遠の眠りが訪れてもおかしくない状態だった。保健部長は日に五、六回は私たちの様子を見にきた。二十五日の午前、私を診察していた部長の表情が突然曇った。そして何も言わず、青ざめた顔で出て行った。自分が死のうとしていることを私は悟った。しかししばらくして保健部長が戻ってきた。そして私に言った。「こんなふうに死ぬことにどういう意味があるのですか？　ベンガルの国はあなたにとても期待しているんですよ」。話をするのは辛かったが、わたしは苦しい息で何とか答えた。「人材はたくさんいます。ちゃんとなるようになりますよ。私は祖国と国民を愛している。その人たちのために命を捧げることができて、満足です」。一緒にいた刑務所副所長が尋ねてきた。「誰かに伝えましょうか？　奥さんやお子さんたちはどこです？　お父さんに電報を送らなくていいですか？」。「結構です」と私は答えた。「これ以上家族を悲しませたくありませんから」。私はもう生きる望みを捨てていた。手足の感覚が失われつつあった。心臓の持病がなかったらこれほど早く容態が悪化することはなかったかも知れない。私についていた受刑者が、温めたからし菜の油をつけて私の手足をマッサージしてくれた。それでも私の身体は急に冷たくなったりした。

モヒウッディンの状態も良くなかった。肋膜炎がぶり返していた。刑務所の一人の官吏を呼んで、私の書いた四通の手紙を託した。私が死んだら手紙は、フォリドプルに住む親戚に届けてほしいと頼んだ。官吏はそうすると約束してくれた。父、母、姉妹や弟たちの顔が目の前に浮かんだ。私が死んだ後、レヌはどうなるのか。彼女は親も兄弟もなく、天涯孤独の身だ。まだ小さい子どもたちはどうなるのだろうか。しかし父や弟がきちんと面倒を見てくれるだろう。その確信が私にはあった。だんだん考える力が失われていく。もう一度ハシナとカマルに会いたかった。家族は誰も私が死にかかっていることを知らない。知っていたらもちろん会いに来ただろう。

モヒウッディンにはフォリドプルに住む親族はいない。彼の故郷はボリシャルのある村だ。兄たちは皆立派な職業についている。しかしモヒウッディンのことを気にかけて連絡を絶やさないのはひとりだけだ。その人は県の技術部長を務めていた。私とも面識があった。それはともかく、私とモヒウッディンは並んだ二つのベッドに寝ていた。互いに手をつないで横たわっていた。(12)二人とも何も言わなかった。胸に痛みを感じた。保健部長は時間を厭わず私たちの様子を見に来ていた。来て診察し、出て行ってはまた来ることを繰り返していた。二十七日昼には私の状態はさらに悪化した。おそらくあとせいぜい二日ぐらいかなという気がした。

その日の夜八時ぐらいのことだった。私たちは相変わらず、何も言葉を発することなく横になっていた。誰かと話をする気も体力もない。世話をしてくれる受刑者の手を借りて身体を清め、神に祈りを捧げてその許しを乞うた。そのとき急にドアが開いて副所長が駆け込んできた。そして私の傍らに座ると、こう尋ねてきた。「もし釈放されたら食事を摂ってくれますね?」。私は答えて言った。「釈放されれば食べます。されなければ食べません。それだけのことです。どっちにしても、死ねば私の遺体は自由になれます」。医師や刑務所の役人たちもやって来て様子を見守っていた。副所長は言った。「あなたの釈放命令が出たんです。政府からの電報と、それに県知事からも。二通来たんですよ。

いま読み上げます」。そう言って命令書を読んで聞かせた。それでも私は信じられなかった。モヒウッディンは寝たままの姿で命令書に目をやり、私に言った。「本当だよ。釈放命令だ」。そして手を伸ばし、慈しむように私の頭を撫でた。副所長が再び言った。「私を信じない理由なんてないはずです。あなたを騙したところで私には何の得もありませんから。ほんとうに釈放命令が出たんですよ」。医師が椰子の果汁を持ってこさせた。世話役二人が手を貸してモヒウッディンをベッドの上に座らせた。「オレがまずお前にのませてやるよ」。モヒウッディンはそう言って、椰子の汁をスプーンですくい、私の口に含ませた。私のハンストが終わった瞬間だった。しかしモヒウッディンの釈放命令は来なかった。そのことが私を苛立たせた。彼を残してどうして一人だけ自由になれるというのか。

保釈命令は来たが、刑務所から出て行く体力は残っていなかった。保健部長も許可してくれなかった。椰子の実の汁を何度も飲まされた。その夜はそうして過ぎた。朝になって他のものも少し口にしたが、やはり椰子の果汁が中心だった。私の体力は徐々に回復していったが、相変わらずモヒウッディンの釈放命令が来ないことが気になっていた。これまで二人一緒にいたのだ。私がいなくなったら彼はどうするのか。誰が彼の面倒を見るのか。もし彼が釈放されなかったらどうしよう。モヒウッディンの具合は私と同じようなのだから、釈放されない理由はない。パキスタンができて以来ずっと、ムスリム連盟政権にとって私はずっと「敵」だった。モヒウッディンは監獄に入れられる前日まで、ムスリム連盟の幹部の一人だった。政治の世界では同じ政党の中で意見の相違が生じた場合、恨みつらみがかえって増すことは確かにあるのだが。

朝十時ごろ、父が来てくれたとの知らせがあった。刑務所の門のところまで私が出向くことはまだ無理なので、幹部たちが私の監房まで父を案内してきてくれた。私を見るなり、父の目には涙が浮かんだ。しかし父は極めて我慢強い人だ。何とか涙をこらえ、私の横に座って頭を撫でてくれた。「釈放命令が出たのだから、お前を家に連れて行くよ。私は母さん、レヌ、ハシナにカマルを連れてダカに行っていたんだ。二日いてお前の消息を聞いてまわったんだが、どこに連れて行かれたのか、誰も教えてくれなかった。ただお前がダカにいないことだけは刑務所で知ることができた。それからフォリドプルに行ったらしいと聞いた。しかしあの騒動で交通は全部止まっていて、ナラヨンゴンジョからの船がしばらく出なかった。何とか来られそうになったので、母さんとレヌをダカに残して一人で来た。本当にお前がフォリドプルにいるのか、分からなかったからな。母さんたちにはこれから電報で、実家に帰るようにと言うつもりだ。私は神のお志があれば、明日か明後日、お前を連れて帰ろうと思う。保健部長からは、お前を連れて行きたいなら、すべての責任は私が取ると一筆書くように言われた」。父は私をさらに労わりながら、モヒウッディンも釈放されることになるようだと教えてくれた。ただし私と一緒ではなく、一日ずらすということだった。

翌日父が私を迎えに来てくれた。たくさんの人が刑務所の門前に集まった。私は担架に乗せられて門まで行き、そこからすぐに外に出された。もし何かが起きるなら、刑務所の敷地の外で起きてほしいという、刑務所側の思惑による措置だった。私は数人の肩に担がれて、まずアラウッディン・カーンの家に行った。そこでしばらく休んだ。午後になって妹の家に移った。その夜はそこに泊まった。翌日朝、友人の親戚など多くの人が様子を見にやってきた。父はずっと私に付き添ってくれていた。

一人がタクシーを用意してきた。友人は自分で車を運転して私をバンガの港まで連れて行った。父が大きめの舟を借りてくれていた。港まで通じる道筋に叔母の家があって、叔母は私の顔を見ようと、家の外まで出てきて待っていてくれた。叔母は父に、実家のあるヌルプル村に行くよう勧めてくれたが、父はバンガから舟で、姉がいるドットパラへ行くと伝えた。そこで休息を取り、私の体力の回復を待って、姉も一緒に実家に帰る予定を父は立てていた。私はいくぶん元気になったものの、まだ衰弱した状態だった。

ドットパラはマダリプル郡にある。そこからゴパルゴンジョまでは舟だと一昼夜かかる。シンディラ港まで来るとアワミ連盟の運動員たちが集まっているのが見えた。私が釈放されたという知らせを受けて集まってきていたのだ。皆の手でゴパルゴンジョ行きの大型船に乗せられた。そして数時間後にゴパルゴンジョに着いた。驚いたことにそこには川岸を埋め尽くすほど、たくさんの人が集まってきていた。人々はどうしても私をここで船から下ろすと言い張った。父が駄目だと言っても聞こうとしなかった。そして私を肩に担ぎ上げ、大騒ぎしながら道を行進していった。それから再び港まで戻り、私を舟に乗せた。父はそれ以上時間を取らず、船頭をせかして実家に向かった。母やレヌ、家族みんなが私の帰りを待ち焦がれているからだ。弟も知らせを受けてクルナから駆けつけてきた。

こうして釈放されてから五日後にやっと実家に帰りついた。泣く母をなだめるのに苦労した。ハチュ（ハシナ）が私に抱きついてきて最初に言った言葉は、「パパ、ベンガル語を国語に、政治犯を釈放せよ、だよね」だった。ハシナたちは二月二十一日、言語運動の当日、ダカにいた。デモ隊が叫んでいたスローガンを聞いて覚えてしまっていたのだ。カマルは私のそばに来ようとはせず、ただ離れたところからじっと私を見ていた。私は相変わらず体力が戻らず、寝たきりだった。レヌと母は前日ダカから戻り、私の帰りを待っていた。家族たちが私の部屋から引き揚げていって、レヌと二人きりになると、妻は突然泣き出した。そして一気にしゃべり始めた。「あなたの手紙を読んで、何かするつもりだって分かったの。あなたに会いたくてたまらなくなった。でも誰にダカに連れて行ってもらったらいいのか。お義父さんにお願いするのは申し訳ないし、弟のナセルはクルナだし。でも新聞であなたがハンストを始めたのを知って、遠慮どころじゃないと思ってお義父さんに頼んだの。お義父さんはたいそうびっくりして、すぐに大きめの舟と船頭三人を雇ってダカに向かったわ。でもどうしてハンストなんかしたの？　政府の人たちに情けとかあるはずないじゃないの。私たちのこと、考えてくださらなかったの？　何かあったらどうするつもりだったの？　小さい子ども二人を抱えてどうやって私が生きていくと思ったの？　ハシナやカマルはどうなると思ったの？　食べるには困ることはないからなんて考えたんじゃないでしょうね？　人間は食べるものや着るものに困らなければそれでいいなんて思ってるの？　それにあなたが死んだら、他の誰が国のために働いてくれるって言うの？」。私は口を挟まず、レヌの言うことをただ聞いていた。心の鬱憤を吐き出してしまえば、心の傷も少しは癒えるだろうと思ったからだ。レヌは普段物静かな女性だが、今日はまるで言葉の堰が切れたようだった。私は一言、「仕方なかったんだ」とだけ答えた。子どもたちはもう眠りについていた。私も横になった。故郷に帰るのは二年半ぶりぐらいだった。久しぶりに馴染んだ場所、馴染んだ部屋、馴染んだ寝床に帰ってきて、刑務所のあの淋しい監房で過ごした日々がしきりに思い出された。

故郷にいてもダカの情勢は知ることができた。モヒウッディンは釈放された。しかし私の同志たち

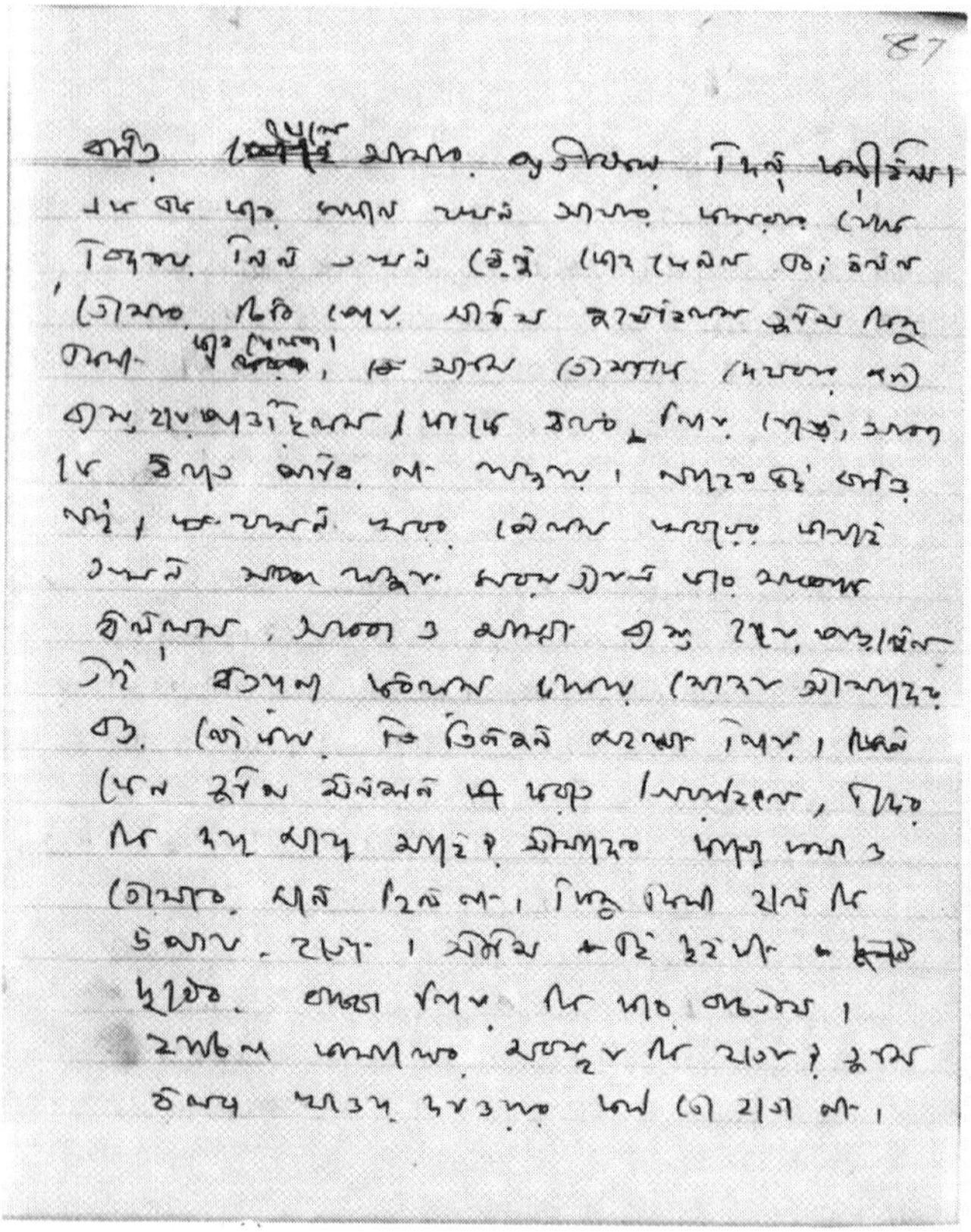

シェーク・ムジブル・ロホマンによる手書き原稿
（内容は本書 399 頁 2 行目「ダカから戻り、私の帰りを」より同頁後ろより 7 行目「考えたんじゃないでしょうね？」まで）

はまだ捕らえられたままだ。私が監獄から出るのと行き違いに、仲間たちは監獄に入れられてしまったのだった。

翌日、父が医者を呼んでくれた。県保健部長の書いた診断書もあった。医者は家族に、しばらく私を安静にしておくようにと言った。十日ほどたつと、午後だけ立って歩くように言われた。毎日多くの人が私に会いに来た。ゴパルゴンジョやクルナやボリシャルから会いに来てくれた同志もいた。

ある日の午前中、私とレヌは寝台に座って話をしていた。ハチュとカマルは床の上で遊んでいた。ハチュは時々遊ぶのをやめ、パパ、パパと言って私のところへ甘えに来た。カマルはそれをじっと見ていた。しばらくそうしていた後でカマルが「ハチュ姉ちゃん、姉ちゃんのパパにぼくもパパって言ってみていい？」と言った。私とレヌは思わず顔を見合わせた。私はそっと寝台から下り、カマルを膝に抱き上げて言った。「パパはカマルのパパなんだよ」。カマルはそれまでなかなか私に寄りつこうとしなかった。それが今日は首に抱きついてきた。これまでずっと我慢していたんだなと思った。長い間会わなければ、自分の息子にも忘れられてしまう。私が逮捕・収監されたとき、カマルはまだほんの数カ月の赤ん坊だった。政治的な理由で誰かを裁判もなしで拘束し、親族や子どもたちから引き離すのはなんとひどい行為であることか。人間は自分の利益のために正気を失う。私たちは二百年にわたるイギリスの支配から逃れ、独立した。私も些少だが独立のために働いた。しかし皮肉な結果と言うべきか、私や仲間たちが何年も獄舎につながれるということが起こっている。さらにあとどれだけ刑務所で過ごさなければならないのか、誰も知らない。これを独立というのだろうか？　しかし私は恐れない。私の心は以前より強くなっている。私たちが夢見たパキスタンを実現させなければならない。心にそう誓った。ゴパルゴンジョ郡から私に会いに来た人たちは一様に同じことを問いかけてくる。「どうして投獄されたんですか？　パキスタンのことを教えてくれたのは、あなただったじゃないですか」。それからまた、「パキスタンができればどんなに国が良くなるか、という話をしてくださいました。みんな幸せになり、不正や乱暴もなくなるはずでした。でも、独立してからもう何年もたっていますが、苦しいことが増えるばかりで、一向に減る気配はありません。米の値段がどれほど上がったことか！」。そんな問いかけにどう答えたら良いのだろう？　皆普通の人々だ。そんな人たちにどのように説明したら分かってもらえるのだろう？　一方、村のリーダーたちの中には鋭い頭脳の持ち主で、常に適切な言葉を選んで話せる人がいる。そういう人たちには単純な説明では通用しない。パキスタン自体が悪いわけではない。パキスタンは私たちの国だ。問題は、イギリスから権力を継承した者たちが、国民の利益より自分たちの利益を優先していることだ。パキスタンをどのように創っていけば良いのか、国民の生活向上のためには何をすべきなのかということに、権力者たちの関心がないことが問題なのだ。

一九五二年二月二十一日、母語を守ろうとした国民に対し政府が発砲を命じたことをきっかけに、国の片隅の村の人々さえ、いま権力を握っている者は国民の味方ではないと気づき始めたのだ。その日の事件のことは風のように村々に行き渡り、ごく小さな村の市場などでも、抗議のホルタルが行なわれたという。ある特定の一味が、ベンガル人からその母語を奪おうとしていることを人々は知ったのだ。

私は確信した。ベンガル人のこの気持ちを押さえ込むことは誰にもできない。ベンガル語を国語として認めるしかない。この言語運動にベンガルの人々は共感し、次々と加わってきた。一部のイスラム教指導者たちは、かつてベンガル語を否定する声明を出したことがあった。しかしそうした人たちも今は人々の意向に恐れを抱いている。もうおおっぴらにベンガル語を否定する人間はいない。抑圧者でさえも人々が確立した世論には逆らうことはできない。統治者が抑圧者となったとき、あるいは抑圧者の側につけば、国や国民はひどい目に会うことになる。

第二章　政治活動再開

三月中はずっと自宅で過ごさなければならなかった。身体は少し回復してきたが、心臓の調子が思わしくなかった。父が私を離してくれなかった。医者も私が実家を離れることに反対だった。レヌは、私がダカに行けばおとなしくしているはずもなく、そのためにまた逮捕されることになるのではないかと心配していた。だが私の心はすでにダカに飛んでいた。そこでは野党の指導者や運動員たちが皆拘束されているのだ。国語闘争会議の幹部たちは、秘密裡に集会を開こうとしたところを一斉に検挙された。学生連盟のメンバーたちも多くが収監されている。アワミ連盟の活動は完全に停止してしまっていた。取り締まりを恐れて、誰も抗議の声をあげようとしなかった。ムスリム連盟政権は、抑圧というなのロードローラーで国中を均してまわっているかのようだった。このままにはしておけないと思った。

そんなとき、マニク・ミヤことトファッジョル・ホセンから一通の手紙が届いた。一刻も早くダカに来てほしいと書いてあった。私の治療はダカでも可能だし、ダカにいさえすれば活動もできるのではないか、とマニクは書いていた。その手紙を父に見せた。手紙を読み終えた父はしばらく無言のままだった。それから口を開いて、行きたいなら行きなさい、と言った。レヌも全く反対しなかった。

出発の前に金の工面をする必要があった。私の寝具も服も処分されてダカには何も残っていないと聞いた。また新たに全部揃えなければならない。ベッドや机や椅子、寝具も何もかも買わなければならないと父に告げた。そのために金が要る。とりあえず数カ月分の生活費も必要だ。ダカからアブドゥル・ハミド・チョウドゥリとモッラ・ジャラウッディンが、タティバジャルで家を一軒借りたと知らせてきた。アワミ連盟の本部があったモゴルトゥリ一五〇番地の建物に住む気はなかった。人の出入りが激しく、プライバシーというものが全く保てないからだ。もちろんそこに住むメリットもあった。ショオコト・ミヤという世話焼き名人がいることだ。私はまだ回復の途中でこれからも治療を続けなければならないが、ショオコト・ミヤがいれば何の心配もいらない。レヌもこっそり金を渡してくれた。父からお金を貰ってダカに向かって出発したのは四月の第二週だった。ハシナとカマルは私のそばを離れようとしなかった。私もすっかり二人に情が移ってしまっていた。別れるとき、二人はひどく泣いた。

ボリシャル経由でダカに着いた。前もって知らせてあったので、ジャラルがナラヨンゴンジョまで迎えに来ていて、彼の家に連れて行ってくれた。そこには私のために部屋まで用意してあった。

シャムスル・ホクはアワミ連盟の本部をモゴルトゥリ一五〇番地からノバブプルに移していた。この建物の二部屋にはマニク・ミヤが家族連れでしばらく滞在していた。そこでマニク、アタウル・ロホマンほか多くの仲間と再会することができた。ノンディ医師を訪ねて行って診察を受け、薬を処方してもらった。アワミ連盟の本部には机が一つと椅子が二、三脚、それに脚の長い腰掛けが一つあるきりだった。後にアワミ連盟の幹部の一人となったカムルッザマン教授ともそこで会った。一人の少年が雇われていて、使い走りやお茶を出す仕事などをしていた。シャムスル・ホクは再び刑務所に入っていた。私は書記次長として作業部会の会合を招集した。十二、三名が出席したこの会議で、私は書記長代行となり、組織の責任を負うことになった。アタウル・ロホマンがアワミ連盟の副総裁の一人として、この会合の議事進行を担当した。

ダカではその頃恐怖統治が行なわれていた。人々は災いを怖れて口を噤んでいた。何か言えば逮捕される。大学などでも同じ状態だった。アワミ連盟の事務所に顔を出す者などいなかった。私とカムルッザマン教授は午後はずっと事務所に座っていた。前の道を通って行く人たちの中に、見知った顔が何人もいた。ノバブプルを通って行くとき、皆一様に顔をそむけて、事務所にいる私たちの前を通過して行くのだった。その中にはアワミ連盟の党員さえいた。私は家に誰かが訪ねて来ると、事務所に来てほしい、そこで話をしようと言うようにしていた。

ソラワルディ先生がダカに来たとき、熱心な支持者の一人からタイプライターを貰った。先生はそれを事務所で使うようにと置いて行った。ダカの学生でシラージというのが、片手の指でポツンポツンとだがタイプを打つことができたので、私たちの事務所で仕事をしないかと声をかけたら、はいと言って働き始めた。後にはタイプの腕がずいぶん上達した。下男も一人雇った。その下男は夜はカムルッザマン教授の家でも働いた。

そのころ一人の弁護士が私たちの事務所を訪ねて来た。アワミ連盟の党員になりたいと言う。さらに「あまり大したことはできませんが、事務的な仕事なら、午後ここに来てできます」と言う。嬉しい申し出だった。彼はボソボソとしゃべった。年齢は私と同じくらいだろう。私はその男が気に入った。事務所の面倒を見てほしい、と頼むと、裁判所から帰宅する途中、毎日来て働きます、という返事だった。その言葉通りきちんと事務所にやって来て、仕事をして行った。長いこと勤めていた事務長がいたのだが、ふと姿を見せなくなった。私は運営委員会に、この弁護士を新しい事務長にしないかと諮《はか》ったところ、全員の賛同が得られた。それから十六年経った今も彼は事務長として働いている(13)。その間一度も何らかの地位を求めたことはなかった。私とは個人的にも親しい仲になった。集会で演説などしたことはない。事務的な仕事以外、誰も彼に頼んだことはない。本人も他の仕事はしたがらない。私は事務所の会計も彼に任せた。それ以来会計も見ていてくれる。もっとも我々の党は収入も支出も少ない。彼はどの政府にも睨まれたことはなかった。逮捕歴もなかった。しかし最近になって数日間拘束されるという出来事があった。今は彼には健康の問題もある。東パキスタンアワミ連盟は、彼のような有能な事務長を得たからこそ、多くの仕事を成し遂げることができた。その人の名をこれまで記さなかった。モハンモドウッラというのが彼の名前だ。ソラワルディ先生もバシャニもモハンモドウッラを慈しみ、信頼してきた。彼のおかげで、事務所の仕事は滞ったことがない。

さて、アワミ連盟はそれまで二、三の県以外では支部としての委員会を設置できないでいた。しかしそのときは組織を整備する好機が到来したと感じていた。思い切ってやればきっとうまくいくと思った。なぜなら、一般国民の中にムスリム連盟を厭う機運が生まれていたからだ。そしてアワミ連盟は、明確な理想と政策を備えた唯一の野党だった。アワミ連盟にとって最大の問題は、資金が不足していることだった。

一方、ムスリム連盟寄りの新聞各紙は、ソラワルディ先生の発言を捻じ曲げて伝えるようになっていた。それらの記事では、ウルドゥー語が唯一の国語となることを先生が望んでいるかのように読めるのだった。そこで私はアワミ連盟書記長として記者会見を開くことにした。会見では四つの主張を明らかにした。ベンガル語を国語として認めること、政治犯を釈放すること、二月二十一日の騒乱で殉死した人の遺族のために損害賠償を行なうこと、そして国民に対し不当な暴力行為を行なった者たちを処罰することの四点が私たちの主張だった。

言語運動の日の動乱について政府は、ある外国の扇動によって起きたものとしていた。私は記者会見で、その証拠を提出するよう求めた。ムスリム連盟の指導者たちは、コルカタから来たパエジャマ姿(114)のヒンドゥー教徒の学生たちが騒ぎを起こしたと臆面もなく言っている。しかし、撃たれて死んだ数名の学生は全員ムスリムだったはずで、また逮捕された者たちの九九%もムスリムだったではないか。そしてまた大量の学生が国境を越えて入って来たとして、それを阻止できなかった政府がいつまでも政権の座にいてよいのか、と問うた。

党の業務についてはアタウル・ロホマン・カーンの助けと協力を得て何とかこなすことができた。ヤル・モハンモド・カーンからも教わることが多かった。

ある会合で協議した結果、私がカラチに行くことになった。カジャ・ナジムッディン首相と会って、政治犯釈放を要求するのが目的だ。ソラワルディ先生とも会って話をしなければならない。ソラワルディ先生の協力は絶対に欠かせないものだった。

西パキスタンではパンジャーブ、北西辺境州、シンドの各州、それにカラチにアワミ連盟が発足していた。しかし、ナワーブ・マームドートのグループはジンナー・ムスリム連盟と合同したため、パンジャーブのアワミ連盟はジンナー・アワミ・ムスリム連盟と名を変えていた。私たちの東パキスタンアワミ連盟は運営委員会で話し合った結果、党名は変更しないと決めた。ジンナーの名を政治組織につけるべきではない。個人名のついた政治組織など、あり得ないのだ。私たちはマニフェストをそのまま維持することも決定した。そのときまでには私たちは他のアワミ連盟との間に提携関係を結んでいなかった。ソラワルディ先生はそのことを不満に思っているとのことなので、直接会って話をしなければならない。先生がシンド州のハイダラーバードで書いた手紙も届いていた。その当時先生は「ラワルピンディー陰謀事件」〔原文注23〕の被告側の弁護人を務めていた関係で、シンドの州都にいたのである。

カラチには五月に着いた。カラチ・アワミ連盟のマハムドゥル・ハク・オスマニー委員長とシェーク・マンズルール・ハク書記長が党員たちとともに出迎えてくれた。オスマニーの自宅に泊めてもらった。アワミ連盟党員集会が開かれ、英語でスピーチをする羽目になった。ウルドゥーでスピーチするのは無理だし、ベンガル語でやれば誰も分からないから、そうせざるを得なかった。

カラチに着いてすぐ、カジャ・ナジムッディン首相にあて、面会の許可を求める手紙を書いた。すると会うための時間を指定した返事が来た。

当時カラチに留学中だったアマヌッラというベンガル人学生が、私の秘書役として常についていた。カラチ・アワミ連盟の党員でもあった。どんな業務もこなし、休みも取らずに精力的に働いてくれた。

そのころカラチのコーヒー・ハウスという店が政治活動家たちの集まる場所になっていた。アマヌッラはそこによく顔を出し、ベンガル語を国語として認める必要について熱弁をふるい、孤軍奮闘の論争を繰り広げていた。オスマニーとマンズルール・ハクは私に、記者会見を開いて東パキスタンで何が起きているのかを詳しく話すように勧めた。東での言語運動について、西では一方的で偏ったプロパガンダばかりが行なわれていたからだ。

首相との会見の日、私は時間通りに指定された執務室を訪れた。サジェード・アリ首相秘書官が迎えてくれた。サジェード・アリとは以前から面識があった。かつてコルカタに住んでいたことがあったからだ。東パキスタン首相の私設秘書官だったこともある。そのサジェード・アリに案内され、首相の執務室に行った。私に与えられていた時間は二十分間だった。

私が入って行くと首相は自ら立って来て、私を座る場所へと誘ってくれた。まず始めに慇懃な物腰で、私の健康状態やカラチにはどのくらいいるのかを尋ねた。私が個人としてのカジャは尊敬していることは彼も知っていた。また私が活動家として有能だということは認めてくれて、そのために私を気に入ってくれてもいた。私は首相に、モオラナ・バシャニ、シャムスル・ホク、アブル・ハシム、モオラナ・トルコバギシュ、コエラト・ホセン、カーン・シャヘブ・オスマン・アリなどアワミ連盟の幹部・党員の釈放を求めた。さらに二月二十一日の発砲事件について司法による調査を依頼した。それに対して首相は「それは州政府の管轄するところで、私が介入すべきことではない」と答えたので、私は反論した。「首相はムスリム連盟政権の首相のはずです。そのお立場から当然そうした指示は出せるはずです。首相は国が混乱することはお望みではないでしょう。私たちもそうです。私がはるばるカラチまで首相にお目にかかるために来たのは、州政府にいくら何を言っても何ともならないからです。州政府は過ちを覆い隠すために、また過ちを犯そうとしています」。

もともと二十分の約束だった私たちの話し合いは一時間におよんだ。私はさらに言った。「アワミ連盟は野党です。野党である私たちにも、国のために働く機会が与えられるべきです。野党が存在しなければ民主主義は成立しません。首相が民主主義を奉じていらっしゃることは私も承知していま す」。私との会見の中でカジャ・ナジムッディンは、アワミ連盟が政府に対立する立場の野党であることを認めた。それを聞いて私は言った。「アワミ連盟が野党だと認めてくださったことを、新聞に出していいですか？」。首相は「もちろんだ」と答えた。首相はさらに、州レベルの問題に介入するつもりはないが、何か首相としてできることがあるか考えてみようと言った。それで私は丁重に挨拶をして退出した。ナジムッデォン首相が私の話を辛抱強く聞いてくれたことがありがたかった。

二日後、記者会見を開いた。私が声明を読み上げた後、記者たちの質問を受けた。たくさんの質問があった。私はそれらの質問にきちんと答え、東ベンガルの状況について詳しく説明することができた。ある質問にはこうも答えた。「およそ三十の補欠選挙が実施されないままになっている。どの選挙であろうと実施されたら、アワミ連盟はムスリム連盟の候補を圧倒的な票差で退ける自信がある」。

西パキスタンの一般の人々も知識層も、アワミ連盟は東ベンガルで住民の支持を全く受けていないと思い込んでいた。選挙があればムスリム連盟が単独過半数を確保するだろうと考えていた。パンジャーブでの選挙の結果から、皆がそう思うようになっていたのだ。しかし西パキスタンの人々はベンガル人を知らなかった。政府系の新聞では真実を隠蔽した報道ばかりが行なわれていた。東ベンガルの実態が西パキスタンに知らされることは決してなかったのだ。記者会見では自治権要求に関する質問も出た。私は二つのパキスタンの地理的な状況を考えてみてほしいと答えた。会見はほぼ二時間にわたって行なわれた。記者たちに少しは分かってもらえたのではないかという気がした。記者会見での私の発言を、パキスタン・タイムズやイムローズといった新聞はかなり大きく取り上げた。

カラチに滞在中、ムスリム連盟で一緒に仕事をしたかつての多くの仲間たちと再会できた。シェーク・マンズルール・ハクもその一人だ。彼とはデリーで知り合いになった。マンズルール・ハクは以前デリーで、ムスリム連盟国家防衛隊の隊長だった。今はカラチ・アワミ連盟の書記長の地位にある。

カラチの町を見るのはこれが初めてだった。これがパキスタンの、私たちの首都なのだろうか、と思った。遠く離れて住むベンガル人の中で、この首都を実際目にすることができる人は一体どれくらいいるのだろう？　私たちベンガル人は緑したたる国で生を享ける。どこを見ても緑で溢れている。一方このカラチには砂漠と石と砂しかない。こんなところがどうして好きになれよう？　自然環境と人間の心にはある関係が存在すると思う。砂の国の人の心は、砂のように行方が定まらない。逆に沖積物で出来たベンガルの地で生まれ暮らす人々は、その自然のように柔らかで、しっとりした緑のようなうだ。自然が惜しみなく与えてくれた美しさの中で私たちは生まれた。その美しさを私たちは愛する。

マンズルール・ハクが自分のジープでハイダラーバードに連れて行ってくれた。少し行くと砂漠地帯が始まった。何マイルにもわたって家が一軒も見当たらない。時折小さなバザールに出くわす。人が少し座っているのが見えた。「どうしてこんな砂漠で暮らすのかね」とマンズルールに尋ねた。「仕方なくさ」という答えだった。「オレたちは分離独立でインドから逃れてきた。今ではここがオレたちの土地さ。ここで暮らし、死んでいくしかない」。彼は続けて言った。「デリーには行ったことがあるよな。あそこにはこんな砂漠はないだろう？　オレだって初めてこれを見たときにはうんざりしたよ。今はなんとか我慢できるようになった。まあオレたちが移住してきたんだから、こんど君がカラチに来たときには、ここが花や果物で溢れているのが見られることだろうよ」。

ハイダラーバードには午後着いた。マンズルールがここまで自分で車を運転してきた。彼は運転がすこぶる上手かった。マンズルールと友人になってから長い年月が経つ。その間いろいろな出来事があったが、私たちの友情が絶えることはなかった。その後も何回かカラチに行くことになったが、行くたびにマンズルールが影のようにいつもついていてくれていた。

それはともかく、ハイダラーバードに着いた私たちは、公務員用の宿泊施設に向かった。ソラワルディ先生はそこに滞在していた。私たちが行ったときには先生は外出中だった。夜にならないと帰らないとのことだった。私とマンズルールはあるホテルに行って顔や手を洗ってリフレッシュし、食事を済ませた。九時にもう一度先生の宿舎に行ってみたが、まだ帰っていなかった。そこでしばらく待っていると、十時過ぎになってやっと先生が戻ってきた。先生は私を見るなり、「西パキスタンに来て、ずいぶん熱心に記者会見をやっているじゃないか」と言った。「できるのはこれぐらいですから」と私は答えた。私がハイダラーバードに来ることを先生はご存知だった。

私たちはその夜遅くまで話をした。先生からは東ベンガルの状況について尋ねられた。アワミ連盟の幹部たちは全員投獄されているのだから元気なはずもない。カジャ・ナジムッディン首相との会見についても伝えた。二月二十一日に起こったことも話した。国語についてのソラワルディ先生の見解が新聞に出たことを伝えると、先生はどんなふうに書かれていたかを知りたがった。「先生が誰か記者に、ウルドゥーが国語になるべきだ、と語ったとありました」と答えると先生は大いに立腹した。「そんなことは私は言っていない。ウルドゥー語とベンガル語と両方を国語にして困ることなど何もないと言ったのだ」。さらに発砲と抑圧にも抗議したと先生は言った。「しかし先生、そのような話をはっきり書いている新聞はどこにもありません。二十一日の騒乱について先生のお考えが新聞に出なかったので、東ベンガルの人々はとてもがっかりしました」と私は言った。

先生は翌日午後、もう一度訪ねてくるようにと言った。午前中は裁判があるためだ。「ラワルピンディー陰謀事件」の審議はハイダラーバード刑務所の中で行なわれていた。先生は翌日の夕方、ハイダラーバードから自動車でカラチに帰る予定とのことだった。私も先生と一緒に行くことになった。マンズルールは朝のうちにカラチに戻る。そう決めて私とマンズルールはホテルに帰った。

翌朝になって、マンズルールがマスードを見つけ出して連れてきた。マスードはかつて、全インドムスリム連盟の書記をつとめていた人物で、今はハイダラーバードに家を建てて暮らしている。ソラワルディ先生に心酔していて、アワミ連盟の党員となっている。マンズルールはマスードを私に紹介するとカラチに引き揚げていった。マスードは午後一時まで私にハイダラーバードの町を案内してくれた。食事に付き合ってくれ、いろいろな人に引き合わせてくれた。

二時になって私は荷物を持ってソラワルディ先生のところに行った。先生はビスケットを数枚食べ、ホーリックス[115]を飲んでいた。それがいつもの先生の昼食だった。ペシャワールから来ていた弁護士が一緒にいた。同じ裁判で、別の被告の弁護をしていると言う。夜はその三人で食事を取った。私が「よくこんな生活で持ちますね」と言うと先生は「ビスケット、バター、パン、そんなもので昼食を済ませているんだよ」と答えた。先生には身の回りの世話をする者はいない。全部一人でやっている。

食事を済ませて再び協議を始めた。先生は「東パキスタンアワミ連盟はどの政党とも連携していない。しかし私は君たちの政党と関わりがないので、何もすることができない」と言う。私はそれに対し「提携は組織作りをしっかりやってからのことだと思います。組織作りのためにはリーダーが必要です。先生は今でも私たちのリーダーです。東パキスタンアワミ連盟は先生のことを当然リーダーだと思っていますし、東パキスタンの一般国民も先生を支持しています」と言った。それを聞いた先生は「党大会を開くことにしよう。しかしその前に東パキスタンアワミ連盟と他のアワミ連盟との連帯関係を作っておかなければならない」と答えた。私はそこで私たちの方針を説明した。「先生はこちらでジンナー・アワミ連盟を立ち上げられましたが、私たちは党名を変えるわけにはいきません。個人名を政党の名につけることはしたくないのです。さらに、私たちはすでに決めたマニフェストがあり、綱領があります。それを変更することは不可能です。一九四九年にモオラナ・バシャニ先生に命じられて先生に会いに来ました。そのときからバシャニ先生は全パキスタンアワミ連盟をつくることを、ソラワルディ先生にお願いしたいとおっしゃっていました。ですから先生が、東パキスタンアワミ連盟のマニフェストと綱領を認めてくださりさえすれば、先生に私たちのリーダーになっていただくことに、バシャニ先生は反対なさらないはずです」。

長い議論の末に、ソラワルディ先生は私たちのリーダーとなることを同意し、その旨を文書にして渡してくれた。ダカに帰り、他党との連携について実行委員会に提案し、了承を取り付けるにはそうした文書が必要だったからだ。「先生が自分でお書きになったものを見れば、誰も反対するはずはありません。バシャニ先生とは一緒に刑務所に入っていたときに話したんですが、東パキスタンアワミ連盟のマニフェスト、党名それに綱領を尊重してくれる政党であれば、連携について異を唱えることはないと、はっきりおっしゃっていました」。

私はソラワルディ先生にもう一つのお願いをした。ウルドゥー語とベンガル語の両方をパキスタンの国語とする考えを先生が支持していることを、文書にしてほしいと頼んだのだ。これまでに先生の発言をめぐって多くの誤解が生じていたからだ。ムスリム連盟といわゆる進歩派は、その誤解に基づいてソラワルディ先生への批判を繰り返していた。「もちろん書くよ。それが私の方針であり、そうであるべきだと私は信じている」と先生は言い、その言葉を紙に書いて手渡してくれた。

ラワルピンディー陰謀事件の裁判が終わり次第、東パキスタンに行くと先生は約束してくれた。そして一カ月滞在し、その間にすべての県で党の集会を開催しなければならない、と言った。時間を無駄にしてはならない。しかし私にとって心配だったのは、この裁判がいつ終わるか分からないということだった。それで先生に「ラワルピンディー陰謀事件は本当にあったのですか？　被告の弁護はうまくいきますか？　被告たちが本当に罪を犯していたなら、相応の罰を受けるべきではないのでしょうか」と尋ねたのだが、先生は「そんなことは聞くものではない。私は何も答える気はない。守秘義務というものが弁護士にはあるのだ」と答えるのみだった。先生はそれを怒ったような口調で言ったので、私はそれ以上何も訊けなかった。

午後カラチに向けて出発した。ソラワルディ先生が自分でハンドルを握った。私は助手席に座った。後部座席には弁護士が何人か乗っていた。行く道すがら、弁護士たちは東ベンガルの状況について質問してきた。私たちがなぜベンガル語を国語として認めてほしいと思っているのか、言語運動はヒンドゥー教徒たちがやっているのではないか、などといったことだ。私はそれにきちんと答えるよう努めた。ソラワルディ先生も答え、ヒンドゥー教徒の関与などは政府のでっちあげに過ぎない、と懇切丁寧に説明した。

弁護士たちはまた、ベンガルの詩人、カジ・ノズルル・イスラムの詩を朗読してくれと私にリクエストしてきた。それに応えて、「友よ、誰が君を盗賊と言うのか」「おんな」「平等」などの詩の一節を朗誦して聞かせた。ロビンドロナト・タクル（ラビンドラナート・タゴール）の詩も何篇か、一部を披露した。ソラワルディ先生が詩の内容を英語で説明してくれた。弁護士たちの中にはロビンドロナトの詩の英訳を読んだことのある人もいた。そんなことをして時間が過ぎていった。もうすぐ夜という時刻になってカラチに着いた。ソラワルディ先生は私をオスマニーの家で降ろし、次の日の午前中にカラチ通り一三番地の自宅に来るように、と言った。

翌日、家を訪ねた私に、先生はラホール経由でダカに帰るようにと言った。ラホールのハージャー・アブドゥル・ラヒム弁護士とラージャー・ハサン・アクタールに私が行く件を電報で知らせておいてくれるそうだ。ラホールでも記者会見を行ない、また地元の活動家たちと話をするように言われた。カラチでの滞在がずいぶん長くなってしまったので、急いでラホールに行くことにし、汽車に乗った。ハージャー・アブドゥル・ラヒムは以前、インドの行政職試験をパスしたキャリア公務員だった人で、立派な紳士だった。その世話で、彼自身が住んでいる「ジャベード・マンジル」に泊めてもらうことになった。「ジャベード・マンジル」はもともと、詩人のアッラマ・イクバルの住居だった。詩人はこの家で暮らしつつ、パキスタン建国を夢見た。アッラマは思想家でもあったのだ。私はまずそこで詩人の廟に詣で、ここに来られたことに感謝した。アッラマが思索のときを過ごした家に滞在できることが嬉しかった。

ハージャー・アブドゥル・ラヒムとラホールのソラワルディ先生の支持者たちが、記者会見の手筈を整えてくれた。ラホールでは多くの人と会った。ハミード・ニザミーとも再会した。以前ラホールを訪れたとき、ニザミーにはずいぶん世話になった。私の記者会見には必ず出席すると言い、仲間のジャーナリストたちにも電話してくれた。会見にはすべての日刊紙の記者が集まった。パキスタン最大の通信社、ＡＰＰの記者も出席した。私が声明を読み上げたあと、質疑応答が行なわれた。どの質問にも不足なく答えることができた。私たちがウルドゥー語とベンガル語の両方を国語とすることを望んでいるという事実を、ラホールの記者たちは誰も知らなかった。私たちがベンガル語のみを国語と定めることを要求していると考えていたのだ。パキスタン建国運動で、ムスリム連盟やパキスタンのために働いた活動家や指導者たちがアワミ連盟を立ち上げたことを、私は記者たちに示して見せた。私がそうした指導者たちの名を一人一人挙げたことで、記者たちは事情を察したようだった。そのことでラホールのアワミ連盟の幹部たちから、大いに感謝された。私は彼らに、私は常に本音を言う人間だと言った。腹の中で考えていることと口で言うことに差はない。自分がそうだと信じていることを隠し立てしない。そのためにまずいことにもなったし、それが私の欠点と言えるかも知れないのだが。ともあれ、ラホールで明確に言い切ってきたのは、もし選挙が実施されれば、ムスリム連盟はアワミ連盟の前に、記者たちが考えられないほどの大敗を喫するということだ。

帰国に際し、困ったことが起きた。ラホールからダカへの飛行機は週一便しかない。直近の便は三日後だが、すでに満席だった。まずいことに翌週の便はキャンセルになっていて、つまりこのままラホールにもう十七、八日いるしかなかった。ちょうどハージャー・アブドゥル・ラヒムとラージャー・アクタルがラワルピンディーとマリーに出かけると言う。私もどうかと言ってくれたので、同行することにした。

ラワルピンディーには一日いて、軍部の本部やリヤーカト・アリ・ハーンの暗殺事件があった公園を時間をかけて見てまわった。翌日朝、マリーに着いた。マリーは思いのほか涼しかった。厚手の衣料が必要で、夜は毛布がなければ寒いぐらいだった。ラワルピンディーは暑くて、顔が火照るような感じだったが、そこからわずか三十マイルか三十五マイル離れているだけなのに、マリーはとても良い陽気だった。極めて快適だった。マリーは山の上に出来た小さな町だ。パンジャーブの金持ちの土地持ちや商人の別荘が数多くある。暑さが厳しい時期、家族を連れてここに滞在する。私はこのマリーという土地がとても気に入った。緑に覆われた山、その上に開けた町。私がここに滞在したのは一日だけだったが、できればもう少し長くいたいと思った。しかし翌日には戻らなければならなかった。ラホールではピール・サラウッディンが私に付き合ってくれた。彼と一緒にいろいろな名所を見て回った。

私の行なった記者会見について、『ナワーエ・ワクト』、『パキスタン・タイムズ』、『イムローズ』などの各紙は大きく取り上げてくれた。一方、政府寄りの新聞は、記者会見での私の発言を批判する記事を掲載した。会見で私は、ベンガル語の国語化と政治犯の釈放の要求、さらに二月二十一日の発砲事件への抗議、東ベンガル州の自治と経済といった問題を取り上げた。

ラホールから飛行機でダカに戻った。当時はカラチやラホールからダカへの直行便はなかった。デリーまたはコルカタを経由しなければならなかった。

ダカに着くとすぐ、実行委員会の会合を開いた。牢獄にいるモオラナ・バシャニ氏と連絡を取った。会議ではソラワルディ先生の考えを皆に伝えた。他党との連携について、全員の賛成が得られた。私の提出した提案は、満場一致で可決された。

週刊『イッテファク』紙はその頃までに多くの読者を獲得していた。マニク・ミヤはこの新聞経営に全力を傾注していた。私も必要があれば手伝うようにしていた。アタウル・ロホマンも協力を惜しまなかった。

そうするうちに収監中のモオラナ・バシャニ氏が体調を崩し、ダカ医科大学付属病院に入院することになった。しかし政府は病院の個室料金を負担しないという。大部屋なら良いという話だ。私たちとしては個室に入ってもらいたいのだが、問題は費用だ。私たちが工面しなければならない。バシャニ氏は囚われの身で、収入などあるはずがない。政府が負担すべきなのだが、出さないと言う。どれほど成り下がれば政府としてこんな所業ができるものなのか。バシャニ氏も私にどうしようかと聞いてくる。すっかり弱ってしまった。どこに行けば金があるのか。誰が援助してくれるのか。十日ほど入院するとして、毎日百五十タカほどかかる。個室だと薬代ほかの費用は全部自分持ちになる。それでもなお、私はバシャニ氏に個室に入るように勧め、金策を始めた。アタウル・ロホマンも少しは援助すると言ってくれた。官僚のある友人とアノワラ・カトゥンにはそれまで何度か助けてもらったことがあった。それにもう一人、忘れてはならない人がいた。私の友人の、ハジ・ギヤスウッディンだ。彼は自分で商売をやっていた。アワミ連盟の党員になったことはない。しかし私を気に入ってくれていた。出身地はクミッラだった。他に何のあてもないときでも、彼のところに行きさえすれば、から手で戻ることはなかった。入院費用は十日の間に何とかしなければならなかった。支払いが遅れればバシャニ氏のところに督促状が届く。するとバシャニ氏から私にあてて病院から手紙が来た。二、三度病院に面会に行ったこともあった。しかしゆっくりと話ができたわけではなかった。行けばバシャニ氏の監視にあたっている警官や捜査官から、そんなことを許したら自分の首が飛ぶから、と言われ仕方なく帰ってきたこともあった。またその頃、アブドゥル・マレクとハビブル・ロホマンのもとで活動していたダカのボンシャル地区の運動員たちが、いっせいにアワミ連盟に加入してきたこともあった。この新しいメンバーたちも金を集めて協力してくれた。当時のアワミ連盟の活動資金は、党員からの会費が頼りだった。

モオラナ・バシャニ氏の収監中は、私が各県を回って集会を開く計画を立てた。その頃、アタウル・ロホマン・カーンとアブドゥス・サラム・カーンの仲がしっくりいかなくなっていた。アブドゥス・サラムとしては、自分もアタウル・ロホマンと同じく副総裁なのに、アタウルばかりが重用され、自分はないがしろにされているという思いがあった。それで彼は、アタウル・ロホマンは地方裁判所の弁護士に過ぎないのに対し、自分は最高裁の弁護士を務める身であり、年も上で、政治経験も豊かなのに自分は軽んじられているなどと言いふらし始めた。私は説得を試みた。「アタウル・ロホマンはずっと以前からダカに住んでおり、ここの人たちに良く知られています。それに較べ、あなたはダカに新しく来られた方です。ですから、気になさらないように」。私の提案で、実行委員会の会合の議長をアタウルとサラムが交互に務めるようになった。バシャニ総裁がまだ獄中にいたための措置だった。それでも私を悩ませる事態は続いた。サラムは他の党員たちと交わることができない人だった。必要なときにもなかなか見つからないことがよくあった。逆にアタウルはいつでも呼べば駆けつけてくれた。言語運動のリーダーの一人だったカジ・ゴラム・マハブブが二月二十一日の騒乱のあと逃亡、その後逮捕されてからはアタウル・ロホマンが国語闘争委員会の発起人代行となった。その結果彼は、運動員や学生たちと密接な関係を作り上げることができた。アタウル・ロホマンはいつも私の近くにいた。そのため私も自然と彼に肩入れするようになった。いつでも、どんな仕事でも嫌がらずに引き受けてくれた。自分から何か行動を起こすことは稀だったが、頼めば協力してくれた。だがもちろん私は、アタウル・ロホマンをより好ましく思っていることを口に出したことはなかった。

各県にアワミ連盟の支部を立ち上げる仕事の一環で、アタウルと北部の県を回ることにした。それでサラムには、一緒に南西部のフォリドプル、クシュティア、ジョショル、クルナに行ってくれませんかと提案して了承を得た。

まずアタウル・ロホマンとパブナ、ボグラ、ロングプル、ディナジプルに赴いた。この北部でのオルグ活動では、ナトルとノオガオンではアワミ連盟支部設立委員会をつくることができたが、ラジシャヒではうまくいかなかった。ディナジプルで集会を開いた日は雨模様だった。そのためあまり人が集まらなかった。しかし夜運動員たちと会合を持ち、ロヒムッディンを中心として、支部設立に向けた委員会を立ち上げることができた。このようにして各県で委員会を作っていった。しかしラジシャヒではだめだったし、パブナでもやろうと名乗りを上げる人間を見つけることができなかった。パブナでは泊まる場所を見つけることにさえ苦労するほどだった。しかしその後、モンスル・アリ大尉やボガことアブドゥル・ロブが中心になってパブナにも委員会ができた。他に適当な人材が見つからなかったので、学生たちも何人か委員会に加えることにした。そのためにパブナの学生連盟に呼びかけたところ、たった二時間のうちに、パブナ市の公会堂の敷地内で集会を開くことができた。マイクは調達できなかったので、私とアタウルはマイクなしでスピーチした。こんなふうにして北部でのキャンペーンを終え、次は南西部に行った。クシュティアとジョショルではしっかりした委員会を立ち上げることができた。クルナではベテランの活動家が見つからなかったので、私の仲間で若い活動家のシェーク・アブドゥル・アジズを委員長に、モミヌッディンを書記長として県アワミ連盟支部を発足させた。しかしそのことでサラムから反対意見が出た。それに対し私は「ベテランがいなければ組織はつくれないとお考えですか？　しかし見ていてください、この青年たちがそのうちこの県で、リーダーとなってよい仕事をするようになりますから」と言って退けた。

アタウル・ロホマンもアブドゥス・サラムも同行できないときには、私が一人で出かけていって集会を開催し、委員会を立ち上げた。六月、七月、八月と私は休むことなくほぼすべての県と郡をまわり、アワミ連盟の支部を設立することに成功した。

　モエモンシンホではすでにシャムスル・ホクがアワミ連盟支部のための委員会を作っていた。アブル・モンスル・アハモドがコルカタから帰国してアワミ連盟支部長となった。その指名でハシムッディン・アハモドが書記長となった。ハシムッディンはロフィクッディン・ブイヤン、ハテム・アリ・タルクダルらとともに一九五二年の言語運動のときに逮捕され、政治犯として刑務所に入っていたことがあった。ノアカリではアブドゥル・ジョッバル・コッドルが県委員会を立ち上げた。チョットグラムではアブドゥル・アジズ、モザッフォル・アハモド、ジョフル・アハモド・チョウドゥリが、クミッラではアブドゥル・ロホマン・カーン、ラール・ミヤそれにモシュタク・アハモドがアワミ連盟支部を発足させた。私はこれらの県も巡回して組織の強化を図った。八月の終わり頃にはボリシャル経由で実家に帰省した。金が底をつきかけていたからだ。実家には数日いてダカに戻った。私が法律の勉強を完全にあきらめたことで父は不機嫌になり、金はやらないと言った。何とかしなければ。父親にもなったというのに、いつまでこんなことをしているのか。レヌは何も言わず、じっと耐えている。私が実家に帰るのは金が要るときなので、レヌはいつもそれまでに貯めておくようにしてくれる。この帰省のときはダカに戻る直前になって父が金を渡してくれた。それほどたくさんくれたわけではないが、いつも私が困らない程度の金額を手渡してくれた。私自身はそれほど金を使うわけではない。唯一の贅沢といえばタバコを吸うことぐらいだ。弟のナセルはクルナで商売を始めていた。学業はやめてしまっていた。もう実家には頼らず、逆に時々金を送るようになっていた。私の子どもたちの生活は、ナセルが面倒を見てくれていた。

第三章　中国へ

ダカに戻り、東パキスタン平和委員会の集会に参加した。アタウル・ロホマン・カーンが議長役を務めた。「戦争はいらない、望むのは平和だ！」というのが大会のスローガンだった。

一九五二年の九月十五日か十六日頃連絡がきた。北京で東南アジアおよび太平洋諸国の代表が参加して「アジア太平洋地域平和会議」が開催されることになり、私たちも招待されたのだ。パキスタン全体では三十人が招待を受けたのだが、東ベンガルへの割り当てはわずか五人だという。アタウル・ロホマン・カーン、『イッテファク』の編集長マニク・ミヤことトファッジョル・ホセン、コンドカル・モハンモド・イリヤス、ウルドゥー語の作家イブネ・ハサン、そして私だ。時間がない。金もない。パスポートはいつできるのか。航空券については心配はいらない。往復料金とも主催者側が負担してくれるからだ。

パスポートの申請はしたものの、実際に発行される望みは少なかった。政府と与党の連中がへそを曲げてしまっていたからだ。中国のような共産主義国にいく奴らなど、共産主義者に決まっている、というのが彼らの言い分だった。平和大会どころか共産党大会ではないか、などとさまざまな文句を並べ立てる。しかしカラチでは、ミヤ・イフティカルウッディンが私たちのパスポートのために奔走してくれていた。ダカでパスポート発行の担当官に連絡したところ、「こちらでできることはすべてしました。上から指示が来たらすぐに発行します」という返事だった。担当官自身もカラチに働きかけてくれた。私たちは東ベンガル州政府の内務省と連絡を取り続けた。アタウル・ロホマンは内務省の次官や局長などと会って依頼した。しかし誰も何もはっきりとは言えなかった。BOAC・英国海外航空のオフィスにも問い合わせた。航空券はオフィスに届いているが、パスポートが出ないとチケットは発行できないし、席の予約もできないという返事だった。BOACのダカ便は週一回だけだ。二十三日か二十四日頃ラングーン（ヤンゴン）経由で香港まで行くという。

北京は非常に寒くて、冬の衣服がいるという。しかし冬用の服などない。それでも香港でも買えると聞いた。値段も安いそうだ。

二十二日か二十三日になって、ほぼあきらめの気持ちだった。おそらく二十四日にダカに到着する便がある。そのときになって政府から、パスポートが発行されると連絡があった。パスポートを発行したのは私たちへの思いやりというより、単に政府の面子のためだろうと私たちは理解した。パスポートを手にしたのは午後一時だった。家に戻って服を揃えて空港に行って、などしていると絶対に間に合わない。アタウル・ロホマンがBOACのオフィスに電話して、飛行機の運行状況を問い合わせてみた。詳しいことは分からないが、数時間は遅れているという。希望の光が見えた。間に合うかも知れない。私たちはアタウル・ロホマンの家で待ち続けた。一時間したら何時間遅れなのか、正確なところを知らせてくれるという話だった。そんなときになってマニク・ミヤが自分は行かないと言い始めた。編集長の自分が不在になったら、イッテファク紙の面倒は誰が見るのだ、金はどうする、誰が書くのか、などと言い募った。

そうこうするうちに航空会社から、二十四時間の遅れだと連絡が入った。明日十二時に到着し、一時に出発すると言う。少しほっとした。少し時間の余裕ができた。この時間を利用して、私たちが不在の間もアワミ連盟の業務に支障が出ないようにしておこうと考えた。家に帰ると、モッラ・ジャラルとハミド・チョウドゥリが私の出発の用意を全部してくれた。アワミ連盟の本部に立ち寄ってから、『イッテファク』紙にマニク・ミヤを訪ねて行った。さんざん説得して、少し分かってはもらえたようだ。しかしはっきりした返事をしない。明朝十時にアタウル・ロホマンの自宅に集合し、そこから皆で一緒に空港に向かうことになっていた。同行する仲間の一人のコンドカル・イリヤスは私の友人で、週刊『ジュゲル・ダビ（「時代の要求」）』紙の編集長を務めている。私たち二人は歳が近いこともあって、一緒に行動しようということになった。問題はマニク・ミヤだった。何をしでかすか分かったものではない。

翌朝、準備を整えてマニク・ミヤの自宅へ行った。当時のダカではリキシャが唯一の交通手段だった。八時に彼の家についてみると、のんびりと寝ていた。さんざん大声で訪ないを入れたらやっと起きてきた。私を見て、「私は行けないよ。無理だ。どうぞみんなで行ってきてくれ」などと言うので腹が立ってしまった。マニクの妻に言った。「どうして行ってらっしゃいと言わないんですか？　十日か十五日留守にしたって問題はないでしょう。マニクさんは物書きです。行けば新しい中国のことを書けるでしょう。それは読者のためになることですよ。服はどこです？　スーツケースを整えて、出発の用意をしてください。マニクさんが行かない限り、私たちも出発できません」。マニク・ミヤは私の強情さを知っている。急いで支度を始めた。

そうこうしながら私たちはアタウル・ロホマンの家に集まった。飛行機は言われた時間どおりに到着の予定だ。十一時までに空港に行かなければならない。飛行機に乗り込むまでにこなさなければならない手順がたくさんあるからだ。チケットはだいぶ前に入手した。席の予約も済ませた。

私たちが空港に着いてしばらくすると飛行機が到着した。友人たちが何人か空港まで見送りに来た。平和委員会のアリ・アクサド書記は花束をいくつも抱えて現れた。私たちの手荷物とパスポートのチェックも終わった。西パキスタンから参加するミヤ・マームード・アリ・カースリーほか何人かの代表もこの飛行機で中国に向かう。しかし西パキスタン代表の多くはすでにカラチから香港に出発済みで、私たちとそこで合流し、北京に向かうのだと聞いた。私たちの飛行機は最初にラングーン（ヤンゴン）に寄港する。ラングーンで一泊しなければならないことになる。今日の午後から夜にかけてたっぷり時間がある。アタウル・ロホマンが「ラングーンにはショオコト・アリ弁護士の兄が住んでいて、大きな商売をしている。住所も知っているから会っていこう」と言った。

ラングーンに到着して、BOACのトランジット用のホテルで、出発まで待機することになった。ビルマではベンガルと同じような花や果実が見られる。当時のビルマは混乱状態が続いていた。独立は勝ち取ったものの、どこもかしこも無政府状態だった。第二次世界大戦が終結したあと、日本や中国の多くの武器がビルマの人々の手に渡ることになった。そして好きなようにそれらの武器を使うようになった。共産主義勢力とカレン族は、政府に対して抵抗運動を宣言した。内戦により国が瓦解してもおかしくない状況だった。法による秩序など、影も形もない。何時でも、たとえ白昼であっても、ラングーン市内では強盗事件が頻発していた。災難を怖れて、人々は普通夕方過ぎには外出しないようにしていた。金回りに余裕のある人や大商人はさらにひどい目にあっていた。そうした人たちの子どもが頻繁に誘拐されていた。要求された身代金を払わなければ殺されてしまう。そんな事件が起きていた。どこかに出かけるときは必ずことわって行くように言われた。各ホテルには武装した警備員が配置されていた。しかし私たちのような外国人を襲っても大したものを持っているわけではない。

ホテルに着くとさっそく、アタウル・ロホマンがロイヤル・ステーショナリーという文房具店の経営者、アムジャド・アリに電話した。ショオコト・アリの兄だ。電話したときは外出中だったが、間もなく戻り、ホテルまで会いに来てくれた。私たちとの出会いを喜んでくれた。海外で自国の人間に会ったりすれば誰でも嬉しいものだ。自分の車を持っていて、その車でラングーン市内を案内してくれることになった。まず彼の経営する店に行った。ラングーンでも有数の店だ。

アムジャド・アリはこの町の現状について話してくれた。町全体が徐々に活気を失っているようだと言う。それでもこの町を離れる気はないとのことだった。ビルマ政府がしっかりと掌握しているのはラングーン市とその周囲二十マイル（三十二キロメートル）ほどの地域に過ぎない。政府は反政府勢力を抑えこめないままだ。それはさておき、アムジャド・アリは私たちを自宅にも案内し、妻に紹介してくれた。奥さんという人は気さくできちんとした人だった。夜はぜひ食べていけと言う。どんなに遠慮しても聞いてもらえなかった。

アムジャド・アリに連れられてラングーン見物に繰り出した。大きな仏教寺院をいくつも見た。ある寺では実際に境内に入って見たりもした。ただ、最大の寺院は数マイル離れているということで、戻ってくる頃には暗くなってしまうため、途中の危険を考えていくのを断念した。

ラングーンにはアタウル・ロホマンの知り合いがもう一人いた。やはり東ベンガルの人だ。大臣を務めたこともある。その人の家を訪ねたが不在だった。何度も呼ばわると、上の階からビルマ人の女性が顔をのぞかせた。家には誰もいないと言う。私たちは見知らぬ人間だからと言って扉を開けようとしない。ではメッセージを残して行こうと、書くための紙をくれないかと言ってみたところ、扉は開けるわけにいかないから、そこにおいてある紙に書いて、窓から投げ込んでおいてくれという返事だった。私たちに対するこの態度は、一体どういうことなのだろう？　アムジャドに尋ねたところ、「強盗団がこんなふうにして襲ってくることがあるからですよ。以前なら、家の主人を訪ねていけば普通扉を開けてくれたものです。強盗はそれにつけこんで家に押し入り、住人を縛り上げて拳銃で脅してものを奪っていくのです。ラングーンではそんな事件が頻発するようになったので、知った人でない限り、扉を開けようとしないのですよ」という答えだった。

ラングーンはかつて美しい町だったのだろう。今でもその美しさは多少残ってはいるが、あらかた失われてしまった。アムジャドは私たちと何時間か付き合って、いろいろなところに案内してくれた。最後に連れて行かれたのは、ビルマクラブだった。独立前には、ヨーロッパ人しかこのクラブの会員になれなかった。現地の人間は、敷地内に足を踏み入れることさえ許されなかった。市内の湖のほとりにあるこのクラブは、とても美しかった。クラブの現在の会員たちは皆アムジャドと顔見知りで、彼がここで尊敬されていることがよく分かった。

アムジャドは私たちをホテルまで送り届けてくれ、中国からの帰り道にもぜひ寄ってくれと言い残して行った。ホテルではイリヤスと同室だった。ラングーン平和委員会のメンバーたちが、私たちに会いにホテルまでやって来て、長いこと話をして行った。リーダーから、彼らのメンバーの中には中国に向けて出国した人もいると聞いた。さらにもう何人か行くことにしているのだが、まだパスポートが出ないと言う。待ちきれずに密出国して行った人もいるのだそうだ。

ラングーン出発は未明だった。到着したのはバンコクだった。タイの首都のバンコクには大きな空港がある。出発を待つ間に軽食で腹ごしらえをした。一時間後、香港に向けて飛び立った。もうどこにも寄らず、まっすぐ香港を目指す。タイ、ラオス、ベトナム、南シナ海の上空を通過して香港の啓徳空港に着いたのは午後一時だった。新華社通信の代表が出迎えてくれた。九龍飯店が私たちの宿となった。西パキスタンからの代表たちのうち、十人ほどはすでに到着していた。翌日早朝までにパキスタン代表全員が香港に着くことになっている。会合を開いて協議した結果、ピール・マンキー・シャリーフがパキスタン代表団の団長をつとめることになった。

香港には一昼夜いて、名所をまわって見物した。英国人たちは香港の英語名を「ビクトリア」とした。川を隔てて一方が香港地区、反対側は九龍地区と呼ばれる。私たちはここで冬用の衣服を買い求めた。金がたっぷりあったわけではないが、ものの値段が非常に安かった。しかし買い物の際には十分用心しなければならない。例えば一タカの品物を向こうは二十五タカとふっかけてくる。それに対しあくまで一タカと言い張らなければならない。遠慮などしているとやられるだけだ。買い物には、このあたりの相場に詳しい人に付き合ってもらうべきだ。香港は別名を「騙港」とでもすべきだと思う。道を歩くときは必ずポケットに手を入れておくようにしなければならない。でないとスリにやられていつの間にか空っぽ、などということになりかねない。町は美しいが、その実体を考えるとぞっとするしかない。香港はイギリスの植民地だ。多くのもと資産家が、中国本土から香港に逃げて来ている。一文無しになった人たちは、食べるためにもいろいろと不実を重ねることを余儀なくされているという現実がある。ここであるパキスタン人と知り合いになった。シンド州出身で、現在はここ香港で暮らしている。香港に関するさまざまな話を聞かせてもらった。その後私自身、何度か香港に行くことになった。数日間だが滞在したこともある。香港がどうしてこれほどの罪悪を耐えているのかと思うばかりだ。

香港から列車で広州市に着いたのは五月二十七日だったと思う。香港から行くと、深圳が共産主義国家・中華人民共和国の最初の駅になる。英国鉄道が通じているのはイギリス領のみだ。そのため私たちは列車を下り、徒歩で橋を渡って深圳駅まで行った。そこで平和会議の男女のボランティアたちに出迎えられた。もう何の心配もない。私たちの荷物はすべてボランティアたちが引き受けてくれた。北京に向かう列車には、私たちのための食事や宿泊の用意が整えてあった。海外からの招待客二、三人につき一人の通訳がついた。ほとんどが高校や大学の学生だ。私は列車の内部の探検を始めた。端から端までどこでも見てまわれる。新生中国の人々の表情を見たいと思った。かつて阿片に溺れていた民族がふと眠りから覚めたようだった。今はもう誰も阿片など吸わないし、うとうと眠ることもない。中国は国も人も生まれ変わったように見える。人々の心から失望は消えうせ、あるのは希望ばかりだ。独立を勝ち取ったこの国のすべては今や人民のものだ。たった三年の間にこんな変化を遂げることが、如何にして可能だったのか。

広州市に着いたのは夕暮れ時だった。花束を抱えた何百人もの子どもたちが私たちを歓迎してくれた。駅では平和委員会の幹部たちも出迎えてくれた。その夜は、珠江のほとりに立つ大きなホテルに滞在することになっていた。夜は平和委員会の主催による晩餐会が行なわれた。中国の人々はベンガル人と同じように、スピーチをしたり聞いたりすることが好きだ。

食事の前にいろいろな人が挨拶した。私たちパキスタンからの代表団からは、ピール・マンキー・シャリーフが代表として挨拶のスピーチを行なった。拍手が鳴りっぱなしで、私たちも手を叩かなければならなかった。北京への出発は明朝早くだ。私たちの中国入りは大幅に遅れていた。実際、平和会議の開催日程そのものも遅れていた。多くの国の代表が、私たちと同じく予定通りに中国に来ることができなかったからだ。

広州市から北京までは千五百マイル（二千四百キロメートル）の距離がある。その間は飛行機での移動となった。朝食を済ませて出発した。飛行機の窓からこの国の美しい風景を見て、私はすっかり魅せられてしまった。

広東州はベンガルと同じように、水も緑も豊かだ。外国人たちは何百年にもわたってこの国を支配下に置きながら、その資源を吸い尽くすことはできなかった。新生中国は芯から生まれ変わろうとしている。

午後、北京空港に到着した。空港には北京平和委員会のメンバー、インド代表の一部、それに小さな子どもたちが私たちを待っていた。紹介が済むと北京飯店に案内された。ついに中国の首都、かの北京に着いたのだ。昔から多くの民族がこの町を支配した。英国や日本は大規模な破壊も行なった。占領時には略奪行為も頻繁だった。今では町全体が新しく生まれ変わったようだ。まるで支配の桎梏から逃れ、満面の笑みを浮かべているかに見える。

私たちの宿泊した北京飯店は、北京で一番大きく、豪華なホテルだ。アタウル・ロホマン、マニク・ミヤの二人と同室だ。皆疲れてぐったりしていた。夜になったが、どこかへ出かけようという気になれない。しかし私たちの代表であるピール・マンキー・シャリーフが、イスラム教徒用のレストランで食事したいと主催者側に伝えたので、夜はバスに乗ってそこに行くことになってしまった。外はすこぶる寒く、出かけたくはなかったが仕方がない。レストランまではホテルから二マイルほどの距離だ。着くとすぐに食事が供された。レストランの経営者はとても嬉しそうだった。このレストランでは中国語しか通じない。幸い通訳がついていた。というわけで食べ始めたのだが、とても食べられた代物ではなかった。異様に辛いのだ。それでパンをひと切れふた切れ、口に詰め込んだだけで引き揚げてきた。食べたのは少しだけだったが、それにやられたのか腹が痛み始めた。ホテルの部屋においてあったブドウなどの果物を食べ、お茶を飲んでその夜をなんとかやり過ごした。マニク・ミヤは反乱声明を出し、もうあのレストランには行かないと宣言した。

北京飯店にはなんでも揃っている。食べたいものがあればそれを出してくれる。マニク・ミヤほか何人かは、翌日昼はホテルで食事し、ホテル内で過ごした。だが私とアタウル・ロホマンは仕方なく昨日のレストランに行った。夜ピール・マンキー・シャリーフとそこに食事に行ったのは五、六人だったが、さらにその翌日になると、ピールとその秘書のハニフ・ハーン（現在は中央政務官）だけになった。北京飯店には米、野菜、エビ、鶏肉、牛肉、タマゴと、私たちの食べられるものは何でもあって、調理を頼んでしばらく待てば作って持ってきてくれる。それが分かってもう食事の悩みはなくなった。さらに数日前から同じホテルに、コルカタの著名な作家、モノジ・ボシュと有名歌手キティシュ・ボシュが滞在していて、ベンガル料理のレシピなどをホテル側に伝えるなどしていたので、二人と知り合いになってからはさらにうまい具合になった。

平和会議が始まるまでに若干の時間があった。十月一日は新生中国の国慶節だ。一九四九年のこの日、中華人民共和国の成立が宣言された。逆に蔣介石とその一党は、台湾への逃亡を余儀なくされた。平和会議開幕は十月二日だ。その前に北京の町をじっくり見てみようと考えた。

北京の中には、もう一つの町がある。その名は紫禁城。英語ではフォービドン・シティ、立ち入りが禁じられた町、と呼ばれる。かつて代々の皇帝たちが臣下を従えてここで暮らした。庶民はここに足を踏み入れることを禁じられていた。この「禁じられた町」にはないものはない。公園、湖、そして宮殿。何でもこの中にある。以前インドで、デリーのラール・ケッラ、ファテプリ・シークリー、アーグラー城などを見る機会があった。紫禁城はそれらよりさらに大きいと思われた。現在は誰でも入ることができるし、特に労働者には特典がある。博物館、図書館、公園、湖などここのすべてが、今は人民の財産と見なされている。毎日何千人もの人がここを訪れる。王や支配者のやることはどこでも同じなのだなと、紫禁城を見て思った。そういった人たちは、人民の財産を勝手に使い、恬として恥じるところがなかった。

次の日には英語でサマー・パレス、夏の宮殿と呼ばれるに場所に行った。さまざまな動物の塑像や巨大な仏像、大きな湖がある。湖の真ん中には島もある。この頤和園《いわえん》は世界でも有数の庭園として有名だ。

パキスタンの駐中国大使を務めるレザ少将が、ホテルに私たちを訪ねてきた。何か困ったことや必要なことがあったら遠慮なく言ってほしいと言う。自宅に招待もしてくれた。現在の中国について、大使からいろいろな話を聞くことができた。闇市場は消え、仕事も手に入りやすいという。窃盗や強盗事件もなくなった。新政府の厳しい取締りのおかげだ。物の値段はどこで買おうと変わらない。私は一人でちょっとしたものを買いに行ったことがあった。値段が明示されている。値段交渉などない。人力車にも乗った。中国語は全く分からない。中国の貨幣を「人民元」というが、それを手のひらに載せて人力車夫に示した。車夫は相場の金額だけ取り、それ以上持って行くことはなかった。

その年の国慶節は建国以来三回目だった。平和会議出席者たちのために特別な席が用意されていた。私たちのすぐ後ろの高くなったところには、毛沢東、朱徳、孫文夫人（宋慶齢）、周恩来、劉少奇ほか多くの指導者が並んでいた。そのうちパレードが始まった。まるで人の海のようだった。陸・海・空軍による軍事パレードがあった。赤い旗のみを掲げた労働者、農民、学生、少年先鋒隊の行進がそれに続いた。一つ気づいたことがあった。これほど大規模なパレードなのに、統制が全く乱れない。パレードの参加者はおそらく五十万をくだらないだろう。翌日の新聞には五十万とあった。革命政府は新しい思想を導入して国の秩序を取り戻したのだ。

マハブブが北京にいることを私は知らなかった。北京のパキスタン大使館の三等書記官だと言う。

私とは一緒に法律を勉強した仲だ。マハブブの父親もよく知っていた。アブル・カシェムという人で、副判事を務めていた。チョットグラムの出身で、自由な考えの持ち主だった。真実を語るに臆することがなかった。

それはさておき、北京でマハブブに会ったのは偶然だった。夫人と一緒に国慶節の行事に参加するため歩いているのを遠くから見かけたのだ。私は大声で彼の名前を呼んだ。北京などで突然誰が自分を呼んだのかと、マハブブもびっくりしたらしい。私の顔を見てマハブブはたいそう喜んだ。もっとも、私が北京に来たことは新聞で読んで知っていたそうだ。午後になって、マハブブは夫人と一緒に私をホテルに訪ねてきた。そして北京の町のあちこちを案内してくれた。その夜は他で招待されていたので、あまりゆっくりはできなかった。翌日また会うことを約して別れた。それ以降、北京に滞在中はずっと、マハブブの家で一緒に食事をすることになった。私はベンガル料理でないとどうも満足感が得られない。マハブブの夫人からカメラを一台プレゼントされた。金も必要だということで、金も少し渡してくれた。「香港で買い物をしていくといい。何でも安いからね」とマハブブは言った。そして私の妻には何も買えなかったので、その金で何か買って行ってやってくれと言う。

夫人が自身のある経験談を聞かせてくれた。ある日、学校から人力車に乗って帰宅したのだが、その車の中でペンを落としたのに気づかなかった。家に帰ってペンがないのに気づき、あちこち捜したが見つからなかった。それで人力車で落としたのだろうということになり、もう見つからないものとあきらめた。ところが翌日、人力車夫が自分からペンを届けに来たという。近頃はこのような話がよくあるそうだ。中国の人心が変わってきていることが目に見えて分かる。

マハブブ夫妻から受けた親切は忘れられない。北京のパキスタン大使館で、マハブブは唯一のベンガル人職員だった。

平和会議が始まった。三十七カ国三百七十八人の代表が参加した。会場には三十七の国旗が掲揚された。美しく飾られた会場のいたるところに、平和の象徴である鳩が描かれていた。会議場のテーブルすべてに通訳用のヘッドフォンが置かれた。私たちパキスタン代表は一カ所にまとまって座を占めた。各国の代表たちによるスピーチが始まった。すべての参加国から一名ないし二名が出て議長役を務めた。スピーチは続いた。パキスタン代表の中からも多くの人が演壇に立った。東パキスタンからの参加者では、アタウル・ロホマン・カーンと私がスピーチをした。私はベンガル語で話した。それをアタウル・ロホマンが英語でその内容を伝え、さらに英語は中国語、ロシア語、スペイン語に訳された。ベンガル語を使わない理由などない、と思った。インド代表ではモノジ・ボシュもやはりベンガル語でスピーチを行なった。東ベンガルの学生たちは、一九五二年二月二十一日の言語運動で、母語のために命を捧げた。ベンガル語はパキスタンの多数派の言葉でもある。中国のみならず、世界のどこの国でも、ベンガルの詩人ロビンドロナト・タクル（ラビンドラナート・タゴール）を知らないという知識人にはまず出会ったことがない。英語で演説ができないわけではない。だが母語で語ることが私の義務だ。私のスピーチが終わると、モノジ・ボシュが私のところに駆け寄ってきた。私をしっかり抱きしめてこう言った。「ムジブ、今は二つの国に分かれてしまったけれど、誰も私たちの言葉を分断できなかった。今後もできるはずがない。君たちが生命を犠牲にしてまでベンガル語に国語の地位を与えようとしたことを、インド側でのベンガル語話者である我々も誇りに思っている」。

コンドカル・イリヤスも私を抱きしめて離そうとしなかった。彼とはスピーチの前に打ち合わせをしていたのだが、よほど感激したらしい。歌手のキティシュ・ボシュはもともと東ベンガルのピロジプル出身だ。そのベンガル語の歌に会場は酔いしれた。キティシュは聴衆に向かい、ベンガル語は自分たちの誇りだと言い切った。（そのとき行なったスピーチの写しはまだあるので、後で掲載しようと思う。）（原文注24）

総会の後はいくつかの分科会に分かれ、会場を各部屋に移して討議が行なわれた。私もある分科会のメンバーとなって話し合いに参加した。分科会で集約された意見が決議案作成委員会に上げられ、そこでまとまった決議案を総会に提出し、満場一致で可決された。

マニク・ミヤは分科会での討議にほとんど参加しなかった。決議案などは前もって決められているのだから、というのがその言い分だった。平和会議終了後、大規模な集会が行なわれた。各国の代表がスピーチを行なったが、皆「戦争はいらない、望むのは平和だ！」という主張をした。宗教ごとに分かれて参加した人たちもいた。中国では儒教の信者が最も多い。次いで多いのが仏教信者で、イスラム教徒も少なくなく、キリスト教徒もいる。あるモスクに行った。そこの人たちの話では、宗教への介入はないそうだ。その代わり、何の支援も行なわれないとのことだった。集会ではパキスタンの代表の一人で女性解放運動家のタヘラ・マズハール・アリのスピーチがとても良かった。パキスタンの女性代表の中で、スピーチを行なったのはタヘラだけだった。彼女の演説により、パキスタンのイメージがずいぶん上がったように思う。

インド代表とパキスタン代表の間でカシミール問題をめぐって長い議論の末、共同声明が発表された。声明でインド代表は、住民投票と平和的な手段によるカシミール問題解決の必要性を認めた。この声明により、平和会議の参加者全員に対し、カシミール問題についてアピールすることができた。

私たちはインド代表を招いてパーティーを開き、インド代表も答礼の集まりを催した。ムスリム連盟政府からの会議参加者はそのことを快く思わなかった。しかしながら、こういった世界規模の会議に参加することのメリットはあっても、デメリットなどは一つもない。パキスタンは新しい国で、この国のことをよく知らない人が多い。他の国の国旗と並んでパキスタンの国旗が掲げられることで、また代表たちが演説の中で国名を何度も言うことにより、多くの人がパキスタンについて興味を抱き、知りたいと思うようになるのだ。

私たちはロシアの代表団も招いてパーティーを催した。そこでアシモフという作家と知り合いになれたのは嬉しいことだった。平和会議ではトルコの著名な詩人、ナジム・ヒクメトの知己を得ることもできた。ヒクメトは祖国で長年にわたって投獄され、その後平和会議の当時はロシアで亡命生活を送っていた。彼の犯した唯一の犯罪は、共産主義者であることだった。世界的な詩人であるのに、祖国には居場所がない。インドのサイフッディン・キチュルー[116]、ファアリディ[117]ほか多くの第一線の政治・社会活動家の面識も得た。私とイリヤスはこの機会に孫文夫人の宋慶齢とも少しだが話をすることができた。

ここに来て気がついたのは、中国の政府も国民も、インドが好きでたまらないということだ。もちろんパキスタンとも友人になりたいと考えているが、インドこそが中国の友で、インドのすべてが中国人にとっては好ましいのだ。私たちは中国側と話す機会があれば、中国と友好関係を結びたいとするパキスタンの強い意向を伝える努力をした。北京市の彭真市長とも非公式だが話をすることができた。

私たちは天壇見物にも行った。天国の寺と呼ばれている。かつて中国の人々は、この寺に参って豊作祈願をしたという。しかし現在では、祈禱によって豊作がもたらされるなどと誰も信じてはいない。中国の共産党政府は地主から土地を収奪し、農民たちに分け与える方策をとった。その結果土地なし農民が土地を持てるようになった。農民たちは収穫につとめ、政府がそれを後押しする。収穫した作物を地主に納めることはもうしなくていい。農民たちは必死で働いている。支配者層が姿を消した今の中国は農民や労働者の国なのだと、皆が声を揃えて言う。

十一日間に及んだ平和会議が終わり、帰国する日が近づいた。平和委員会側からは、中国国内でどこか行きたい、あるいは見たいところがあれば案内すると言われた。費用は委員会が負担してくれる。アタウル・ロホマン・カーンとマニク・ミヤは帰国を急いでいて、私たちとは別れて出発して行った。イリヤスと私はもう何箇所かまわって帰ることにした。何人かでまとまって行ったほうがよい。私たちはピール・マンキー・シャリーフほかの西パキスタン代表たちのグループに加わった。わが国の政府の態度からすると、中国を見る機会はもうないかもしれないと考えたのだ。しかしここであまりゆっくりするわけにも行かない。帰国が遅くなりすぎると、空港から直接、官製の特別客用宿泊施設に送り込まれないとも限らない。それはともかく、ハサンは別のグループに加わると言うので、私たち二人はピール・マンキー・シャリーフたちと一緒に汽車で行くことになった。北京を発って最初に向かったのは天津だった。ピール・マンキー・シャリーフはちょっと困った人で、仏教寺院とかモスクとか、宗教関係のものばかりやたらと見たがるのだった。私たちはそれよりも工場とか、農民たちの置かれた状況とか、文化交流の場とか博物館、美術館を見たいのだが、私たちの代表の意向に逆らうわけにはいかない。しかしイリヤスと私は合間を見てはいろいろなところを見物してまわった。中国では中国語以外全く通じず、私たちの言うことを誰も分からないし、現地の人の言うことは私たちにはさっぱり分からない。通訳だけが頼りだ。

天津は海に向かって開けた港湾都市だ。ロシア人が多く目についた。ある日の午後公園に出かけたら、ロシア人の一家が散歩をしているのを見かけたので話しかけてみた。しかし通訳がついていなかったので、結局何も分からずじまいだった。気持ちを伝えられないまま、身振り手振りでお元気でといって別れるしかなかった。意志はあっても伝達する方法がない。向こうの言葉は知らないし、私たちの言葉を向こうは分からない。

夕食は私たちのために特別メニューが用意されたが、現地のイスラム教僧侶とムスリムたちも招待された。イスラム教徒たちはここで快適に暮らしていると言う。共産党政府は宗教に介入はしない。ただし布教は許されていないとのことだった。

天津には二日いて、その後南京を訪ねた。道には自動車はあまり走っておらず、目につく乗り物はといえば自転車、自転車つき人力車、それにバスが少々といったところだ。自家用車はごく少ない。新政府が自動車輸入よりも国造りに重点を置いているためだ。

中国に来て、私たちにとってちょっと不便なことがあった。私たちは自分のヒゲは自分で剃り、整えるのを習慣にしている。床屋に金を払ってヒゲを剃ってもらうなどしたことは多分ない。しかし持参していたカミソリの刃が底をついてしまった。刃を買いに行ったが、どこにも売っていない。カミソリの刃の輸入は禁止されているという。北京でさんざん探し回ったが手に入らなかった。天津ならばどこかにあるのではないかと考えた。何しろ巨大な産業地区と港があるのだから。思ったとおり、ある店で古い刃が売られているのを見つけた。しかし古くなりすぎて、ヒゲが剃れるような代物ではない。ここではこんなものを欲しがる人間などいない。中国では国内で生産されないものは使われることがないのだ。ヒゲを剃るには古めかしいナイフのようなものを使う。結局仕方なく、ホテルの散髪室でヒゲをあたってもらうことにした。

中国では外貨は産業育成のためにのみ用いられる。我が国が朝鮮戦争のおかげで稼いだ外貨のほとんどを、日本製の人形やそのほか趣味の物の購入で使ってしまったのと比べると、大きな違いだ。物の見方、考え方がパキスタン政府と中国政府では全く異なっているのだ。中国では外国製のタバコは全く手に入らない。ここでは質の悪いタバコが作られ、皆がそれを吸っている。私たちも仕方なく中国製タバコを吸っていた。いがらっぽいので最初のうちは抵抗があったが、そのうち慣れた。

南京は古い歴史を持つ町だ。ここが長い間中国の首都だった。南京には孫文の墓所がある。まずそこに詣でることにした。ピール・マンキー・シャリーフが墓に花を捧げた。私たちは立ってこの偉大な革命家のために黙禱した。孫文は生涯をかけて帝国主義および満州国に対し、自分を犠牲にして戦いを挑んだ。そして遂に王政を倒し、世界に向けて中国の存在を示して見せた。それにより帝国主義者たちも、中国をいつまでも支配・搾取することは不可能だと悟ったのだった。

南京のあと上海に行った。上海は世界でも有数の大都市で、商業の中心地でもある。何度も外国勢力によって支配された歴史を持つ。中華人民共和国の成立以前、ここは外国人たちが贅の限りを尽くし、享楽に溺れる町だった。現在の香港と同じようだったと言える。新しい中国政府は断固とした方策でこの町を変えていった。上海には多くの工場がある。政府はそれらの一部を接収した。それらの工場を経営していたのは蔣介石の支持者で、彼らは台湾に逃亡していった。政府による接収の対象とならなかった工場もあるが、それらはいま、労働者と経営者により共同経営が行なわれている。私たちは世界有数と言われる織物工場に案内された。国営化されたばかりの工場だった。工場を中心に居住区が出来ていて、そこには労働者用の新しい住宅が数多く建てられていた。労働者たちの子どもが通う学校があり、病院もあった。巨大な居住区だった。私はしばらくピールの一行と一緒に案内されていたが、こっそりイリヤスに言った。「こういうのを見せようとするのは当然だが、オレは労働者の家に行って、その暮らしぶりを見てみたいんだ。オレたちには良いところばかり見せて、悪いところは目に触れないようにしているかも知れないじゃないか」。イリヤスが「では向こうにそう言わなければ」というので「いや、何も言わないでおいていきなりその話をしてみようぜ。それで突然どこか労働者の家をのぞきに行こう」と私は提案した。

ピールがまた何か自分の好みのものを見に行ったすきに、私は通訳に話しかけた。「この居住区にある家を訪問できないでしょうか。家の中がどんなふうになっているかを知りたいんです」。すると通訳は少し待ってと言って居住区の中に入って行き、五分も経たないうちに戻って来て、あるアパートの一室に連れて行った。部屋の入り口に女性が一人立っていて私たちを迎えてくれた。彼女の案内で室内に入り、座るようにすすめられた。部屋には椅子が三つばかりと寝台が一つあり、寝台にはきれいな寝具がおいてあった。この女性も工場で働いていると言う。ひと月前に結婚したばかりで、夫はいま働きに出ているとのことだった。夫が戻ったら今度は彼女が仕事に行くのだそうだ。女性は私たちに向かい「夫が不在で申し訳ありません。早くお知らせいただいていたらおもてなしもできましたのに。せめてお茶でもお召し上がりください」と言って手早くお茶の用意をして出してくれた。中国のお茶はミルクも砂糖も入れない。通訳が私たちに「あと二部屋ありますので見てください」と言った。中産階級の家族が住むのに十分な家という印象を受けた。家具もそれに相応しいものだった。キッチン、浴室、トイレまで見せてもらい、また最初の部屋に戻った。私はイリヤスに言った。「困ったね。新婚早々の女性の家を訪ねたのに、贈り物が何もない。気を悪くするに違いない。我が国にとって不名誉なことになってしまう」「どうしたらいいかな。考えてみよう」とイリヤスは答えた。そのときふと、自分の手の指輪に目がとまった。私はすぐに指輪を外し、通訳に言った。「これをささやかな贈り物として奥さんに差し上げたいんです。私たちの国では、新婚家庭を訪れるときは必ず新郎新婦に贈り物を持っていく習慣があるのです」。女性は固辞したが私たちも譲らなかった。「受け取ってくださらないと私たちが困ります。中国の方たちは客のもてなしが好きだと聞いてきました。それを実際に見ることもできました。ですから私たちを困らせたりは決してなさらないと思っています」。そう言って指輪を渡し、その家を辞去した。戻ってピール・マンキー・シャリーフのところへ行き、その日の出来事を話した。指輪を贈ったと聞いてピールは満足そうだった。

翌朝、女性が夫とともに私たちの宿泊していたキングコングホテルを訪ねてきた。手に小さな贈り物を携えていた。「解放筆」と呼ばれるペンだった。私は固辞したが最後には仕方なく受け取った。これが中国の流儀だそうだ。このときは上海平和委員会のメンバーが同席した。

それから二、三日は上海見物にあてた。外国人たちが引き揚げてからは、上海はかつての美しさを失ったと言われる。しかしいまも残る美しさの中にはわざとらしさがなく、自然だ。磨きたてることによって美しさは増すかも知れないが、そのことによって本来の美しさはかえって損なわれる。独自性を失うことになる。いま上海にあるものはすべて、中国本来のものだ。中国人民の所有物だ。港では海に向かって出航していく船を見ることもできた。

上海ではあらゆるところに新しい小中学校や大学が出来ていた。子どもたちの教育はすべて政府が担っている。この国独自のやり方で新しい教育が始まっている。

上海に続いて杭州市を訪れた。杭州市は西湖のほとりに開けた町だ。中国のカシミールと呼ばれるそうだ。美しい自然と花々に彩られている。町は西湖を囲むようにして広がっている。私たちが泊まったのは湖のほとりにできた新しいホテルだった。現地の人たちが湖を小舟を操って行き交っている。湖はここの人たちの憩いの場になっているのだ。西湖には小さな島が点在している。この杭州市や広東は東ベンガルのようだ。どこもかしこも豊かな緑に囲まれている。

ピール・マンキー・シャリーフは一日中仏教寺院の見学で過ごし、翌日もまた別の寺に行くのだという。私とイリヤスは脱落した。その代わり小舟に乗って湖のあちこちを巡ってみた。湖の中の島には休息用の設備が整っている。ここでは女性たちが舟を漕ぐ。雨季には舟のみが交通手段となる。金持ちも普通の人も皆舟を所有している。水の国の住民である私は当然舟が漕げる。西湖でも舟を漕いでみた。

一つの島に上陸してみた。茶店が一軒あった。お茶を飲んでから湖に別れを告げた。

杭州市から再び広東に戻った。広東から香港に行き、そこから帰国の途に着く。往きのときには通り過ぎただけの広東だったが、今度はゆっくりと見ることができた。中国の人々を見て、新しい意識に目覚めているようだと感じた。新しい考えと希望で目が輝いている。独立を果たした国の国民であることに、皆が誇りを抱いている。一九一一年、孫文の率いる軍がこの広東を攻撃した。広東省の人々は国の独立へ、より強い思いを持っていた。

私たちは中国の国民と毛沢東政府に感謝しつつ、歴史に彩られた中国に別れを告げた。英国の植民地であり、非人間的な人々が住む人工的な町、密輸業者たちの集いの場である香港に再び入り、二、三日滞在した後自国に向かう飛行機の乗客となった。新鮮な気持ちと強い思いを心に抱いてダカに帰着した。外国に行かなければ自分の国を良く知ることはできないと思った。

私たちのパキスタンが独立したのは一九四七年で、中国の独立はその二年後の一九四九年だ。独立時にパキスタンの人々が心に抱いていた熱意は、独立達成と同時に冷え始めたように思える。政府は人々の思いを活かす代わりに、それを押さえ込むように努めている。それとは逆に、中国政府は国の発展のために国民を活用している。我が国と彼の国の違いは、中国の人々が国と国の資源は自分たちのものだと知り、実感できたことに対し、パキスタンの人々は国の資源はすべてひと握りの者たちの手の内にあり、自分たちは全く意味のない存在だと感じ始めているというところにある。その結果、国民と真摯に政治を担おうとする者たちの心には失望感が生まれている。英国時代と比べ変わったのは、支配者たちの肌が白から濃い色になったというだけのことだ。

中国の国民たちが政府の事業に協力していることは明確だ。世論は政府とともにある。中国政府は自らを「共産党政府」とは言わない。「新しい民主主義による連合政府」と呼んでいる。政府には共産主義者以外の思想の持ち主が加わっているというのがその言い分だ。もっとも私には、共産主義者がすべてを牛耳っているように見えたが。

私は共産主義者ではない。しかし社会主義を信奉しているし、資本主義経済は信用しない。資本主義は搾取のための道具だと思っている。資本家を生み出す経済が世界に存在する限り、搾取の構造は消えることはないと思っている。資本家たちは自分の利益のために世界大戦を起こすことも進んでする。新たに独立を達成した国の人民が為すべきは、世界平和のために団結し、努めることだ。何世代にもわたって植民地支配という鎖に縛られていた人たち、帝国主義勢力によりすべてを簒奪された人たちが行なわなければならないのは、自分たちの国を建設し、国民の経済的、政治的解放のために最大限の努力をすることだ。だからこそ世界平和実現のための世論を形成することが必要となるのだ。

第四章　アワミ連盟の伸張とムスリム連盟の衰退

中国からダカに戻り、アワミ連盟の仕事に専念した。モオラナ・バシャニ氏はじめ、同志の多くは未だ投獄されたままだった。そのため釈放要求運動を強化する必要があった。ポルトン公園で集会を開いた。アタウル・ロホマン・カーンが議長を務めたこの集会は大規模なものとなった。私は政府の弾圧を非難する演説を行なった。私が集会で演説したのは一九五二年の言語運動のとき以来、これが初めてだった。私たちが釈放されたときにダカ司法図書館で、学生連盟の主催でアワミ連盟党員の釈放を歓迎する集いが開かれたり、国語闘争会議の集まりが何カ所かであったりはしたのだが、私が公式の場で発言したことはなかった。

私はアワミ連盟の組織作りに全力を挙げて取り組んだ。その一環として、ソラワルディ先生に、東ベンガルに来てくれるよう依頼した。先生からは以前、一カ月東ベンガルを訪れて各地をまわり、集会を開催して話をするという約束を取り付けていた。私はその計画を立てて先生に伝えた。すべての県の県庁所在地以外にも、大きな郡でも集会を開くのがその計画だった。

ソラワルディ先生はダカに到着して、まずそこでの集会に臨んだ。パキスタン建国以来、野党が主催した最大規模の集会だった。先生は明確な言葉で、ベンガル語の国語化、政治犯釈放、それに東ベンガル州の自治を要求する演説を行なった。その後シレットからディナジプル、ボグラからボリシャルに及ぶ各県でアワミ連盟による集会が開催された。ラジシャヒだけは集会の実施はかなわなかったものの、隣接のナトルでは行なうことができた。ラジシャヒでは私の努力にもかかわらず、それまでアワミ連盟の県支部を組織できないままだった。ラジシャヒのリーダーたちはナトルでの集会の際ソラワルディ先生と会い、ラジシャヒに案内した。その結果、ラジシャヒにもついに支部が出来ることになった。さらにこの期間に、ほとんどすべての郡にもアワミ連盟の支部が結成された。ソラワルディ先生の全国行脚で、東ベンガルの人々がいっせいに覚醒したようだった。ムスリム連盟を離れ、アワミ連盟の党員となる人が激増した。ソラワルディ先生の指導力は、一般大衆および知識層の信頼を勝ち得ていた。現政府に代わって国を治めることができる唯一の人物はソラワルディ先生であり、先生が首相の座に就けば国と国民が発展することができると、人々は信じるようになっていた。国のいたるところで賄賂、不正、暴力が横行していた。政府は国の発展につとめることをせず、陰謀と術策による政治を行なっていた。カジャ・ナジムッディン首相による脆弱な統治体制を良いことに、政府内には野望が次々と頭をもたげていた。チョウドゥリー・モハンマド・アリ、ゴーラム・ムハンマド、ナワーブ・グルマニのような元官僚が、政治に積極的に関わり始めた。カジャ首相はパンジャーブの官僚主義者たちにへつらうため、チョウドゥリー・モハンマド・アリを財務大臣に任命したことで、自ら陰謀の政治に身を置くことになった。人民は失望し、その代わりにソラワルディ先生への期待が高まって行った。政党の存在なくして民主主義が成功するはずはない。この当時ムスリム連盟に対抗しうる唯一の野党として、アワミ連盟の存在が大きくなって行った。西パキスタンでも、ピール・マンキー・シャリーフの指導のもと、高潔な意志を持った政治家や活動家たちがアワミ連盟結成に乗り出していた。

ソラワルディ先生は西パキスタンと東ベンガルの各地を訪れて、組織作りを助けてくれた。私はといえばそれぞれの集会が終了したあと、各県や郡のリーダーおよび運動員たちと話し合いの場を持って、組織強化に尽力していた。ソラワルディ先生のかつての支援者たちのほとんどが、ムスリム連盟を脱党してアワミ連盟に加入してきた。特に若い層が、ムスリム連盟政府による抑圧に対抗するためにアワミ連盟を選択した。

国家安全保障法違反のかどで逮捕された何百人ものアワミ連盟党員はいまも投獄されたままだ。政府は最初のうちは各県での集会を妨害しようとしたが、そのうちあきらめたようだった。世論はアワミ連盟とソラワルディ先生に傾いていた。先生はモオラナ・バシャニ氏ほか数多くの政治犯釈放要求に向けて、国民の間に強力なうねりを生み出すことに成功していた。モオラナ・バシャニ氏の人気の高まりが東ベンガルで顕著だったのもこの頃だ。

アワミ連盟は一九四九年に結成されたものの、この時期にはまだ評議会の会合も開催できないままだった。ほとんどの幹部が逮捕・収監されていたのがその大きな理由だ。私は各県および郡の支部に向け、三カ月以内に評議員選出のための選挙を実施する指示を出した。その一連の選挙が終わった後、東パキスタンアワミ連盟評議会により役員選挙が行なわれ、党の綱領とマニフェストを採択することになった。私は昼も夜もなく、ただひたすらに働いた。ソラワルディ先生が行くことができなかった郡部に出向き、組織立ち上げに力を貸した。こうした努力の結果、一般の人々や党員から考えられないほど大きな反響が得られた。東パキスタン学生連盟もアワミ連盟の組織形成に協力を惜しまなかった。強力な野党がない限り、政府による抑圧や暴力に対抗することは困難だと、学生たちは考えたからだ。アワミ連盟結党以前は、この学生連盟のみが政府の暴力や不当行為に抗議の声をあげ、一般人や学生の要求を代弁する唯一の団体だった。しかし学生の組織であるために、そのリーダーたちやメンバーはいろいろな不便や限界を感じていた。ムスリム連盟政府は、あらゆる手を使って学生連盟の組織を崩すことを試みた。この学生連盟以外にも、オリ・アハたちが率いていた民主青年連盟も世論形成には一定の貢献をした。

一九五三年の初め頃になって、政治犯や学生たちが次々と釈放され出した。シャムスル・ホクも釈放されたが、すでに病を得てしまっていた。投獄されていた間に精神にいくらか破綻をきたしたことが、誰の目にも見て取れた。特に騒ぎを起こしたりするわけではないが、少し話をしてみるとそれと分かる。話の最中に突然関係のないことをしゃべり始めたりするのだ。私たちはたいそう心配になった。ただひたすら国を愛し、自らを犠牲とすることも厭わなかったこの独立の指導者は、国のためにしようとしたことのために捕らえられ、監獄の闇の中で心を病んでしまったのだ。この悲劇を誰に伝えればよいのだろう？　パキスタン建国運動へのシャムスル・ホクの貢献は、いま権力の座にある者たちのそれより、遥かに大きかった。このベンガルの地にあってパキスタン建国のために全力を尽くして働いた人たちのうちで、シャムスル・ホクこそが最も優れた闘士であったことに間違いはあるまい。かつて地主や地方の有力者たちのものであったムスリム連盟に改革をもたらし、一九四三年以降は一般の人々の組織に変えた人たちの一人がシャムスル・ホクだった。他ならぬそのパキスタンの牢獄の中で精神を病まなければならなかったとは、何という運命のいたずらなのだろう。

私はいろいろな人と相談し、シャムスルを何とか治療させようとした。だが彼はそれを拒んだ。それどころか私に対して怒りを露わにした。私はそこでシャムスルに、党の書記長になってくれないかと頼んでみた。私がそれまで書記長代行の地位にあったため、党運営委員会の会議を開き、そこで公式に依頼したのだ。仕事に没頭すれば病気もよくなるのではと考えてのことだった。シャムスルは会議に出てきた。しかし「私は書記長は引き受けられない。ムジブがやればいい」といきなり言った。さらにわけの分からないことも口走ったので、そこにいた皆が、彼の精神が少し混乱していることに気づくことになった。

私は仕方なく責務を続行した。ダカ市アワミ連盟の評議会の会合で、シャムスル・ホクに無理やり議長役をやらせてみたこともある。しかし彼は、自分は全世界を統べる首長だなどと言い出したので、出席していた者たちは辛い思いをした。どうしたらシャムスルの病気を治すことができるのかと考えて皆が暗い気持ちになった。そのころちょうどシャムスルの妻のアフィア・カトゥン教授が研究のために国を離れてしまったことで、状況はさらに悪化した。せめて妻がそばにいれば、何か方法はあったのかも知れないと思う。

そうした中、ヤル・モハンモド・カーンが私を大いに助けてくれた。彼の支持と協力がなかったら大変困ることになった場面も多かったと思う。マニク・ミヤの努力で、『イッテファク』紙は多くの読者を得るようになった。まだ週刊の新聞ではあったが、町でも農村部でも広く読まれた。『イッテファク』ばかりでなく、『パキスタン・オブザーバー』紙も時々アワミ連盟に関する記事を載せた。一方でムスリム連盟とその政府は急速に人気を失っていった。この時点で必要なのはアワミ連盟の指導体制を整え、組織をまとめることだと感じた。私と仲間たちはこの機会を十分に活かし、郡の下の行政区画である区のうち、約七〇％に支部を設置することができた。若い運動員たちが私のまわりに集まってきた。当時は私も若かったからだろう。

モオラナ・バシャニ氏ほかの多くの党員がすでに保釈されていた。私はバシャニ氏やアタウル・ロホマン・カーンに評議会について相談した。評議会の会議を早々に開催することが必要という点では、二人も同意見だった。そこで初の評議会の会合がダカで招集された。会場を捜すのが大変だったが、ヤル・モハンモド・カーンの協力でムクル映画館がすんなりと借りられたのはありがたかった。評議員たちの宿泊施設も足りなかったのでショドルガート(118)に停泊している舟を借り上げて、そこに泊まってもらうことにした。評議会の会議には、ソラワルディ先生がメインゲストとして出席することも決まった。

しかし評議会会議が近づくにつれ、アワミ連盟内のベテラン党員たちの一部が、妙な動きを始めた。私の書記長就任を阻止しようとするものだった。私はそんな動きを全く知らないままでいた。組織関係の業務、資金調達、評議員たちの宿泊の手配などの仕事に忙殺されていたからだ。そのベテラン党員というのは、アブドゥス・サラム・カーン、モエモンシンホのハシムッディン・アハモド、ロングプルのコエラト・ホセン、ナラヨンゴンジョのアルマス・アリとアブドゥル・アウヤスなどだった。

党費も払っていなかったし、資金集めをしたこともない人たちだった。党組織の仕事にも熱心ではなかった。しかし私が書記長になるのを妨害するためには金を惜しまなかった。アブドゥス・サラムが私の書記長就任に反対した主な理由は、私が彼を重要視せず、アタウル・ロホマン・カーンに肩入れしているということだそうだ。私はこうしたゴタゴタは嫌いだったので、評議会の十五日ほど前アタウル・ロホマンと二人だけで面談し、書記長になってほしいと頼んだ。「私には肩書きなどは必要ありません。そんなものがなくとも仕事はきちんとしていますし、これからもするつもりです。ご迷惑をかけることはありません」。するとアタウル・ロホマンは言った。「私にはそんな時間がありません。他のすべてのことを放り出して党の仕事をするのは無理です。書記長になったら四六時中党の業務に専念しなければなりません。書記長がつとまるのはムジブさん、あなたしかいない。ぜひやってください」。「幹部の一部がおおっぴらに妨害工作をやっています」と私は言った。「もっと年齢の高い人物が書記長になるべきだと触れまわっています。私が釈放後必死に働いて、アワミ連盟のある程度の形を整えたことを、あの人たちに評価してもらえないのは残念です」「あんな連中のことはどうでもよろしい」とアタウル・ロホマンは答えた。「所詮ちっとも仕事をせず、集会に出て大口を叩いているだけの人たちですよ」。「私はいったん立候補すると決めたら、もう誰の言葉も聞きませんよ。それでもいいんですね」と私が言ったのに対し、アタウル・ロホマンは「あなたがなるべきです」と短く答えた。アブドゥス・サラムが私に対してよい気持ちを持っていない理由は自分であることを、アタウル・ロホマンは知っていた。バシャニ氏も私が書記長になることに賛成していた。私はバシャニ氏に他の誰かを選んでほしいと言ったのだが、聞き入れられなかった。「君がなるべきだ」と言われただけだった。ソラワルディ先生はカラチにいて、一連の話は知らないままだった。

一九五〇年に起こった宗教集団間の対立のために、西ベンガルから東に移ってきたアブル・ハシェムという人物がいた。その仲間の多くは、アワミ連盟に加わっていた。ハシェムは一九五二年の言語運動で逮捕・投獄されていたのだが、刑務所内でアワミ連盟の幹部ほか党員と、組織の今後について話をするようになっていた。私に反対するグループは、候補者を擁立できないでいた。私に対抗する気のある者など、誰もいなかった。評議員たちは私に投票するに違いないことを、誰もが知っていたからだ。そのため反対派は別の道を探り始めた。そして目をつけたのがアブル・ハシェムだった。彼らはハシェムに近づき、アワミ連盟に入って書記長になってほしいと要請した。ハシェムは承諾したが、一つ条件をつけた。無投票で選ばれなければいやだ、と言うのだ。ハシェムはモオラナ・バシャニ氏を食事に招いてこれまでのいきさつを話し、意見を求めた。バシャニ氏は「無投票で行けるとは思わない。ムジブがあなたを全く良く思っていないからだ。しかしあなたがアワミ連盟の総裁になりたいと言うなら、私自身はその地位から降りることに異存はない」と答えた。この話はバシャニ氏自身が私に話してくれたことだ。

評議会の第一回会合が終わったあと、モオラナ・バシャニ氏は四人の名を発表した。アタウル・ロホマン・カーン、アブドゥス・サラム・カーン、アブル・モンスル・アハモドそして私だ。この四人だけで話し合い、全員が納得したうえで党幹部候補をリストを作成する。

評議会の前日、私の書記長選任に反対するグループは、アタウル・ロホマンに書記長になるように要請した。説得を受けてアタウル・ロホマンはいささかその気になったが、私と相談してみるといって即答を避けた。そして私のところにやって来てその話をしてくれた。私は以前ならいざ知らず、今となってはそれはのめないと突っぱねた。私の対抗馬を出すように連中に伝えてください、と私はアタウル・ロホマンに言った。彼はそのとおり伝えた。それで反対派がモオラナ・バシャニ氏に訴え、バシャニ氏の判断で私たちが幹部候補を選ぶことになったわけだった。だがそれはあくまで、四人の合意に基づかなければならない。その話し合いはしかし長くはかからなかった。彼らが候補者として他の名を挙げることができなかったからだ。私はその場からバシャニ氏のところに行って、合意がならなかったため、選挙を行なわざるを得ないと伝えた。アタウル・ロホマンは私への支持を表明した。私たちは議題検討委員会で党のマニフェストと綱領について話し合った。評議委員会の会合でそれらが採択され、執行部の選挙も行なわれた。選挙は実施したものの、結果として満場一致になった。モオラナ・バシャニ総裁、アタウル・ロホマン・カーン副総裁、私が書記長という顔ぶれが決まった。（マニフェストは今は手元にない。あとで掲載するようにしたい）〔原文注25〕

これでアワミ連盟は実体を持った政治組織として国民の前に登場した。マニフェストと綱領を持たない政党などあり得ないのだ。

東パキスタンアワミ連盟の体制が決まる前のことだが、全パキスタンアワミ連盟の総会がラホールで開かれ、私たちも出席した。しかしそこで地主制度廃止などの行動計画をめぐってナワーブ・マームドートとの意見の不一致が見られ、そのためにマームドートはアワミ連盟を脱党する結果になった。

西パキスタンと東パキスタンの政治には大きな違いがある。西では政治はザミーンダールやジャーギールダール、[119]金持ち商人たちの暇つぶしの道具に過ぎない。しかし東では政治は中産階級が担っている。西パキスタンでは有力な中産階級が形成されていないため、一般の人々は政治について、あるいは国について考えたりすることがない。ザミーンダールやジャーギールダールまたは宗教指導者の言うことを鵜呑みにするばかりだ。しかしベンガルでは農民運動が行なわれていたことから、一般大衆の政治意識は西パキスタンと比べて高かった。さらにベンガル人たちは、パキスタンの独立運動にも積極的に参加した。ベンガルでは農村のパンチャーヤト制度[120]の長い歴史があり、加えて英領時代から区（ユニオン）議会、郡議会、県議会と、さまざまなレベルでの地方行政のシステムが機能していたことから、住民たちは政治教育を十分に受ける環境にあったと言ってよい。学校に通って教育を受けた者の割合は必ずしも高くはなかったものの、ベンガル人は決して無知だったり、問題意識を欠いていたわけではなかった。善悪を判断する力をベンガル人は備えていた。そのことは一九四六年のパキスタン建国要求に関する投票結果となって顕れた。

アワミ連盟を一般国民も知識層も支持した。ムスリム連盟はすでに陰謀政治の極みに達していた。英領時代の高級官僚だった連中に政治を任せ、陰謀術策が渦巻く政治の網に囚われてしまっていた。そのため組織内部での紛争が絶えなかった。党は小さなたくさんの派閥に分断されて行った。政策などはどうでもよく、権力を掌握することが唯一の目標となった。県や郡レベルでの政治に積極的に参加したという伝統を欠く西パキスタンでは、いま世界が前に向かって動いていることを認識している人材もいなかった。誰もがひたすら権力にしがみつこうとしていた。

一方、西パキスタンの所謂「中央政界の指導者」と高級官僚たちの一部は、東パキスタンの資産を奪い取り、それを利用して早く西パキスタンの建設を進めることに躍起になっていた。その仕事はあくまで秘密裡に実行されていた。彼らの頭には、東パキスタンはいずれ西パキスタンと袂を分かつだろうという考えがあった。そのためできるだけ早期に、パキスタン発展の構造を作り上げておく必要がある。

アワミ連盟は具体的な数字を挙げて、東パキスタンが西によっていかに搾取されているかを示して見せた。そのことで西側は逆上し、アワミ連盟とその指導者たちに対して弾圧を始めた。それはムスリム連盟とその政府に対する人々の怒りをあおる結果となった。東パキスタンで、ムスリム連盟は死期を迎えようとしていた。

カジャ・ナジムッディンの治世に、パンジャーブで大規模な宗派抗争が起きたことがある。この紛争で何千人もの人が命を落とした。ラホールには非常事態宣言が出された。アフマディアまたはカディヤニと呼ばれるイスラム教の一派に反対する運動がその発端となった。著名なイスラム学者たちは「カディヤニはムスリムではない」と広言して反アフマディア運動を扇動した。それが正確なのかどうか、私には分からない。しかし、考え方が違うからという理由で誰かを殺害するという行為は、イスラムの教えとは決して合致しておらず、不当とみなされることぐらいは私にも分かる。カディヤニたちも他のイスラム教徒と同じく、神と預言者を信じる。それゆえカディヤニは言うにおよばす、イスラム教徒以外に対しても暴力をふるうことを、イスラム教は固く禁じている。この宗教抗争では、ラホールほか各地で、夫、妻、子どもらを一緒に火に投げ入れて殺害するというおぞましい行為が行なわれた。この忌むべき騒乱を扇動した連中が、いまもパキスタンの政界で幅を利かせているのである。

パキスタンは民主国家になるはずだった。この国ではどの宗教の人々も、どの民族も皆人間として、同じ権利を享受するはずだった。だが現実は、パキスタン建国運動に反対した者たちが今は声を揃えてパキスタンはイスラム国家であることを喧伝し、政治を汚している。ムスリム連盟の指導者たちも経済、社会政策を立案する代わりに、ひたすらイスラムというスローガンを唱えるばかりだ。パキスタンの労働者や農民はパキスタン独立と建設に希望と信頼を抱き、そのために自己を犠牲にしてまで運動に参加した。だが政府は、そうした人々の生活を豊かにすることの必要性など少しも考えていない。ザミーンダールやジャーギールダールたちが搾取しやすいように、手助けすることばかりやってきたのが今の政府だ。この搾取者たちこそが現在のムスリム連盟の担い手であり、彼らが政府を運営しているのだ。

一方で中央政府は、東ベンガルが稼いだ外貨を利用して西パキスタンに工場の建設を進め、産業を育成する方策をとった。その結果誕生した財閥たちはただひたすら利益を追求し、国民の金を奪い、瞬く間に大金持ちになっていった。彼らはカラチに居座ったままで、輸出入の名目でライセンスを売り買いし、巨額の利益を得て財閥となっていったのである。これもまたムスリム連盟政府の成果であり、カジャ・ナジムッディン首相にもそのことに一端の責任があると思われる。なぜかと言えば、首相はおそらく一度として、政府高官たちからの不当な提言を拒絶できたことがなかったからだ。またチョウドゥリー・モハンマド・アリのような狡猾な官僚を財務大臣に任命し、絶大な信頼を寄せ、その言うままになったとも聞く。それが本当のことかどうかは知らない。しかし全くの虚言とも思えない。今は亡きフォズルル・ロホマンも当時閣僚の一人だった。彼はチョウドゥリー・モハンマド・アリの横暴を止めようと試みたことがあった。

カジャ内閣には二つの派閥があった。フォズルル・ロホマンはそのうち「ベンガル派」と呼ばれたグループの中心だった。もう一つの派閥はチョウドゥリー・モハンマド・アリが率いていて、「パンジャーブ派」と名づけられていた。ベンガル派の所謂「指導者たち」は、首都の選定、軍部本部の設置場所、内閣の主要ポスト、商業・貿易などあらゆる面で、パンジャーブから来た「兄たち」のために妥協したにもかかわらず、ゴーラム・モハンマドやチョウドゥリー・モハンマド・アリの歓心を買うことはできなかった。制憲議会ではベンガル人は六議席をパンジャーブの「兄たち」に譲ってもなお、多数を保っていた。「ベンガル派」がその気になれば、東ベンガルの人々の利益を守ることができたはずだ。彼らはそれをせず、自らの地位にしがみつくために、あらゆる局面でパンジャーブ人たちにへつらう態度を見せた。しかしそこまでしてもなお、自分の利益を確保することはできなかったのである。

西パキスタンのリーダーたちは、「ベンガル派」の古株の連中はもうしゃぶりつくしたと判断し、新しい獲物を探し始めた。「パンジャーブ派」の正体を、「ベンガル派」はそこにいたってやっと悟ったのかも知れない。西の指導者たちの指示に従ったがために、東の指導者たちは国民からの信頼をすっかり失ってしまうことになった。もう一押しされれば完全に倒れてしまいそうな状態だった。カジャ・ナジムッディン首相も西パキスタンの指導者たちによる企みに翻弄された一人だ。西パキスタン側にそそのかされてベンガル語国語化に反対する考えを語ったがために、ベンガル人から寄せられていたわずかばかりの信頼をすべて失うことになった。

西パキスタンはさらに新しい手を打ってきた。英領時代の官僚として働いたすれっからしの連中の策略の前に、純朴なベンガル人などひとたまりもなかった。東ベンガルの政治家たちは人々の信頼を失い、ほかにどうしようもなく官僚主義に頼った。頼った相手のほとんどが西パキスタン、とりわけすなわちパンジャーブの人間だった。

一九五三年四月、ゴーラム・ムハンマド総督は、カジャ・ナジムッディン首相を解任した。カジャ・ナジムッディンは制憲議会およびそれに続く国会で多数を占める与党・ムスリム連盟の総裁でもあった。彼に代わって任命されたのは、それまで駐米大使をつとめていたモハンモド・アリ・ボグラだった(121)。しかしボグラは制憲議会の議員ではなかったし、ムスリム連盟の党員ですらなかった。ボグラは一九四八年以来ずっと海外で過ごしており、国で起こっていることについては何も知らなかった。

その日はダカのポルトン公園で、アワミ連盟の集会が開かれていたと記憶している。ソラワルディ先生が演壇に立ち、演説を行なっていた。膨大な数の人が集まってきていた。先生の演説の最中、誰だったかが来て、たった今ラジオのニュースで、カジャ・ナジムッディンが首相を解任されたと言っていた、と伝えていった。ソラワルディ先生は演説の中で、「今日はパキスタンで重大な出来事がありました」と語った。集会が終わったあとの帰り道、ソラワルディ先生が口を開いた。「ナジムッディンが解任されたとはいえ、決して良いニュースとは言えないな」。「でもあの方とお仲間たちは、当然の報いを受けたのではないでしょうか」と私は言った。「ああ、憲法も制定せず、選挙も実施せずに、ただパキスタンを陰謀の政治に巻き込んだんだからな」と先生は答えた。それからもっといろいろな話もしたのだが、それはともかく、カジャ・ナジムッディンが非民主的な方法で解任されたことについて、ムスリム連盟の幹部たちは何の抗議もしなかった。ムスリム連盟は権力につられ、自らのリーダーたちを次から次へと見捨ててモハンマド・アリに従うようになって行ったのだった。カジャ・ナジムッディンはムスリム連盟総裁をも辞任しなければならなかった。幹部たちはその代わりにモハンモド・アリ・ボグラを全パキスタンムスリム連盟の総裁に据えた。そのことに誰も反対しなかった。私の記憶では、このように民主主義とは程遠いやり方でナジムッディンが解任されたことに抗議をしたのは、東パキスタンムスリム連盟だけだった。

東ベンガルのヌルル・アミン首相はカジャ・ナジムッディンの忠実な従者だった。そのヌルル・アミンでさえ、またムスリム連盟に属していた他の州の首相たちも一斉にモハンマド・アリ・ボグラへの忠誠を誓い、彼を唯一の指導者として認めるに至った。この出来事で、国の知識層はすっかりムスリム連盟を見限ることになった。この政党がいかにご都合主義者と日和見主義者の集まりであるかが明白になった。

それにしてもパキスタン総督になったゴーラム・ムハンマドが、どうしてこんな思い切った手を打つことができたのか。政府の高官たちと目には見えない力が彼を大胆にし、またもし何かあれば背後から支えるからとの言質を与えたのだろう。ゴーラム・ムハンマドには、ムスリム連盟の指導者層と活動家たちの性向は十分に分かっていた。カジャ・ナジムッディンの支持者たちは次第にモハンマド・アリ・ボグラの内閣に合流して行った。カジャ自身その流れに逆らおうとする気概は持ち合わせていなかった。ひたすら沈黙を守った一九四六年と同じように、今回もまたカジャ・ナジムッディンはいったん身を引いた。いつかもし機会が巡って来たらそのときはまた、と思いながらの雌伏だった。

新しく首相になったモハンモド・アリ・ボグラは、政治的感覚というものを全く持ち合わせていなかった。深い人間性の持ち主でもなかった。アメリカでの長い滞在から学んできたことはと言えば、アメリカ人のように振舞うことと、アメリカ人のように装うことだけだった。ゴーラム・ムハンマド総督の言葉にすべて従った。そしてまた、アメリカ人に授けられた知恵のとおりに行動した。アメリカの権力者たちは何かにつけ、共産主義を嗅ぎつけるのを常としている。モハンモド・アリ・ボグラも同様のことをした。彼は最初のうちこそソラワルディ先生を「政治の父」と持ち上げていたものの、そのうちことさらに対抗する態度を取り始めた。

第五章　統一戦線

アワミ連盟の新体制が出来、モオラナ・バシャニ氏と私はさっそく同志たちとともに、党の組織を固める仕事に取り組んだ。東ベンガルの各県、郡、警察管区、そして村々までくまなくめぐり、献身的で熱心な運動員たちを組織することができた。学生連盟の指導のもと、学生たちはムスリム連盟に正面から立ち向かった。その頃は縁故主義と汚職が国中に蔓延していた。統治機構の箍《たが》はゆるんでしまっていた。官僚たちはやりたい放題だった。食糧不足が悪化していた。失業問題も深刻だった。しかし統治者たちは何の手も打たないでいた。何とかなりさえすれば良いというのが彼らのスタンスだった。その結果、東ベンガル政府の大臣たちが集会でスピーチをしても、人々は誰も耳を傾けようとしなくなった。一九五二年二月二十一日に起こった出来事を誰も忘れてはいなかった。私たちは新しい憲法の早期制定に向けて、世論の喚起に努めた。東ベンガルの自治権とベンガル語を国語の一つとして認める要求が満たされない限り、どんな憲法も受け入れることができないと主張した。ムスリム連盟の重鎮だったフォズルル・ロホマンは当時、アラビア文字によるベンガル語表記を広めようとしていた。私たちはその動きに反対する運動を行ない、支持を集めることができた。ムスリム連盟の一部のリーダーたちは、中央集権型の政府をつくることを目指してプロパガンダを行なっていたが、アワミ連盟は自治権を持った各州による連邦体制を主張して国民の賛同を得ることに成功した。裁判なしの逮捕、拘禁を不当とし、政治犯の釈放を要求する運動も勢いを増して行った。進歩青年連盟のメンバーたちもアワミ連盟に加入して来た。

そんな中、東ベンガルで総選挙が実施されるとの発表が一九五三年の半ばにあった。アワミ連盟とムスリム連盟の争いになることは、誰の目にも明らかだった。「民主党」という政党も出来たりしたが、実際の活動はしていなかった。「ベンガルの虎」A・K・フォズルル・ホクは当時ダカ高等裁判所の法律顧問をつとめていた。パキスタン建国後は政治から身を引いていた。しかし一九五三年九月、フォズルル・ホクは法律顧問を辞任し、ムスリム連盟に加わった。それはムスリム連盟の内部で、大混乱を引き起こすこととなった。モホン・ミヤがヌルル・アミンに対抗するグループを結成し、フォズルル・ホクを連盟の代表に据えようとする動きを見せた。だがこの試みは失敗に終わった。カーゾンホールで行なわれた党大会では両グループの間で殴り合いが起こる事態になった。結局はヌルル・アミンの率いるグループが権力争いで勝利をおさめ、モホン・ミヤとその仲間たちは追放処分となった。

そのあと私はフォズルル・ホクと会い、アワミ連盟加入を要請した。チャンドプルで開かれた集会には彼も参加してくれ、そこで行なった演説で「盗みを働きたい者はムスリム連盟に、良い仕事をしたい者はアワミ連盟に参加を」と呼びかけた。そして私の肩を抱き、聴衆に向かって「ムジブの話を聴いてください。私は歳なので長く話すことができません」と告げた。フォズルル・ホクのこのスピーチは新聞にも掲載された。

一方アワミ連盟ではその頃、例の党内旧勢力が他の野党と接近し、統一戦線を形成しようと躍起になっていた。アブドゥス・サラム・カーン、モエモンシンホのハシムッディンらが宣伝工作を行なっていた。さらに進歩派と称するグループも、野党陣営の団結が必要だと声をあげ始めた。反動勢力と急進勢力の意見が、図らずも一致したことになった。しかし、少なくとも一般の人が名前を知っている野党といえば、アワミ連盟以外にはなかったのである。バシャニ氏と私は対策について話し合った。バシャニ氏は、もしフォズルル・ホク氏がアワミ連盟に加わると言うなら、拒むことは決してないし相応のポストも用意しようと、明確に言い切った。しかし新しい党を立ち上げようと言うなら、決して彼とは連帯しない、とも言った。ムスリム連盟から除名された者たちは今やフォズルル・ホク氏を拠りどころとしていた。そういった連中とは一緒になれるはずがない。何しろ、ついこの間の一九五三年九月までは、ムスリム連盟のすべての悪事と関わっていた人間たちなのだ。彼らはベンガル語を国語とすることに反対した。モオラナ・バシャニ氏はこの件で多くの者の意見を聞いた。そして私に、アワミ連盟内にいる統一戦線の賛同者を押さえ込まなければならない、と言った。

党内の運営委員会でも活発な議論になった。統一戦線への反対意見が多かった。方針の異なる勢力と組んで一時的な成果が得られたとしても、やがては袂を分かつことになるから、というのがその理由だった。それは国にとって益より害をもたらすことになる。一方アワミ連盟党員で共闘を主張する者たちはその理由として、ムスリム連盟を破り、何としても政権を手にしなければならないことを理由としてあげた。政権を取らなければ何にもならない、ずっと野党でいるわけにはいかないと彼らは主張した。

急進派の意図はそれとは違っていた。表面では共闘を謳いながらも、その真意は現役の政治指導者たちを国民の眼前で辱め、既存の政治組織に対する民衆の信頼を失わせることにあった。そうすれば将来、この指導者や政党は何の仕事もできないと民衆に向かって訴えることができるという考えだった。言ってみれば、濁った水の中で魚を捕らえようとするように、確信もなく、ただ闇雲に動いていただけだったのだ。

ムスリム連盟は国民の信頼を失っていた。この政党には、政策と呼べるものは一切なかった。政権にいる間にすべての悪事を行なった。国民と東ベンガルを裏切った。ムスリム連盟から除名された連中はもっと悪い。この非道な党の中でも生きていられなかったほどだったのだ。彼らがどれほど民衆への裏切り行為を重ねてきたか、考えただけでうんざりする。党を離れたのは政策の差や理想の違いといった高尚な理由からではない。権力争いに敗れたということだけだ。彼らはパキスタンの建国以来一度も、政府の不正を糺《ただ》したことなどなかった。それどころか政府から便宜のみ得ていた。フォズルル・ホク氏の人気を、アワミ連盟との交渉のカードに使うことが、ムスリム連盟を逐われたこの連中の狙いだった。

フォズルル・ホクはアワミ連盟への参加を決めた。その決心を多くの人に伝えもした。しかしムスリム連盟から放逐された連中はそれでもあきらめず、別の政党を作って統一戦線を結成するほうが良いと口説き続けた。アワミ連盟に入ったところで、相応しい地位は与えられませんよ、ソラワルディ氏はあなたを首相にしないかも知れない、などと言ってフォズルル・ホクを翻意させようとした。「自分の政党さえあれば、アワミ連盟からの妨害に会ったとしても、選挙後ムスリム連盟と連立を組むこともできます。総選挙ではムスリム連盟もある程度議席を獲得することは間違いありませんからね。まずアワミ連盟と組んで選挙を戦ってみて、あとで決断したらいかがでしょうか。選択肢を広くしておけばどんな方策だって可能になりますよ」。彼らはそう言ってホク氏を説得し続けたのだった。一方アワミ連盟としては、東ベンガル州議会でホク氏を議員団の長とし、中央議会ではソラワルディ先生が議員団を率いることを確約していた。

そんなある日、私にモオラナ・バシャニ総裁からの文書が届いた。モエモンシンホで評議会の会合を開催するようにとの指示だった。前もっての打診などなく、突然の通達だった。モエモンシンホ県アワミ連盟支部のハシムッディン書記は統一戦線参加推進派だ。私がハシムッディンを嫌っていることをバシャニ総裁は知っていた。推進派の中心人物、アブドゥス・サラム・カーンと内密に何か企んでもいた。モエモンシンホで私の支援者といえばロフィクウッディン・ブイヤンやハテム・アリ・タルクダルなどが主だったところだが、ほとんどが投獄されたままだった。

モオラナ・バシャニ氏は何を考えているのか、分からないところがある。モエモンシンホで会合を開くのはかなり大変だとは思ったが、バシャニ総裁の指示とあれば仕方がない。会合を開催するとの通達を出した。ソラワルディ先生にも招待状を送った。すぐに返事があって、会合の二日前にダカに着くとのことだった。私は各県あてに通知を出した。モエモンシンホのハシムッディン書記には、評議員たちの宿泊の用意と、食堂の選定を指示した。食費は各評議員の自己負担になることも伝えた。

本来なら食事は県支部がすべて面倒を見るべきなのだが。

モエモンシンホ県支部の委員長はアブル・モンスル・アハモドだった。彼は何もかもハシムッディンに任せっぱなしだった。そのため、私がモエモンシンホにアワミ連盟本部の仮設事務所を作ろうとしたときには、何の協力も得られなかった。会合には評議員全員の出席が求められた。集会がどこで開かれようとも、決議の際に私の意見に対する反対票は一〇%に届かないという自信があった。会合が始まってみると、県支部の準備不足で、他県から来た評議員たちの多くの泊まる場所がないという問題が持ち上がったが、アブドゥル・ロホマン・シッディキという党員が協力してくれてしのぐことができた。小さなホテル何軒かと交渉して、何とか部屋が確保できたのだった。

会合が始まる三、四日前になって、バシャニ総裁が、自分は出席できないと言ってきた。しかしその理由を言おうとしない。モオラナ・バシャニ氏には以前から、何か大きな決断が必要なときにそれを逃れようとする癖があった。私とコンドカル・モハンモド・イリヤスが仕方なく、ボグラ県のパンチビビ村まで総裁を連れに行くことになった。会合の期間が迫り、仕事はまだ山のように残っていた。各県の党員と連絡がまだ取れていなかった。一方で統一戦線参加を目指すグループは各地に人を送って説得工作を進めていた。コルカタ時代からの仲間だったコンドカル・モシュタク・アハモドも統一戦線派となっていた。

イリヤスと私がバハドゥルガートを通過してガイバンダ県のフルチョリガートから列車に乗ったちょうどそのとき、ボグラからの汽車がやって来た。その二等車にバシャニ氏に良く似た人物が乗っているのが、たまたま私の目に止まった。「おい、あれは……」と言った私の視線の先をみたイリヤスが「バシャニさんだ！」と叫んだ。私たちの汽車はまさに動き出そうとしていた。私たちは大急ぎで荷物をまとめて汽車を下り、バシャニ総裁のところに駆けつけた。すでに下車していた総裁は特に何も言わずに歩き去ろうとした。私たちも彼の後から歩いて行った。そして歩きながら、「いったいどういうことですか？　会合を開けとおっしゃったのに、いまさら出席しないなんて？」と尋ねた。バシャニ氏はやっと口を開いた。「君たちは知らないだろうが、君たちの先輩たちは統一戦線を組もうと躍起になっているんだ。私は絶対あんな節操のない連中とは一緒にやりたくない。アワミ連盟の評議員の中には統一戦線加盟派のほうが多い。投票になったら負ける。私はもう政治などごめんだ。得になることなど一つもない。総選挙にも出ない。誰の応援もできないからもう政治に関わるつもりはない。評議員の会合にも参加するのは嫌だ」。私は腹が立った。「私たちに相談もなしにモエモンシンホで会合をやれとおっしゃったじゃありませんか。評議員の会合は、もっと後の時期にダカで行なうはずでした。しかし評議員の考えなどご存知ないでしょう。たとえ総裁が望まれたとしても、統一戦線を組むなんていう提案を今度の集会で通せる確約などありはしません。アワミ連盟の党員たちは、ムスリム連盟から追放された連中がムスリム連盟時代にやったひどい仕打ちに何度も耐えてきたんです。除名処分を受けた連中の目的が野党を作ることではないと、我々の仲間たちには分かっています。アワミ連盟にすがって選挙で当選することが狙いなんです。その後は自分たちの勝手だと思っています。それでももし会合に参加しないとおっしゃるなら、私は今すぐ電報を打って会合を中止し、このまま家に帰ります」。

モオラナ・バシャニ氏とそんな議論をしながら歩いているうちに、ブロンモプトロ河の一部が干上がって出来た土地にあるショルダレル・チョル(122)という村まで行き着いてしまった。その村にはムサ・ミヤという名の、バシャニ氏の弟子筋にあたる人が住んでいるのでその家を訪ねてみた。ムサ・ミヤは非常に貧しく、資産といえば藁葺きの小さな小屋二つだけだった。庭に筵《むしろ》を敷いてくれたので、一本の木の根元にスーツケースと旅行用の寝具を置いて、そこに座って休息を取ることができた。ムサ・ミヤはしかし、私たちが突然やって来たので大いに慌てたようだった。どうしたら良いのか分からないといった様子だった。それにしても、貧しいながらもこれほど豊かな心の持ち主は滅多に見たことがない。その日はもう、ダカに戻る汽車はなかった。バシャニ総裁から何の指示もない。ムサ・ミヤが食事を出してくれた。おそらく所持していた金を全部使ったのだろう。一マイル半(二・四キロメートル)ほど離れたフルチョリガートに人を遣り、私たちのためにお茶の用意までしてくれた。その夜はムサ・ミヤの隣の家──そこの主人もバシャニ氏の支持者だったのだが──に泊まった。その家には小さな離れがあって、そこに泊めてもらえたのだ。私はバシャニ氏とじっくり話し合った。ときには穏やかで、またときには厳しいやり取りもあったりしたが、最終的には会合出席を承諾してもらえた。イリヤスもバシャニ氏とさまざまな議論をしていた。

翌日、私とイリヤスはモエモンシンホに戻った。モハンモドウッラ、コルバン・アリ、ハミド・チョウドゥリ、モッラ・ジャラルウッディンといった私寄りの評議員たちがすでに到着していた。しかし私はソラワルディ先生を出迎えるために、そこからまたダカに行かねばならなかった。そして先生を案内してモエモンシンホに向かった。アワミ連盟本部の仮設事務所を設置する場所がまだ決まっていなかったので、先に着いていたハミド、ジャラル、モハンモドウッラが現地のアジズル・ロホマンと交渉し、その自宅の一室を使わせてもらう話をまとめていた。ハシムッディン書記の家に私が宿泊する用意もしてあったのだが、他の幹部をほうっておいて私一人ハシムッディン宅に行けるはずもない。もっとも以前はその家に泊めてもらったこともあったのだが。モエモンシンホのアワミ連盟幹部の中で、カレク・ネワズ、シャムスル・ホク、ロシドといった人たちはハシムッディンとそりが合わず、一方で私には心を許してくれていた。評議員たちの宿泊場所確保にあたっては、彼らの協力も得ることができた。

評議会はオロカ映画館を会場として行なわれた。その前夜、ある話が私の耳に入ってきた。統一戦線派のハシムッディン書記が多数工作のために、あらかじめ会場に外部の人間を入れておこうとしているとか、アワミ連盟評議員をかたらせて外から人を連れ込もうとしているなどという話だ。

私は早朝五時にアブル・モンスル・アハモドにこのことを知らせ、「ハシムッディンにそんなことをさせないようにしてください。騒ぎが起きたりしたらまずいですから」と告げた。アブル・モンスルは「それは知らなかった。調べてみます」と答えた。私は午前のうちに東パキスタンアワミ連盟の幹部たちに指示を出した。会場となる映画館のすべての扉に、連盟本部の書記が一人と、運動員が八人ずつつくようにと伝えた。私の署名入りの入館証を携えていないかぎり、誰も中には入れない。さらに映画館の入り口には、各地から集まった優秀な若い党員を配置するようにした。この方法はうまくいった。外部の人間が会場に入るのを阻止することができた。中にはどうかして入場しようとしたものもいたが、無駄な努力に終わった。私たちの運動員の断固とした態度の前に、あきらめざるを得なかったのだ。

会合で私はアワミ連盟書記長として報告を行なった。ソラワルディ先生とモオラナ・バシャニ総裁がそれぞれスピーチを行なった。私の記憶が正しければ、特別ゲストとして招待されたパキスタン・タイムズのミヤ・イフティカルウッディンも出席し、最後にスピーチした。

活発な議論となったのは対外政策と統一戦線問題だった。議題検討委員会でも討議が行なわれたが、合意できなかった。私は評議会の全体会議で外交政策に関する提案を行なった。アワミ連盟は独自の中立外交を模索するというのがその骨子だった。アブドゥス・サラム・カーンはこれに反対を唱え、私の方針は急進的すぎると批判した。私はそれに対し、アブドゥス・サラムの意見はあまりにも反動的だと、まさに正しい反論を行なった。私の提案は承認された。状況不利と見て、アブドゥス・サラムは投票による決着を求めなかった。

そのあと、ムスリム連盟に対抗するため、野党連合による統一戦線を結成するべきか否かという議論が行なわれた。賛成派の提案に対し、私は次のように主張した。「アワミ連盟以外に、野党と呼べる政党が存在するでしょうか？　きちんとした政策も理念も持たない者たちと統一戦線を組むことは、死者を蘇らせようとするに等しい不毛な行為です。彼らはこれまで国の不利益になるようなことばかり行なってきました。あくまで自分の利益のために政治を行ない、国のことなど夢の中でさえ考えたことはなかったのです」。私の演説は多少感情的になっていたことは認める。アワミ連盟との統一戦線を目論む者たちの多くは、一九四八年と五二年のベンガル語運動を押さえ込むためにあらゆる手を使った連中なのだ。ムスリム連盟政府は私たちを裁判もなしに長い間牢獄に押し込めた。モオラナ・バシャニ総裁も統一戦線には反対だったし、ソラワルディ先生も前向きではなかった。統一戦線賛同派は困惑した。しかしアタウル・ロホマン・カーン副総裁と私は、アワミ連盟としては「統一戦線を望まない」という提言は差し控えるべきという見解で一致していた。そのようなことを明言すれば、一般の人たちはアワミ連盟が野党勢力の連帯そのものに反対していると誤解するかも知れないからだ。私は友人たちに、彼らの周囲でどうしてもそのような提言をしたいという声が出ているかを尋ねてみた。一方で統一戦線を作るべきという提案が行なわれたとしても、それは投票により否決されていたことだろう。いろいろ考えた末、最終的にはソラワルディ先生とモオラナ・バシャニ総裁に決断を一任することになった。もちろんそのためには二人の完全な合意が必要だし、最終決断を下す前に一応運営委員会に諮《はか》ってほしいという条件つきではあるのだが。私の周囲にいた者たちは、この二人の指導者が統一戦線賛同派のうち多くに対し、好感を抱いていないことを知っていた。ソラワルディ先生とモオラナ・バシャニ総裁は、フォズルル・ホク氏がアワミ連盟に参加するならばもろ手を挙げて歓迎するし、東ベンガルの首相になってもらうようにする、と明確に述べた。さらに東ベンガルアワミ連盟議員団長の地位も約束した。ソラワルディ先生は私に「フォズルル・ホクさんも歳を取った。これまでの人生でいろいろな業績を上げてきた方だ。最後にもう一度、国のために働く機会をあげようじゃないか」と言った。

モオラナ・バシャニ総裁は私に、統一戦線は作らないと明言した。ハミドゥル・ホク・チョウドゥリやモホン・ミヤ（ユスフ・アリ・チョウドゥリ）のような元ムスリム連盟メンバーと一緒に政治活動を行なうなど考えられないと総裁は言いきった。彼らはヌルル・アミン元東ベンガル首相と同罪だ、とも言った。そのあとバシャニ氏は私に、総選挙に備えて選挙本部を設置し、公認候補の選定に関わる業務一切を担当するようにと指示した。私は答えて言った。「総選挙で我が党が勝利することは間違いありません。しかし万が一過半数を獲得できなかったら、連立などは考えず、議会における野党として活動しましょう。そうすればごった煮ではない、透明な政治ができます。理念を持たない人間たちと一緒に政権についたとしても、国のためになるような政治はできません。それは連中の私欲を満たすことにしかなりません」。総裁は自分も同意見だと言い、各県で集会を開催しなければならないと付け加えた。私たち二人が各県や郡をまわり、どの選挙区でだれに公認を与えるかを決めていく。ソラワルディ先生も数日中にカラチからダカに戻り、選挙の責任者になってくれるとのことだった。アワミ連盟には一つだけ欠けたものがあった。資金力だ。しかし献身的に働く運動員たちがいた。その価値は決して金額では計れないものだ。さらに資金もそれほどは要らないだろう。候補者たちがそれぞれのできる範囲でやれば良い。何しろ世論の流れはアワミ連盟に大きく傾いているのだ。

アブドゥス・サラム・カーンはしかしまだあきらめていなかった。その頃サラムはフォズルル・ホク氏に一定の影響を及ぼすことのできる存在だった。その結果フォズルル・ホク氏はアワミ連盟に加わるとの意志を捨て、さっさと自分の政党を立ち上げた。党には「農民労働者党」という名がつけられた。と言って国中のどこを捜しても組織があるわけではなく、ハミドゥル・ホク・チョウドゥリやモホン・ミヤを中心とした、ムスリム連盟除名組の政治家たちと、フォズルル・ホク自身の昔からの追随者がそのメンバーになった。ちなみに元からの追随者たちというのは、いったんは政治の世界を離れ、家に引っ込んで日を過ごしていた人たちだった。政治から離れることになったわけは、彼らがかつてパキスタン建国に反対の立場を取ったからだった。ムスリム連盟のリーダーの一人だったアブル・ハシムもフォズルル・ホクに、アワミ連盟に加わらず自分の党を結成するよう進言した。アブドゥス・サラム・カーンも、自身が身をおくアワミ連盟への入党を強く勧めることはなかった。それは党内でサラムの置かれた立場が決して良いものではなかったためだ。私はサラムからこんなふうに言われたことがある。「いつまで野党をやっているんだろうか？　政権を握らないかぎり民衆の信頼は得られない。どんな方法を使っても政権に就く必要がある。統一戦線に加われば必ずそれが実現できる」。それに対して私は「そうすれば権力を手にすることはできるでしょう。ですがそれでは民衆のために何かをすることは無理です。さらに政権にいられる日も長くはないでしょう。理念の一致がない限り、ずっと一緒にやっていくのはありえない話です」と答えた。しかし私の意見を、サラムは決して受け入れようとしなかった。どんな手を使っても政権を取ろうとする彼の姿勢が問題だった。もしアワミ連盟が単独過半数を獲得して政権党となったらサラム自身が指導的な立場につける可能性はないので、それよりむしろフォズルル・ホクと一緒になれば良いだろうというのが彼の考えだった。

アワミ連盟内でホク氏の参加を拒む者はいない。しかし彼にくっついている連中が問題なのだ。彼らがホク氏を破滅に追い込み、同時に国とアワミ連盟をも台無しにするだろうという確信が私にはあった。そのため私は統一戦線を組むことに反対を続けた。確かに統一戦線立ち上げに賛成する意見も党内に少しはあったが、それは感情に流されてのことで、きちんと考えた末でのものではない。国民はともかくムスリム連盟の手から逃れようと躍起になっていた。一般の人々は、ムスリム連盟とアワミ連盟以外、政党の名前など知ってはいなかった。

ソラワルディ先生は全国遊説を始めた。統一戦線を組めばその結果がどうなるのか、先生には分かっていた。だからその件の決着を焦っているふうでもなかった。ある日、先生とバシャニ総裁が二人で話をしていた。私もその場に居合わせた。話題は統一戦線のことだった。議論の最後に私は言った。「選挙協力はあり得ると思います。ホク氏の党の有力な候補が出る選挙区にはアワミ連盟は公認候補を立てず、逆に我が党が候補を立てる選挙区では、向こうは誰も出さないというふうにすればいかがでしょうか。各候補者は、それぞれの党の方針に従って戦えば良いと考えます」。しかし総裁はそれでも納得しなかった。「アワミ連盟は単独で選挙を戦う」そう言って私に選挙の準備を続行するよう指示した。

一九五三年の十一月だったと思うが、ソラワルディ先生からバシャニ総裁と私に話があって、数日間カラチに行かなければならなくなったとのことだった。資金調達のためだそうだ。その仕事を終えて戻ってきたら、総選挙が終わるまではカラチに行くことなく、こちらに腰を据えるという。

先生が出発したあと、総裁と私は各地を遊説してまわった。ソラワルディ先生がダカに戻る二、三日前に、私たちもダカに帰着する予定だった。そのときは特に北部地域を中心に巡回していた。北のほうをまわり終え、クシュティア県内の三箇所で集会を行ない、ダカに戻ることになっていた。各地の集会では手応えを感じていた。集会と並行して、各地の連盟幹部と話をし、それぞれの選挙区に擁立する候補を推薦してほしいと伝えた。地方の幹部たちはそうすると約束してくれた。各県の支部から幹部全員の合意のもとに推薦される人物を、党公認候補としてする。万が一各支部が全員一致に至らない場合は、東パキスタンアワミ連盟本部が候補者を選定する。しかし、ソラワルディとバシャニの両氏が合意すれば、その決定が優先される、ということにした。

バシャニ総裁とクシュティアについた日、電報を受け取った。アタウル・ロホマン・カーン副総裁と『イッテファク』紙のマニク・ミヤからで、私たち二人にすぐダカに戻ってきてほしいとのことだった。夜、アタウル・ロホマン副総裁に電話を入れてみた。クシュティアで予定している集会を中止して、すぐ帰って来いと言う。しかし集会は翌日に迫っていて、今中止ということになれば運動員たちが危機に陥るのは明らかだ。党そのものにとってもまずい。そう言ってカーン副総裁を説得したのだがどうしても聞き入れようとしない。仕方なく、その日のうちにバシャニ総裁にダカに戻ってもらい、自分は予定通り集会を行なって三日後に帰るのはどうかと提案してみた。副総裁はそれで了承した。

アタウル・ロホマン・カーンも当初、統一戦線参加問題については私たちと同意見だった。しかし残念なことに、彼には考えをすぐ変える癖があった。誰かに何か言われるとすぐに分かった、分かった、となるのがアタウル・ロホマンだった。一言で言えば、頼まれたら嫌とは言えない性格だった。翌日バシャニ総裁はダカに向かった。私は遊説を続けた。すべての日程を終えてダカに帰ろうとしていたとき、意外な知らせが届いた。フォズルル・ホク氏とバシャニ総裁が、統一戦線結成の合意書に署名したと言うのだ。

総裁がどうしてそんなことをしたのか、さっぱり訳が分からなかった。それもソラワルディ先生が不在のときに？　アワミ連盟の組織はいったいどうなるのか。候補者の公認はどのように行なわれるのか。総裁はなぜ急にことを急いだのか。何もかも理解不能だった。ダカに帰り、ヤル・モハンモド・カーンの自宅に行ってモオラナ・バシャニ総裁との面会を求めた。その家の一階がアワミ連盟の事務所になっていた。そこにいた運動員たちが、何があったかをこもごも語って聞かせてくれた。アブル・

モンスル・アハモドは間違いなく機を見るに敏な男だ。彼は状況がどうなりそうかを見極め、コフィルッディン・チョウドゥリの協力を得て手早く二十一カ条の合意書を作成してフォズルル・ホク氏に署名させた。合意書には東ベンガルの自治権、国語問題、政治犯の釈放など、アワミ連盟の要求がすべて含まれていた。しかしこの国の政治に関係している者たちの多くにとっては、この合意がいまさら何の意味も持たないことは自明のことだった。

私はモオラナ・バシャニ総裁と会い、説明を求めた。「ムジブ、私は君がダカに戻ってくるまでは統一戦線の合意書に署名はしないと言ったんだ。そのムジブと協議をせずに何かを決定するなんてできないと言ったんだよ。しかしアタウル・ロホマンとマニク・ミヤに、ムジブはアワミ連盟の書記長だ、君のことは責任を持つと言う。自分たちがすることならムジブは絶対に駄目とは言わないのだと。だからフォズルル・ホクさんから直接頼まれたときには、もう嫌と言うわけにはいかなかったのさ」というのが委員長の釈明だった。私は怒りを爆発させた。「私のことはいいんです。でもソラワルディ先生の帰りまで、もう二日ほど待つことはできなかったんでしょうか。先生は二、三日のうちにダカにいらっしゃいます。総裁が今回なさったことは、前に私におっしゃったのとまるきり逆です。私には統一戦線の反対運動をやらせておきながら、ご自分で署名してしまうなんて信じられません。候補の公認はどうするんですか？　今後どうやって活動していけばいいんでしょう？　今度の選挙の責任は誰が取るんですか？　何もかも中途半端なまま『私とハク氏は統一戦線を結成した』なんてよく言えたものですね。結構なことをおやりになったものです。私はこれからどうしたら良いんでしょう？　アタウル・ロホマンとマニク・ミヤが私の責任は持つと言うなら、あの二人の言うようにしようじゃありませんか。それが国のためになると言うのなら、こんな結構なことはありません。でももしそうならないとしたら、それは全部あなた方指導部の責任です。私なんか一介の党書記長に過ぎないんですから。あなた方がリーダーです。統一戦線を組むとおっしゃるなら、せいぜいそれがうまくいくよう頑張ってください」と私は一気にまくしたてた。「私はフォズルル・ホクさんにすべて任せた。公認とか今後の規則とか、あの人がすべてやってくれるはずだ」というのが総裁の答えだった。

私の意見とは異なるものの、最高指導部が考えてやったことだ。ひょっとして国のために良い結果を生まないとも限らない。私は統一戦線がうまく行くようにと一生懸命努めた。しかし数日もしないうちに、思っていたとおり駆け引きが始まった。それまで名前を聞いたこともなかったような政党がいきなり現れたのだ。「ニザメ・イスラム党」という政党と、以前から統一戦線のことで合意していたのだとフォズルル・ホク氏が伝えてきた。だからその党も加える必要がある。モオラナ・バシャニに質すと「私は知らない」という答えだった。それでも私は食い下がった。「その党の本部はどこですか？　委員長や書記長は誰ですか？　私たちが受け入れるべき組織なんて、いったいどこにあるんですか？　その党を受け入れるのなら、『ゴノタントリク・ドル（民主党）』なんて、新聞で一、二度名前を見ただけの政党だって受け入れなければならないんじゃないですか？　あそこには数名の急進派がいることも分かっています。しかし我が党の中には、彼らと一緒にやることを望まない者も多くいます」。

ソラワルディ先生がカラチから戻って事務局の体制が整った。先生が統一戦線の議長となることについては、誰からも反対意見は出なかった。担当書記長にはアワミ連盟からアタウル・ロホマン・カーンが、農民労働者党からはコフィルッディン・チョウドゥリが就任し、カムルッディン・アハモドが事務長になった。運営委員会も作られた。三つの党から同数の代表が出て、公認候補選定のための委員会が作られた。ソラワルディ先生を長とするこの委員会の総意で公認が決められることになった。投票によって候補を決定する方法は取らない。ソラワルディ先生は昼夜を問わず精力的に働いて、今後の方針を決めて行った。先生は事務局となった建物の一室で寝泊りした。一日中そこに詰めて、すべての仕事をこなした。公認のための申し込み手続きが始まった。公認を受けたい者は、印刷された申請書にどの党に所属しているかを記入し、その写しをそれぞれの党にも提出する決まりだった。

ソラワルディ先生は常に金策で悩んでいた。公認を求める者は申込金を添えることになった。結果として公認が得られなくとも申込金は返却されない。こうして集まった申込金の総額は十万タカほどになった。ソラワルディ先生は選挙活動用に、自腹でマイクを何本か調達していた。しかし車がなかったので、これも先生が自費で古いジープを一台購入した。

アワミ連盟には候補者となり得る人材が豊富だった。それぞれの選挙区に擁立できる候補が揃っていた。皆一九四九年から一九五四年にかけて各地区で政治活動を行なってきた実績がある。しかしフォズルル・ホク氏の農民労働者党には十分な数の党員がいなかったため、立候補したいと考えている者が農民労働者党の名前で申請書を提出してきた。規則では、政治活動の経験が全くない者、政治から引退してしまった者、またムスリム連盟のメンバーであるものは統一戦線の候補者になれないことになっていた。しかし実際には、ムスリム連盟の公認を得られなかったために、農民労働党を通じて申請し、公認を取ったというケースもあった。

一方で、反ムスリム連盟運動に関わったため投獄された人たちの中で、公認が得られなかったという人も少なくなかった。例えばアワミ連盟チョットグラム支部のM・A・アジズ書記長がその一人だった。彼に代わって公認を勝ち取ったのはある業者だった。コンドカル・モシュタク・アハモドのような投獄経験者にも公認が出なかった。ノアカリのアブドゥル・ジョッバル・コッドルは創立当時からのアワミ連盟党員だが、やはり候補者リストからもれた。ニザメ・イスラム党は数人の宗教指導者の名をあげてきたが、申請書は提出されないままだった。それでも公認を与えなければならない。ニザメ・イスラムは二十一カ条の合意書に署名もしていなかった。この党の代表が一枚のリストを寄越して、ここに名前のあるものには公認を出すことはまかりならぬと言う。共産主義者だからだそうだ。そのリストには、投獄も経験したこともあるアワミ連盟の党員や民主党のメンバーの名もあった。私はそれに抗議して、「公認を絶対与えてはならない者のリストなら私も持っている。パキスタン建国に反対した連中だ」と言ってやった。

しかしニザメ・イスラムの要求はますますエスカレートするばかりで、ついには献身的な運動員やリーダーを公認候補から外し、ほんの四、五カ月前までムスリム連盟にいたり、あるいは政治経験が皆無な連中を公認しろと言うまでになった。時折フォズルル・ホク氏から短い文書が届くこともあった。農民労働者党党首からの文書を無視するわけにはいかない。さらに運営委員会の会議の途中で、農民労働者党やニザメ・イスラム党から来ているメンバーが、ホク氏の判断を仰がねばと言って突然退席することもあった。すべてがこんなふうだった。事態打開のため、地元に引っ込んでいたモオラナ・バシャニ総裁をさんざんに説得してダカに来てもらった。しかしバシャニ氏は来た途端に帰りたそうな素振りを見せた。私はこれまでのいきさつを全部打ち明け、協力を要請した。しかし「そんな連中と一緒にやれるはずがない。私には関係ないことだ。君たちの統一戦線を私は認めない。これで失礼する」と言って立ち上がろうとした。それで激しい言い合いになった。私は言った。「公認のことで話し合っている最中に、他の党の連中は党首の意見を聞きに行っているんです。だったら私たちだって同じようにしたい。だけど誰のところに行けばいいんですか？　ソラワルディ先生は統一戦線の議長だ。特定の党の味方はできない。総裁、せっかくダカに来てくださったのですから、明日にでもソラワルディ先生と話をしてください」。それを聞いてバシャニ氏は黙り込んでしまった。会議の時間が迫っていた。早く行かなければいけない。アタウル・ロホマン・カーンも黙りこくったままだった。

私は常に議論や論争で忙殺されていた。候補者たちと話をして、それぞれの状況を知っておく必要もあった。候補者の一人コフィルッディン・チョウドゥリは、農民労働者党に属していたが、自分の党の指導者たちに嫌気がさして来ていた。アワミ連盟の良い候補がいるならその人を応援するつもりだと言って来た。そんなことをしたために、彼は自身の政党からの怒りをかった。怒りといえばアタウル・ロホマン・カーンも他の党の態度に腹を立て、「あんなやつらとは話もしたくない」としょっちゅう言っていた。

モオラナ・バシャニ総裁はといえば、また誰にも告げずダカを去ろうとした。それを知った私は駅に駆けつけ、かろうじて見つけることができた。ダカにいてほしいとさんざん懇願したのだが、総裁は聞き入れようとはしなかった。統一戦線は崩壊寸前だった。ただソラワルディ先生の忍耐と自己抑制と賢明さで何とか維持しているようなものだった。

三つか四つの県でまだ公認候補が決まっていなかった。私自身のことを言うと、いったんダカを離れ、地元のゴパルゴンジョに行かなければならなかった。そこの選挙管理委員会に直接行って、自分の立候補届けを提出する必要があったからだ。締め切りまであと一日しかなかった。そんなことで私が不在だったために、それらの県では、私と一緒に働いた多くの熱心な運動員たちに公認が与えられていなかったのだ。統一戦線のほかの政党は、ソラワルディ先生の要請さえ無視していた。モオラナ・バシャニ総裁の、肝心なときに姿をくらます性癖はそのままだった。その後それを証明する出来事がいくつも起きることになる。

ゴパルゴンジョではムスリム連盟から公認候補として指名されたワヒドゥッザマンが、積極的に選挙運動を繰り広げていた。ワヒドゥッザマンは金持ちだった。船も高速艇も自転車もマイクも、何一つ足りないものはなかった。一方私はといえば、マイクが一本あるきりだった。私の選挙区はゴパルゴンジョとコタリパラの二つの警察管区だった。まともな道などなかった。選挙運動をしたくても、移動がすこぶる不便だった。選挙区をまわる手段といえば、わずか二台の自転車だけだった。運動員たちは自前の自転車を使っていた。私は資金も不足していた。もっとも金をたくさん使う才覚すらなかったのだが。実家にはなかなか良い舟が何艘かあったので、それを使って選挙運動を続けた。学生や若い運動員たちが手弁当で手伝ってくれた。いくつかの場所で集会を開き、演説をしてみて分かったことだが、ワヒドゥッザマンは大敗を喫するしかない状況だった。私に圧倒的な支援が集まっていた。いくら金を使ったところで、逆転の可能性はなかった。訪ねた村すべてで、住民たちから私に投票するとの確約を貰ったばかりでなく、家に招じ入れられてパーン(123)を勧められ、金まで渡してくれようとした。受け取るのを断ると怒られる始末だった。選挙運動に役立ててほしいと言われた。

ある極貧の老女のことが今でも忘れられない。私が来ると聞き、家の外に出て何時間もじっと立って待っていてくれたと言う。私を見るとそばにやってきて手を握り、「私の貧しい小屋に、少しでいいから寄ってくださいな」と言った。私は彼女の手を取ってその家に行った。一緒に大勢の人がついてきた。老女は地面に敷物を敷いて私を座らせ、一杯のミルクとパーンを一本、それに小銭二十五ポエシャばかりを持ってきて私の前に置き、「さあ召し上がってくださいな。お金だけど、これだけしかないから」と言った。私の目からは涙が溢れた。私はミルクを少し口にし、小銭に少し金を足して彼女に渡した。「あなたの祝福だけで十分です。それはどんなにお金を積んでも購えないものです」。しかし老女はどうしても金を受け取ろうとはしなかった。私の頭に手を置いて言った。「この貧乏人の心よりの祝福をうけてちょうだい」。彼女の家を辞去するとき、私の両の目からふた筋の涙がこぼれた。その日私は心に誓った。この人たちを裏切るような真似は決してしない。

選挙運動中、こうした出来事はよくあった。私は区から区へと徒歩でまわった。道で村で、行く

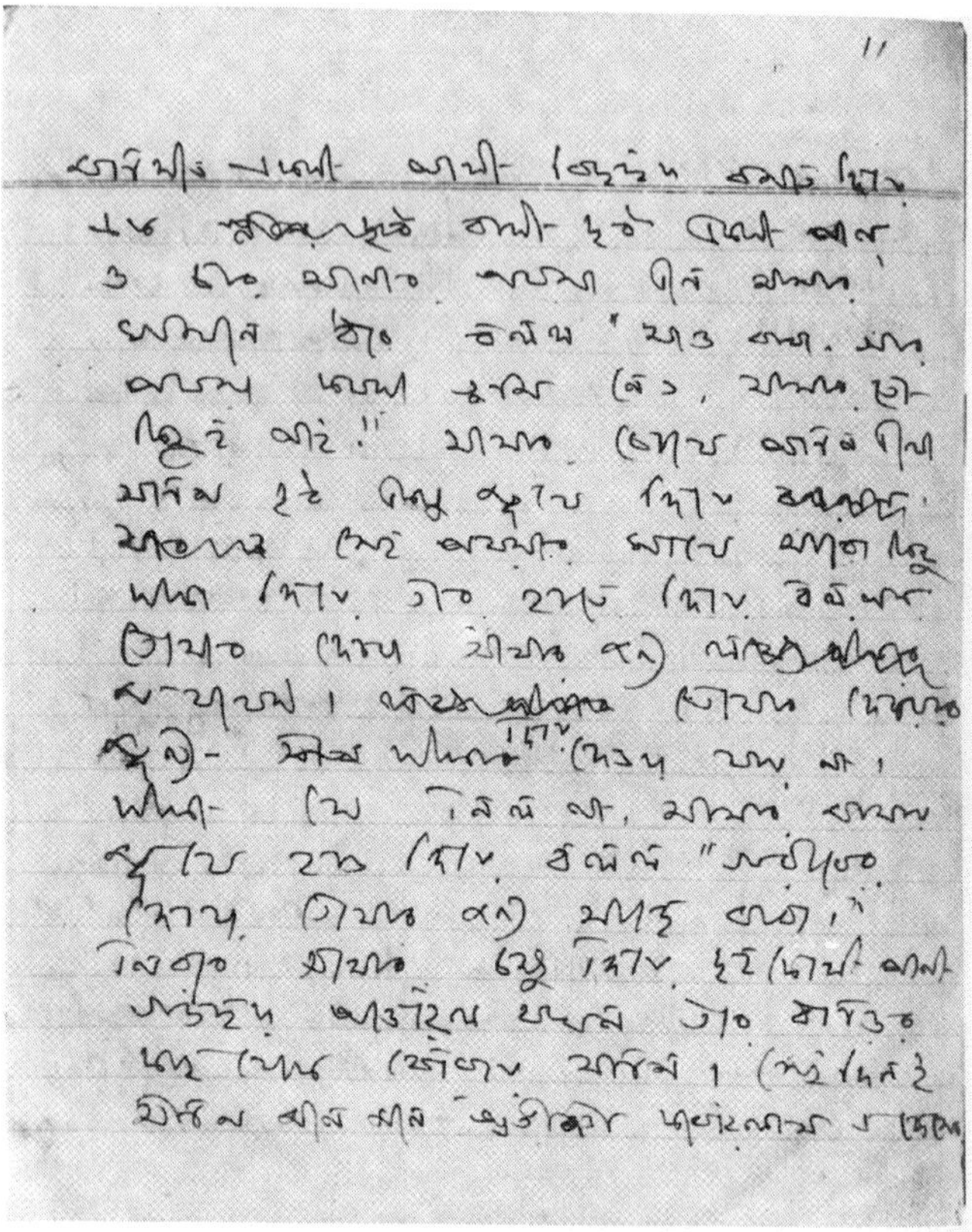

シェーク・ムジブル・ロホマンによる手書き原稿
（内容は本書 487 頁 11 行目「（老女は）地面に敷物を敷いて」より同頁後ろより 2 行目「私は心に誓った」まで

先々でじっくり時間をかけることになった。村では、ふだん家の中でひっそり暮らしている女たちまでが、私を見に出てきた。選挙に立候補するまでは、この国の人たちがいかに私を愛してくれているのか、知らなかった。私の心の中で、何かが大きく変わった。

対立候補のワヒドゥッザマンとムスリム連盟は、状況が不利だと見て新しい手を打ってきた。イスラム教の有名な聖者、僧侶、学者たちを動員したのだ。ゴパルゴンジョの私の地元の区は、東ベンガル中に名を知られた神学者、モオラナ・シャムスル・ホクの生誕地だった。私自身その人を個人的に尊敬していた。イスラム教についての厖大な知識の持ち主だった。その人が私に敵対するようなことはあるまいと思っていた。ところがいつの間にかムスリム連盟に入党し、選挙運動で私の批判を始めた。その地域の人々に敬愛されていたモオラナ・シャムスル・ホクは、高速艇を使って各区を精力的にまわり、宗教の集会を開いて、私に投票すればイスラム教は破滅すると訓戒を与えた。その他にもショルシナ、ボログナ、シブプル、ロホモトプルなどの各地域に住む聖者たちが反ムジブ運動に加わり、宗教にことよせて盛んに私を批判した。ほんの数人を除くほぼすべての神学者とその弟子たちも同様だった。ワヒドゥッザマン陣営は金と宗教界という二つの武器を備えていたことになる。聖者たちの信徒は金につられて、私を敗北させるために寝食を忘れて活動を続けた。官僚たちの一部もそれに積極的に協力した。警察のトップまでがダカからゴパルゴンジョに駆けつけ、ムスリム連盟を応援するようにと、あからさまに部下たちに発破をかけた。そんな中、フォリドプルのアルタフ・ガウハ（ガウハル）県知事が政府への協力を拒んだため解任されるという事件も起こった。代わって赴任した新知事は私の選挙区まで出向いて、私に対抗する演説をしてまわった。ワヒドゥッザマンに有利になるように、選挙の三日前になって投票所を変更することまでやってのけた。

一方、私の陣営では、一般の人々や学生、青年たちが献身的に働いてくれていた。与党のやり口を知ったソラワルディ先生が投票日の四日前に駆けつけ、集会を二回開いて私の応援演説をしてくれた。前日にはモオラナ・バシャニ総裁も応援のために来訪した。投票の数日前には、国家安全保障法違反の疑いでコンドカル・シャムスル・ホク・モクタル、ロホモト・ジャーン、ショヒドゥル・イスラムそれにイムダダらの党員がフォリドプル刑務所に拘留される事件も起こった。ある区では著名人四十人が逮捕されるということもあった。投票日までわずか三日となった日になって、別の約五十人の手配書が出された。シャムスル・ホク・モクタルは人々の間で人気があった。その下で活動する人たちの中にも、よく知られた人が多かった。さらに多くの人の手配書が出されたという話を耳にしたので、私はその人たちに、町には近づかないようにと指示した。私は自分の選挙区以外でも、近くの二つの選挙区で選挙運動を行なわなければならなかった。一つはのちに国会議長となったアブドゥル・ハキムのジョショルの選挙区であり、もう一つはアブドゥル・カレクが立候補していたところで、この人は後に中央政府の閣僚を務めた。

そして選挙が行なわれた。ワヒドゥッザマンは約一万票の大差で敗れた。国民は私に票をくれたばかりではなかった。選挙運動資金として、およそ五千タカを寄付してくれた。人を愛すれば、自分も人から愛してもらえるのだなと思った。自分のことを少しばかり捨てて働けば、人々は命をかけてさえそのお返しをしてくれる。神学者のモオラナ・シャムスル・ホクは、後になって自分の過ちを認め、政治に積極的に関わることをやめた。

この選挙でムスリム連盟は大敗を喫した。選挙が実施される数日前に出された声明の中で、ソラワルディ先生は「ムスリム連盟が九を越える議席を獲得したら、それは驚くべきことだ」と言い切った。投票の結果、全三百の議席のうち、ムスリム連盟が獲得したのはぴったり九議席だった（原文注26）。

世界の歴史の中でも、政権党がこれほどひどい負け方をした例は聞いたことがない。ベンガル人は政治を良く知り、政治意識も高い。今回もそれが証明された。これ以前では一九四六年の、パキスタン問題が争点となった総選挙で、ベンガル人はそのことを示してみせた。今度の選挙ではムスリム連盟の有力者たち――その多くは中央議会の現職議員だった――が次々と落選の憂き目に会った(124)。ただ落選したばかりではなく、立候補のときに納めた供託金も回収できないほどの負けっぷりだったのである。東ベンガルの首相、ヌルル・アミンでさえも議席を獲得できなかった。

統治者たち、搾取者たち、官僚たちの間に動揺が走った。しかし彼らはそれでも何とか建て直しをはかろうと、新たな企みを考えようとした。選挙の結果に特に衝撃を受けたのは、西パキスタンの企業経営者と商人たちだった。東ベンガルを拠点に工場を建て事業を展開し、ムスリム連盟におおっぴらに献金を行なってきたその連中は、困り果ててしまっていた。しかし支えになってくれるであろう中央政府が、まだムスリム連盟の手中にあることが彼らにとっての救いだった。敗北を喫した者たちはこれまで、民主主義にのっとったやり方など考えたこともなかった。それゆえ国民が下したこの判決を認めようとはしなかった。彼らは陰謀による政治を開始した。ほとんどすべての者が東ベンガルを脱出し、カラチに避難した。西パキスタンの政治指導者、企業経営者それに官僚たちは、東ベンガルでの選挙の結果に大いに失望した。なぜならひと言も文句を言わずに東パキスタンの富をせっせと西パキスタンに運んで来るような、彼らにとっての「良く分かっている子たち」が今後も出現してくるのかどうかがわからなくなってしまったからだ。「良く分かっている子たち」は大臣のポストと権力の一部をもらえればそれで満足したので、西パキスタンからすれば極めて御しやすい相手だったのである。東パキスタンアワミ連盟が自治要求を求める世論を形成したことは、中央の与党も把握していた。東と西の間では経済格差が日ごとに拡大していた。就職、経済活動、軍……あらゆる面でベンガル人は機会を与えられないでいた。そのことをアワミ連盟は具体的な数字を挙げたパンフレットを作り、全国で配布していた。東ベンガルのいたるところで、村々をまわる芸人たちがそれを歌にして広めていた。

この選挙で一つ明らかになったことがあった。「イスラムやイスラム教徒の名において」などのスローガンを掲げてみても、民衆の目をごまかせはしないということだ。宗教心の篤いベンガルのムスリムたちは、イスラム教を非常に大切に思っている。しかし政治的な意図を持って宗教の名を使い、人々を騙そうとすることは決して許されることではないと多くの人が考えている。一般の人が望むのは、搾取のない社会と経済的・社会的発展だ。ムスリム連盟の指導者たちはしかし、そのための明確な計画を人々に示すことなく、ただいたずらに「パキスタンは崩壊の危機にある」とか「パキスタンを作り上げたのはムスリム連盟なのだから、ムスリム連盟はパキスタンの母でパキスタンはムスリム連盟と同義」あるいは「アワミ連盟などの指導者たちは国家への反逆者でヒンドゥー教徒の手先、東ベンガルと西ベンガルの統一を目論んでいる」などの益体《やくたい》もないスローガンを叫ぶばかりだった。だが民衆は、ソラワルディ先生がパキスタンの生みの親の一人だと知っていた。「ベンガルの虎」A・K・

フォズルル・ホク氏が東ベンガルの人たちを心から愛していることを知っていた。モオラナ・バシャニ氏がパキスタンのために戦ったこともよく分かっていた。そして私たちが自分を犠牲にしてまでパキスタン建国のために尽くしたことも、東パキスタンの住民はきちんと理解していた。一般の人々をごまかそうとする企てはだから、何の役にも立たなかった。

私たちが出した二十一カ条の要求は国民のためを思って作り上げられたものだ。人々はそれを分かってくれていた。それというのも、アワミ連盟が一九四九年以来このベンガルの地で、同じ要求を繰り返し続けて来たからだ。選挙の数日前、民族対立による騒動があった。騒ぎがあったのはチョットグラム県チョンドロゴナのコルノフリ製紙工場で、ここで働く労働者の多くはベンガル人、経営者側のほとんどは非ベンガル人だった。労働者に対する会社幹部の態度は決して良いものとは言えなかった。しかし騒ぎの一番の理由となったのは、ムスリム連盟のリーダーたちが、アワミ連盟が政権を握ったら、非ベンガル人が東に住むことは許されなくなるなど、根も葉もないことを言ってまわったからだった。

アワミ連盟とその党員たちは、あらゆる宗教、宗派、共同体の間の対立を嫌悪する。党員たちのなかには、社会主義を奉ずる幹部や運動員が少なからずいる。そうした人たちは社会主義こそが人民解放のための唯一の方法だと信じていた。資本主義のもとでは、一般の人たちが搾取される怖れがどうしてもつきまとう。社会主義を信頼する人たちは、どんなものであろうと共同体同士での対立を認めることは決してない。彼らにとってはムスリムもヒンドゥーも、またベンガル人もそうでない人もすべて平等だ。搾取を行なう階級の存在を、社会主義者たちは決して許さない。しかし、西パキスタンでもアワミ連盟に対抗するため、虚報が意図的に流されていた。

選挙の結果が出た後、ダカに戻った。駅に到着すると大歓迎を受けた。アワミ連盟の本部まで、祝賀パレードをしながら行った。ソラワルディ先生から、実は私が勝てるかどうか、心配していたのだと聞かされた。先生は選挙期間中私の実家を訪れたときには、「心配ない。私の見るところ君の勝利は間違いない」と言ってくれていたのだが。

統一戦線選出議員たちの会合が急遽、ダカ弁護士図書館のホールで招集された。それに先立ち、同じ日の午前中には、アワミ連盟の選出議員たちだけの打ち合わせが、連盟本部で開かれた。選挙での勝利のあとすぐ、パキスタン首相のモハンモド・アリ・ボグラが、元ムスリム連盟党員を通じてフォズルル・ホク氏に接触しようとしているという話が耳に入ってきた。元ムスリム連盟党員というのは、選挙の少し前にホク氏の農民労働者党に加入し、今回の選挙で当選を果たした人たちだ。しかし本当は彼らは心底からのムスリム連盟党員だった。

午前中にアワミ連盟の議員たちの打ち合わせ、午後からは統一戦線に所属する議員の総会ということになって、午前の会議はソラワルディ先生とモオラナ・バシャニ総裁も出席して行なわれた。席上、ロングプル県のアワミ連盟支部長を務めるコエラト・ホセンから動議が提出された。その内容は、A・K・フォズルル・ホク氏を統一戦線の代表として選出する前に、ソラワルディ、バシャニの両氏がホク氏と協議を行ない、閣僚名簿を確定すべきである、というものだった。ホク氏がいったん統一戦線の議員団代表になってしまえば、その周囲にいる寝業師たちが動き始めるだろうという危惧から出て来た提案だった。提言ではさらに、統一戦線内での多数派として、アワミ連盟から副代表を出すべきともあった。これについてのソラワルディ先生の意見は、「ホク氏は閣僚名簿を作る以前に、当然我々の意見を求めて来るだろう。バシャニ総裁も先生と同じ考えだった。ホク氏はもうお歳だから、あれこれうるさく言って煩わせるのはやめよう」というものだった。バシャニ総裁も先生と同じ考えだった。私はコエラト・ホセンと同意見だったが、それ以上の主張は差し控えた。その前に選挙を終えて故郷のトゥンギパラからダカに戻って来たとき、ソラワルディ先生から内密の話があると言って呼ばれ、「閣僚になる気はあるか？」と聞かれた。私は「大臣になるつもりはありません。私には党の仕事が山ほどあります。大臣になりたい人ならいくらでもいるでしょうから、そういう人たちからお選びください」と答えた。話はそれきりになった。

ダカ弁護士図書館のホールで開かれた議員総会にはソラワルディ先生とバシャニ総裁も出席した。フォズルル・ホク氏が満場一致で統一戦線の代表に選ばれた。二番目の議題は、以前東ベンガル州議会の議員に選出されたことで、中央の制憲議会の議員もつとめているものの、今回の選挙では落選したムスリム連盟出身の議員たちへの辞職要求だった。ホク氏が代表に選ばれてからほどなくして、東ベンガル州知事からホク氏へ組閣要請があった。ホク氏はそれに応じ、早急に閣僚名簿を作成するため自宅にこもった。

その日の夕方、ソラワルディ先生とバシャニ氏がホク氏の家を打ち合わせのために訪れた。そのときは私も同行した。指導者三人は別室で協議に入った。私は部屋の外で待っていたのだが、目に入ってくる農民労働者党の幹部たちの態度を見て、とても腹立たしい思いをした。あたり中で陰謀が行なわれているように感じた。しばらくするとソラワルディ先生とバシャニ氏が退出してきたので、私たちはまっすぐヤル・モハンモド・カーン・の家に向かった。アタウル・ロホマン・カーン・アワミ連盟副総裁も同席した。先生たちの説明によると、ホク氏はとりあえず閣僚四、五人で組閣し、その後順次大臣の数を増やしていきたいとの意向だそうだ。今のところ、アブ・ホセン・ショルカル、ソイヨド・アジズル・ホク（ナンナ・ミヤ）、アシュラフウッディン・チョウドゥリ、アタウル・ロホマン・カーン、アブドゥス・サラム・カーンが入閣予定とのことだった。それに対しソラワルディ先生とバシャニ総裁は、全閣僚を揃えてから内閣を発足させたほうが良いと意見を述べた。一般の人々は、統一戦線が国のためにできる限り早く仕事を始めることを望んでいる、とふたりは言い、さらにナンナ・ミヤの抜擢は見合わせたほうが良かろうと考えを伝えた。もし完全な体制を整えてからなら、今すぐの船出でも構わない、というのがアワミ連盟としての意見だった。ふたりが特に強調したのは、最初から閣僚全員を揃えた内閣を作ることだった。しかしホク氏の同意が得られなかったので、それならばアワミ連盟は当面内閣に人を出すことはできない、ご自分の政党の人間だけで組閣してください、アワミ連盟はあなたの内閣を支持するし、完全な形で組閣が行なわれる場合には人も出しますから、と言い残して引き揚げてきたそうだ。アワミ連盟を分断しようとする企てがすでに始まっていることを、ソラワルディ先生とバシャニ総裁は十分に認識していた。

フォズルル・ホク氏はふたりに向かって、シェーク・ムジブを内閣に受け入れるつもりはないと宣言した。それに対しソラワルディ先生は、「アワミ連盟から誰が閣僚ポストに就くかは、バシャニ総裁と私が決めます。もしそちらが、ナンナ・ミヤを絶対に内閣に加えたいとおっしゃるなら、私たちもシェーク・ムジブ抜きでは駄目だと主張しても構わないはずです。いずれにせよムジブは我が党の書記長です。閣僚候補ではありません。そういった党の内部のことは、党にお任せください」と答えた。

それを聞いて私はソラワルディ、バシャニの両氏に言った。「私のことで揉め事を起こす必要はありません。私は大臣になる気はありません。私を除外して完全な形で内閣を発足させると向こうが言うなら、それで良いということにしてください」。一時間ほど経った頃だったろうか、私たちがまだ話し合いを続けている間にホク氏から連絡があった。閣僚六人で内閣を発足させたい、また私を加えることは了承した、との内容だった。それを聞いたバシャニ総裁は「アワミ連盟から内閣に加わるとすれば、さみだれ式に加わることはしない。閣僚に指名されたものが一度に就任するのでなければ認められない」と断った。

翌日フォズルル・ホク氏は宣誓を行ない、東ベンガル州首相に就任した。同時にアブ・ホセン・ショルカル、ナンナ・ミヤことソイヨド・アジズル・ホク（農民労働者党）、アシュラフ・ウッディンチョウドゥリ（ニザメ・イスラム党）も宣誓した。東ベンガル州総督の公邸前ではデモが行なわれた。デモ隊は「身内びいきの政治はいらない」「馴れ合い政治はやめろ」などのスローガンを叫んでまわった。もし全閣僚を指名したうえで宣誓式を行なっていたなら、何十万という人々が祝福したことだったろう。選挙の結果が出て国民が愁眉を開くことができたのはたった一日だった。人々は再び意気消沈してしまった。ホク氏の取り巻きたちは、こうなったのはすべてムジブのせいだと言い始めた。しかし私は事情を何も知らないままだった。大衆が怒っていることを、新聞を読んで初めて知る始末だった。新政府誕生を祝うはずだったのに、人々は逆にナンナ・ミヤを大臣にしたことに抗議している。ナンナ・ミヤという人は大衆にはあまり知られていなかった。人々がナンナ・ミヤについて知っているのは、彼がフォズルル・ホクの甥ということだけだった。ナンナ・ミヤは性格的には親しみやすく、また折り目正しい人物だった。私と彼は個人的には極めて親しかった。コルカタ時代からの知り合いだった。彼が怒ったのを一度も見たことがない。それはともかく、そうなってもホク氏は何も手を打とうとしなかった。歳をとってしまったということなのだろう。人の意見ばかりを聞いた。特にユスフ・アリ・チョウドゥリ（モホン・ミヤ）を中心とする、ムスリム連盟を除名されてきたグループの言うことにはよく耳を傾けた。モホン・ミヤは自ら大臣になりたがっていた。生涯ずっと省庁を作っては壊しの繰り返しだった。特に問題だったのは、学歴がほとんどなかったことだ。そのために皆に軽んじられた。しかし活動家としては優れていた。彼ほどの活動家はこの国にはほとんどいない。時を忘れ、ひたすらに働いた。人々には「邪悪な天才」と呼ばれていた。その知力と行動力を良い仕事に注いでいたら、国のために大きな業績をあげることができたろうにと思う。

私たちアワミ連盟は内閣に参加せず、党内の基盤固めに邁進した。ソラワルディ先生はカラチに戻って行った。働きすぎのため体調を崩していた。フォズルル・ホク氏もカラチを訪れた。そこで中央議会の東ベンガル選出の議員たちから、選挙の結果を受けて自分たちは辞任すべきかどうかと尋ねられたホク氏はこう答えたという。「私自身、辞任していないんです。あなたがたがする必要がどこにありますか？」。統一戦線の議員団の最初の総会では、中央議会議員たちに対して辞任を要求することが決まっていたのに、ホク氏の答えはそれを全く無視するものだった。カラチではモハンマド・アリを中心とするムスリム連盟の幹部たちがホク氏に面会を求め、彼らが許しがたく思っているのは専らアワミ連盟である、と告げた。彼らはさらに、ホク氏には何の遺恨もなく、むしろ支援を惜しまないつもりで、彼が東ベンガル州首相でいられるよう努めると伝えた。ただしそのためには、アワミ連盟を政権から除外しなければならないというのがムスリム連盟の示した考えだった。彼らはひそかにアワミ連盟の一部の議員たちと接触し、党との分断を図ることもした。しかしこれは失敗した。だれも離党しようとしなかったのである。内心では閣僚ポストを狙っている者たちがいたが、民衆の反応を怖れて身を慎んだ。一方でホク氏の周囲は、ホク氏にアワミ連盟切捨てをそそのかし続けた。ムスリム連盟が掌握している中央政府は、東ベンガルの新政権にほころびが生じたと見ればそれに飛びつくであろうことは自明だった。現状ではアワミ連盟の支えなしには東ベンガル州政府が身動きが取れないことを、中央政府は十分に認識していた。州議会でアワミ連盟の勢力が過半数を占めていたからだ。他の党の議席を全部合わせても、アワミ連盟には届かなかった。

カラチからダカに戻る途中、ホク氏はコルカタに数日立ち寄った。そこで彼がしたとされるコメントが、現地の新聞ににぎにぎしく掲載された（原文注27）。これを好機と見たモハンモド・アリ・ボグラ・パキスタン首相やその取り巻きは、ホク氏の責任を問い、追い落とすための企みを始めた。ホク氏は大きな危機に直面することになった。しかしこのとき、アワミ連盟やその党員たちは反ホク的な動きをみせることはなかった。アワミ連盟はホク氏の内閣を支持していくと明言した。このような状況の中で、ホク氏はアワミ連盟党員と話し合い、閣僚全員が揃った内閣を発足させたいとの意向を示した。ホク氏のもう一人の甥であるマハブブ・モルシェド弁護士（のちに東ベンガル高等裁判所の裁判長を務めた）

がホク氏と相談のうえ、アタウル・ロホマン・カーンやマニク・ミヤと会い、アワミ連盟に対し、内閣に加わってほしいと要望した。ダカのコフィルッディン・チョウドゥリとミルジャ・アブドゥル・カデル・ショルダルも説得に協力した。ソラワルディ先生はそのころ、カラチで闘病生活を送っていた。ダカへ来ることは到底不可能だった。

私はバシャニ総裁とともに地方遊説を続けていた。私たちがいつ、どこにいるかは本部には知らせてあった。ホク氏はアタウル・ロホマンとマニク・ミヤに、私に閣僚ポストを与えたいと告げた。バシャニ氏と私がタンガイルで集会を行なっていたとき、現地の郡長官が一通の電報を届けてくれた。ホク首相からで、至急ダカに来るように、と書かれていた。バシャニ総裁に相談すると、「必要があれば内閣入りしなければなるまい。それでもまず、この時期に、このような形で閣僚になるのが果たして良いのか、ソラワルディ氏の意見を聞いてからにせよ。おそらくホク氏の農民労働者党の中で、何か問題があるのだろう。それで君に声がかかったのではないか」と言われた。

夕方にダカに着いた。まず自宅に行ってみると、妻のレヌが来ていた。子どもたちと一緒に昨日着いたのだった。子どもたちを学校にやる準備があるので、これからはダカで暮らしたいと言う。私自身は根無し草のような生活を送っているとはいえ嬉しい話だった。レヌが来てからというもの、生活のすべてがきちんとなっていった。レヌは私の経済状態も知っているので、家から少しお金も持ってきてくれた。

フォズルル・ホクに会いに行くと「君に入閣してもらう。君が必要だ。へそを曲げて断ったりしないでくれ。アワミ連盟の中で協議して、他に誰をいれたらいいか、考えてほしい」と言われた。私は

「アワミ連盟としては異存ありません。しかし、体調が優れませんが、ソラワルディ先生から同意をいただく必要があります。それにバシャニ総裁がここにはいません。総裁とも話をしてみなくてはなりません」と答えた。そのあと『イッテファク』紙のオフィスに行き、マニク・ミヤ、アタウル・ロホマン・カーンと話し合った。そのうちモルシェド、カデル・ショルダル、コフィルッディン・チョウドゥリもやってきて協議に加わった。やはりソラワルディ先生に相談してみるべきだということになり、カラチへ電話をしてみたが、体調のせいで直接電話には出られないと言われた。しかし先生の娘婿のアハメド・ソライマンが取り次いでくれて意志を確かめることができた。それでいい、とのことだった。

私はそれでも納得できなかった。バシャニ総裁の意向もぜひ確かめなければならない。これまでいろいろないきさつがあったからだ。ソラワルディ、バシャニの両氏の口から以前、閣僚候補として何人かの名前は聞いていたが、もう一度話をして意見を聞く必要がある。一方農民労働者党としては、コフィルッディン・チョウドゥリを自覚から閣僚として出すことに乗り気でなかった。本音を遠慮なく言う性格のために、彼を疎んじる人たちがいたのだ。しかし私たちは彼に、必要ならアワミ連盟として推薦しても良いと伝えた。その程度の理由で彼に制裁を与えるべきではないと私たちは考えたからだ。夜十一時にフォズルル・ホク氏と協議を終えてから、アタウル・ロホマン・カーン、モルシェド、コフィルッディン・チョウドゥリ、アブドゥル・カデル・ショルダルそして私の五人は、二台のジープに分乗してタンガイルに向かった。バシャニ総裁と会って話をするためだ。当時、ダカからタンガイルにいたる道は悪路だった。そのため六時間ほどもかかった。タンガイルに着いたのは夜明けに近い時刻だった。バシャニ総裁はアワミ連盟タンガイル支部の建物の二階にいた。これまでのいきさつを話すと、総裁はひどく立腹した。しかしモルシェドが時間をかけて説得し、最終的には了承してもらえた。そこでアタウル・ロホマンが入閣候補者の名前一覧を見せた。名簿にあったのは、アタウル・ロホマン・カーン、アブル・モンスル・アハモド、アブドゥス・サラム・カーン、ハシムッディン・アハモド、それに私の名だった。コフィルッディン・チョウドゥリについては、彼自身が所属する農民労働者党内で反対があるということで、アワミ連盟から閣僚として出ることになった。これでフォズルル・ホク氏を含めて十二人の閣僚が決まった。その後まもなく、さらに何人かが入閣することになった。

第七章　波乱の船出

一九五四年五月。宣誓式のために朝九時、知事公邸に集合した。閣僚としての宣誓を終えたちょうどそのとき、ナラヨンゴンジョにある東ベンガル最大のジュート工場、アダムジー・ジュート工場でベンガル人と非ベンガル人労働者が対立し、暴動が起きているという知らせが飛び込んできた。ソイヨド・アジズル・ホク（ナンナ・ミヤ）は未明からそこに行っているという。夜のうちにEPR・東パキスタン国境警備隊と警官隊が動員された。ダカから官僚が何人かと警察の幹部たちもそこにつめて事態の推移を見守っている。私たちが宣誓を行なっているときに暴動が起きた理由は何なのか？　悪い兆候だということは考えなくとも分かった。東ベンガル州首相に就任したばかりのフォズルル・ホク氏を先頭に、閣僚全員が現場に向かった。当時アダムジー・ジュート工場にはナラヨンゴンジョ経由で船で行くしかなかった。ダカからまっすぐに向かう道はできてはいたものの、乗用車が通行できるような道ではなかった。トラックやジープがかろうじて行ける程度だった。皆出発して行ったが、私だけは遅れた。知事公邸の前で支持者に囲まれてしまったのだ。支持者たちは私を押し立てて祝賀パレードをしようと待ち構えていたのだった。事情を説明して何とか分かってもらうのに時間がかかり、私だけ三十分ほど遅くなった。

やっとナラヨンゴンジョに着くと、首相はしばらく私を待っていたが、すでにダカに戻ったと聞かされた。私のために船を一艘残しておいてくれた。私はまっすぐ暴動の現場に向かった。途中からは警察のジープも使った。到着したときには暴動は下火にはなったものの、まだ少し続いていた。工場に向かう道や途中にあるスラムには、人の死体がいくつも転がっていた。たくさんの負傷した人たちが助けを求めて叫び声をあげていたが、手を貸そうとする者はいない。国境警備隊の兵士たちが警戒態勢を敷き、ベンガル人と非ベンガル人を引き離そうと躍起になっていた。事件のことを耳にした周囲の村のベンガル人住民たちが何千人も押しかけて来ていた。工場の外にいた非ベンガル人たちはトラックに乗せられ、工場内に避難していた。ひどいありさまだった。私には武装警官が二人ついているだけだった。さらに何人か見かけたので呼び寄せ、彼らの手を借りて一本の木の下を仮の救護本部とした。工場にはもともとトラックが四台あったはずだが、そのうち一台が行方不明になっていた。そこらにいた何人かの人に手伝ってもらい、亡くなった人はとりあえずそのままにして、負傷者を運び入れ、水を与えた。私がやっていることを見て、そこらにいた役人たちも手伝い始めた。そこにモホン・ミヤが現れた。とても心強く感じた。トラックも三台やって来た。運転手たちはそこの情景に恐れをなして逃げ出そうとしたが、逃げようとしたら逮捕して刑務所に送るぞと恫喝した。私の猛々しい形相に、運転手たちは震え上がった。ダカに電話をして、救急車派遣を要請した。午前十一時から夕方までにモホン・ミヤと二人で約三百人の負傷者を病院に送ることができた。工場を襲撃しようと周辺の各地からベンガル人たちが集まって来ていたが、私が出て行って説得し、何とか落ち着かせることができた。私が行なった演説に皆が耳を傾けてくれた。しかし実際に起こったことを彼らが知ったら、私の話など聞いてもらえなかったかもしれない。夕暮れ前に私は暴動の現場を見てまわり、自分で数えて少なくとも五百の遺体があることを確認した。さらに池の中には百ぐらいの遺体があることに疑いの余地はなかった。

この大暴動のきっかけとなったのは些細な出来事だった。事件の三日前、一人の非ベンガル人の守衛と、工場のあるベンガル人従業員の間で口論が起こり、暴力沙汰にエスカレートした。ベンガル人に殴られて、打ち所が悪かったのか、守衛が死んでしまった。状況は一気に緊迫し、またそれを利用しようとする動きも始まった。工場に配属されている守衛たちはすべて非ベンガル人だ。数は少ないが、従業員の一部も非ベンガル人だった。同僚の死で非ベンガル人たちの怒りが爆発した。工場の経営者側も彼らを煽るような態度を取った。工場の事務所の建物に、弔意を表わす黒い旗を掲げる許可が出された。操業は中止となり、ベンガル人には給与支給日が通知された。指定された日が大暴動の日となった。給料は工場内で支給するから、と言われた従業員たちが行ってみると、銃を持った守衛や非ベンガル人たちが襲いかかって来た。ベンガル人たちが予想もしていなかった事態だった。急襲されて多くの従業員が死亡した。工場の外にいたベンガル人たちが報復として非ベンガル人を襲い、また多数の死者が出ることになった。

そもそも統一戦線による新政府発足の日に、工場側が給与を支給すると決めたのはなぜだったのか。東パキスタン国境警備隊が配備されていたのにもかかわらず、事態収拾のために一発の銃弾も発射しなかった理由は何だったのか。そのために暴動が広がり、五百人もの死者が出る惨事となったのだ。

警察も前もって情勢を把握していたはずなのに、何の手段も講じなかったのはどうしてなのか。事件を聞いて真っ先に駆けつけたナンナ・ミヤ大臣を、甘言を弄して工場の事務所に釘付けにした意図は何だったのか。暴動が工場の別の箇所にも広がったという事実を、ナンナ・ミヤはずっと知らされないままだった。

フォズルル・ホク首相をはじめ閣僚たちがダカに戻った後も、私とモホン・ミヤは夜九時まで現場に残った。当時ダカ市の市長はマダニという人で、パキスタン高等文官出身のハフィズ・モハンモド・イスハクが事務長官を務めていた。死者が五百名出ているという私の話を、マダニ市長は容易に信じようとしなかった。まさか、五十人ならまだしも、と市長が言うので、私自身が数えたのだ、何なら行って確かめて来たらいい、と私は反論した。市長は後になって私の言葉が正しかったと認めた。ともあれ、当日夜九時になって、私とモホン・ミヤのところに、工場一帯は軍が掌握したとの報告があった。東ベンガル警察庁長官だったシャムスッドハがやって来て「大臣、まずいことになりました。軍の兵士は全員非ベンガル人です」と言ったが、私は笑い飛ばした。「まずいことはこればかりじゃないですよ。あなたが警察と国境警備隊を動員しても事態を収められなかったのもまずいし、そうなった以上、軍に頼る以外にないでしょう」。当時東パキスタン国境警備隊は州政府の管轄下にあった。ダカに行けば事情が分かるかもしれない。おそらく州首相の進言を受けて、軍隊に出動命令が下ったのだとは思うが。

ダカに戻り、その足で首相の自宅に向かった。着いてみると、首相がずっと私のことを心配していたと聞かされた。なぜ私を暴動が起きているような危険な場所に残して引き揚げてきたのかと、他の閣僚たちをさんざん怒鳴りつけていたそうだ。私が姿を現したのを見ると、首相は喜び、心から労わってくれた。そして「これから閣議を行なう。君にも出てもらうので、ここにいるように」と言った。

閣議は夜十時半に始まった。シャムスッドハは閣議開始前に、すでに何人かの閣僚を手なずけてしまったようだった。アブドゥル・ロティフ・ビッシャシなどは、どうして軍なんかに任せることになったのか、と怒鳴り声をあげていた。首相が入室してきた。会議が始まる前に首相が事務長官のモハンモド・イスハクに対して、厳しい口調で何か言っているのが聞こえた。私は間に入って制止し、「それは後にしましょう。まずは治安を守ることができず、これほどたくさんの死者を出すことになった責任者を特定し、処罰する必要があります」と意見を述べた。それで閣議となった。多くの議題について話し合われたが、その内容は記さないでおく。閣議の中身を公にするべきではないと考えるからだ。

閣議が終わったのは夜の一時ごろだった。外に出てみると、ソラワルディ先生のコルカタ時代からの追随者で、ムスリム連盟のベテラン活動家、ラジャブ・アリ・シェートとたくさんの非ベンガル人たちが私を待っていた。これからダカ市内をまわろうと言う。非ベンガル人たちが多くのベンガル人を殺害したというニュースは、すでに町中に広まっていた。こうなるといつ非ベンガル人がベンガル人による攻撃の対象になるかもしれない。私はシェートら何人かと一緒にすぐに出発した。通りの辻々にすでに人が集まり始めていた。私は車を下り、群集に平静を呼びかける演説を行なった。それで事態をかなり鎮静化することができた。自宅に帰りついたのは未明の四時だった。宣誓式が終わってから一度も自宅に帰ることができなかった。それに一日中何も食べていなかった。妻のレヌがじっと私を待っていてくれた。彼女も何も口にしていないと言った。

この日の暴動が統一戦線政府を貶め、世間に対してこの新しい政府の無能さを喧伝しようとする大きな陰謀の一環であると私は確信していた。この謀略は数日前カラチで行なわれ、一人の高級官僚とアダムジー・ジュート工場の幹部たちが直接関与したものだった。資本家たちは何十年も前から、自分たちの利益と政治的目的達成のために、貧しい労働者たち同士の騒動や暴力行為を演出してきた。ただし今回の事件について、アダムジー・ジュート工場の経営者のグル・モハンマド・アダムジー自身が前もって承知していたのかどうかは定かではない。

この暴動事件は、モハンモド・アリ・ボグラの率いるムスリム連盟の中央政府が捜し求めていた、東ベンガルへの介入の絶好の口実となった。それ以前モハンモド・アリ・ボグラとその一味は、ムスリム連盟と西パキスタンの財界人たちと協力して統一戦線の分断化を謀ったが、アワミ連盟の内閣参加によりその企ては潰えた。それで地団太を踏んだものの、彼らはまた策略をめぐらし、協力者たちの助けを借りて新しい手を打って来たのだった。もし統一戦線が、アワミ連盟が主張したように初めから完全な形で内閣を発足させ、統治体制を意のままに制御できるようにしていれば、中央政府につけいる隙を与えることはなかっただろう。

東ベンガル州での総選挙において統一戦線が勝利したことで、高級官僚たちは戦慄した。何しろ官僚の多くは、選挙戦であからさまにムスリム連盟を応援したのだ。選挙が終わり、当初はアワミ連盟が組閣に協力しなかったことで彼らは少し安堵した。しかしその後内閣に加わったため、彼らは再び危機感を抱き、中央政府の陰謀に参加するようになった。ただ、高級官僚の中でも、ダカ市の事務長官、ハフィズ・モハンマド・イスハクだけは、東ベンガルの政治状況におけるこうした変化を歓迎する立場を取った。

翌日私は再びアダムジーの工場に出向き、従業員たちが食べ物と住むところに困らないよう気を配ってほしいと役人たちに要請した。それから合同官庁に行ってイスハク事務長官と今後について協議した。

州政府内ではそのころ、どの大臣ポストに誰を当てるかについての話し合いが始まっていた。そこでもまた策略が行なわれていた。アワミ連盟所属の閣僚には、あまり良いポストを与えないように、さまざまな駆け引きが続いたのだった。モホン・ミヤまでがホク首相と話をしては状況をより面倒なものにしていた。私は首相に、「こんなのはうんざりです。何でしたら私を外してくださっても構いません」と言ったほどだった。

翌日、各閣僚の担当が決まった。私は協同組合・農業開発相ということになった。しかし別に農業大臣もいた。パキスタン高等文官のソブハーンという男が、大臣ポスト割り振りについてモホン・ミヤの相談役となっていた。私はソブハーンを呼びつけて言った。(125)「私をよく知らないでしょう。これ以上の謀略はやめることですな」。さらにホク首相にも、「おじいさま、これはいったいどうしたことですか。私たちアワミ連盟は内閣に加わる気はなかったんです。私たちを引き込んでおいてから、このありさまは何ですか」と聞いた。するとホク氏は「勝手にやらせておけ。私は君を私の後継者だと思っている。今起こっていることで腹を立てるな。いずれ何とかする」と答えた。年配者に向かってこれ以上言うことはできなかった。そのころからホク首相は私に目をかけてくれるようになっていた。

特に必要もないのに私を呼びつけることが増えた。新聞記者たちに「私はおいぼれでムジブは伸び盛りだ。だからあれにとっては私はおじいさまで、私にとってはあいつは孫なのさ」と言ったこともあった。閣僚の中で私は最年少だった。そしてホク首相は最年長だった。ホク氏に命じられたことは何でもやった。ホク氏は心の広い人で、そのため私は彼を敬愛するようになった。陰謀術策をめぐらす連中が回りにいないかぎりにおいては、フォズルル・ホクは寛大で親しみやすい人だった。ただあまりにも歳を取っていてしまったため、そういった者たちに頼ってしまうこともあった。しかし私に対して親愛の情を示してくれるようになってくるとだんだん、私がこの人を、悪い連中から守ることができるのではないかという自信が湧いてきた。私は私に振り当てられた役所に行って、そこが何をする所なのか理解に努めた。それまではほとんど何も知らなかったからだ。そのころ、大臣たちはそれぞれ、政府から支給された家に住み始めた。私も家族と一緒に、ダカ中心部のミントゥ通りの家に移った。

それから二～三日後、ホク首相に呼ばれた。「カラチから知らせがあって、行かなければならないことになった。君とアタウル・ロホマンも同行してほしい。ナンナ・ミヤ、モホン・ミヤ、アシュラフ・ウッディン・チョウドゥリも行くことになっている。カラチがどうも何か企んでいるらしい」。私は前から行くつもりになっていた。ソラワルディ先生の具合が思わしくなかった。見舞いに行かなければと思っていたのだ。

カラチに着いてまず、東ベンガルの問題について中央政府との協議に臨んだ。東ベンガル州が中央からのどのような援助を必要としているかを伝えた。西パキスタンでは私たちを陥れるため、嘘だらけの情報が流されていた。先日のナラヨンゴンジョの暴動は、統一戦線政府がやったものだそうだ。どこかの政府が自らを貶めるために、あえて暴動を起こすなど聞いたこともない。治安を守るのは政府の責任だ。騒ぎを起こして自分の信用を落とす必要などあるはずがない。事件の首謀者は選挙で負けた者たちだ。統一戦線政府の無能さを世間に示そうとしてカラチが画策した陰謀だ。中央政府は東ベンガル州政府を罷免する機会を虎視眈々とうかがっている。

中央政府との協議のあと、モハンモド・アリ・ボグラ・パキスタン首相の執務室に呼ばれた。フォズルル・ホク・東ベンガル州首相もすでに来ていた。モハンモド・アリ・ボグラは傲岸な態度でホク首相と話を始めた。それを見ていた私の堪忍袋の緒が切れそうになったとき、ボグラが私のほうに向き直った。「ようムジブル・ロホマン、君にはいろいろ問題があるようだな。私のところに報告がたくさんあがってきているよ」。モハンモド・アリ・ボグラはそう言い、アメリカ人ぽい仕草で書類の束を持ってこさせ、机の上に置いた。私は答えて言った。「報告書はたくさんあって当然です。あなたのおかげで長い間刑務所で過ごさせていただきましたので。報告といえば、あなたの行状を問題視した報告書が東ベンガル州政府にありますよ」。首相が「どういうことかね」と聞いてきたので私は「一九四七年にカジャ・ナジムッディン首相が東ベンガルで組閣したとき、あなたを大臣にはしませんでした。それから一九四八年に私たちが初めてベンガル語国語化要求運動を行なったとき、あなたはムスリム連盟には内緒で、こっそり二百タカを寄付してくださいました。覚えていらっしゃいますか？　人は古いことはすぐ忘れるものですよね」。ホク氏とナンナ・ミヤはその場の空気が緊張してきたのを感じ取り、「私たちはこれで失礼します。またいずれお話ししましょう」と言って、私を促して席を立った。私は辞去する前に、ボグラ首相がホク氏に対して礼を欠く態度を取ったことに対し、ひと言ふた言文句を言うのを忘れなかった。

ソラワルディ先生の見舞いに出向いた。先生はベッドから身を起こすことができず、話をするのも苦しそうだった。医者からは外部の人間との面会を禁止されていた。私を見て先生は嬉しそうな顔をした。先生の一人娘のベビーから、政治の話はしないようにと言われた。しかし先生は苦しそうな息で、政治状況についていろいろと知りたがった。私は短く答えるに留めた。別れ際先生は、「モハンモド・アリ・ボグラとムスリム連盟の幹部どもは大きな賭けを始めたのだな」とおっしゃった。

フォズルル・ホク・東ベンガル州首相から、ゴーラム・モハンマド・パキスタン総督が私たちに会いたいと言っていると聞き、総督公邸を訪ねた。総督も重い病気を患っていた。寝たきりで総督としての業務をこなしていた。その部屋に私たちは通された。病状は深刻で、手足が常に震えているような状態だった。言葉も不明瞭だった。ホク首相と話をしてから、突然私の名を呼び、来ているかと尋ねた。ホク首相が私を促したので総督の枕元に行き、挨拶をした。総督はさらに近くに来るように言い、「人はあなたのことを共産主義者だと言っていますが、本当ですか」と聞いた。私は「もしソラワルディ先生が共産主義者なら、私もそういうことになります」と答えた。総督は笑って、私の頭を手で撫でながら言った。「あなたはまだ若い。国のためにたくさん仕事ができる。私はあなたに祝福を与えたい。お会いできて良かったです」。言葉が不明瞭なため、何と言われたか理解するのが大変だった。口は曲がり、手足の皮膚は生気を失ってしまっていた。しかし神の恩寵により、総督の頭はまだしっかりしていた。

翌日になって、東ベンガル州は総督の直轄下におかれ、内閣は解散させられるという話が耳に飛び込んできた。その話し合いが続いているという。中央政府は東ベンガルのイスハク事務長官に対し、私たちが東ベンガルに帰ることができないよう、飛行機の切符の手配を止めるようにと指示したという話も伝わってきた。しかしイスハクは、私たちは今も閣僚であり、彼自身法律的には私たちの命令を受ける立場にあることを告げて断った。さらに彼は、中央政府から出た、東ベンガル州に関する報告の内容を変えるようにとの指令も拒否したという。そのためにイスハクは解任され、長期間にわたって停職を命じられることになった。そのことを知った私とアタウル・ロホマンはホク首相のところに行った。「私たちは今日ダカに帰ろうと思います。今日行けないとさらに何日も足止めを食らうことになりそうです。飛行機の切符が入手できないので」。そう言って事情を説明すると、首相はナンナ・ミヤを呼び、一緒に行くようにと言った。ナンナ・ミヤも了承した。モホン・ミヤとアシュラフウッディン・チョウドゥリはカラチで打開策を探るため、こちらに残ることになった。

私たちは切符の手配を指示しておいてから、ソラワルディ先生のもとを再び訪れた。事情も少し話した。その話が終わってから、先生は苦しそうな声で言った。「治療のため、数日中にスイスのチューリッヒに行くことになっているんだが、実は金が足りないのだ」「ダカに戻ったら少し、お嬢さんあてに送金しますよ」と私は言ったが、悲しい気持ちになっていた。ソラワルディ先生はかつて、何千タカもの稼いだ金を貧乏な人たちに分け与えた。その先生が自分の治療費の工面にも苦労するとは。

多分五月二十九日だったと思うが、私たちは夜の飛行機でカラチを発った。ＢＯＡＣ機はデリーとコルカタを経由してダカに行く。事務長官のハフィズ・モハンモド・イスハクと警察長官のシャムスッドハも私たちに同行していた。シャムスッドハがそれまでどうして、誰の命令でカラチに行っていたのか、私たちは知らなかった。ずっと後になってフォズルル・ホク首相から、自分が命令したと聞かされた。コルカタ到着の直前、シャムスッドハがホク氏に言った。「首相、今日はコルカタに泊まられるのが良いと思います。彼らの動きがどうも気になります。これから何が起きるか分かりません。イスカンダル・ミルザー[126]とN・M・ハーンが昨夜軍用機で、カラチからダカに飛んだという話です。ダカ空港で何か起きる可能性もあります。もし何もなければ、明日ダカからコルカタまで迎えの飛行機を飛ばすように手配します」。首相は状況を理解した。そのうえでシャムスッドハに、ナンナ・ミヤと私を示し、この二人と話をするようにと言った。シャムスッドハは私たちに同じ話をして聞かせた。私はしかし、「なぜコルカタで下りる必要があるのか。コルカタはすでに別の国になっている。ダカでなにか起きるのなら起きればよい」とはっきり言った。ナンナ・ミヤも同じ考えだった。シャムスッドハがなぜこんな忠告をしたのか、私には分かっていた。カラチに滞在中からそうすることが決まっていたのだ。パキスタンの為政者たちは世界に向けて、「フォズルル・ホクは二つのベンガルの統合を狙っている。ホクはパキスタンの敵であり、反逆者だ。そして残りの連中は反逆の同調者だ」と示すことを目論んでいるのだ。

　飛行機がコルカタに到着すると同時に、新聞記者たちがホク氏を取り囲み、質問を浴びせ始めた。首相は唇に指を当てて何も言うつもりはないことを伝え、次に私を指差した。聞きたいことがあったら私に聞け、というわけだ。押し寄せてきた記者たちに私は言った。「ここで言うべきことは何もない。何か言うとしたらダカで言う」。コルカタ空港では予定より一時間ほど余分に時間がかかった。その間にシャヌスッドハが再び来て「電話をして様子を調べましたところ、ダカ空港は軍に完全包囲されているとのことです。どうしましょうか」と言った。私は「包囲されようがどうしようが構わない。我々はダカに行く。外国には一分たりとも長くいるつもりはない」と即答した。再び飛行機に乗って思った。シャムスッドハは警察に勤める人間として、自分をとても賢いと信じているに違いない。そして私たちのような政治家には、この程度の企ても見抜けまいと考えたのだろう。

ダカに着くと大群衆が私たちを歓迎しようと待ち構えていた。皆と挨拶を交わし、私たちはそれぞれの自宅へと引き揚げた。ホク首相の私設秘書官のサジェード・アリはカラチに残っていた。何か動きがあれば電話で知らせて来ることになっていた。

自宅に帰ってみると、レヌはまだ片付けに悪戦苦闘していた。「もう多分やらないでもいいよ」と私は妻に言った。「中央政府は東ベンガル州政府を罷免して、私もきっと逮捕される。そうしたら君たちはダカにいるよりも実家に帰ったほうが良いと思う。一緒に暮らすとか、子どもたちの教育とか、いろいろ考えたけれど、残念だが夢に終わりそうだ。私も金を使い果たしてしまったし」。レヌはじっと考え込んだままだった。私は入浴と食事を済ませ、少し休息を取った。午後三時に電話が鳴った。中央政府が九二項(A)の適用を宣言したという(原文注28)。東ベンガル州内閣は罷免された。イスカンダル・ミルザー少将が東ベンガル総督に、N・M・ハーンが事務長官に就任したという。

私は急いでアタウル・ロホマン・アワミ連盟副総裁の家に向かい、それから二人でホク首相の自宅に行った。首相と会い、閣議召集を要請した。中央政府によるこの不当な命令に従ってはいけない。

無視すべきだ。ホク首相は、今後どうなるかわからない、まずは他の閣僚と話してみよと言った。そこでナンナ・ミヤと話をしに行ったが、ひと言も話せないような状態だった。皆が怖気づいてしまっていた。アタウル・ロホマンは、もし他の人たちもそうするならという条件で、私に同調すると言った。他の大臣たちには会えなかった。ホク首相は自宅二階の一室に閉じこもったままだった。私はアタウル・ロホマンに他の閣僚たちを連れて来るよう頼んで言った。「私はアワミ連盟本部に行って、書類や資料を片付けて来ます。多分封鎖されることになると思うので」。

本部に行って必要な書類をまとめて外に出た直後、別の方角から警官隊がやって来て周囲の警戒を始めた。再びナンナ・ミヤの自宅に行くと、たった今、警察の幹部らがやってきて私の行方を尋ねて行ったと言う。家に電話してみたらやはり警察がたずねてきたという返事だった。私はレヌに、「警察がまたやって来たら、私はもうすぐ帰宅すると伝えなさい」と言って電話を切った。私は立ち去る前に、そこに集まって来ていた多くの人たちに向かってこう言った。「私は投獄されることになります。しかしその前に一つだけお願いしたい。どうぞ中央政府のこの不当な命令を唯々諾々として受け入れないでください。抵抗することが大事です。国民はその用意ができています。皆さんはそれをきちんと導いて下されば良いのです。これからたくさんの人が刑務所に送られることになるでしょう。ですが刑務所に行くとすれば、抵抗を試みてのちに行くべきです」。ナンナ・ミヤの家を出て自宅に向かう途中、アワミ連盟の運動員たちと会えるだろうと期待していたが結局誰に出会うこともなかった。私は途中で政府の専用車を乗り捨て、リキシャをひろって家を目指した。自宅近くまで来ると、警察が周囲で警戒にあたっているのが見えた。しかし警官たちは私が自動車で帰ってくると思い込んでいたらしく、リキシャで乗りつけた私に気づかなかった。レヌが食事を勧めてくれた。食事を済ませ、刑務所に持参する服や寝具などを取り揃え、それから県行政長官のエヒヤ・カーン・チョウドゥリに電話を入れた。「いま私の家に警察が来ています。おそらく私を逮捕するためだろうと思います。ここにいますので迎えの車を寄越してください」。行政長官は「政府に雇われた身です。命令に逆らうわけには行きません。車はすぐに出しますので、どうぞご用意のうえお待ちください」と答えた。私は礼を言って電話を切った。レヌは私のために支度を全部してくれて、ただ涙を流していた。子どもたちはもう眠ってしまっていた。「これから君がしたいと思うようにすればいいよ。だがダカにいたら大変だから、田舎に帰ったほうが良いと思う」。レヌにはそう言った。

レヌがもし私の実家に戻らず、ダカに暮らすことを選んだ際には、彼女と子どもたちのために家を見つけてほしいと、友人のヤル・モハンモド・カーンに前もって頼んであった。ヤル・モハンモド・カーンとアル・ヘラル・ホテルの経営者のハジ・ヘラル・ウッディンが家を探してくれて、レヌたちの面倒も見てくれた。幾日かたってヤル・モハンモド・カーンがレヌを連れて刑務所に面会に来たとき、刑務所の正門のところでヤルまでが逮捕されてしまった。先日の総選挙でヤル・モハンモド・カーンはダカ選挙区から立候補し、当選を果たしていた。

迎えの車は三十分後に来た。自宅にはかなりの人がいたが、逮捕をおそれてみな暗闇の中に身を隠していた。私が乗り込むと車は出発した。ゴパルゴンジョのまだ歳若い運動員のショヒドゥル・イスラムが、私の乗った車の横に立って大声で泣いていた。私は車から降りて彼のところに行き、なだめるようにして「泣くな。これが私の道だ。必ず戻って来る。それまでレヌたちを頼む」と言って聞かせた。

私の乗った車は県行政長官の役所に向かった。行政長官は私の到着を待っていた。私の顔を見ると口を開いた。「どうしようもありませんでした。カラチは大臣を逮捕することに血眼になっています。しかし私たちはお知らせさえすれば来ていただけると分かっていました。大臣は刑務所を怖れるようなかたではありませんから」。行政長官のところにはひっきりなしに電話がかかって来た。ここに長居してはまずかろう。「私を早く刑務所に送ってください。とても疲れていますので。夕べも飛行機の中でよく眠れませんでした」と私は言った。

エヒヤ・カーン・チョウドゥリ長官は私を隣室に案内するようにと命じた。そこに当時のイドリス・ダカ警察副長官がやって来た。私を丁重に扱った。タバコなどが必要かとも訊いて来た。私は彼にも、早く刑務所に連れて行ってくれと言った。イドリスが退出したあと一人の刑事がやって来て逮捕令状を作り始めた。私に対する告訴状がすでに出ていた。それによると強盗および殺人未遂、窃盗と政府資産に損害を与えたなどいろいろ罪状があるらしい。行政長官は逮捕状に「特別扱いのこと」と書き添えた。刑務所に到着したのは夜中の十二時半か一時ごろだった。それまでに逮捕されてきたのは私一人だけのようだった。しかし数分後にはミルジャ・ゴラム・ハフィズとソイヨド・アブドゥル・ロヒム・モクタルも連行されて来た。私たち三人は民事犯用の監房に収容された。

行政長官宅から刑務所に向かう道すがら、イドリスが「アワミ連盟の広報担当のアブドゥル・ハイ教授はどちらにおられるのですか」と訊いて来た。「知っていたとしても言いませんよ。そんなこと私から聞き出せると思っているんですか」と言ってあしらった。その後十日から二週間ぐらいの間に、アワミ連盟の約三千人の運動員および支援者が逮捕された。さらに他の政党の幹部が何人かと、何百人かの学生、それに五十人ほどの州議会議員が拘束された。逮捕された議員の中には民主党の議員も何人か含まれていた。ダカ中央刑務所の民事犯用房舎と他の七つの房にコルバン・アリ、デワン・マハブブ・アリ、ビジョエ・チャタルジ、コンドカル・アブドゥル・ハミド、ミルジャ・ゴラム・ハフィズ、ヤル・モハンモド・カーン、モハンモド・トアハが収容された。その後になってオジト・グホ教授やムニル・チョウドゥリ教授も逮捕・連行されてきた。フォズルル・ホク首相には自宅軟禁の措置が取られた。

六月六日、アブ・ホセン・ショルカルの自宅で、統一戦線の議員総会が招集された。総会にはほんの数人の議員と解任された閣僚が出席しただけだった。さらに警察から禁止命令が出ると、総会はすぐ解散となって、出席者たちは皆自宅に帰ってしまった。

東ベンガルが総督の統治下に置かれた日、モハンモド・アリ・ボグラ首相はラジオを通じた演説で、「ベンガルの虎」A・K・フォズルル・ホクを「国家への反逆者」、私を「暴動の首謀者」として非難した。統一戦線にはまだ逮捕されていない幹部たちがかなりいたのだが、誰も中央政府首相のこの暴言に抗議しようとしなかった。国民は六月六日の議員総会に大きな期待を寄せていた。だから指導者たちが勇気をふるって抗議行動を行なっていれば、国民たちもそれに応えたに違いないのだ。すでに逮捕された運動員たち以外に、まだ刑務所の外にいる運動員たちも抗議行動に同調する覚悟だった。アワミ連盟の献身的で闘争心に溢れる党員たちも行動に参加する意志を固めていた。しかし統一戦線の、いわゆる「ご都合主義」の幹部たちが何も行動を起こさなかったという状況で、アワミ連盟党員たちが単独で何かするわけにもいかなかった。もしあの日、政治指導者たちが国民に行動を呼びかけていたとしたら、中央政府の陰謀家たちが、これ以上のベンガルに対する抑圧的行動をあきらめざるを得ないほどの、大規模な抗議行動が展開されていたに違いない。先の総選挙では実に九七％の国民が統一戦線に投票し、支持を表明した。どんな誘惑にも惑わされず、抑圧にもひるむことがなかった。その国民が今度は、物言わぬ観衆のようにじっと事態を見守っているしかなかったのだ。統一戦線の指導者たちは国民に対し、何をしなければいけないのか、抑圧に黙って耐えることが良いのかどうかを、身をもって示すことをせず、ひたすら沈黙を守っていたのである。

そんな中、一人アタウル・ロホマン・カーン・アワミ連盟副総裁だけは、事件から何日か経って声明を発表して中央政府を批判した。モオラナ・バシャニ総裁は九二項(A)適用の数日前、英国に出発していた。ソラワルディ先生はチューリッヒで治療中であり、私は投獄中だった。しっかりした政策を持たない政治指導者たちのもとでは一時的な成果を得ることはあっても、実際の闘争時には彼らはどこかへ姿をくらますものだ。二十人ほどの閣僚の中で、拘留されたのは私だけだった。もし六月六日に中央政府の不当な命令を無視することにより、年配の首相を除くほかの閣僚全員が逮捕されていたなら、抗議活動は自然発生的に始まっていたことだろう。しかし残念なことに誰一人として抗議した閣僚はいなかった。この事実を見て、口先でどんなに騒ぎ立てようと、またどれほど国民から支持されていようと、ベンガル人を押さえ込むのは簡単だと、陰謀を行なった者たちは悟ったに違いない。警察の銃と棍棒を目にしただけで、ベンガル人はおびえて自分の巣穴に逃げ込むだけだ。しかしもしこのとき抵抗にあっていたら、為政者たちは今後のベンガル人対策について熟慮する必要性を痛感す

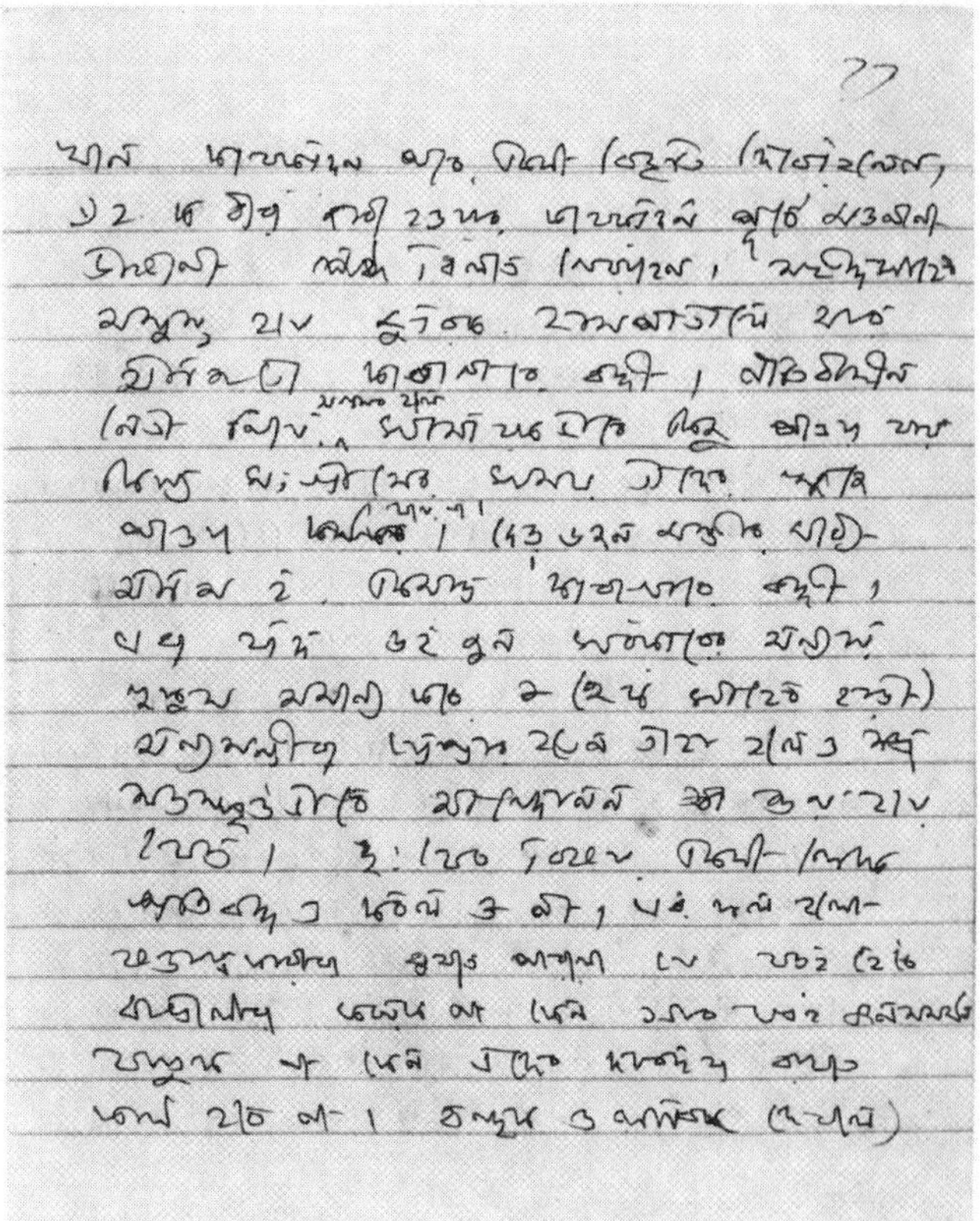

シェーク・ムジブル・ロホマンによる手書き原稿

（内容は本書 520 頁 8 行目「（一人アタウル・ロホマン・）カーン・アワミ連盟副総裁だけは」より同頁後ろより 2 行目「棍棒を目にしただけで」まで）

るようになっていたことだろうに。

第八章　統一戦線瓦解へ

私たちが逮捕されたときから、ベンガル人の苦難の日々が始まった。無能な指導体制、政策を持たない指導者たち、臆病な政治家たちと一緒に国造りなど目指すものではない。国のためになるどころか、国民をひどい状況に追いやる羽目になる。記憶が定かでないが、逮捕から二、三日経って、私の容疑が国家安全保障法違反に切り替えられた。この法律に違反した場合は、裁判なしで容疑者を収監することができる。今回の逮捕にからむ当初の容疑では、保釈金による釈放もあり得た。保釈を許さず、私を無期限に拘束しておくためには、国家安全法違反のほうが都合が良いと政府は考えたのだろう。そもそもの告訴状に何が書かれていたのか覚えていない。殺人未遂だったか、略奪教唆だったか、そんなことを私がしたとのことだったと思う。あとで知った情報によると、私が大臣になる数日前、刑務所の門前である事件が起きていて、私をそのこととからめて逮捕・拘留したらしい。

しばらく前のことになるが、あるラマダン月のことだった。私はアワミ連盟の本部事務所でイフタル[127]をしていた。刑務所に入っていた期間を除けば、断食期間中ダカにいる場合はアワミ連盟本部でイフタルをするのが習慣になっていた。そのとき突然電話で連絡があって、チョクバジャルで、ダカ中央刑務所の看守と市民たちの間でちょっとしたことがきっかけで口論になり、看守が発砲したというのだ。この事件で一人が死亡、多くの負傷者が出ているという。チョクバジャルは中央刑務所のすぐそばにある。ホク首相による組閣が行なわれたが、私がまだ内閣入りしていなかったころのことだ。私はすぐアタウル・ロホマン副総裁に電話を入れた。彼の自宅はチョクバジャルの近くだ。アタウル・ロホマンもすでに事件のことは知っていて、私に自宅に来るように言った。必要があれば二人でチョクバジャルと刑務所に行けばよい。

彼の家に着くと、すぐ出かけようということになった。駆けつけてみると現場には多くの人が集まって、皆ひどく興奮していた。人々は私たちを取り囲み、口々に大声でしゃべり始めた。皆がいっせいに話すので、何を言っているのかさっぱり分からない。一人ずつ話してほしいと頼むとやっと少し冷静になり、何が起こったかを語り始めた。刑務所の一人の看守とパーン売りが口論を始め、次には殴り合いになった。看守の味方をしようと数人の仲間が出て来た。一方集まって来た市民たちはパーン売りの側に立った。多勢に無勢で看守たちが余計に殴られた。そこで官舎に戻り、ライフルを持ち出して発砲したというのだ。多くのけが人が出た。負傷した市民のうち三人は刑務所の敷地内に連行されて行った。

私たちが到着した後からもさらに多くの人が集まって来た。その人たちに冷静になるよう呼びかけ、刑務所に向かおうとしたときちょうど、ナンナ・ミヤことソイヨド・アジズル・ホク（すでに大臣になっていた）が知らせを聞いてやって来たのが見えた。政府の大物官僚も一人同行していた。私たちは一緒に刑務所内に入った。刑務所統括本部長と刑務所長の二人と話をした。そのうちにさらに大臣が二、三人、刑務所つき治安判事、県行政長官なども到着した。市民たちは私や大臣たちが来たのを知って、刑務所の正門付近に集まって来た。何千人もの人が一斉に喚きたてた。

ダカ中央刑務所には当時、ゴジという名の一人のアングロインディアン(128)の巡査部長が勤務していた。しかとは分からないが、群集は「ゴジを裁判にかけろ！　発砲したのはゴジだ！」などと叫んでいたようだ。ゴジの自宅は刑務所の門前にあった。群衆の中で誰かが、あれがゴジの家だと叫んだのをきっかけに、人々がそこを襲った。それを見て、現場に来ていた大臣や政府の役人たちが私に向かって、外に出て来て何とか収めてほしいと言って来た。これほど大きな事件が起きたというのに、また事件が起きて一時間にもなるのに、一人の武装警官もまだ来ていない。私は外に出て事態の収拾にかかった。ゴジの家を襲っていた人たちを押しのけ、引きはがすようにしてしりぞけた。家のベランダに上がりこんだ暴徒を、アワミ連盟の運動員たちと協力して追っ払った。停めてあった車の上に立ち、騒ぐのを止め、平静になるよう呼びかけた。悪事を行なった者を裁くのは政府の役割だと説いた。しかしメガホンがないため声が届かない。暴徒たちが再びゴジ宅に向かって駆け出した。私はもう一度仲間たちと群衆の前に立ちはだかって家を守ろうとした。アワミ連盟から、かなりの数の運動員がそれまでに駆けつけて来ていた。

何とか群集をなだめ、刑務所に戻ろうとしたとき、シャムスッドハ警察長官が数人の警察官を連れて現れた。そして私の腕を取り「逮捕する」と言った。私は「結構なことだ」と答えた。その様子を見ていた群集が喚き声をあげて私の身柄を奪おうと詰め寄って来た。私はまた必死になって群集を鎮めなければならなかった。二、三分後にシャムスッドハがまたやって来て「間違いでした。暗闇の中のことで、顔がよく分かりませんでした。一緒に中にお願いします」と刑務所の入り口に誘った。彼と一緒に刑務所内に入り、シャムスッドハに向き直った。「騒ぎが始まってもうすぐ二時間になります。あなたが来るまで私たちがこの場をおさめなければなりませんでした。これからはあなたが判断してください。私はもう不要でしょう。ラールバグの警察本部からここまでは一マイルもないはずだ。それなのに警察が到着するまでこんなに時間がかかるなんて、訳が分からない」。私は疲労困憊していた。群集はまだ刑務所の入り口前に詰めかけている。次の瞬間、警官隊が棍棒をふるい始めた。発砲までしている。誰も群集を説得しようとせず、ただ暴力をふるうばかりだ。ラウドスピーカーを積んだ警察の広報車両も来ていない。スピーカーさえあれば人々に平静に呼びかけることもできたろうに。マイクなしで叫んだところで聞こえるわけがない。刑務所統括本部長の部屋にいた同志たちに声をかけ、群集とともに抗議の行進をするために外に出た。外にはアワミ連盟の党員たちもたくさんいた。私は人々に向かって「この不当な弾圧に抗議するためデモ行進を行ないましょう」と呼びかけて歩き出した。そこにいた人のおよそ七割が私についてデモを始めた。そのまま一マイル半ほど離れたショドルガートまで皆で歩き通した。

アワミ連盟本部に戻り、この日の出来事への抗議のため、翌日ポルトン公園で集会を開くことを決定、発表した。看守がなぜ刑務所の外で発砲したのか。これは断じて許されない行為だ。銃を使うことについて誰かの許可は得ていたのか。銃の保管所を開けたのは誰だったのか。看守たちが常に銃を携行しているはずはない。本部で打ち合わせをしていた夜十時半ごろ、新たな知らせが入った。また刑務所の入り口付近で発砲があり、一人が死亡したという。しかしもう現場に行こうとは思わなかった。アタウル・ロホマンに電話して明日集会を行なうと報告し、同意を得た。

あくる日、ポルトン公園で大集会が開催された。私は演説で、昨日の事件の犯人には懲罰を与え、また銃撃されて死亡した市民には補償を行なうべきだと主張した。警察がなぜ早く来なかったのかを調査する必要もあると強調した。その後数日して閣僚となってからは、この事件がその後どのように扱われたのか、もし何も進展がないとしたらどうするべきかについて協議を重ねていた。

内閣が解散させられ、知事による統治が始まった後、私は「ジェールゲート（刑務所の門）事件」として知られるこの騒動に関連した容疑で告訴された。この裁判は一九五五年まで継続した。フォズレ・ラッビ第一治安判事が裁判官を務める法廷で審議が行なわれた。検察側は多くの虚偽の証言を集めてきた。ゴジ巡査部長の娘までもが、私にとって不利になる証言を行なった。しかし一般の人からの証言は得られなかった。看守たちも何人か証言を行なった。そのうち二人は、私が車のうえに乗って群衆に語りかけ解散を促していたと、事実に基づいた証言をした。しかし刑務所長のナジルウッディン・ショルカルは虚偽を申し立てた。警察から伝えられた言葉そのままを法廷で話したのだ。証人一人ひとりが違った証言を行なった。検察側の証人の中に、私が群集に平静を呼びかけていたことを認めた者もいた。このことが決め手となって、治安判事は私に無罪を宣告した。判決の中で判事は「被告を平和の破壊者というより、平和の守護者と呼ぶのが相応しい」と述べた。しかしこの裁判が決着しても、私は国家安全保障法違反の容疑でさらに十カ月の投獄生活を強いられたのだった。

私が収監されていた間に、私や他の政治犯をひどく失望させる出来事がいくつかあった。その一つは「ベンガルの虎」の豹変だった。自宅軟禁の処分を受けたフォズルル・ホク氏の支援者たちは、彼を説き伏せて声明を発表させた。その内容は、これまでの行動が間違っていたことを認め、遺憾の意を表明するというものだった。統一戦線を率いるホク氏がそのような声明を出したことは、私たちを真底からがっかりさせた。私たちのように刑務所にいた者たちにとって、それがどれほどの衝撃であったか、文字にするのは不可能に近い。新聞でこの声明を読んだ私たちは言葉を失った。歳を取って心が弱くなってしまったのだろうか。逮捕されず刑務所の外にいる人たちはいったいこれまで何をしていたのか。国民は皆、私たちを支持していてくれるというのに。何千人というアワミ連盟の同志が投獄の憂き目にあっている。私たちは刑務所内で協議を行なった。そして農民労働者党とは今後一緒に政治をすることはできないとの結論に達した。刑務所にいても、外の動きについての情報が入って来ていた。農民労働者党の有名な幹部たちのうち何人か——一九五三年にムスリム連盟から追放された人たちだ——が、こっそりモハンモド・アリ・ボグラ首相と接触し、再び大臣になる道を探っているとのことだった。必要ならアワミ連盟との関係を断ち切っても良い、と言っているらしい。知事に就任したイスカンダル・ミルザーは、アダムジー・ジュート工場で起きた大規模暴動に関連した官僚たちを処罰する代わりに、政治家たちを籠絡することに心血を注いでいるらしい。

一方、ムスリム連盟の内部でも指導者たちの間に軋轢が生じていた。ゴーラム・モハンマド総督とモハンモド・アリ・ボグラ首相のそりが合わなくなって来ていたのだ。ボグラはもはや、かつてのような「良く分かっている子」ではなかった。総督の権限を奪う法案を制憲議会に上程し、成立させた。しかしゴーラム・モハンマドのほうも負けてはいない。すぐに逆襲を試みた。かつてカジャ・ナジムッディンを失脚させたときに支えとなった、「目には見えない力」が今も自分についていてくれることを彼は知っていた。ゴーラム・モハンマドは権力争いというゲームを開始した。ゴーラム・モハンマド総督の権限を簒奪《さんだつ》する新法をモハンモド・アリ・ボグラが制憲議会で成立させたのは一九五四年九月のことだった。その一カ月後の十月二十三日、ゴーラム・モハンマドはパキスタン全土に非常事態宣言を発し、制憲議会を解散した。制憲議会はパキスタンにおいて最高の権力を有する機関だ。だが残念なことに、この制憲議会の議員たちは一九四七年の独立から一九五四年まで、あえて憲法を制定しようとしなかった。制憲議会は憲法を制定する権力を有すると同時に、国会を兼ねる機関として法律を定める機能も持つ。インドとパキスタンは同時に独立を達成した。二つの国で同時期に制憲議会が作られた。インドは早々に憲法を制定し、一九五二年には最初の総選挙を実施した。今また次の総選挙に向けて機運が高まってきている(129)。

一方パキスタンでは、制憲議会の一部の議員が、仲間内で権力を独占し、国を統治する体制を作り上げてしまった。東ベンガルで行なわれた州議会選挙で大敗を喫しても、そうした連中の目が覚めることはなかった。彼らは策略をめぐらして東ベンガルの選挙を無効にし、非常事態を宣言して恐怖政治を始めた。モハンモド・アリ・ボグラは、軍が自分についていないし、今後もそれは変わらないことを認識していた。軍はゴーラム・モハンマドを支持するだろう。ではボグラがあれほど大胆な手を打ったのはなぜだったのか。それはもちろん、表面には現れない力が彼をそそのかしたのだ。パンジャーブ出身で仲間内政治の中心となり、パキスタンを実効支配している連中は、東ベンガルから来た紳士たちをこれまでさんざん利用しつくした挙句、もうこれ以上得られるものはなくなったと判断した。それにベンガル人紳士たちも地元の民衆からの圧力で、西パキスタンに盾突くような真似をするようになった。統一戦線の勝利により、西パキスタンはベンガル人の置かれた状況を理解したのである。彼らが東ベンガルの人々の意志を代表するものでないことも、パンジャーブの政治家たちには見えてきたのだ。

総督による非常事態宣言後、モハンモド・アリ・ボグラは自身の同志たちを捨て、ゴーラム・モハンマドに降伏し、臨時政府の長となった。今や彼は以前にまして、ゴーラム・モハンマドとチョウドゥリー・ムハンマド・アリ財務相の手の内に捕らえられてしまった。肩書きは首相だったが、実際に権力を握っているのはチョウドゥリー・ムハンマド・アリだった。アユーブ・ハーンを軍のトップに据え、イスカンダル・ミルザーを閣僚に任命して、国の政治を官僚たちの手に委ねた。アユーブ・ハーンの胸のうちには、かなり前から野心が芽生えていた。そのことは彼の自伝(130)に見て取れる。アユーブ・ハーンはこの著作の中で、ロンドン滞在中の一九五四年十月四日、ホテルの一室でパキスタンの憲法について自分の意見を書いたと記している。ではなぜ憲法について書こうと思い立ったのか。彼はパキスタン軍の司令官として、敵の攻撃からパキスタンを守る立場にあった。それが可能なようにパキスタン軍を作り上げることがアユーブ・ハーンの使命だった。

ゴーラム・モハンマドとチョウドゥリー・ムハンマド・アリは大胆な共謀を始めたのだが、それにはかなりの勇気が必要だったと言える。その勇気を二人はどこから得たのか。言うまでもなく、アユーブ・ハーン将軍がすべての事情を知りながらも沈黙を守ったからだ。政治家たちは内紛にあけくれ、そうすることで自らの価値を下げて、国民からの信用を失って行った。このような状況を、力のある指導者も確固たる政策も持たないムスリム連盟は、権力に居座るための好機と捉えた。制憲議会が解散されて新たに臨時内閣が組閣されると、ムスリム連盟の幹部と呼ばれる人たちが再び、お飾りとしての閣僚ポストに名を連ねた。そしてムスリム連盟の最高指導者であるモハンモド・アリ・ボグラは閣僚に返り咲いてすっかり党や国のことを失念してしまった。

首相としてモハンモド・アリ・ボグラが行なったことに、世界政治におけるパキスタンの位置づけというものがある。当時世界は二つの大きな陣営に分かれていた。一つはソビエト連邦を中心とする社会主義陣営で、もう一つはアメリカを軸とする民主主義または資本主義陣営である。リヤーカト・アリ・ハーンの時代からすでにパキスタンはアメリカの側に傾斜を始めていた。一九五四年五月にはパキスタンとアメリカの間で軍事協定が結ばれ、その後パキスタンはSEATO・東南アジア条約機構〔原文注29〕とバグダード条約として知られるCENTO・中央条約機構〔原文注30〕にも加盟した。それによりパキスタンは完全にアメリカの枠内に入ることになった。この二つの協定を、ソ連や中国は自分たちに敵対するものと考える。協定に含まれる文言から、これらが明らかに反共産主義を標榜するものであることが見てとれる。しかし新生国家パキスタンとしては、中立で自主独立の外交政策を追求するべきだった。どの国とも対立するのは好ましいことではない。すべての国との友好的共存こそが我々の義務だ。どれであろうと軍事ブロックに加わることを考えるべきでない。世界平和を守るため協力することが必要だ。なぜならそれは国民の経済的発展のために不可欠だからだ。

逮捕される以前のことだが、私たちはパキスタンとアメリカの軍事協定締結に反対する声明を出した。アワミ連盟の外交政策は中立・自主独立だ。私たちの声明が新聞に発表されるとアメリカ人たちは怒りを露わにした。あるアメリカ人ジャーナリストがフォズルル・ホク氏にインタビューし、その記事がアメリカの新聞に載った。モハンモド・アリ・ボグラはその記事を自分の声明で引用した。一人の外国人に過ぎないその記者の記事に、モハンモド・アリがそれほど重きを置いたのはどうしてなのか。それはその記者と同じく、モハンモド・アリ・ボグラも心の中では同じアメリカ人であるからだ。

ゴーラム・モハンマドは違法なやり方で制憲議会を解散した。しかし一般国民はそれをむしろ歓迎した。制憲議会の議員たちには法律的には八年間の任期が与えられていたが、倫理的な観点からすれば、その権利を十分に有するような議員はいなかったことがその理由だろう。独立以来八年間、制憲議会は憲法を制定することができなかった。さらに選挙で敗れても辞任せず、それどころか国民に選ばれた議員たちを策略によって追い落としたような連中は、国民の信頼をとっくに失っていた。もちろんゴーラム・モハンマドは国家への愛情から制憲議会を解散したわけではない。自分自身および一部地域の仲間内の利益を守るためにやったことだ。不正な手段とは分かっていても、私も一般国民と同じようにその措置を嬉しく感じた。制憲議会の議員たちの手で憲法が作られることなどあり得なかったからだ。憲法なくして一つの独立国がどれほどやっていけると言うのだろう。議員たちは恥を感じていなくても、私たち国民にとってはそれは恥ずかしいことだった。

制憲議会の議員のほとんどはムスリム連盟に所属していた。ゴーラム・モハンマド総督の採った措置にムスリム連盟の議員たちが尻尾を巻いて降参し服従したとき、この決定を不法だとして裁判に訴え、骨のあるところを見せたのはただ一人、制憲議会の東ベンガル・フォリドプル出身のトミジュッディン・カーン議長のみだった。私たちは刑務所の中で読んだ新聞でこうした動きを知り、仲間たちと話し合った。

投獄されていた者たちが徐々に釈放されるようになった。ヤル・モハンモド・カーン、デワン・マフブブ・アリ、ビジョエ・チャタルジ、オジト・グホ教授、モハンモド・トアハ、コルバン・アリと私が同じ房で暮らすようになっていた。何とか日が過ぎて行った。オジト・グホが私たちの食事係を務めてくれた。グホは料理が得意だった。身体を壊していたが食事を作ってくれた。そのグホ教授が釈放されたあと料理を担当したのはトアハだった。グホほどの腕ではなかったが、何とかこなした。私たちは料理の味のことでしょっちゅう彼をからかった。すると彼は怒って食事作りを放棄した。私たちは謝って思い直してくれるよう頼み込んだ。幸いなことにトアハの怒りは長続きするものではなかった。かわいそうだったのはコルバン・アリだ。何しろ体が大きくて、大食漢だった。刑務所の食事ではとても足りるものではなかった。

ある日コルバンに釈放決定の知らせが届いた。荷物をまとめ、私たちに別れの挨拶をして刑務所の正門近くにある事務所まで出向くと、そこで二通の書類を提示された。刑事が示した一通は保釈状で、もう一通は今後法律に反することは一切しないという誓約書だった。その誓約書を書けばすぐ釈放されるが、そうでなければまた刑務所の中へ逆戻りだと言われた。コルバンは頑固な男だ。彼は怒って刑事にさんざんきつい言葉を浴びせ、また私たちのところに戻ってきた。そして起こったことを話して聞かせてくれた。長期間にわたって投獄され、やっと釈放かと思ったとたんにまた逆戻りという辛さ、痛みは経験した者以外には分からないだろう。翌日私たちは刑務所幹部を呼び、今後このようなことのないようにと申し入れた。誓約書とか別の容疑があるのなら前もって伝えてほしいと告げた。荷物をまとめ、刑務所の門のところまで行って引き返すのは騒動のもととなる。政治犯は誓約書を出すことなどしない。

それから数日後、ある刑事が私と話をしに来た。本人はどうも自分のことを知恵があると思い込んでいるらしい。私に誓約書の提出を求めたいのだが、そう言い出す勇気がないのか、あるいは恥らっているようだった。その様子を見て私は少し苛立った。「回りくどいことはやめてください。私と話がしたいのならいつでもおいでになれば良い。でも話をしたら、ムジブは絶対に誓約書など出さないと言っていたと書き留めて、それを上司に見せるようにしてください。私に言わせれば、政府こそ誓約書を書くべきです――今後一切不当なことはしない、裁判なしに拘束したりしないとね」。刑事は笑って言った。「誰があなたに誓約書を出せなどと言いました？」。それを聞いて私も思わず笑った。

刑務所の日々はどうにかこうにか過ぎていった。新聞で、アタウル・ロホマン副総裁がソラワルディ先生と会うためチューリッヒに行くという記事を読んだ。チューリッヒからさらにロンドンに行ってモオラナ・バシャニ総裁とも会う予定だという。バシャニ氏にはアワミ連盟の三人の党員が同行していた。モザッフォル・アーメド教授、コンドカル・モハンモド・イリヤス、そして弁護士のジョミルッディンだ。三人とも容易に帰国できない状態にある。帰国したら即刻逮捕されることになる。三人がロンドンでどうしているかが気になる。滞在費はどうやって工面しているのか。イギリスにはベンガル人が多数住んでいて、逗留する場所などさまざま世話をしてくれるとも聞く。

アタウル・ロホマンはカラチで、ゴーラム・モハンマド総督と会見した。全パキスタンアワミ連盟の書記長でマハムドゥル・ハク・オスマニーも同席した。オスマニーはその後東ベンガルを訪れ、アタウル・ロホマン、マニク・ミヤほかのアワミ連盟幹部と会談した。何か新しい動きがあると、容易に察知できた。アワミ連盟は決して陰謀の政治に巻き込まれてはならない。しかしそう主張したくとも私は幽閉の身だ。誰も私の話など聞かない。

アタウル・ロホマンはゴーラム・モハンマドから何かメッセージを受け取ってチューリッヒに行き、ソラワルディ先生に会うと言う。そのメッセージというのがどんな中身なのか、皆で検討してみた。ゴーラム・モハンマドとの会談では、アタウル・ロホマンはまず、政治犯の釈放を要求すべきだ。もしゴーラム・モハンマドやアワミ連盟のほかの幹部と話す必要があるというなら、ともかくモオラナ・バシャニ総裁の帰国と我々の釈放を実現すべきだ。

しばらくしてアタウル・ロホマンがチューリッヒから帰国した。ゴーラム・モハンマド総督も近くダカに来ることが決まったと言う。パキスタンの国家元首である総督の来訪とは結構なことだ。東ベンガルでは知事による統治が続いている。前政権は解散させられた。アワミ連盟の総裁はイギリスに、書記長である私は牢屋にいる。さらに多くの党員に逮捕状が出ている。このような状況でいったいなぜ、アワミ連盟の幹部たちがゴーラム・モハンマドのために、必死になって派手な歓迎行事を催そうとするのか、理解できなかった。さらに新聞に載った一枚の写真を見て言葉を失った。テジガオン空港(131)でアタウル・ロホマン、フォズルル・ホクの両氏がそれぞれ花輪を手に持ち、総督の首にかけて歓迎しようと待ち構えている写真だった。実際そのあとで花輪は二人の手でしっかりゴーラム・モハンマドに贈られたのだった。

この歓迎行事を巡っては、しばらく前からアワミ連盟と農民労働者党の間で意見の相違があったが、それがここに来て一気に表面化した。農民労働者党というのはもともとちゃんとした政治組織ではない。フォズルル・ホク氏の個人的な人気を頼りに、ご都合主義者たちが権力の分け前を狙って集まったものに過ぎない。組織も理想も具体的政策も持たない。拠りどころはホク氏だけだ。ゴーラム・モハンマドどころか、モハンモド・アリ・ボグラのためにだって歓迎行事をすることができたろう。

しかしアワミ連盟は戦う組織だ。その組織を率いる指導者たちがどうして、非民主的なお方たちを迎えるのに大騒ぎしなければいけないのか、私にはさっぱり分からなかった。このことを知って私ばかりでなく、刑務所仲間も皆一様に心を痛めた。私たちの指導者までもが、権力ほしさに正気を失ったことが悔やまれたのだ。西パキスタンが統一戦線の二つのグループをあしらおうとしているという程度のことさえ、我々の指導者層には見えないのだろうか。

西パキスタンの権力者たちはアワミ連盟と農民労働者党に別々に接近し、ゴーラム・モハンマド総督来訪の折には、東ベンガルで盛大な歓迎式典が行なわれるよう謀った。そして実際そのようになった。しかし総督はダカ入りする前に、東ベンガルをどうするかについて決めていたのである。総督はモハンモド・アリ・ボグラ首相を使って統一戦線を分断することを計画し、首相にそのために必要な権限も与えた。しかし後になって聞いたことだが、ゴーラム・モハンマドは、ソラワルディ先生がチューリッヒから帰国したら首相にするとの言質を与えていたとの話もある。いずれにしても実業界の大物たちや官僚は、アワミ連盟を政権に据えることにはあくまで反対の態度を取っていた。

モハンモド・アリ・ボグラはダカ入りして秘密裡にホク氏の政党と交渉し、アワミ連盟抜きでやることを承知すれば、東ベンガル州で政権を取らせてやろうと説得した。またそのためには統一戦線とソラワルディ先生は何の関係もないと公表しなければならないと条件をつけた。そうすればソラワルディ先生を遠ざけておくことが可能になる。ソラワルディ先生が首相に相応しい唯一の人物であることを、モハンモド・アリ・ボグラは心得ていた。先生の人気はパキスタン全土で高かった。国民は先生が総理大臣になることを望んでいた。チョウドゥリー・モハンマド・アリを筆頭とする西パキスタンの指導者たちは、フォズルル・ホクの政党と妥協さえすれば、東パキスタンの自治要求に応えなくとも済むと考えていた。アワミ連盟は自治を不可欠の要求としていた。

チューリッヒでの治療が無事に終わり、ソラワルディ先生はカラチに戻って来た。カラチの人々は大歓迎で先生を出迎えた。ジンナー以外には見たこともないような、盛大な歓迎ぶりだった。東ベンガルからも先生を出迎えるために、二、三十人ほどの政治指導者たちがカラチを訪れた。アタウル・ロホマン、アブル・モンスル・アハモドほか主な政治家たちが勢ぞろいした。しかしソラワルディ先生がカラチに着くのを待っていたかのように、農民労働者党は、ソラワルディ氏は統一戦線とは関係なく、フォズルル・ホク氏こそが最高指導者だと吹聴し始めた。そしてホク氏が支持するのはソラワルディではなく、モハンモド・アリ・ボグラ首相だと喧伝した。

パキスタン新政権の組閣にあたって、ゴーラム・モハンマド総督はソラワルディ先生に、この内閣には首相は不在だ、なにしろ暫定政府なのだから、と告げた。そのうちに首相になってもらうが、当面は法務大臣として憲法の草案作りにあたってほしいなどと説得した。

アワミ連盟の幹部たちがソラワルディ先生にどんな進言をしたのかは知らない。しかし先生はラホールやダカに行って国の状況を確かめることなしに閣僚となることを承知した。これは先生のミスだ。農民労働者党の指導者たちが何と言おうとも、先生がもし一度ダカに来て、統一戦線の集会を招集していたら、また党員たちと話し合ったうえで決断をしていたら、誰も何も言わなかったろう。民衆からの圧力で、農民労働者党は先生を支持せざるを得なかったことだろう。民衆はまるで四方を闇に閉ざされているようだった。唯一の頼みといえば、ソラワルディ先生が帰国して、パキスタンに民主主義を確立するために先頭に立って働いてくれることだった。刑務所に閉じ込められていた私たちは嘆き、失望した。私は先生が中央政府の法務大臣に就任したことに、どうしても賛成できなかった。ひそかに怒ったりさえした。先生が回復して帰国したのだからと、多くの人が私から先生あてに祝電を送ってはどうかと言ってきたが、私は「いや、電報は打たない。そんな必要はない」と断った。

そんな中、妻のレヌからの電報を受け取った。父の病状が重く、命が危ないと言う。レヌはこれから子どもたちを連れて実家に戻ると書いていた。その電報の写しを添え、私の保釈を訴えて東ベンガルの事務長官に嘆願書を送ったともあった。当時N・M・ハーンがその地位にあった。パキスタン建国前からの知り合いで、私に目をかけてくれていた。

夜八時に保釈命令が出て、その一時間後に釈放された。仲間たち、とりわけヤル・モハンモド・カーンを残したままでの出獄は心が痛んだ。ヤルはレヌに付き添って私の面会に来たときに、この刑務所の門前で逮捕されていた。皆に「君たちが解放されるか、あるいは私がまたここにやってくることになるか。どちらにしてもまた会おう」と言って別れた。刑務所から外に出ると、そこに同志の一人、ラエシャヘベルバジャルのヌルッディンが私を待っていた。「奥さんはつい先程発たれました。お父様の具合は思わしくないようです。奥さんはバダムトリ港から船で向かわれました。船はナラヨンゴンジョに夜十一時に着きます。まだ時間が少しありますから、急げばナラヨンゴンジョで同じ船に乗れます」と告げられた。ヌルッディンを伴ってダカの家に行った。初めて行く家だった。私が投獄されたあとでレヌが借りた家だ。刑務所から持ち帰った荷物を置き、必要なものだけ持ってナラヨンゴンジョに急いだ。当時はタクシーを見つけるのは大変だった。出航の十五分前にナラヨンゴンジョに着くことができた。レヌは私が来たのを見て驚いた。子どもたちは眠ってしまっていたがレヌが起こした。ハシナとカマルは大喜びで私にかじりついて来て、しばらくは離れようとしなかった。二人は眠くないと言ってずっと起きていた。眠気がどこかに飛んでしまったようだった。

しかし釈放された喜びはつかの間だった。父の顔が脳裏に浮かんだ。父が死ぬ前に会えるだろうか、ただそのことだけを考えていた。船室を出てデッキに長い時間座っていた。夜風にあたるのは久しぶりだった。刑務所では夕暮れになると、外から鍵をかけられてしまう。子どもたちが寝入ったあと、レヌとゆっくり話をした。眠ったのは夜明け近くだった。丸一日、船で過ごさなければならない。実家から至近の港に着くのは夜になる。父の様子を知らせてくれる人は誰もいない。港からさらに二マイル、小舟で行ってやっと家に着く。実家から迎えの舟は来ていないだろう。一日中不安な気持ちで過ごした。

翌日の夜家に着くと、父はゴパルゴンジョの病院に入院したという。このあたりには医者がいないからだ。その夜のうちに出発した。ゴパルゴンジョまでの十四マイルを再び舟で向かった。翌日朝十時にゴパルゴンジョに着き、父の顔を見て少し安堵した。父の病状は山を越えていた。フォリド・アハモド医師とビジテン医師からはもう心配ないと言われた。二人とも腕の良い医者だった。父は私が来たのを見てさらに元気になったようだった。

翌日一通の電報が来た。ソラワルディ先生が、急いでカラチに来るように言っているとのことだった。電報を送って来たのはアタウル・ロホマンだった。しかしその夜のうちに出発するのは無理だった。そのあくる日の夜、クルナとジョショルを経由して飛行機でダカに着いた。そしてダカからカラチに向かった。平静ではいられなかった。どうしてソラワルディ先生は法務大臣に就任することを受けたのか。カラチに着いた夜は、先生に会いに行かなかった。会えばどうなるか分からない。先生に失礼なことを言ってしまうかも知れない。

翌朝九時、ホテル・メトロポールに先生に会いに行った。先生は出かける支度中だった。私を認めると「夕べ着いたと聞いた。なぜ夜のうちに来なかった」と尋ねて来た。「疲れていましたので。それに来ていたところで何になります。先生はもうモハンモド・アリ内閣の法務大臣なのですから」。「怒っているんだな」と先生は言った。「怒ったりなんかするもんですか。ただ、これまでずっと先生に着いてきたことが、果たして正しかったのかと考えているだけです」。先生は私をじっと見た。「分かった。もう何も言わなくていい。午後三時にもう一度来てくれ。いろいろ話がある」。

三時に行ってみると先生は一人で横になって休息を取っていた。まだ完全に回復したわけではない。少しやつれたようだった。横に行って腰を下ろした。先生は語り始めた。ずいぶん長く話した。要約

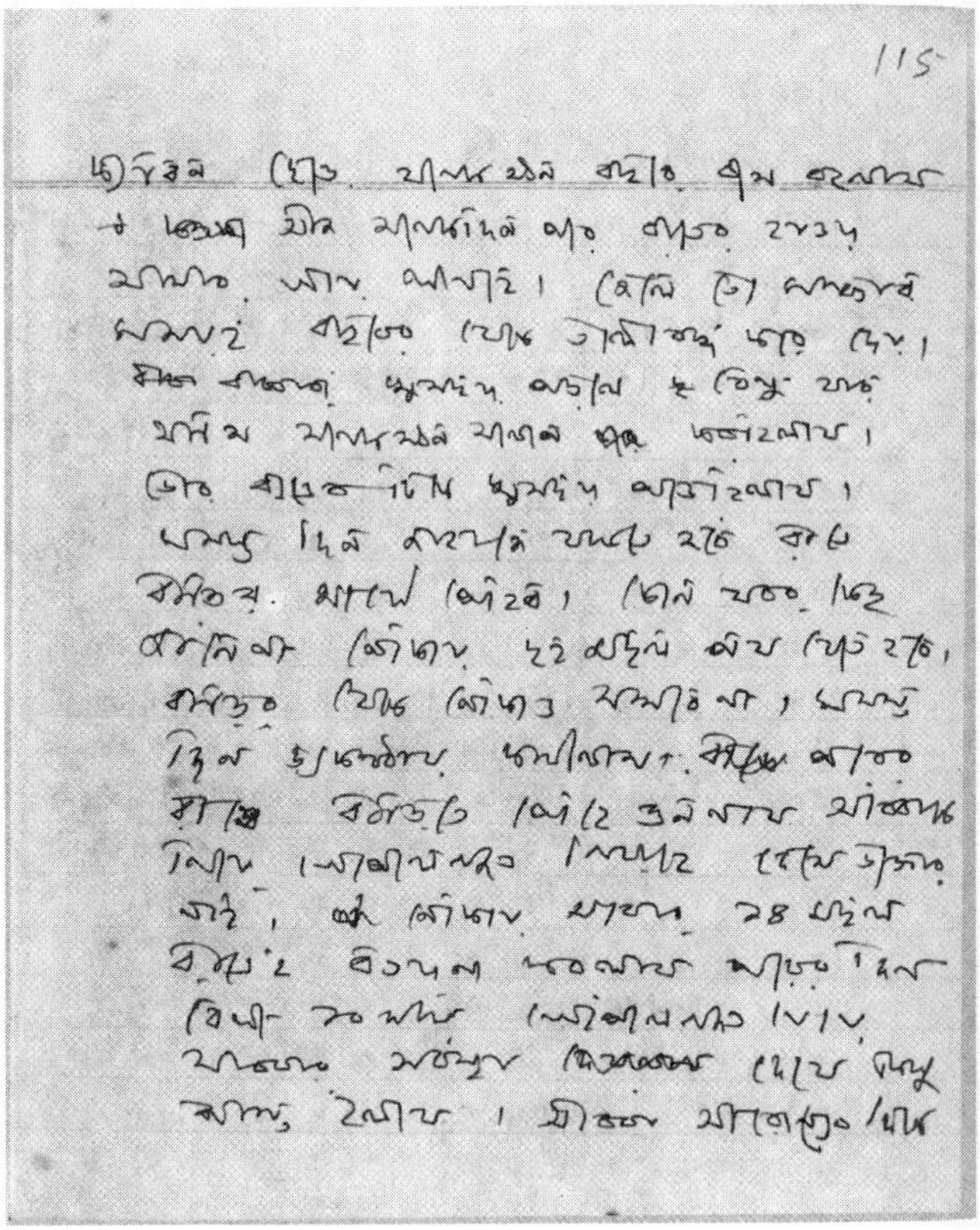

シェーク・ムジブル・ロホマンによる手書き原稿
(内容は本書 539 頁後ろから 7 行目「船室を出てデッキに」より 540 頁 4 行目「さらに元気になったようだ」まで)

すると、ゴーラム・モハンマド総督は先生に対し、もし閣僚として協力しないなら、軍に統治権を与えると脅したということだ。しかし私は納得できなかった。「先生が東ベンガルに行かれて皆と相談し、他の誰かを内閣に送り込む手もあったはずです。先生は罠にかけられたと思います。このままでは良い結果にはなりません。先生は何もできないに違いありません。先生は今まで築き上げた人望を失うことになります」。先生はそれでも辛抱強く私を説得しようとした。「何もできないようなら地位を投げ出すよ。それでもちっとも構わない」。「この陰謀だらけの政治に先生は加担するべきではなかった。そのことがお分かりになるはずです」。先生は私に、先生の東ベンガル訪問の計画を立ててほしいと言った。しかし私は別の意見だった。「モオラナ・バシャニさんが帰還しないかぎり、そして全政治犯が釈放されない限り、先生はダカに行かれるべきではありません」。それを聞いて先生は怒りを露わにした。「私に東ベンガルに行くなと言っているのか？」私は答えた。「そんなところです」。先生はしばらく何も言わず、考えこんでいた。それから翌日三時ちょうどにもう一度来るように言った。

カラチに滞在している間に、農民労働者党のアブ・ホセン・ショルカルがフォズルル・ホク氏の指名を受けて東ベンガル州政府の内閣入りした。ソラワルディ先生はこれまで何も知らずにいたが、この人事を見れば企みが始まったことを少しは理解したことだろう。

ホク氏がラホールの新聞に語ったことが記事になった。ソラワルディは統一戦線の何者でもない、リーダーは私だ、とホク氏は言ったのだった。しかし統一戦線内ではアワミ連盟が最大グループだ。ホク氏の農民労働者党とニザメ・イスラムの議席を合わせてもアワミ連盟に及ばない。そのアワミ連盟の最高指導者はソラワルディ先生だ。ホク氏はよくそんなことが言えたものだ。しかしホク氏の党はゴーラム・モハンマド総督に対し、彼らはソラワルディ先生ではなくモハンモド・アリ・ボグラがパキスタン首相の座に着くことを望んでいるとはっきり言ったのだ。そのためにソラワルディ先生はその時点では首相にはなれなかった。さらにモハンマド・アリ・ボグラのほうは、アワミ連盟を除外して東ベンガルに政権を作るべきだと語った。ボグラはホク氏を頼りにしていることが私には分かった。そしてチョウドゥリー・モハンマド・アリ首相にとってはソラワルディ先生が頼みの綱なのだ。

農民労働者党の幹部たちの多くがそのときカラチにいた。しかし誰もソラワルディ先生に会いに来ようとはしなかった。私はそのうちの何人かと顔を合わせる機会があったので、いろいろやってくれたもんですねと言ってやった。はじめのうちはソラワルディ先生をパキスタンの指導者として、ホク氏を東ベンガルの指導者として仰ぐはずだったのに、今はカラチまでやって来て、ムスリム連盟のトップであるモハンモド・アリ・ボグラを指導者と認識し、支援しているのですから、と私は彼らに言った。「だから私たちもホク氏をリーダーと認めるわけにはいかないんですよ。いざとなれば統一戦線の総会で、ホク氏に対して不信任決議案を出すことになります。私たちはホク氏に、統一戦線としてモハンモド・アリ・ボグラを支持したり、ムスリム連盟のリーダーを私たちのリーダーとして認める権限を与えたつもりはありません」。

農民労働者党の幹部たちは東ベンガルでの政権委託を約束されていた。アワミ連盟から何人かが参加するとの保証も得た。私はソラワルディ先生の大臣就任問題で先生に同意できなかったとはいえ、誰か他人が先生を貶めることには我慢ができなかった。私は先生に言った。「先生のことをホク氏が統一戦線の何者でもないと言った以上、先生は統一戦線にとって大事な存在だということを示すしかありません。農民労働者党とニザメ・イスラム党が統一戦線にとどまると言うなら、それは彼らの自由です。私たちはホク氏に対して不信任決議案を提出したいと思います。そうすることで、少なくともアワミ連盟の指導者として発言できるはずですし、アワミ連盟が東ベンガル州議会で単独過半数を占めていて、我々の党なくしては誰もこの州を運営できないという事実を思い知らせることもできるはずです」。しかし先生は「アワミ連盟が統一戦線にとどまっている限り、確かに私は何者でもない。ホクさんは統一戦線の最高指導者なのだから、アワミ連盟、農民労働者党それにニザメ・イスラムを代表する立場で話すことに何の問題もない」と答えただけだった。

ダカに戻り、アタウル・ロホマン、アブル・モンスル・アハモド、マニク・ミヤと会合を開いて、一部始終を話して聞かせた。ソラワルディ先生の考え方も伝えた。バシャニ総裁はコルカタまで来たという話が聞こえてきたが行方は知れなかった。ソラワルディ先生はカラチからN・M・カーン事務長官への長距離電話で政治犯の釈放を要請した。保釈される人の数が少しずつ増えてきた。農民労働者党の幹部たちは政治犯の扱いについて全く発言しなかった。彼らの党では誰も逮捕されていなかったからだ。しかしアワミ連盟では議員も党員も、まだ収監中の者が多くいたし、逮捕状が出ている者も少なくなかった。アタウル・ロホマン、アブル・モンスル・アハモド、マニク・ミヤと私は長時間にわたって協議を続けた。統一戦線のホク氏を中心とする体制に不信任を突きつけるか否かが唯一の議題だった。ホク氏自身より、その周りにいる連中が、政策も理想も問わずムスリム連盟と折り合いをつけようとうごめいていた。二十一条の合意は、そして人民の意志はどうなってしまったのか。

私を除く三人には、不信任案提出について当初ためらいがあった。不信任そのものには反対しないものの、実際通過させることができるかどうかを問題にした。私は、通過させられない理由は全くない、と答えた。政策を遵守することも大事だと説いた。最終的には皆の賛成が得られたので、私は運営委員会を招集した。委員会ではほとんど全員が賛意を表わした。アブドゥス・サラムとハシムッディン・アハモドは反対したが、それでも運営委員会の決定には当然従うと約束した。

決定を受け、私とアタウル・ロホマンは議員たちの署名を集めてまわった。十七条からなる告発状を作成した。ホク氏の眼前で、誰が不信任案を提出するかが問題になった。誰もそれをやりたがらなかった。私自身も気乗りがしなかった。何と言ってもホク氏は私が政治家として尊敬する人だ。しかし今は、指導者などと呼ばれる人たちが彼のまわりを固めてしまっている。その連中の包囲網から、どうしてもホク氏を救い出せなかった。その多くは選挙の党内での勢力争いに敗れ、たった数カ月前にムスリム連盟を脱退して来たものたちだ。結局私が不信任案を提出し、アブドゥル・ゴニ弁護士がそれに賛成するということになった。私たちはホク氏に、不信任案について討議するため、統一戦線の総会開催を願い出た。ホク氏は総会招集に同意した。私たちはアワミ連盟の議員百十三名の署名を集めた。それで十分ことは足りた（原文注31）。

【原文注】

(1) 本書の元となった原稿が書かれたノートは、ダカ管区ダカ中央刑務所副本部長によって一九六七年六月九日および同年九月二十二日に検査が行なわれた。一方、筆者は一九六八年一月十七日から、アゴルトラ陰謀事件の審議のためダカの軍本部に監禁された。そうした事実を考え合わせると、この自叙伝は一九六七年の後半にダカ中央刑務所内で執筆されたと思われる。

(2) ゴパルゴンジョは現在県になっている。かつてのモホクマ(郡)は現在すべて県となった。

(3) 当時の一ポエシャは一タカの六十四分の一であった。(現在は一〇〇ポエシャ=一タカ)

(4) ベンガル州主計局長事務所。

(5) スワデシ(自国の、の意。ベンガル語ではショデシと発音される)運動とは本来、イギリスによるベンガル分割を阻止する目的で、一九〇五年に始まり一九〇八年に収束した運動を意味する。マハトマ・ガンディーが登場する前、インドの独立を目指して展開された民族主義運動のうちのひとつである。しかしボンゴボンドゥはここではスワデシ運動という言葉を、ガンディーの指導のもとに行なわれたイギリス帝国主義に抵抗する運動として使っており、またスワデシをその運動における急進派を表わす言葉として使用しているようである。

(6) パキスタン高等文官。パキスタンのキャリア公務員。

(7) MLA (member of the Legislative Assembly)。各州議会の議員をさす。

(8) ここでは筆者は農民従者党と書こうとして、間違って農民労働者党と記した。農民従者党は分離独立前の一九三五年、統一ベンガルで、A・K・フォズルル・ホクによって結成された政党である。一方ホクは一九五三年には農民労働者党を立ち上げている。

(9) 全インドムスリム連盟。一九〇六年ダカで、主に非ベンガル人で、太守、卿、地主など上流階級に属するムスリムたちによって作られた政党。モハンマド・アリ・ジンナーの指導のもと、この政党が一九四七年のパキスタン独立の主役となった。

(10) インド国民会議派。インドの主要政党の一つ。インドの独立運動で中心的役割を果たした。

(11) 分離独立前のベンガルを地盤とするムスリム学生の組織。当時の学生運動のリーダー、アブドゥル・ワセクがそのトップを務めた。シャー・アジズル・ロホマンやシェーク・ムジブル・ロホマンがこの組織の幹部となった。

(12) ヒンドゥー至上主義のインドの政治・社会団体。
(13) ブルブル芸術アカデミー。一九五五年ダカで創立された音楽や舞踊などの芸術教育機関。
(14) インド統治法に基づく立法議会の下院議員。
(15) 一九四〇年のラホール決議ではムスリム人口が優勢な州を集合し、複数のパキスタン国を建国することが謳われていた。しかしデリー会議では、単独のムスリム国家を建設する提言が行なわれた。ただしこの案では、ムスリム人口の多いインドの東部地域は、やはりムスリムの優勢なインドの西部と、間に入るインドによって千マイルも隔てられることになり、実際的ではないとの批判の声もあった。
(16) シュバシュ・チョンドロ・ボシュの指導下のインドの政党。
(17) パキスタン独立直後の一九四七年九月一日、パキスタンの文化的思想を広めること、およびその基礎を築くことを目的として創立された団体。一九四八年と五二年の言語運動で積極的な役割りを果たした。
(18) イスラムの三代目カリファ（教王）アマルがかつて、メディナの人々に同じ大きさの布切れを配ったことがあった。その布は小さく、それで一着の服を作ることなどできなかった。しかしアマル王はその布で大きな服をこしらえたので、人々は疑問に思い、王に向かってどうやったのかと尋ねた。その疑問に答えたのは王の息子だった。息子は父が服を作れるようにと自分の分の布を父に与えたのだった。筆者はこの逸話を、どんなに強大な権力の持ち主であろうとその行動が不正だと思われれば、人々は迷わずそれを質すことができるという意味で使っている。
(19) 西パンジャーブ州の元首相、ナワーブ・イフティカール・ホセイン・マームドートが公務就任および代表権資格停止令違反に問われた裁判で、ソラワルディは被告弁護人を務めた。完全無実を勝ち取ることはできなかったが、マームドートは損害賠償金支払いを免じられた。
(20) プロダ（ＰＲＯＤＡ）とは一九四九年の公務就任および代表権資格停止令（Public and Representative Offices Disqualification Act）を指す。
(21) ヒンディー語でラーシュトリーヤ・スワヤンセーワク・サング（国家義勇団）。インドで最も急進的なヒンドゥー至上主義組織。
(22) 公務就任資格停止令。多数の政治家を選挙に参加できなくすることを目的にアユーブ・ハーン軍事政権が一九五九年八月七日に発布した公務就任資格停止令（ＰＯＤＯ）をめぐる裁判。

(23)ラワルピンディー陰謀事件の名で知られる。一九五二年、パキスタンのリヤーカト・アリ・ハーンの政府を転覆させる目的でクーデターが計画されたが失敗に終わった。パキスタン陸軍の司令官だったアクバル・ハーン少将が他の軍幹部と左派の政治指導者たちとともにこのクーデターを企てた。この事件の裁判では十一人の軍関係者と四人の民間人が起訴された。裁判は十八カ月にわたって非公開で行なわれ、ハーン少将と詩人ファエズ・アハメド・ファエズが有罪となって長期間にわたり投獄された。ホセン・ショヒド・ソラワルディが次のパキスタン首相となってから有罪判決を受けていたほとんどの者の罪状を取り消した。(出典:ウィキペディア)

(24)演説の原稿は見つかっていない。

(25)マニフェストの原稿は見つかっていない。

(26)一九五四年三月に実施された総選挙の結果、各党獲得議席数は以下の通り。

イスラム教徒用議席二百三十七のうち　統一戦線　二百二十三(うちアワミ連盟　百四十、農民労働者党　三十四、ニザメ・イスラム　十二、青年連盟　十五、民主党　十、共産党　四、無所属　八)、ムスリム連盟　九(選挙後加入した無所属からの当選者一人を含む)、キラフォテ・ラッバニ　一、無所属　四、非イスラム教徒用一般議席　七十二のうち国民会議派およびその他　七十二。その結果全議席三百九のうち　ムスリム連盟　九、統一戦線および友党　二百九十一、その他　九となった。(出典:ロンゴラル・シェン『バングラデシュにおける政治エリートたち』一二九頁、UPL出版社、ダカ、一九八六年)

(27)一九五四年五月四日の西ベンガル州訪問時、「ベンガルの虎」A・K・フォズルル・ホク首相は次のように語った。「二つのベンガルの人民にとってある基本的な事実を十分に理解することが重要である。すなわち、幸福にまた平和のうちに暮らすことを願うなら、互いに助け協力することが絶対に必要なのである。政治家たちは領土を分割したが、一般の人民は互いが平和のうちに生きることを確実なものにしなければならない。歴史を見れば、言語こそが統一実現のための最も重要なものであることが分かる。共通の言語で結ばれている二つのベンガルの人民は政治体制の違いを忘れ、自分たちはひとつであることを実感しなくてはならない。」(一九五四年五月五日付モーニング・ニューズ紙より引用。原文英語。出典:ロンゴラル・シェン『バングラデシュにおける政治エリートたち』一二九頁、UPL出版社、ダカ、一九八六年)

(28)パキスタン総督は一九三五年のインド統治法を改正し、総督はいくつかの特別な状況に応じて、各州知事に当該の州のための法律を制定する権力を与えることができることを定めた九二項(A)を追加した。(出典：ハミド・ハーン『パキスタンの構成および政治の歴史』一一三頁、オックスフォード社、カラチ、二〇〇九年)
(29) 東南アジア条約機構。
(30) 中央条約機構。
(31) 決議案に百十三名の賛成署名があったものの、フォズルル・ホクに対する不信任は結局成立しなかった。アワミ連盟の三十五名の議員がサラム・カーンの主導のもと決議案に反対し、さらに大方の予想を覆して農民労働者党およびニザメ・イスラムの所属議員たちが連帯してホクの支持にまわったため、不信任決議案は却下されたのである。(出典：S・A・コリム『シェーク・ムジブ——勝利と悲劇』第二版六三ページ、UPL出版社、ダカ、二〇〇九年)

【訳者注】

序

（1）「ベンガルの友」の意味でシェーク・ムジブル・ロホマン（略称シェーク・ムジブ）の愛称。

（2）ベンガル人は主に現在のバングラデシュとインド・西ベンガル州に住み、ベンガル語を母語とする民族。「黄金のベンガル」はベンガルの地の美しさ、豊かさを形容するためにしばしば用いられ、ロビンドロナト・タクルが作詞したバングラデシュの国歌にも登場する言葉。

（3）本来「ベンガルの国」の意。

（4）三月二十五日深夜からパキスタン軍はダカで軍事行動を開始し、二十六日未明、シェーク・ムジブを拘束した。これに対し同日、バングラデシュは独立を宣言した。

（5）現在は「ボンゴボンドゥ記念博物館」として公開されている。

（6）当時シェーク・ハシナと妹のレハナは外国に滞在中だった。

（7）軍出身のジアウル・ロホマンは一九七七年に政権を掌握したが、一九八一年五月、軍事クーデターにより殺害された。

（8）ジアウル・ロホマンが暗殺されたのちアブドゥス・サッタルが大統領となったが、その政府は翌年、軍事クーデターにより崩壊した。

（9）ボルドマン（現インド・西ベンガル州）出身の歴史学者（ベンガル近代史専攻）。二〇〇三年に死去。

（10）東パキスタンの分離を企てたとしてシェーク・ムジブ他三十四名が起訴された事件。インドとの共謀が行なわれたとされる場所がトリプラ州のアゴルトラであったため、一般的にこの名で知られる。

（11）慈善家のカジ・マハブブウッラと妻ベゴム・ジェブンネサにより、主に教育振興を目的として一九七八年に創設された基金。

（12）ダカ市内の通りの名。アワミ連盟の本部がある。

第一部　政治の道へ

第一章　シェークの家

(13) ベンガル人は本名の他に「呼び名」と言われる名前を持ち、家族や親しい友人の間ではそれを使う。
(14) 地方行政単位の一つで、通常九つの村で一ユニオンを形成する。
(15) バングラデシュ南西部の町。世界遺産となっているモスクがあることで知られる。
(16) コルカタの大地主で女性慈善事業家。コルカタ近くのドッキネッショルにあるカーリー女神の寺を建立したことで知られる。
(17) イギリス統治時代、功績のあったムスリムに政府から贈られた称号。
(18) この自伝が書かれた一九六〇年代の後半を指す。
(19) ベンガルの伝統的な民衆文化を通じ、ベンガル人の民族・社会意識向上を目指して一九三〇年代にグル・ショドエ・ドットが始めた社会運動の一環として組み込まれたフォークダンスのような踊り。
(20) 小学一年生から起算して七年目の学年。

第二章　はじめての投獄

(21) ベンガル地方に多いジャーティ（職能集団）の一つ。
(22) 当時、地方都市では行政府、裁判所、警察署が同一敷地内に設置されることが一般的で、郡長官が裁判長を兼ねることが多かった。
(23) パキスタン建国の父と言われるムハンマド・アリー・ジンナー。
(24) コルカタ生まれの政治家。インド独立後ネルー政権で閣僚となり、のちにヒンドゥー主義政党バーラティーア・ジャン・サングを作った。
(25) コルカタ大学の寮の一つで、ムスリムの学生たちのためのもの。
(26) インド統治法で、武器や武器になりうるものを携行した人間による集会を禁じた刑法の項目。
(27) 現在のインド西ベンガル州フグリ県に属する町。

（28）現在のバングラデシュ北部の町。

第三章　ベンガル大飢饉

（29）第二次世界大戦中、日本がビルマを占領したことにより、ビルマからインドへのコメ輸出が妨げられ、ベンガルで大規模な食糧不足が起こった。

（30）英領インド時代の称号の一つ。カーン・シャヘブと同様、功績のあった現地のムスリムに英政府が授与した。カーン・シャヘブよりさらに名誉のある称号とみなされていた。

（31）ミール・ジャフォルはベンガル太守シラジッドウラの軍司令官だったが、イギリス側と内通し、一七五七年のポラシ（プラッシー）の戦いの際主君を裏切った。ミール・ジャフォルのこの行為により、イギリスによるインド支配の基礎がかたまったとされる。

（32）ベンガル地方の県および町の名。現在はインド・西ベンガル州に属する。

（33）モオラナ・アブドゥル・ロシド・トルコバギシュは一九〇〇年生まれの政治家。パキスタン建国運動に尽力した。ホビブッラ・バハル・チョウドゥリは政治家および文筆家としても知られる。著書に「パキスタン」がある。パキスタン独立後、東ベンガル州の厚生大臣に就任した。

（34）一九四〇年ラホールで開かれたムスリム連盟の大会で採択された決議。

（35）十九世紀のインドで英国の支配に反対するイスラム教徒たちが起こした抵抗運動。

（36）十九世紀にティトゥミールの指導で行なわれた反英運動。

（37）十九世紀のベンガルで起こった民衆運動。発端は宗教改革を目指すものだったが、のちに反英運動に発展した。

（38）高位ヒンドゥーには、汚れの観点から低位カーストや異教徒が触れたものは口にすべきでないし、一緒に食事を取ってはならないという考えがあった。

第四章　組織内の勢力争い

（39）ムスリム連盟の正式名称で、イスラム教徒たちの権利保護を目的として二十世紀初めに結成された。ここで言う大会は一九四三年に開かれた同連盟の総会を指す。

（40）十三、四世紀ごろのイスラムの聖者。

(41) アリーガル、アラハバードはともに現在のインド・ウッタルプラデーシュ州の都市の名。
(42)「兄さん」(バイ)は主として年上の男性に対して用いる、敬意と親しみを込めた呼称。主にイスラム教徒がよく使う。
(43) イスラムの伝統医学ユナニの著名な医師。ムスリムの地位向上を目指した社会運動でも知られる。
(44) 現在のバングラデシュ西部の都市。
(45) 現在のバングラデシュ南東部の都市。

第五章　ムスリム連盟の立て直しを目指して

(46) インドのラージャスターン州出身の商人集団で、商才に長けたことで知られる。
(47) ベンガル北部の町。

第六章　総選挙とムスリム連盟の躍進

(48) 実際は中央議会選挙が一九四五年十二月に、州議会選挙は一九四六年一月に実施された。
(49) 一九三六年十月、コルカタで発刊された。
(50) 一九五三年十二月創刊のベンガル語紙。現在もバングラデシュの有力紙の一つ。
(51) コルカタで創刊、のちにダカで発行された英字紙。一九七五年廃刊。
(52) 一九四六年コルカタで創刊。後に日刊紙となる。ミッラトとは宗教を基とした集団や国を表わす。
(53) 現在のバングラデシュ南西部の町。
(54) 現在でも同じだが、同じ候補が複数の選挙区から立候補することができた。複数の区で当選した場合は一つを選び、他は放棄する。放棄した選挙区については補欠選挙が行なわれる。

第七章　全インドムスリム連盟総会と北インド

(55) 第二次世界大戦が続く中、インドの戦争協力を取りつけることを目的に派遣された、R・S・クリップスを団長とする使節団。
(56) 一九三二年創業の保険会社。現在はパキスタンに本社を置く。

(57)当時はUnited Provinces(連合州)だったが、インド独立後はUttar Pradesh(ウッタル・プラデーシュ、ヒンディー語で「北の州」の意)に名称が変更された。
(58)ここでは「国家」という言葉が単数で表記されている。
(59)十三世紀ごろのイスラム神秘主義の聖者。その廟はラージャスターン州のアジメールにあり、今も多くの信者や観光客を集めている。
(60)四角い箱状の、アコーディオンのような鍵盤楽器の名。床に置き、左手で蛇腹を動かして風を送りながら右手で鍵盤を鳴らして演奏する。
(61)スーフィズム(イスラム神秘主義)と関わりの深い宗教歌。
(62)一一九二年、タラーインの戦いの名で知られる。この戦いでの勝利は、イスラム勢力によるインド進出の大きな転機となった。
(63)ファテープル・シークリーはムガル帝国三代目の皇帝アクバルが建設した都市。シカンダルにはアクバルの墓所がある。
(64)ミヤ・ターンセーン。十六世紀の有名な音楽家。

第八章　直接行動の日の騒乱

(65)一九一三年に結成されたヒンドゥー至上主義政党。
(66)コルカタ中心部の広大な公園。今も市民の憩いの場となっている。
(67)ともにコルカタ中心部の地区の名。コルカタ大学に近い。
(68)コルカタ中心部の道および地区を指す。コルカタ最大のモスクがある。
(69)ムスリム連盟から一九六二年分派してできた政党。
(70)パーク・サーカスはコルカタ市中央部、バリゴンジは南部の地区。
(71)ショオガト・カラープリンティング・プレス。社主のモハンモド・ナシルッディンは印刷と並んで、主にイスラム教徒の覚醒を目指した雑誌などを発行していた。
(72)誌名はムスリムの女性を表わす。ショオガト・プレスから発行されていた。
(73)コルカタ中心部の繁華街の名。

(74)現在の西ベンガル州第二の都市。
(75)現在のインド・ウッタル・プラデーシュ州の町。アリーガル・ムスリム大学があることで知られる。
(76)一九一四年に創設された医療機関。

第九章　パキスタン独立後
(77)インド総督の指示による一九四六年の総選挙を指す。
(78)現バングラデシュ北東部のシレット管区で一九四七年帰属に関する住民投票が行なわれた。
(79)現在はインド・アッサム州の一部。バングラデシュ国境に接する。
(80)本来英領インド時代にベンガルで始まった制度で、仲介者に徴税の任を負わせるもの。仲介者となったのは旧来の領主や地主（ザミーンダール＝土地所有者）で、この任務の見返りとして土地所有を認められた。
(81)ウルドゥー語、ペルシャ語で「清浄なる土地」を意味する。
(82)*Mission with Mountbatten*（1951）。著者はマウントバッテンの報道官だった。
(83)ボンガオンは現在西ベンガル州チョッビシュ・ポルゴナ県に属している。
(84)コルカタの北部の町

第二部　新生パキスタン

第一章　ダカでの活動開始
(85)国内の治安維持を目的に組織された部隊。内務省の管轄下に置かれる。

第二章　ウルドゥー語国語化の動き
(86)ダカ中心部にある広場。かつて競馬場（レースコース）があったことからこう呼ばれる。現在はソラワルディ公園と改名されている。
(87)シェーク・ムジブたちの思惑は、バシャニが二議席の候補となり、勝利することだった。当時の選挙制度では、

(88)「国を離れた者」が原義。ここではインド在住のイスラム教徒をさす。
議席の一つは放棄することになるが自陣の人間を指名することが許されたので、ナジムッディンの議席への道を閉ざすことができた。しかしバシャニはその道を選ばなかった。

第三章　東ベンガル新政府との軋轢

(89) バングラデシュ中部のモエモンシンホ地方を起源とする民謡。多くの川により形成されたベンガル地方には様々な舟歌があり、バティヤリもその一種。
(90) 国立大学の場合、形式的な大学トップである学長ポストには国家元首が就く。実質的な最高責任者は副学長になる。

第四章　アワミ連盟旗揚げへ

(91) アワミはウルドゥー語で国民の意味。
(92) 北西辺境州でハーン・アブドゥル・ガッファル・ハーンのもと結成された独立闘争の組織。赤い上着(クルタ)を着たことからこう呼ばれた。
(93) 政治家・著述家だが、カレッジの校長を務めた経歴から、学校の職をしりぞいた後も「校長」と呼ばれた。
(94) 政治犯として認定された場合には、食事内容や外部との連絡を含むさまざまな面で比較的好待遇を受けられる。例えば、一般の収監者は床に直接寝て睡眠をとるが、政治犯には寝具の使用が許される。
(95) 安物のタバコ。
(96) イギリスの対トルコ政策を巡り、インドのムスリムたちが展開した反英運動。マハトマ・ガンディーもこれを支援した。

第五章　アワミ連盟の勢力拡大と政府の妨害

(97) アワミ連盟を脱退したアブドゥル・ハミド・カーンが一九五七年に立ち上げた政党。
(98)「ラエ様の市場」の意。

第六章　ラホールへ

(99) インドのウッタル・プラデーシュ州アリーガルにある総合大学。インドで最も古い国立大学の一つ。
(100) 膝までの丈がある男性用の上着。
(101) 公務員のための宿泊施設。
(102) パンジャーブを中心に暮らすアフガニスタン系の民族。勇猛果敢なことで知られる。
(103) ベンガル人は一般的に米と魚を好む。

第七章　逮　捕

第八章　幽囚生活

(104) 服を作るための布地。シェーク・ムジブル・ロホマンは収監中には白い生地から作らせた服を着るのを常としていた。
(105) モオラナは本来、イスラム教に学識の深い人を指す。
(106) インド洋にある諸島を指す。かつて政治犯の流刑地だった。
(107) 現在のイスラマバードに首都が移転されたのは一九六〇年代。

第九章　ゴパルゴンジョでの裁判

第十章　フォリドプル刑務所

(108) ネタジ・シュバシュ・チョンドロ・ボシュを中心に、国民会議派の左派勢力が結集して作られた政党。
(109) ヒンドゥー教においていわゆる不可触民の扱いを受けてきた人々の総称。一九五〇年のインド憲法からこの言葉が採用された。
(110) 一九六九年、東パキスタンで結党されたマルクス主義政党・労働者農民社会主義党の創設者の一人。
(111) 客船でデッキクラスに次いで下から二番目の等級。船室の中に寝る場所が確保される。

第三部　政権の道へ

第一章　言語運動

(112) 同性同士で手をつなぐことは、南アジアでは一般的な習慣。

第二章　政治活動再開

(113) この表記により、この部分は一九六八年に書かれたものと分かる。

(114) パエジャマはゆったりした薄手の男性用ズボン。ここではヒンドゥー教徒の象徴とされている。

(115) 南アジアでよく飲まれる麦芽飲料。

第三章　中国へ

(116) パンジャーブ出身。イギリスからの独立闘争活動家として知られる。

(117) アブドゥル・ジャリル・ファリディ医師。インドにおけるムスリムの権利擁護運動を推進した。

第四章　アワミ連盟の伸張とムスリム連盟の衰退

(118) ダカ市内を流れるブリゴンガ川の港。ダカの水上交通のハブとなっている。

(119) ザミーンダール(地主)は英領インド時代、政府から地税の徴税権を付与された土地所有者。ジャーギールダール(知行地主)はムガル帝国によって給与地を与えられた官僚。

(120) インド亜大陸の伝統的な村落自治制度。

(121) 本名モハンモド・アリだが、東ベンガル(現バングラデシュ)のボグラ出身であるためこう呼ばれる。

第五章　統一戦線

(122) 「頭目の砂洲」を意味する。チョルは河川侵食による流れの変化で、川底が干上がってできた土地のこと。

第六章　東ベンガル州総選挙

(123)キンマの葉に溶かした石灰を塗り、ビンロウジュの実を細かくしたものの他、様々な香辛料を包んだ嗜好品。南アジア、東南アジアなどでよく食べられる。

(124)当時は州議会議員の中から中央議会の議員が指名されていた。

第七章　波乱の船出

(125)かなり年上の男性に対する、親しみを込めた敬称として使っている。

(126)少将。のちにパキスタンの初代大統領に就任。

第八章　統一戦線瓦解へ

(127)ラマダンはヒジュラ暦の九番目の月の名で、この月の間イスラム教徒は日のある時間帯に一切の飲食を絶つことを義務付けられている。一日の断食の終わりに摂る軽食をイフタル（イフタール）と呼ぶ。

(128)英領時代、イギリス人男性と現地女性の間に生まれた子およびその子孫。

(129)一九五七年の第二回総選挙を指す。

(130)「フレンズ・ノット・マスターズ」（邦題「パキスタンの再建」一九六八年オックスフォード大学出版局）

(131)当時のダカの国際空港。ダカ市内にあった。

ボンゴボンドゥ・シェーク・ムジブル・ロホマン（一九二〇～一九七五）政治活動年表

一九二〇年
三月十七日、フォリドプル県ゴパルゴンジョ郡（現在はゴパルゴンジョ県）トゥンギパラ村で、父シェーク・ルトフォル・ロホマン、母サエラ・カトゥンの三番目の子として出生。姉、妹が二人ずつ、弟が一人。両親からはコカ（坊や）という愛称で呼ばれていた。幼少時代をトゥンギパラ村で過ごす。

一九二七年
七歳でギマダンガ小学校入学。九歳のときにゴパルゴンジョ公立学校の三年生に編入した。そのあとさらに地元のミッションスクールに転校。

一九三四年
十四歳のとき目の手術のため学校を休学。

一九三七年
四年間の休学ののち復学。

一九三八年
十八歳でフォジラトゥンネサと結婚。後に娘二人（シェーク・ハシナとシェーク・レハナ）と息子三人（シェーク・カマル、シェーク・ジャマル、シェーク・ラセル）に恵まれるが、息子たちは一九七五年八月十五日、両親とともに殺害された。

一九三九年
ゴパルゴンジョ・ミッションスクールの学生だったこの年、ホセン・ショヒド・ソラワルディとの出会いにより、政治との関わりを持ち始める。後にベンガル州首相およびパキスタン首相を務めたソラワルディはこのとき、インド・パキスタン分離独立前のベンガル州首相だった

A・K・フォズルル・ホクとともにゴパルゴンジョを訪れていた。

一九四一年

中等教育修了資格試験に合格し、コルカタ大学のカレッジの一つ、イスラミア・カレッジ文系に入学。ベーカー寮に住み始める。この年からパキスタン建国運動に積極的に参加。

一九四三年

ムスリム連盟の評議員に選ばれ、政治家としての本格的な活動を開始。

一九四四年

クシュティアで開催された全ベンガルムスリム学生連盟の総会に幹部の一人として参加。フォリドプルの出身者たちがコルカタで結成していた、フォリドプル県協会の書記長にも選出された。

一九四六年

イスラミア・カレッジ学生組合の書記長に選出。

一九四七年

イスラミア・カレッジより文系学士号取得。この年のインド・パキスタン分離独立に伴って起こった宗教集団間の対立では、イスラム教徒の保護と暴力行為の抑制に尽力。

一九四八年

ダカ大学法学部入学。一月四日にはムスリム学生連盟を設立。この年カジャ・ナジムッディン・パキスタン首相によるウルドゥー語国語化宣言に反発し、抗議活動開始。二月二十三日、議会で行なった演説でカジャ・ナジムッディンは「東ベンガルの人々は、ウルドゥー語を国語として受け入れなければならない」と発言し、大きな反発を招く。シェーク・ムジブはウルドゥー語を唯一の国語としようとするムスリム連盟に対し、直ちにその動きに反対する強力な運動を組織するために奔走、特に学生と政治指導者たちの連帯で大きな実績をあげた。三月二日、言語問題でムスリム連盟に対抗するための行動計画作成のため各政党活動家による合同会議開催。ダカ大学のフォズルル・ホク・ムスリム寮で開催されたこの会議に、シェーク・ムジブは超党派国語問題行動委員会設置に向けた決議案を提出、採択された。行動委員会は、ベンガル語に国語の地位を与えまいとするムスリム連盟の策略に異を唱えるため、三月十一日ホルタル（ゼネスト）決行を呼びかけ。同日、政府合同庁舎前でデモを決行中、同志たちとともに逮捕・拘留される。学生たちはこの逮捕に強く反発、そのためムスリム連盟政権は三月十五日、学生たちの保釈を余儀なくされる。翌十六日、超党派国語問題行動委員会がダカ大学構内のアームトラ広場で開いた集会で議長役を務める。この集会が警察による妨害を受けたことに抗議し、翌十七日に全国で学生によるスト実施を発表。九月十一日、フォリドプルでの「防禦線方式」に反対する運動に参加し、再び逮捕される。

一九四九年

一月二十一日釈放されたのち、ダカ大学下級職員たちの要求貫徹を目指したストを支援。そのため大学側から罰金支払いを命じられるが拒否。同大学副学長自宅前で座り込みストを決行し逮捕。六月二十三日東パキスタンアワミムスリム連盟が結成され、投獄中にもかかわらず書記長代行に選ばれる。同月下旬に釈放。ただちに反食糧危機運動の体制作りに着手。九月、一四四項違反の疑いで逮捕されるがのち保釈。十月、アワミ連盟の集会でヌルル・アミン州首相の辞任要求。アワミ連盟はパキスタンのリヤーカト・アリ・ハーンの東ベンガル訪問を機に反食糧危機デモ行進を実施。このデモを指導したとしてまた拘束される。

一九五二年

一月二十七日の集会でカジャ・ナジムッディン首相は、ジンナーの宣言に則りウルドゥー語をパキスタンの唯一の国語とすると発言。一九四八年と同様、学生、青年活動家、知識人たちは直ちに抗議。シェーク・ムジブは一九四九年十月以来投獄中であったが活動家たちと連絡を取り合い、超党派国語問題行動委員会の設立を確認、二月二十一日を「国語の日」と定めて行動することを助言。一方当局に対しては、国家安全保障法違反の容疑で逮捕後、裁判を行なわずに拘留を継続していることに抗議するため、二月十六日以降無期限のハンストを実施すると通告。二月十四日、当局の指示によりダカからフォリドプル刑務所に移送される。

二月二十一日、一四四項に基づく禁止措置を無視してデモを行なった学生に対して警官隊が発砲、サラム、ボルコト、ロフィク、ジョッバル、ショフィウル、アブドゥル・アウアル、オヒウッラらが数日の間に死亡した。これらの人たちは言語運動の殉難者として広く認知されている。シェーク・ムジブはハンストを十三日間続けたために体力が衰え、政府も二月二十八日に保釈をせざるを得なくなる。

一九五三年

七月九日、東パキスタンアワミムスリム連盟の評議会で同連盟の書記長に選出。来たるべき州議会選挙でムスリム連盟を破ることを目標に、モオラナ・バシャニ、A・K・フォズルル・ホク、ショヒド・ソラワルディの連帯確立につとめる。十一月四日アワミ連盟は特別評議会を開催、統一戦線への参加を決定する。

一九五四年

三月十日、東ベンガル州議会選挙実施。統一戦線は二百三十七議席のうち二百二十三議席を獲得。アワミ連盟はうち百四十三議席を得た。この選挙でシェーク・ムジブ自身ゴパルゴンジョ選挙区で、ムスリム連盟の幹部で有力候補のワヒドゥッザマンを一万三千票あまりの大差で破る。五月十五日新州内閣の農林大臣に就任。五月二十九日中央政府は統一戦線内閣を罷免、ムジブは翌日カラチからダカ空港に到着直後逮捕され、十二月二十三日まで拘留。

一九五五年

六月五日、シェーク・ムジブ、パキスタン制憲議会議員に選出。ダカのポルトン公園で開催されたアワミ連盟主催の人民集会で、東パキスタンの自治など二十一条の要求発表。六月二十三日のアワミ連盟運営委員会で、東パキスタンに自治権が付与されなければ、連盟所属の全議員は制憲議会議員を辞職するとの決議が行なわれた。八月二十五日カラチで開催中だったパキスタン制憲議会でシェーク・ムジブは次のように発言した。

「議長、ご存知のことと思いますが、『東ベンガル』に代えて『東パキスタン』という言葉を使おうとの声があります。しかし我々はこれまで何度にもわたって、『パキスタン』ではなく『ベンガル』が使われるべきだと繰り返してきました。『ベンガル』という言葉には歴史と伝統があります。これを変更するとなれば、まず国民の意思を問うべきでしょう。皆さんがこれを替えたいとおっしゃるなら、私たちはまずベンガルに帰り、国民たちがそれを受け入れるかどうかを問いたいと思います。ワン・ユニットの問題(1)は今後憲法に盛り込まれれば良いというのが私の考えです。それをことさら、なぜ今問題にする必要があるのでしょう。それベンガル語の国語化の話はいったいどうなるのですか。

選挙区再編成はどうなったのですか？　自治権の問題は？　東ベンガルの人々は、ワン・ユニットをこれらの問題とあわせて、総合的に考えるでしょう。ですから私は、こちら側の友人の皆さんに、私たちの側の国民が住民投票を通じて示す判断を認めていただきたいと思うのです」。

十月二十一日、アワミ連盟の評議会で、党名から「ムスリム」の削除を決定。同評議会で党書記長に選出される。

一九五六年

二月三日州首相との会談でアワミ連盟首脳部、憲法草案に東ベンガル州の自治権についての文言を盛り込むよう要求。七月十四日同連盟総会は、軍の代表による政権への参加に反対する決議案を採択。この決議案を提出したのはシェーク・ムジブであった。九月四日、一四四項を無視し、食料を要求する「空腹の行進」がシェーク・ムジブを中心に実施される。このデモがチョクバジャルにさしかかった際、警官の発砲によりデモ隊の三人が死亡。九月十六日、連立内閣の産業・貿易・労働・汚職追放・農村救済相として入閣。

一九五七年

アワミ連盟の組織改革を目指す五月三十日の決定により閣僚を辞任。六月二十四日から七月十三日まで中国を公式訪問。

一九五八年

十月七日、パキスタン大統領イスカンダル・ミルザー少将とパキスタン軍総司令官アユーブ・ハーン、戒厳令を発して一切の政治活動を禁止。シェーク・ムジブは十月十一日に逮捕され、捏造されたさまざまな事件の被告とされる。約十四カ月後釈放されるが、刑務所の正門まで出てきたところで再び逮捕される。

一九六〇年

十二月七日、令状申請により釈放される。軍事政権とアユーブ・ハーンに対する反対運動を開始するため、地下で政治活動を行なう。このころ独立闘争実行の目的で、主だった学生運動の闘士たちによる地下組織「独立ベンガル革命委員会」を立ち上げ。同委員会の支部を各郡および警察管区に組織した。

一九六二年

二月六日国家安全保障法違反の容疑で逮捕される。六月二日、四年間続いた軍政が終わり、同月十八日釈放される。同二十五日、シェーク・ムジブなど政治指導者ら、アユーブ・ハーンの「基本的民主主義体制」に反対する声明発表。七月五日、ポルトン公園で開かれた集会でシェーク・ムジブ、アユーブ政権を激しく非難。九月二十四日、ラホールに行きショヒド・ソラワルディを中心とする野党連合、国民民主戦線の立ち上げに参加。十月、民主戦線への国民の支持取り付けのためにソラワルディとともにベンガル各地を遊説。

一九六三年

病気療養中だったソラワルディの助言を求めるためロンドンを訪問。十二月五日、ソラワルディ、ベイルートで死去。

一九六四年

一月二十五日、シェーク・ムジブの自宅で行なわれた集会でアワミ連盟復活を宣言。この集会では、成年国民の投票による議会制政治体制確立要求は人民の正当な権利だとする決議が採択された。同集会でアワミ連盟はモオラナ・アブドゥル・ロシド・トルコバギシュを総裁に、シェーク・ムジブル・ロホマンを書記長に選出。三月十一日、シェーク・ムジブが中心となり超党派闘争委員会設立。また宗派抗争撲滅を目指す抗争防止委員会がシェーク・ムジブの指導で発足。抗争終息の後、アユーブ・ハーンに対抗し、結束して戦うことを目指した活動に邁進した。大統領選挙の二週間前、政府によりまたしても逮捕される。

一九六五年

国家反逆および不適切発言の容疑で告訴され、一年間の懲役判決を受けてダカ中央刑務所に収監される。しかしその後高等裁判所の命により釈放。

一九六六年

二月五日ラホールで開催された野党の統一集会の議題検討委員会に画期的な六カ条の要求を提出。この要求はベンガル民族解放のための憲章となった。三月一日、アワミ連盟の総裁に選任される。六カ条の要求への国民の支持獲得のため、全国遊説を開始。その途中、シレット、モエモンシンホ、ダカで拘束。この年の最初の三カ月だけで八回逮捕されることになった。五月八日、ナラヨンゴンジョのジュート工場労働者の集会に参加後再び拘束される。六月七日、シェーク・ムジブはじめ投獄された政治指導者の釈放を要求し、全国でスト決行。このストライキ期間中、ダカ、ナラヨンゴンジョさらにトゥンギで警官隊の発砲により十一人の労働者が死亡。その中にはダカのテジガオン工業地区で死亡したモヌ・ミヤも含まれていた。

一九六八年

一月三日、パキスタン政府はシェーク・ムジブを筆頭に、計三十五人のベンガル人軍人、官僚に対し、パキスタン分割を企てたとして国家反逆罪に問うため、いわゆるアゴルトラ陰謀事件で提訴。一月十七日いったん保釈命令を受けたものの、刑務所門前で再び逮捕され、軍の駐屯地に拘束される。一方、アゴルトラ陰謀事件で提訴された被告たちの釈放を求める運動が全国で展開された。

六月十九日、厳しい警戒態勢の中、軍駐屯地でアゴルトラ陰謀事件の裁判始まる。

一九六九年

一月五日、先の六カ条を含む十一カ条の要求実現を目指して中央学生闘争委員会結成。同委員会はアゴルトラ陰謀事件起訴の撤回とシェーク・ムジブの釈放を求め、全国で学生の参加による運動を開始。やがてその動きに一般国民も加わった。のちにこの運動は、一四四項と外出禁止令による規制の無視、警察と国境警備隊による発砲、多くの死傷者の発生などの結果を招くことになったため、アユーブ政権は二月一日円卓会議を招集しシェーク・ムジブの仮釈放を発表。しかしムジブはこれを拒否。二月二十二日、国民からの強い圧力は続き、中央政府はアゴルトラ陰謀事件の裁判を撤回し、シェーク・ムジブほか被告の放免に踏み切らざるを得なくなる。二月二十三日元競馬場広場（現ソラワルディ公園）で、中央学生闘争委員会の主催により、シェーク・ムジブの歓迎集会が開催される。約百万人が参加したこの大集会で、シェーク・ムジブル・ロホマンは初めて公に「ボンゴボンドゥ（ベンガルの友）」の愛称で呼ばれるようになった。この集会でボンゴボンドゥは学生たちの十一カ条の要求の完全支持を表明。

三月十二日、ボンゴボンドゥ、ラワルピンディーにおいてアユーブ・ハーンとの円卓会議に臨む。この協議でアワミ連盟の六カ条の要求および学生闘争委員会の十一カ条の要求をつきつけたうえでボンゴボンドゥは「国民の不満を鎮めるには、六カ条および十一カ条の要求に基づき地方自治を認める以外に方法はない」と迫った。しかし政府側がこの要求を受け入れなかったため、三月十三日ボンゴボンドゥは円卓会議を中座し翌日ダカに帰還。三月二十五日、ヤヒヤ・ハーン将軍、戒厳令を発布し権力を掌握する。十月二十五日、ボンゴボンドゥ組織作りの目的でロンドンへ。

十二月五日ショヒド・ソラワルディの命日にちなんで行なわれたアワミ連盟の討論集会で、東ベンガルを「バングラデシュ」と命名する。「この国の大地から、この国の地図から、『ベンガル』という名前の最後の印を、永遠に消し去ろうという試みが行なわれたことがあった。今やただ一つベンガル湾を除けば、『ベンガル』の名はどこにも見出すことはできなくなってしまった。私は国民に代わってここに宣言する――パキスタンの東部の州は、今日より東パキスタンにではなく、『バングラデシュ――ベンガルの国』と呼ばれる」。

一九七〇年

一月六日、ボンゴボンドゥ、アワミ連盟総裁に再選される。四月一日、アワミ連盟運営委員会の会合で、この年実施予定の国会議員選挙に、党として参加することを決定。六月七日元競馬場広場での集会で行なった演説で、六カ条の要求についてアワミ連盟候補を支持するよう国民に呼びかけ。

十月十七日、選挙運動の際に用いられる党のシンボルとして舟の絵を選び、ダカのドライカルをかわきりに選挙運動を開始する。十月二十八日には、ラジオ、テレビを通じ国民に向かって行なった演説で、有権者たちに対し、六カ条の要求実現のためにアワミ連盟の候補への支持を訴える。十一月十二日、沿岸地域を襲った大型サイクロン「ゴーリキー」で百万人が死亡。このためボンゴボンドゥは選挙活動を中断、被災地に駆けつけ、被害者救済に無関心なパキスタンの統治者を激しく非難した。同時に世界に対して被災者支援を呼びかけた。十二月七日に実施された総選挙では、アワミ連盟は絶対多数を得て圧勝。この選挙でアワミ連盟は当時の東パキスタンに割り当てられていた百六十九議席のうち百六十七議席を、また州議会では三百議席のうち二百八十八議席を獲得した。

一九七一年

一月三日アワミ連盟、競馬場広場において六カ条要求に基づく憲法作成と人民への忠誠を誓う式典を挙行。ボンゴボンドゥ・シェーク・ムジブル・ロホマンの主宰のもと、新議員たちがこの宣誓式に臨んだ。一月五日、西パキスタンで最大政党となったパキスタン人民党のズルフィカル・アリ・ブット党首、アワミ連盟との連立内閣構想に賛意を表明。アワミ連盟国会議員総会、ボンゴボンドゥをアワミ連盟院内総務に選出。一月二十八日、ズルフィカル・アリ・ブット、ボンゴボンドゥとの会談のためにダカを訪問。会談は三日間にわたって行なわれたが同意には至らなかった。二月十三日ヤヒヤ・ハーン大統領、三月三日にダカでの国会開催を発表。二月十五日、ブットはダカの国会をボイコットするとともに、ヤヒヤ・ハーンに対し東西両パキスタンのそれぞれの最大政党に国権移譲を要求。

二月十六日、ボンゴボンドゥは声明でブットの要求を厳しく批判。「ブット氏の要求は全く理にかなっていない。国権の委譲は、国会に多数議席を持つアワミ連盟に行なわれるべきだ。今や東ベンガルの人民こそが国権の所有者である」。

三月一日、ヤヒヤ・ハーン大統領、国会開催の無期限延期を発表。これに対しベンガル全土から激しい抗議の声が上がる。アワミ連盟はボンゴボンドゥを中心に運営委員会の緊急会議を開き、三月三日、全国でホルタル（ゼネスト）決行を決議。三月三日ベンガル全土でのホルタル終了後、ボンゴボンドゥ、権力の早期委譲を大統領に要求。

三月七日競馬場広場でボンゴボンドゥ・シェーク・ムジブル・ロホマン大聴衆を前に演説。「今回の闘争は解放の闘争である。今回の闘争は独立の闘争である。ベンガルに勝利を！」。この歴史的な演説を通じて、国父・ボンゴボンドゥはベンガル民族に、長年つながれた鎖からの脱却を訴え、さらに次のように語った。「一軒一軒の家を砦にせよ。手元にあるものを何でも使って、敵に対峙せよ。血はすでに流れた。ならばもっと流れても構わない。神のご意志に従い、この国の人々を必ず解き放ってみせよう！」。

ボンゴボンドゥは敵に対して最大限の抵抗体制を整えるよう全国民に訴え、同時にヤヒヤ・ハーン政府への非協力運動を呼びかけた。国内はヤヒヤ・ハーン大統領の命令と、ダンモンディ三二番通りから発せられた指示が並存する事態になったが、ベンガルの人々はボンゴボンドゥの指令に従った。会社も役所も金融機関も工場も学校も皆、ボンゴボンドゥの指示通りに動いた。ベンガル人がヤヒヤ・ハーン大統領の命令を無視し、非協力運動を展開したことは、過去に例のない画期的な出来事だった。三月七日から十五日までは、バングラデシュは実質的にボンゴボンドゥ指導下の独立国となった。

三月十六日、権力移譲に関するムジブ―ヤヒヤ会談がダカで開始。協議のためブットもダカ入り。三者会談は三月二十四日まで継続。しかし二十五日決裂しヤヒヤは夕方ダカを離れる。同日深夜から翌日未明にかけ、パキスタン軍が市民に対して突然攻撃を開始。ダカ大学、ピルカナの国境警備隊本部、ラジャルバーグの警察本部が主な攻撃目標になった。

三月二十六日午前〇時二十分、ボンゴボンドゥはバングラデシュの独立を宣言した。

「これが私からの最後のメッセージになるかも知れません。バングラデシュは今日、独立を達成しました。バングラデシュの皆さん、皆さんがどこにいようと、また皆さんが持っているものすべてを使って、最後まで占領軍に抵抗を続けてくださるようお願いします。パキスタン占領軍の最後の一兵がバングラデシュから追い出され、最終的な勝利が確立されるまで、皆さんの戦いは続くのです」。

この宣言はバングラデシュ全国にあまねく、無線や電話、電報を通じて広がった。これに引き続いてボンゴボンドゥは、ベンガル語で次のメッセージを送った。

「パキスタン軍はピルカナの国境警備隊本部とラジャルバーグの警察本部を急襲した。ダカでは市街戦が続いている。私は世界のすべての民族に支援を求めたい。我が解放戦士たちは母なるこの土地が解放されるまで、敵を相手に勇敢な戦いを続けている。全能のアラーの名において国民の皆さんにお願いする。この国の独立のために、最後の血一滴がつきるまで戦っていただきたい。我が警察、国境警備隊、ベンガル連隊そして都市警備部隊（アンサル）は、皆さんとともに戦うために、皆さんの協力を求めている。我々は決して妥協しない。勝利は必ず我々のものとなる。この聖なる母の土地から、すべての敵を駆逐しようではないか。アワミ連盟の幹部および運動員、さらに愛国者たち全員は、この知らせを愛する国民たちに届けてほしい。皆さんに神の祝福がありますように。ベンガルに勝利を！」

ボンゴボンドゥのこのメッセージは、特別な方法でただちに全国に配信された。一般のあらゆる階層の人々ばかりか、チョットグラム、クミッラ、ジョショルの駐屯地では、ベンガル人兵士や将校がパキスタン軍に抵抗する側に回った。

午前一時半、パキスタン軍はダンモンディ三二番地の家でボンゴボンドゥを逮捕し、ダカ駐屯地に連行した。

その三日後にはボンゴボンドゥの身柄をパキスタンに移した。

この三月二十六日に行なった演説で、ヤヒヤ・ハーン将軍はアワミ連盟を活動禁止処分とし、ボンゴボンドゥを反逆者と決めつけた。

三月二十八日、チョットグラムの独立ベンガル放送で、同地のアワミ連盟の指導者、M・A・ハンナンがラジオを通じてボンゴボンドゥの独立宣言を代読した。四月十日、ボンゴボンドゥ・シェーク・ムジブル・ロホマンを大統領として革命政府が成立。同十七日、インド西ベンガル州メヘルプルのボイッドナトトラのアムロカノンでバングラデシュ政府の閣僚たちの宣誓式が執り行なわれた。この土地はこれ以降ムジブノゴル—ムジブの町—と呼ばれるようになった。ボンゴボンドゥを大統領に仰ぐこの政権では、ソイヨド・ノズルル・イスラムが大統領代行、タズウッディン・アハモドが首相を務めた。

その後臨時政府の指導のもと戦いが続いたが、十二月十六日、元競馬場広場でのパキスタン軍降伏により戦争は遂に終結し、バングラデシュは独立を手にした。それにさかのぼる九月七日、パキスタンのファエザラーバード（ラヤルプル）刑務所で行なわれた秘密裁判で、ボンゴボンドゥは反逆罪で死刑を宣告された。これに対し、国内外からボンゴボンドゥの救命を呼びかける声が届いた。十二月十七日、バングラデシュ政府はパキスタンに対し、民族の父であるシェーク・ムジブル・ロホマン大統領の即時および無条件の解放を迫った。インドやソ連などの国々および国際機関も、シェーク・ムジブル・ロホマンは独立バングラデシュの大統領であるとして、その解放をパキスタンに呼びかけた。ボンゴボンドゥはバングラデシュ建国の父であるゆえに、拘束を続ける資格はパキスタンにはない。バングラデシュを承認する国も増え続けた。

一九七二年

一月八日、パキスタン政府は遂に世界からの圧力に屈してボンゴボンドゥを解放、ズルフィカル・アリ・ブット大統領はボンゴボンドゥと会談を行なった。同日、ボンゴボンドゥ、ロンドンに向け出発。ロンドン経由でダカに向かう手配がされたためだった。九日ロンドンでエドワード・ヒース首相と会談。ロンドンからダカに向かう途上、デリーに立ち寄る。空港でV・V・ギリ大統領およびインディラ・ガンディー首相に出迎えられる。

一月十日、国父ボンゴボンドゥついに帰還を果たし、大群衆の歓呼に迎えられる。空港からまっすぐ元競馬場広場に向かい、広場を埋め尽くし十万以上の聴衆の前で、涙ながらの演説を行なう。十二日首相に就任。二月六日インド政府の招待でデリー訪問。ダカ大学、一九四九年のシェーク・ムジブへの退学処分取り消し。二月二十八日ソ連訪問へ。三月十二日、ボンゴボンドゥの要請により、インドの友軍、バングラデシュより撤退。

五月一日、公務員三級および四級職の給与引き上げを発表。七月三十日ロンドンで胆嚢の手術を受ける。退院後ロンドンからジュネーブへ。十月三十日、世界平和協議会より「ジュリオ・キュリー賞」を授与される。十一月四日、バングラデシュ初の総選挙を一九七三年三月七日に実施することを発表。十二月十五日、政府は解放戦士たちの功績を正式に認め、称号授与を発表。その前日、ボンゴボンドゥ、初のバングラデシュ憲法草案に署名。勝利記念日の十二月十六日、憲法発布。統治機構再編、憲法作成、一千万の国民の居住、交通網の整備、教育制度の普及、小学校では無料、中学校では小額の負担での教科書配付、飲酒・賭け事・競馬などイスラムの教えに背く活動の実質的禁止、イスラム基金の創設、イスラム教教育を軸とする教育機関・マドラサを担当する教育委員会の設立、一万一千校の新設を含む四万の小学校の公立化、独立戦争中パキスタン軍兵士によって暴行された女性たちの社会復帰のための団体創設、元解放戦士たちのための解放戦士福祉基金設置、二十五ビガ（約三万三千五百平方メートル）までの土地について地代免除、無料または小額で農民たちに農業用機材などの配給、パキスタン人が残したままにしていった銀行、保険会社および五百八十に及ぶ工業施設の国有化と操業再会による何千人にもおよぶ失業者の就職、ゴラシャル肥料工場とアシュゴンジョ発電所の稼動、新設の工場建設、閉鎖中の工場再開などの問題に対応し、整然とした計画にしたがって経済的インフラを整備し、国を着実に豊かにするための努力が続けられた。ごく短期間のうちにかなりの国から承認が得られたことは、ボンゴボンドゥ政権の特筆すべき成果だった。

一九七三年

独立後初の国会議員選挙が実施され、アワミ連盟は三百議席中二百九十三議席を獲得。九月三日、アワミ連盟、共産党、モオラナ・バシャニのＮＡＰ（国民アワミ党）による統一戦線発足。九月六日非同盟諸国首脳会議出席のため、ボンゴボンドゥ、アルジェリアへ。十月十七日より日本訪問。

一九七四年

二月二十二日、パキスタン、バングラデシュを承認。翌日、イスラム諸国会議（ＯＩＣ）の首脳会議出席のため、ボンゴボンドゥ、パキスタンへ。九月十七日、バングラデシュ国連加盟。九月二十五日ボンゴボンドゥは国連総会で初のベンガル語による演説を行なった。

一九七五年

一月二十五日大統領制施行。ボンゴボンドゥ大統領に就任。二月二十四日、各政党の参加による「国民党・バングラデシュ農民労働者アワミ連盟」結成。ボンゴボンドゥ、国内のすべての政党および指導者に対し、国民党への参加を呼びかける。海外からの援助への依存度を減らし、ベンガル民族の自立実現が必要との観点から、経済政策の見直しを実施。国の独立の意義を具現化し、国民が食べるもの、着るもの、住むところに不自由せず、医療と教育をきちんと受けられ、就職の機会を得られるようになることを目的とした「第二の革命」計画を発表。そのための具体的目標として汚職追放、農業および工業セクターでの生産増加、人口抑制と国民の連帯が掲げられた。この目標の早期達成のため、六月六日ボンゴボンドゥはすべての政党、働き手、知識層が連帯するフォーラムとして「バングラデシュ農民労働者アワミ連盟」を創設、自らその総裁に選出される。

すべての国民が一体となって経済的独立を目指す戦いに挑もうというこの呼びかけには、絶大な賛同が寄せられた。ごく短期間のうちに国の経済は向上し始めた。生産は増加し、不正取引は姿を消した。物価は一般の購買力の範囲内に落ち着いた。

新たな希望に目覚め、独立の果実をすべての家庭まで届けようと、国民は一体となって前進を続けていた。しかし人々のその幸せな日々は、長くは続かなかった。

八月十五日未明、過去千年で最も優れたベンガル人、バングラデシュ建国の指導者、ベンガル民族の父であるボンゴボンドゥ・シェーク・ムジブル・ロホマンは、自宅において国軍に所属する数名の野望に駆られた背信的な将校たちにより殺害された。その日ボンゴボンドゥは妻のフォジラトゥンネサ、長男で解放戦士でもあったシェーク・カマル、次男シェーク・ジャマル、三男シェーク・ラセル、それぞれ長男、次男の嫁のスルタナ・カマルとロジ・ジャマル、実弟のシェーク・ナセル、甥で農業大臣のアブドゥル・ロブ・セルニアバトとその娘のベビー・セルニアバト、息子のアルフィ・セルニアバト、孫のシュカント・アブドゥッラ・バブ、甥のショヒド・

セルニアバト、従弟でジャーナリストのシェーク・フォズルル・ホク・モニとその妻で妊娠中だったアルジュ・モニ、軍事担当秘書官のジャミル・アハメド大佐、十四歳だったアブドゥル・ノイム・カーン・リントゥの十六名とともに裏切り者の手によって虐殺されたのだった。

偉大な指導者シェーク・ムジブル・ロホマンが殉難者となったこの日以降、バングラデシュでは軍政が敷かれた。民主主義は否定され、国民の基本的人権は奪われた。殺人、クーデター、陰謀による政治が始まった。

世界各国には人権擁護のために殺人者たちを裁くための規則が存在するが、バングラデシュでは民族の父を殺害したと自ら認めた犯人たちを裁判から逃れさせるため、同年九月二十六日、軍事赦免特例法が施行された。ジアウル・ロホマン将軍は軍による統治を通じて違法に権力を掌握し、憲法の第五次修正によって軍事赦免特例法という名のこの悪名高い法律を憲法に加えた。これにより憲法の神聖さは失われてしまった。殺害犯たちには国外の大使館などに赴任という形での褒賞が与えられた。

一九九六年六月二十三日、ボンゴボンドゥの娘シェーク・ハシナを最高指導者とするアワミ連盟政権が発足した後、十月二日ダンモンディ警察署に独立の父、シェーク・ムジブル・ロホマン元大統領とその家族殺害事件の訴訟が起こされた。十一月十二日、国会で軍事赦免特例法が撤廃された。翌九七年三月一日、ダカの地方兼下級裁判所で公判が開始された。九八年十一月八日、ダカ地方兼下級裁判所のカジ・ゴラム・ロスル判事による判決が下った。判事の読み上げた七十六ページにおよぶ判決文では、容疑者十五名に対して死刑判決が下された。二〇〇〇年十一月十四日の高裁での判決では、死刑判決を不服とする上告に関して、モハンモド・ルフル・アミン判事とA・B・M・カエルル・ホク判事がそれぞれ異なった判断を示したあとで、もう一人のモハンモド・フォズルル・コリム判事が被告のうち十二人について、地裁の死刑判決を支持する判断を下した。その後被告五人が最高裁に救命を求める嘆願書を提出した。二〇〇二年から六年にかけてのBNPとジャマヤト・イスラミ(2)の連立政権時代には、この件は裁判所の審議予定項目から外された。二〇〇七年、最高裁に審理法廷設置。二〇〇九年、二十九日間に及ぶ審理の末、十一月十九日、裁判長を含む五人の裁判官、上告を棄却し十二人の被告の死刑判決を支持する判断を示す。二〇一〇年一月二日、被告側は上告審に再審判断を請求するが、三日間におよぶ審理の後、一月二十七日四人の裁判官は再審判断要求棄却。この日の深夜過ぎ、日付が二十八日に変わってから五人の死刑が執行された。犯人の一人は国外逃亡中に死亡し、残る五人は今も海外で逃亡生活を続けている。この残虐極まりない殺人事件を裁く要求は、事件から三十四年経ってようやく実現されたことになる。

八月十五日はベンガル民族の汚点となった日である。ベンガル民族はこの日を「国民の悲しみの日」に制定している。＊

＊この章は「民族の父ボンゴボンドゥ・シェーク・ムジブル・ロホマン記念財団」編の写真集『民族の父』の第三版（二〇一〇年三月十七日ダカで発行）より引用した。

（1）西側の各州を統合し、西パキスタンとして東ベンガル州を東パキスタンとする考え方。当時首相だったモハンモド・アリ・ボグラが提唱した。

（2）BNP・バングラデシュ民族主義者党は故ジアウル・ロホマン大統領が創設した政党で、アワミ連盟とともにバングラデシュの二大政党の一つ。ジャマヤト・イスラミはイスラム原理主義を標榜する政党。

関連主要人物一覧

A・K・フォズルル・ホク（一八七三～一九六二）

本書でホク氏、ベンガルの虎などの名でも言及されている。英領インド時代、一九三七年と四一年の二度に渡ってベンガル州首相を務めた。ベンガルの伝説的政治指導者。農民従者党、後年には農民労働者党を立党。ベンガル州首相時代、負債検証委員会を通じ、農民たちが抱えていた高利貸への負債を帳消しにし、農民たちから圧倒的な支持を集めた。文部大臣も兼務して農民への教育政策を実施したことで、農民たちの間から新たに中産階級が誕生する成果があった。パキスタン建国後東ベンガル州首相、パキスタン中央政府の内務相、東ベンガル知事などを歴任。英語、アラビア語、ウルドゥー語など多数の言語に堪能で、カリスマ性を持った政治家だった。

B・A・シッディキ（**シッディキ判事**）

パキスタン時代の終わり頃、東パキスタン高等裁判所の判事長。

I・H・ジュベリ

著名な教育者。ラジシャヒ大学の創設者で初代副学長。

I・I・チュンドリゴル（一八九九～一九六〇）

インド・パキスタン分離独立後成立したパキスタン初の内閣の閣僚。ソラワルディの辞任後、一九五七年の十月から十二月までの二カ月間、パキスタン首相の地位にあった。

K・H・フルシド（一九二四～一九八八）

一九四二年からジンナーの死去まで、その秘書を務めた。ジンナーについての回想録を執筆し、一九九〇年カラチのオックスフォード・ユニバーシティ・プレスから出版した。一九四九年から七五年まで、パキスタン側のカシミールで大統領を務めたが、ブット政権により解任された。

R・P・シャハ（一八九六〜一九七一）
フルネームはロノダプロシャド・シャハ。社会運動家、慈善家。タンガイル県ミルジャプルにある女子教育のためのバロテッショリ・ホームズ、クムディニ病院、クムディニ・カレッジなどの創立で有名。一九七一年の独立戦争時、パキスタン軍によって殺害された。

T・アハメド
一九三〇年代から四〇年代にかけて名を知られたコルカタの眼科医。

アージマル・ハーン師（一八六五〜一九二七）
本名ハフィズ・モハンマド・アージマル・ハーン。伝統的イスラム医学の医師。作家、政治家でもあった。全インド規模で支持を集めたイスラム教徒の指導者のひとり。一九一九年のアムリットサル虐殺事件に抗議し、イギリス政府から授与された称号と金メダルをボイコットした。

アクラムッジャマン・カーン（A・Z・カーン）（一八八八〜一九三三）
ゴパルゴンジョ郡（当時）の郡長として人望があった。マニクゴンジョ県ホリラムプル郡ダドロキ村の名家として知られるカーン一族の出身。

アジズ・アハメド（一九〇六〜一九八二）
パキスタンのキャリア官僚で非ベンガル人。東パキスタンの事務局長という立場にあったことから、東パキスタンのすべての重要事項に介入した。アユーブ・ハーン、ヤヒヤ・ハーン政府で重要ポストを歴任後、ブット政権では外相をつとめた。

アジズル・ロホマン
アワミ連盟モエモンシンホ支部の創立メンバーのひとり。ルミ印刷所の経営者で、モエモンシンホ市の文芸文化の中心的人物だった。

アタウル・ロホマン・カーン（一九〇七〜一九九一）
弁護士、政治家。アワミ連盟の設立メンバーの一人で初代副総裁。超党派国語問題行動委員会で活動。統一戦線の共同代表。A・K・フォズルル・ホクが首班をつとめた東ベンガル政府では民間調達局担当大臣に就任。一九五六〜五八年東パキスタン首相。のちボンゴボンドゥが作った新党・バングラデシュ農民労働者アワミ連盟（バクシャル）に加わる。一九八〇年代にはフセイン・ムホンモド・エルシャド中将の政権に閣僚として参加、九カ月間首相をつとめた。

アッバスウッディン・アハモド（一九〇九〜一九五九）
伝説の歌手と称される歌の名手。東ベンガル州広報部の音楽部門の副主任もつとめた。数々の民謡を歌い、伝統的民謡に新たな光を当てた。

アノワラ・カトゥン（一九一九〜一九八八）

アワミムスリム連盟の創立時からの党員。アリ・アムジャド・カーン弁護士の妻。ソラワルディ、モオラナ・バシャニ、シェーク・ムジブル・ロホマンとともに行動し、政治に大きな功績を残した。分離独立の後、東ベンガル州議会の初のムスリム女性議員となり、一九五四年には東パキスタン州議会の議員に選出された。

アブ・サイド・チョウドゥリ（一九二一〜一九八七）

最高裁判事。ダカ大学副学長、外務大臣などを歴任し、一九七二年から三年までバングラデシュ大統領。

アブ・ホセン・ショルカル（一八九四〜一九六九）

ベンガル農民従者党の公認候補としてベンガル州議会選挙で当選。一九五四年の選挙でもベンガル州議会議員に。パキスタン中央政府の厚生大臣を経て一九五五年東パキスタン首相に選出。

アブドゥス・サラム・カーン（一九〇六〜一九七二）

弁護士、政治家。当初はムスリム連盟およびパキスタン建国運動で積極的に活動したが、独立後はパキスタン政府の非民主独裁的政策に反対してムスリム連盟を脱退、新たにできたアワミムスリム連盟に加わる（一九四九年）。統一戦線の公認で東パキスタン州議会議員となり（一九五四年）、内閣入りを果たす。一九五七年、党名から「ムスリム」を削除することに反対してアワミ連盟を脱退。後に復帰し、中央委員会の委員に選出される。しかし再び脱退し、パキスタン寄りのパキスタン民主党に参加して東パキスタン支部委員長。後に同党委員長を務めた。シェーク・ムジブル・ロホマンが被告となったアゴルトラ陰謀事件裁判ではシェーク・ムジブの弁護団長をつとめた（一九六九年）。

アブドゥル・カデル・ショルダル

本名ミルジャ・アブドゥル・カデル。ダカ地区の有力者として知られ、政治家でもあった。ダカ初の商業映画館「ライオン・シネマ」の創立者。

アブドゥル・ジョッバル・コッドル（一八九七〜一九七七）

アワミ連盟創設メンバーの一人。一九五四年の州議会選挙では、統一戦線の公認を受けられず、無所属で立候補して当選。バングラデシュ独立戦争では独立反対の立場を取った。生活協同組合、銀行、保険会社などを立ち上げた。

アブドゥル・ロシド（一九二一〜二〇〇三）

一九四〇年代、アリプルの郡長官。後にパキスタン通信交通省の次官をつとめて引退。

アブドゥル・ロブ・セルニアバト（一九二一～一九七五）

政治活動を始めたころは左翼政党・民主党に参加（一九五二年）、後にモオラナ・バシャニが一九五七年に作った国民アワミ党に加わる。一九六九年にはアワミ連盟に参加。理想主義者で清廉な政治家として知られた。一九七一年バングラデシュの独立戦争に参加。独立後は閣僚としてさまざまな重要ポストを歴任した。一九七五年八月十五日、ボンゴボンドゥの暗殺犯たちによってダカ市内のモントリパラの自宅で殺害された。ボンゴボンドゥの義弟。

アブドゥル・ワセク（一九〇九～一九六七）

一九四〇年代の著名な学生運動家。一七五六年、多くのイギリス人が犠牲になったとされる「コルカタ・ブラックホール事件」の記念碑をイギリスによるインド支配の象徴と見てその撤去を目指した「ホールウェル記念碑運動」（一九四〇年）を率いた。一九六二年の憲法下で実施されたパキスタン国会選挙で、ベーシック・デモクラットと呼ばれた選挙人団の投票によりダカ一区より当選。

アブル・カシェム（一九二〇～一九九一）

東ベンガルにおける言語運動の指導者の一人で教育者、文筆家。イスラム文化団体で言語運動で大きな役割を果たしたトモッドゥン・モジュリシュの創設者。ベンガル語を使った教育の質向上を目指し、ダカのミルプルにバングラ・カレッジを設立、自ら校長となる。

アブル・ハシム（一九〇五～一九七四）

一九三六年、ベンガル州議会選挙でボルドマン選挙区から無所属で立候補して当選。一九三七年ムスリム連盟参加。一九四三年ベンガル州ムスリム連盟書記長に選出。ムスリム連盟の近代化、民主化を実行し、経済的・社会的思考を備えた政党に変革することを目的に新しい行動計画の策定と活動家の養成を行なった。一般に向けてムスリム連盟の方針を周知する目的で週刊『ミッラト』紙を創刊。ソラワルディやショロト・ボシュと協力して東西ベンガルの統合を目指す運動を推進。その機会にシェーク・ムジブル・ロホマンとの政治上での強いつながりが形成された。一九五〇年東ベンガルへ。言語運動に参加して逮捕、投獄される。一九六二年、政治家として目指す方向について混乱をきたす。この年軍事独裁者アユーブ・ハーンのコンベンション・ムスリム連盟に参加しながら、一方でシェーク・ムジブの六項目の要求を強く支持、またパキスタン政府がロビンドロ・ションギート（詩人ロビンドロナト・タクルが創作した歌で、多くのベンガル人が愛好する）を禁止したことを厳しく批判した。演説が巧みで学識もあるイスラムの思想家だった。

アブル・モンスル・アハモド（一八九八〜一九七九）
文筆家、ジャーナリスト、政治家。アワミ連盟創設者の一人。統一戦線が選挙に臨んで作成した二十一項目の行動計画の立案に加わった。州および中央政府で閣僚となった。

アミルッザマン・カーン（一九二三〜一九九二）
アクラムザマン・カーンの息子でバングラデシュ国営テレビの会長をつとめた。

アリ・アムジャド・カーン
ダカとコルカタで弁護士として働く。アワミムスリム連盟（のちにアワミ連盟）の旗揚げに尽力し、初代の副総裁をつとめた。ダカにあった自宅には第一線の指導者、政治家たちが集った。後年、意見の相違からアワミ連盟を脱党、以後いろいろな政党に所属する。最後にはアユーブ・ハーン政府に加わった。

アルタフ・ガウハル（一九二〇〜二〇〇〇）
パキスタンのキャリア官僚。アユーブ・ハーンの軍事独裁政権で情報次官だった。

イスカンダル・ミルザー（一八九九〜一九六九）
一九五四年東パキスタン知事に就任。一九五五年から五八年までパキタスン大統領。

イブラヒム・カーン（一八九四〜一九七六）
著名な文学者、教育者。タンガイルのコルティア・サダト・カレッジの校長、ベンガル州議会議員（一九四六年）。一九六二年にはパキスタン国会議員。

オジト・クマル・グホ（一九一四〜一九六九）
ベンガル語・文学の著名な研究者。ダカのジョゴンナト・カレッジのベンガル語学科で長年学科長をつとめた。ダカ大学でも非常勤の講師として教鞭をとった。政治意識の高い知識人・文化人のひとりとして一九五二年の言語運動に参加し、逮捕された。

オスマン・ゴニ
一九六三年から六九年までダカ大学副学長。

カジ・ノズルル・イスラム（一八九九〜一九七六）
ベンガル文学界で最も優れた詩人のひとり。詩人としての人気度はロビンドロナト・タクル（ラビンドラナート・タゴール）に次ぐ。イギリスによる支配に反対する文章を発表し、国家反逆の容疑で投獄される。「反逆詩人」と呼ばれている。バングラデシュの国民詩人であり、短・長編小説、随筆、戯曲の分野でも健筆をふるった。また音楽の分野でも、作詞家、作曲家、歌手としても名声を獲得した。

カジ・バハウッディン・アハモド（一九二六〜一九九八）
一九四八年から五二年までボリシャルにおける言語運動の中心となった人物。一九五四年、旅券・出入国庁の理事となり、その後同庁の総裁を務める。文化人として知られ、特に古典音楽の愛好家として有名だった。

カジャ・シャハブッディン（一八九九〜一九七七）
政治家。カジャ・ナジムッディンの実弟。分離独立前のベンガル州および独立後のパキスタンで入閣。アユーブ・ハーン政権の情報大臣だったときにはロビンドロ・ションギート（タゴール・ソング）の放送を禁止した。

カジャ・ナジムッディン（一八九四〜一九六四）
ダカでナワーブ（太守）の家に生まれる。ロンドンのミドル・テンプル法曹院で弁護士資格取得後帰国してムスリム連盟に加入。一九二九年ベンガル州文部大臣。一九三七年ベンガル州選挙で自身が土地を所有していたポトゥアカリから立候補、人気候補のA・K・フォズルル・ホクに敗れるが、ソラワルディの助力でコルカタでの補欠選挙に出馬し当選、ホクの立てた農民労働者党とアワミ連盟の連立政府で内務大臣となる。一九四三年ベンガルでムスリム連盟の政権発足にともない首相に就任。パキスタン独立後東ベンガル州の初代首相。ベンガル語の国語化に反対の立場を取る。パキスタンの総督および首相も務めた。

カーン・シャヘブ・オスマン・アリ
ナラヨンゴオンジョ出身のアワミ連盟指導者。元州議会議員。

カムルッディン・アハモド（一九一二〜一九八二）
作家、政治家、外交官。一九四八年と一九五二年の言語運動では、超党派国語問題行動委員会のメンバーとして活動した。一九五四年アワミ連盟に入党、党中央委員会の委員に選ばれる。一九五七年政治から離れ外交官に転身。一九六〇年代シェーク・ムジブル・ロホマンの指導のもと東ベンガルで興ったベンガル民族主義運動の理論的指導者でもあった。

キロンションコル・ラエ（一八九一〜一九四九）
教育者、政治家。ネタジ・シュバシュ・チョンドロ・ボシュの親しい友人。ビダン・チョンドロ・ラエの率いた西ベンガル州政府の内務大臣。

コエラト・ホセン（一九一一〜一九七二）
政治家。一九三八年から四七年まで全インドムスリム連盟評議員。一九四六年ロングプル県からムスリム連盟の公認でベンガル州議会議員。パキスタン建国以降はカジャ・ナジムッディン政権の人民軽視の政策に反対し、一九四八年ムスリム連盟を離党、アワミ連盟の立ち上げに加わる。言語運動支持の立場を取る。一九五四年には統一戦線の公認候補として東ベンガル州議会議員となる。

ゴーラム・モハンマド（一八九五〜一九五六）

一九五一年から五四年までパキスタン総督。

コフィルッディン・チョウドゥリ（一八九九〜一九七二）

法律家、政治家。東パキスタン時代、統一戦線および アワミ連盟政権で内閣入り。一九五三年の統一戦線結成で重要な役割りを果たす。最初はムスリム連盟に参加、後に農民労働者党を経てアワミ連盟に加わる。バングラデシュ独立戦争に参加し、独立後は国会議員となる。ボドルッドジャ・チョウドゥリ元バングラデシュ大統領の父。

コルバン・アリ（一九二四〜一九九〇）

政治家。統一戦線の公認を受け、東ベンガル州議会議員となり、バングラデシュ独立後の一九七三年には国会議員に当選。シェーク・ムジブル・ロホマンの内閣で一九七五年情報通信大臣。一九八八年フセン・ムハンモド・エルシャド中将を首班とする軍事政権の閣僚に就任し、さまざまなポストを歴任。

コンドカル・シャムスッディン・アハメド

パキスタン独立前、ゴパルゴンジョ選出のベンガル州議会議員。法律家としても著名だった。

コンドカル・マハブブ・ウッディン・アハモド（一九二五〜二〇一四）

元バングラデシュ高等裁判所上級弁護士。バングラデシュ民族主義党・ＢＮＰの常任理事会委員、国会議員。

コンドカル・モシュタク・アハモド（一九一八〜一九九六）

バングラデシュ・アワミ連盟の右派の指導者。独立戦争時のバングラデシュ臨時政府の外務大臣であったが、物議をかもした。バングラデシュ独立後一九七一年から七五年まで閣僚を歴任。一九七五年、ボンゴボンドゥとその家族が虐殺された事件にからみ、協力もしたと考えられている。事件の後、暗殺犯たちによって大統領の地位を与えられた。バングラデシュで悪名高い政治家の一人。

コンドカル・モハンモド・イリヤス（一九二三〜一九九五）

作家、文化人、政治家。「バシャニがヨーロッパにいた頃」「たくさんの絵とたくさんの歌」「ムジブ主義」など多くの著作がある。言語運動ではリーダーの一人だった。

サイドゥル・ロホマン（一八八八〜一九六三）

教育者、哲学者。開明的な知識人。ダカのジョゴンナト・カレッジ校長。著書に『一世紀の記憶』がある。

サイフッディン・キチュル（一八八八～一九六三）
インドの独立運動の闘士。弁護士。インドの民族主義的ムスリムの指導者。一九二四年、国民会議派の決定機関である全インド会議派委員会の総書記に就任。一九五二年レーニン平和賞受賞。

サルダール・アブドゥル・ラブ・ニシュタール（一八九九～一九五八）
ムスリム連盟の西パキスタン側の幹部のひとり。パキスタン建国運動では第一線で働いた政治家。パキスタンの通信交通大臣とパンジャーブ州の知事をつとめた。

サルダール・ヴァッラブバーイー・パテル（一八七五～一九五〇）
国民会議派の代表的指導者の一人。インド独立後のネルー政権で副首相と内務相を務めた。

シェーク・フォズルル・ホク・モニ（一九三九～一九七五）
シェーク・ムジブル・ロホマンの甥。政治家、ジャーナリスト、作家。アワミ連盟の政治に社会主義的な面を導入した功績があった。主権国家としてのバングラデシュの独立に大きな役割を果たした。

ジッルル・ロホマン（一九二三～二〇一三）
弁護士。ボンゴボンドゥの同志。バングラデシュ大統領の職にあった二〇一三年死去。

シャー・アジズル・ロホマン（一九二五～一九八七）
政治家。バングラデシュの独立に反対した。ジアウル・ロホマン将軍によってバングラデシュ首相に任命された（一九七九～一九八二）。

シャヘド・ソラワルディ（一八九〇～一九六八）
ホセン・ショヒド・ソラワルディの兄。教育者。芸術分野の専門家としても有名。スペイン、チュニジア、ソ連でパキスタン大使を務めた。

シャマプロシャド・ムカルジ（ムコパッダエ）（一九〇一～一九五三）
分離独立前の統一ベンガルの著名な政治的指導者。教育者、社会事業家として知られるオシュトシュ・ムコパッダエの次男。一九四一年ベンガルの進歩派連立内閣の財務大臣。A・K・フォズルル・ホクがこの内閣を率いた。インド独立後国会議員を務める。一九五〇年ヒンドゥー教政党「ジョノションゴ（ジャンサン党）」を旗揚げ。

シャムスッゾハ
カーン・シャヘブ・オスマン・アリの息子。アワミ連盟の幹部のひとりで、ナラヨンゴンジョ選挙区から国会議員に当選した。

シャムスッドハ（一九〇一～一九八四）
本名アブ・ハミド・モハンモド・シャムスッドハ。インドの高文官試験に合格し、警察官僚として重要ポストを歴任。一九五二年東ベンガル警察総監。引退後の一九六五年、アユーブ・ハーンを首班とする中央政府の食料・農業・公共事業大臣。

シャムスル・ホク（一九一八〜一九六五）

東パキスタンアワミ連盟の初代書記長。一九五二年の言語運動に参加して逮捕、投獄される。収監中に精神疾患の兆しが顕れる。出身地のタンガイルで行なわれた補欠選挙で、圧倒的に有利といわれていたムスリム連盟の候補を破ったことは特筆すべき事件だった。

ジャワハルラール・ネルー（一八八九〜一九六四）

国民会議派の中心的指導者で独立インドの初代首相。近代インドを作り上げた人物。

シュバシュ・チョンドロ・ボシュ（スバース・チャンドラ・ボース）（一八九七〜一九四五）

ネタジ（指導者）の呼び名で知られる、インド独立運動の伝説的指導者。自由インド軍を創設し、武力闘争のこの通じてインドの独立を目指した。インド独立闘争のこの英雄は、飛行機事故で落命したと考えられている。

ショブル・カーン（一九〇八〜一九八二）

本名アブドゥス・ショブル・カーン。政治家。アユーブ・ハーン内閣でおよそ八年間にわたって通信交通相を務める。バングラデシュの独立に反対した政治的指導者の一人。演説がうまく、国会議員として優れた業績を残し、またサッカー選手としても有名だった。

ショオコト・アリ

弁護士。タンガイル在住。著名な法律家でアワミ連盟幹部。

ジョゲンドロナト・モンドル（一九〇六〜一九五六）

ヒンドゥーの被差別階級出身の政治家。パキスタン制憲議会議員およびパキスタンの初代法務相。ヒンドゥー教徒としてパキスタンの内閣で最も高い地位についた人物。

ジョフル・アハモド・チョウドゥリ（一九一九〜一九七四）

政治家、労働運動指導者。バングラデシュ独立後内閣入り。東ベンガルの自治要求運動に多大な貢献をした。この運動が一九七一年のバングラデシュ独立につながっていった。

ショロト・チョンドロ・ボシュ（一八八九〜一九五〇）

法律家、政治家。ネタジ・シュバシュ・チョンドロ・ボシュの兄。印パ分離独立に伴うベンガル分割に反対し、ホセン・ショヒド・ソラワルディとともに独立主権国家としての統一ベンガル建国を目指した。

シラジュッディン・ホセン（一九二九〜一九七一）
日刊『アジャド』紙のあと日刊『イッテファク』紙に所属したジャーナリスト。一九七一年の独立戦争で死亡。

ソイヨド・ノズルル・イスラム（一九二五〜一九七五）
シェーク・ムジブル・ロホマンの側近、同志。法律家、政治家。一九七一年ムジブノゴルで発足したバングラデシュ臨時政府の臨時大統領。独立後は産業大臣、さらに副大統領を歴任。入獄中に軍部反動派によって殺害された。

タジウッディン・アハモド（一九二五〜一九七五）
バングラデシュ・アワミ連盟元書記長。シェーク・ムジブの右腕と言われた。独立戦争中バングラデシュ臨時政府の首相。一九七五年十一月三日、バングラデシュの反動勢力の機銃掃射で、他の三人のアワミ連盟の幹部とともに刑務所内で殺害された。

チョウドゥリー・モハンマド・アリ（一九〇五〜一九八〇）
分離独立後一九四七年にパキスタン政府事務局長に就任し、一九五一年までその地位にあった。財務相を経て一九五五年から翌年までパキスタン首相。

ティトゥミール（一七八二〜一八三一）
本名ミール・ニシャル・アリ。メッカへ巡礼に出かけたおり出会ったワハビ運動に傾倒。一八二七年に帰国後、宗教改革運動に着手。ノディアとチョッビシュ・ポルゴナの両県で織物職人や農民を組織して藍商人や地主に抵抗するための運動を始める。地主の横暴に対する戦いは最終的には反イギリス闘争へと変質していった。一八三一年ナリケルバリヤで竹の城を築いて独立闘争を開始。しかしイギリス軍の大砲による攻撃で城は破壊され、ティトゥミールも同年十一月十九日殉死した。

ディレンドロナト・ドット（一八八六〜一九七一）
法律家、政治家。一九四六年ベンガル州議会選挙に国民会議派から立候補し、当選を果たす。翌年の分離独立の後パキスタン制憲議会議員となる。議会で英語、ウルドゥー語と並び、ベンガル語もパキスタンの国語とすることを要求。その主張は却下されたが、これがきっかけとなりベンガルの言語運動が始まった。アタウル・ロホマン・カーンの東ベンガル州政府の閣僚となる。バングラデシュ独立戦争開始直後の一九七一年三月二十七日、自宅でパキスタン軍によって逮捕された後行方不明となる。

チットロンジョン・ダーシュ（デシュボンドゥ）（一八七〇〜一九二五）
法律家、政治家として著名。コルカタ市の初代市長。ヒンドゥーとムスリムの融和と連帯を目指して作成された一九二三年のベンガル協定で知られる。

チョウドゥリー・ハーリクッザマーン（一八八九〜一九六〇）

ジンナーがパキスタン総督になった後、その後継としてムスリム連盟総裁に就任。一九五〇年三月三十日から一九五三年三月三十一日まで東ベンガル州の知事。

トファッジョル・アリ（一九〇五〜一九八八）

一九四五年ベンガル州議会副議長、一九五五年パキスタン中央政府の商業大臣、一九五七年駐エジプトパキスタン大使を歴任した。

ナデラ・ベゴム（一九二九〜二〇一三）

一九四〇、五〇年代の有名な女性運動家。進歩的かつ社会派的思想で名声を得た。ダカ大学教授でバングラデシュを代表する知識人だったコビル・チョウドゥリ、同じくダカ大学教授で独立戦争末期にパキスタン軍によって殺害されたムニル・チョウドゥリの妹。

ナワーブ・グルマニ（一九〇五〜?）

本名ミヤ・ムシュタク・アハマド・グルマニ。一九三〇年および一九三二年から三六年までパンジャーブ州議会議員、一九三七年から四六年まではパンジャーブ州下院議員。パンジャーブ州知事および一九五四年〜五七年西パキスタン知事。

ヌルジャハン・ベゴム（一九二五〜）

「ショオガト」の編集長だったモハンモド・ナシルッディンの娘。女性運動家。女性向け週刊誌「ベゴム」編集長。

ヌルッディン・アハメド

一九四〇年代コルカタのムスリム学生運動リーダー、ムスリム連盟党員。ピロジプル県出身。後に東ベンガル州議会議員。

ヌルル・アミン（一八九三〜一九七四）

元東パキスタン首相。一九五二年の言語運動では警察部隊にデモ隊への発砲を命じたために多数の死傷者が出た。バングラデシュの独立と解放戦争に反対の立場を取る。バングラデシュ独立後パキスタンの市民権を獲得し、副大統領となる。

ノオシェル・アリ（一八九〇〜一九七二）

法律家、政治家。一九二九年ベンガル州議会議員に選出。一九三七年フォズルル・ホク政権の閣僚となるが意見の相違で辞任。その後国民会議派に参加。ベンガル州議会議長。インド上院議員も務めた。

ノンディ医師

本名モンモトナト・ノンディ。ダカで進歩派運動に参加。社会奉仕に尽力した医師として知られた。一九六〇年代半ば東パキスタン政府より国外追放処分を受け、インド西ベンガル州のジョルパイグリに移る。後年そこで死去。

ハーン・アブドゥル・ガッファル・ハーン（一八九〇～一九八八）

インド亜大陸の伝説的な独立運動家。北西辺境州（現在のハイバル・パフトゥンファ州）出身で、「辺境のガンディー」の名で知られる。

ハーン・アブドゥル・カユーム・ハーン（一九〇一～一九八一）

パキスタン、特に北西辺境州で名を知られた政治家。

ハジ・ショリオトゥッラ（一七八一～一八四〇）

ボルドマンのマダリプル県生まれ。いずれも現在はインド・西ベンガル州となっているコルカタ、フグリ、ムルシダバードで教育を受けた。十八歳のときサウジアラビアのメッカに赴き、十六年間にわたりムラード師とターヒル師のもとでアラビア語、ペルシャ語、イスラム教学を学ぶ。その後二年間、カイロのアル・アズハリ大学で勉強を続け、イスラムの純化を目指すワハビ主義に傾倒する。一八一八年帰国後はイスラム教の改革運動に着手。特にイスラムの宗教的義務であるファルズに重点を置いた改革を開始した。この改革はファライジー運動と呼ばれる。この運動は当初ヒンドゥーの大地主や藍業者に対抗することを目的としていたが、その後イギリスに対する独立運動に発展した。

ハジ・モハンモド・ダネシュ（一九〇〇～一九八六）

ディナジプル県で農民の指導者として知られた。

ハミード・ニザミー（一九一五～一九六二）

パキスタンの優れたジャーナリスト。ウルドゥー語紙『ナワーエ・ワクト』を創刊し、編集長となった。

ハミドゥル・ハク・チョウドゥリ（一九〇一～一九九二）

政治家、法律家、新聞社の社主。インドとパキスタンの国境を定めたラドクリフ委員会のメンバーの一人。東ベンガル州政府の閣僚。パキスタン中央政府の外相、財務相を歴任。バングラデシュの独立に反対者した一人。

ハムドゥル・ロホマン（一九一〇～一九七五）

ダカ高等裁判所判事（一九五四～一九六〇）。後にパキスタン最高裁判事。バングラデシュ独立に反対の立場を取った。パキスタンの国籍を取得し、同国の最高裁裁判長になった。

ピール・マンキー・シャリーフ（一九二三～一九六〇）

名前は「マンキー・シャリーフの聖人」を意味する。マンキー・シャリーフは北西辺境州の地名。本名アミヌール・ハースナート。北西辺境州の進歩的宗教指導者。一九四五年ムスリム連盟に参加。分離独立に際し、同州のパキスタン帰属実現に貢献した。

ファエズ・アハメド・ファエズ（一九一一～一九八四）
　パキスタンの知識人で、最も優れたウルドゥー語の詩人のひとり。全インド進歩的文筆家運動に加わった。マルクス主義の信奉者でもあった。一九六二年、当時のソ連政府からレーニン平和勲章を授与された。

フォズルル・カデル・チョウドゥリ（一九一九～一九七三）
　分離独立前のインドでムスリム学生運動家として指導的立場にあった。その後ムスリム連盟で要職を占める。東パキスタン議会およびパキスタン国会議員。中央政府の閣僚、国会議長を歴任。シェーク・ムジブル・ロホマンの六項目要求運動に反対の立場を取る。一九七一年のバングラデシュ独立運動にも反対した。チョットグラムでパキスタンへの協力者を組織してラジャカル部隊創設。独立後パキスタンへの協力の容疑で逮捕される。一九七三年死去。

フォズルル・ロホマン（一九〇五～一九六六）
　ムスリム連盟の幹部でパキスタン中央政府の閣僚。ウルドゥー語をパキスタンの唯一の国語と定めること、ベンガル語をアラビア文字で表記することを主張した。

フォニブション・モジュムダル（一九〇一～一九八一）
　シュバシュ・チョンドロ・ダーシュの側近だったことで知られる。東パキスタン時代、アワミ連盟の誕生の頃から同党に関わった。バングラデシュ独立後、アワミ連盟政権で入閣した。

フマユン・コビル（一九〇六～一九六九）
　作家、思想家、政治指導者として著名。インド中央政府で、科学研究文化長官になり、入閣した。

プルノ・ダーシュ
　本名プルノ・チョンドロ・ダーシュ。マダリプルのカレッジの校長だったが、革命家として知られる。その出獄を祝って詩人ノズルル・イスラムは「プルノ・オビノンドン（「満杯の祝福」の意味だが、プルノ・ダーシュの名前にかけている）」という詩を贈った。詩集「破壊の歌」に収められているこの作品の中で、ノズルルはプルノ・ダーシュを「マダリプルの勇者」と呼んだ。

プロフッロ・チョンドロ・ゴーシュ（一八九一～一九八三）
　インド独立後西ベンガル州の初代首相。その後さらに二度にわたって州首相を務めた。

ホセン・ショヒド・ソラワルディ（一八九二～一九六三）
　政治家として初期の頃のシェーク・ムジブル・ロホマンが師と仰いだ人物。西洋式民主主義の導入を目指した。英語とベンガル語による演説の名手。統一ベンガル最後の首相（一九四六年）。パキスタンの法相および首相も務めた。
ホビブッラ・バハル・チョウドゥリ（一九〇六～一九六六）
作家、ジャーナリスト、雄弁家、スポーツ選手。東パキスタンの厚生大臣を務めた。
マニク・ミヤ（一九一一～一九六九）
本名トファッジョル・ホセン。ジャーナリスト、政治評論家として知られる。民主的で宗派対立を否定する国家建設を訴えた。ホセン・ショヒド・ソラワルディのもとで政治を学んだ。バングラデシュという国家創設の闘争において、マニク・ミヤ自身および編集者を務めた新聞、週刊（のち日刊）イッテファクはきわめて大きな役割りを果たした。イッテファクを通じて、ボンゴボンドゥの六項目要求を強く支持した。パキスタンの軍事政権による東ベンガルの搾取と抑圧、宗教集団間の抗争への支持に対し、新聞を通じて鋭く、妥協のない批判を行なった。このためパキスタンの非民主的独裁政権によって繰り返し投獄され、またイッテファクも発禁処分を受けた。一九六四年、パキスタン政府の間接的な関与でヒンドゥーとムスリムの抗争が勃発したときには、ダカで発行されていた主要紙が一斉に「東パキスタンよ、雄々しく立ち上がれ」と題する社説を掲載したが、この行動の中心となったのはマニク・ミヤだった。
マハトマ・ガンディー（一八六九～一九四八）
本名モーハンダース・カラムチャーンド・ガンディー。インドの国父であり独立運動の指導者。ナトゥラーム・ガドセーの放った銃弾により暗殺された。
マームド・ヌルル・フダ（一九一六～一九九六）
学生運動リーダー。一九三三年に設立された全ベンガルムスリム学生連盟の発起人の一人。一九四三年から五〇年までホセン・ショヒド・ソラワルディの政治秘書。文化面でも活動し、音楽・舞踊の名門教育機関「ブルブル芸術アカデミー」が一九五五年に創立されたとき代表の一人となった。
マレク博士（一九〇五～一九七七）
本名アブドゥル・モッタレブ・マリク。政治家、労働運動指導者、パキスタン国会議員。ムスリム連盟幹部。ベンガル州議会議員、パキスタン国会議員、眼科医。州や中央政府で閣僚となり、またさまざまな国で大使を務めた。バングラデシュの独立戦争当時は、パキスタン軍事政権統制下の東パキスタン知事。バングラデシュの解放闘争と独立に反対の立場を取り、パキスタン軍によるベンガル人虐殺に協力した罪で、バングラデシュの独立後、特別法廷で終身刑判決を受けるが、その後恩赦を受け釈放された。

ミヤ・イフティカルッディン（一九〇八〜一九六二）
一九三七年国民会議派に擁立されてパンジャーブの州議会議員に当選。一九四五年ムスリム連盟に移る。一九四七年から五四年までパキスタン制憲議会議員。一九五〇年から五六年まで存続した自由パキスタン党の創始者、党首。パキスタン国民アワミ党の旗揚げのときのメンバーの一人。日刊紙パキスタン・タイムズの社主。

ミヤ・マームード・アリー・カースリー（一九一〇〜？）
パキスタンの野党側指導者。人権運動家、左翼的弁護士としても知られる。国民アワミ党の創設時の党員。ズルフィカル・アリ・ブットのパキスタン人民党（ＰＰＰ）に一九七〇年加入。一九七三年、パキスタン初の憲法の草案作成にも加わった。ＰＰＰの非民主主義的政策に対しての不満を持ち、一九七三年野党のひとつでアスガル・ハーンの「タハリケ・イステクラール」党に移り、死去のときまで在籍した。レーニン勲章を受章。

ミルジャ・ゴラム・ハフィズ（一九二〇〜二〇〇〇）
法律家で中国共産党シンパの政治家。モオラナ・バシャニの国民アワミ党に所属。バングラデシュの独立に反対の立場を取った。ジアウル・ロホマンによる軍事独裁政権の与党ＢＮＰに所属し国会議員となる。国会議長にも選出された。

ムクンドビハリ・モッリク
ヒンドゥーの被差別階級出身の指導者として知られた。

ムジブル・ロホマン・カーン（一九一〇〜一九八四）
ジャーナリスト。日刊アジャド紙の編集委員長。著書『パキスタン』で知られる。

ムニル・チョウドゥリ（一九二五〜一九七一）
バングラデシュの伝説的とも言える学者、雄弁家、文学者、言語学者、劇作家。ダカ大学ベンガル語科教授。一九五二年の言語運動に参加し逮捕される。投獄中、獄内の仲間に進められて書いた戯曲「墓場」は名作とされ、その初演は意識の高い服役者たちにより刑務所内で行なわれた。パキスタンに協力したベンガル人武装組織・アルボドルにより一九七一年殺害された。

モアッゼム・アハモド・チョウドゥリ（一九二一〜二〇〇二）
政治家、実業家。一九六五年パキスタン国会議員。

モウロビ・トミジュッディン・カーン（一八八九〜一九六二）
政治家、法律家。英領インド時代、非協力運動に参加したために一九二一年から二三年にかけて獄中生活を送る。ベンガル州議会選挙に国民会議派から立候補し、一九二六年および二九年当選。一九三〇年ムスリム連盟に参加。一九三七年から四一年まで「ベンガルの虎」フォズルル・ホクを首班とするベンガル州内閣で入閣。パキスタン制憲議会および国会の議長を務めた。

モーネム・ハーン（一八九九〜一九七一）

本名アブドゥル・モナエム・ハーン。農民運動指導者。宗教集団間の抗争を扇動した政治家。ムスリム連盟幹部。東ベンガルの言語運動や、ベンガル人によるすべての民主運動に反対する立場を取った。軍事独裁者アユーブ・ハーンにより一九六二年東パキスタン知事に任命される。東パキスタンの自治権とシェーク・ムジブル・ロホマンの六項目要求に強く反発し、シェーク・ムジブを数回にわたって逮捕、拷問する。一九七一年の独立戦争時、解放軍ゲリラの攻撃によりダカの自宅で死亡。

モオラナ・アブドゥル・ロシド・トルコバギシュ（一九〇〇〜一九八六）

言語運動の指導者の一人。一九七六年ゴノ・アジャディ・リーグ（人民解放連盟）を立ち上げ。一九五〇年代、東パキスタンアワミ連盟の総裁も務めた。

モオラナ・アブドゥル・ハミド・カーン・バシャニ（一八八〇〜一九七六）

政治家。現在のバングラデシュ生まれだが、政治との関わりができたのはアッサムでだった。一九一九年国民会議派に加わり、イギリス支配に反対するケラファト運動と非協力運動に参加したために一〇カ月の投獄生活を送る。一九二六年アッサム州で農民使用人運動を開始。一九三七年会議派を離党しムスリム連盟に参加。同年アッサムにおけるベンガル人迫害に反対する運動のリーダーとなる。一九四四年アッサム州ムスリム連盟の議長に選出。パキスタン建国運動に身を投じる。一九四七年アッサムで再び逮捕される。一九四八年釈放され東ベンガルへ移住。一九四九年東パキスタンムスリム・アワミ連盟を創設、自ら総裁となる。一九五七年アワミ連盟を離党し、国民アワミ党ＮＡＰを立党し党首となる。言語運動からバングラデシュの独立運動まで、主な政治運動で大きな役割りを果たした。とりわけ労働者、大衆の権利獲得に尽くした政治家として知られる。

モオラナ・アブル・カラム・アザード（一八八八〜一九五八）

インド国民会議派の主だった指導者の一人。独立直後のインドで文部大臣をつとめる。インドの近代化に大きな功績を残した。

モオラナ・モハンモド・アクロム・カーン（一八六八〜一九六八）

ジャーナリスト、政治家。ベンガル語日刊紙『アジャド』の創立者、編集長。ムスリム連盟創設メンバーの一人であった。東パキスタンムスリム連盟議長、全パキスタンムスリム連盟共同議長、パキスタン国会議員を歴任。一九五四年には政界から引退。分離独立前のベンガルでイスラム教徒の覚醒を促す運動で大きな功績があった。ベンガル・ムスリムの社会におけるジャーナリズムの草分け的存在。

モシウル・ロホマン（一九一〇～一九七一）

法律家、政治家。バングラデシュ西部のジョショル県でアワミ連盟の活動家として知られた。アタウル・ロホマンを首班とする東ベンガル統一戦線連立内閣（一九五六～一九五八）の閣僚の一人。一九七一年パキスタン軍によって殺害された。

モッラ・ジャラルウッディン（一九二六～一九七九）

政治家。シェーク・ムジブル・ロホマンの親密な側近。学生連盟とアワミ連盟創立時からのメンバー。シェーク・ムジブ政権で内閣入り。一九七四年健康上の理由で閣僚を辞任。アゴルトラ陰謀事件ではシェーク・ムジブの弁護団に加わった。

モノジ・ボシュ（一九〇一～一九八七）

著名なベンガル文学者、小説家。出版も手がけた。

モハンマド・アユーブ・ハーン（一九〇七～一九七四）

パキスタン大統領（一九六〇～一九六九）。一九五一年パキスタン軍司令官、一九五四年から五五年まで国防相。一九五八年には戒厳令司令官となり、軍事クーデターによって国権を掌握。一九六二年までは戒厳令、その後一九六九年までは自らが公布した憲法により国を統治し、一九六〇年には国民投票によって大統領に就任した。

モハンマド・アリ・ジンナー（一八七六～一九四八）

パキスタン建国運動の最高指導者。パキスタン建国の父。パキスタン初代総督。

モハンモド・アリ・ボグラ（一九〇〇～一九六三）

本名はモハンモド・アリ・チョウドゥリだが、出身地にちなみモハンモド・アリ・ボグラの名で知られる。一九四六年から四七年までベンガル州財務および保健相。コルカタとアメリカでパキスタンの大使を歴任。一九五三年から五五年までパキスタン首相。アユーブ・ハーン政権（一九六二～六三）で外相。

モハンモド・トアハ（一九二二～一九八七）

左派の政治指導者。青年連盟の創立に関わる。超党派国語問題行動委員会の指導者の一人として、言語運動に大きな貢献があった。

モハンモド・ナシルッディン（一八八八～一九九四）

雑誌編集者。コルカタでカラー印刷の月刊文学雑誌『ショオガト』を出版、その編集長も務め、大きな業績があった。ベンガルのムスリム社会の覚醒を目指した。

モハンモド・モダッベル（一九〇八～一九八四）

ジャーナリスト、文学者。長年にわたり日刊アジャド紙の編集長を務めた。

モハンモドウッラ（一九二一～一九九九）

シェーク・ムジブ政権でバングラデシュの第四代大統領。後にジアウル・ロホマンのBNP（バングラデシュ民族主義者党）に加わり国会議員となる。

モヒウッディン・アハモド（一九二五～一九九七）

政治家。東ベンガルおよびバングラデシュで展開された主な政治運動のすべてに関わった。独立戦争にも参加。英領時代、パキスタン時代さらにバングラデシュとなってからも逮捕、投獄された経験を持つ。一九七九年から一九八一年までジアウル・ロホマンが政権にあったときには、バングラデシュ国会で野党の副代表を務めた。

モホン・ミヤ（一九〇五～一九七一）

本名ユスフ・アリ・チョウドゥリ。分離独立前のベンガル州議会議員選でムスリム連盟から出馬して当選。一九五三年ムスリム連盟から除名され、A・K・フォズルル・ホクの農民労働者党（KSP）に加わる。一九五四年統一戦線の公認候補として東ベンガルの総選挙に立候補し当選。内閣入りを果たす。アユーブ・ハーン体制に反対し、民主化運動に加わる。しかしバングラデシュの独立運動には反対の立場を取った。

モンスル・アリ（一九一九～一九七五）

政治家。ボンゴボンドゥの側近。一九五六年九月から一九五八年一〇月までアタウル・ロホマンの率いた東ベンガル統一戦線連立内閣で入閣。独立戦争中ムジブノゴルにできた独立バングラデシュ政府の財務相。独立後は複数の大臣ポストを歴任。一九七五年大統領制導入の際に首相となる。バングラデシュの主権獲得と独立に大きく貢献した。ダカ中央刑務所に収監されていたとき、軍兵士らによって殺害された。

ラール・ミヤ（一九〇五～一九六七）

本名モアッゼム・ホセン・チョウドゥリ。ムスリム連盟幹部。パキスタン国会議員。中央政府で閣僚、国会では与党院内総務の地位に着いた。

ラニ・ラシュモニ（一七九三～一八六一）

英領インド時代のベンガルで名を知られた大地主。

ラフィ・アハメド・キドーヤー（一八九四～一九五四）

インド独立運動の闘士。社会主義陣営の指導者の一人。ウッタル・プラデーシュ州で国民会議派所属のムスリムのリーダー的存在だった。インド独立後ネルー政権で通信交通相と食料相を歴任。

リヤーカト・アリ・ハーン（一九〇五〜一九五一）
パキスタンの初代首相。一九五一年十月十六日、青年に銃撃され死亡。

ルル・ビルキス・バヌ
ダカの歴史文学者、ソイヨド・モハンモド・トイフルの娘。名家出身の女性で、一九四〇、五〇年代の進歩的文化人として名を知られた。

ベゴム・ゼリナ・ロシド（ロシド夫人）（一九二二〜二〇〇二）
本名ベゴム・ゼリナ・ロシド。パキスタン中央政府書記長アブドゥル・ロシドの妻。シレットの帰属について住民投票が実施されたとき、女性ボランティアたちのまとめ役となった。

ロビンドロナト・タクル（ラビンドラナート・タゴール）（一八六一〜一九四一）
ベンガル文学の最高峰。詩、戯曲、小説、随筆、思索、音楽（作詞作曲および歌謡）、絵画、舞台俳優、社会活動、教育など広い分野で優れた業績を残した。詩集「ギタンジョリ」が評価され、一九一三年ノーベル文学賞を受賞した。

ワヒドゥッザマン（一九一二〜一九七六）
ムスリム連盟の元幹部。パキスタン中央政府の閣僚を務めた。

あとがき

世界地図の上にバングラデシュという名の国が登場したのは一九七一年のことだ。しかしその名前自体はそれ以前からあった。バングラデシュは本来、「ベンガルの国」、すなわちベンガル人の国、をあらわす言葉だからである。

ベンガル人とはインド亜大陸の東部を中心に暮らす民族の名称で、共通の言語であるベンガル語が、そのアイデンティティーのひとつとなっている。ベンガル語はバングラデシュの国語であり、インドでは西ベンガル州などの公用語に指定されている。この言葉を母語とする人の数は二億五千万を超え、話者人口で言えば世界でも有数の大言語である。

一方でベンガル人の多くは、ムスリム（イスラム教徒）あるいはヒンドゥー教徒という別のアイデンティティーも持つ。民族と宗教、この二つのアイデンティティーの中で揺れ動いてきた歴史がすなわち、現在のバングラデシュ誕生に至る道筋である。そして自らその二つのアイデンティティーの間で揺れ動きつつ、最終的にバングラデシュ独立の指導者となったのが、本書の主人公である「ボンゴボンドゥ」シェーク・ムジブル・ロホマンだった。はじめはイギリスからのパキスタンの独立、次に東パキスタンと呼ばれていた国のバングラデシュとしての独立に尽力したシェーク・ムジブル・ロホマンであったが、一九七五年八月十五日、一部の軍人に襲われ、国造りの途次で命を落とすことになった。

私事であるが、ちょうどその年——今から四十年前——ベンガル語を学習し始めた。東京外国語大学のアジアアフリカ言語文化研究所の主催でその夏、ほぼひと月半のベンガル語速習コースが開かれ、そこに参加したのである。八月十五日、午後の授業の時間となって、教室に現れた担当教官の奈良毅教授（当時）は、沈痛な表情を浮かべていた。何があったのかといぶかる私たち受講生の前で、教授は何秒間か沈黙し、それからおもむろに口を開いてこう言われた。「ムジブル・ラーマンが死にましたね」。奈良教授はボンゴボンドゥと親交があり、その突然の死は大きな衝撃だったのに違いない。シェーク・ムジブル・ロホマンの名は私にとって、常にあの日の情景と結びついている。その人が書き遺した半生記を訳してみないか、という話があったときも同様だった。やらせていただきたいとすぐ返事をした。

ベンガル語で Asamapta Atmajibani というタイトルのこの半生記の日本語訳出版の話が出て間もなく、バングラデシュのシェーク・ハシナ首相が来日した。言うまでもなく、シェーク・ムジブル・ロホマンの娘である。直接お話しする機会があったので、翻訳の予定を伝えたところ、ぜひやってくださいとの返事をいただくことができた。そのとき首相は、この本の英訳がパキスタンで結構読まれているのよ、というお話をされた。ベンガル語版からほどなくして英訳本も出版されている。今のところ他言語に訳出されたという話は聞かないので、日本語が英語に続く二つめの翻訳になる。

シェーク・ムジブル・ロホマンは演説の名手として知られていた。インターネットで検索すれば、その力強い調子の演説を聴くことができる。原著の文章もまさにボンゴボンドゥの口調そのもので、読んでいるとまるで演説そのものを聞いているような気がした。翻訳にあたってベンガル語版をテキストとして使ったのは、原文のリズムや勢いをできる限り反映させたいと考えたからである。

ただし、ボンゴボンドゥの政治家としての略年表の一部は英語版からとった。ベンガル語版では略年表に記載されている期間が限られているため、読者の理解のためにはもう少し詳しいものがいいという判断からである。本書に登場する人名・地名の表記は、なるべく原音に近づけることを心掛けた。すなわち、ベンガル人の名前や町の名前などはベンガル語に近い日本語の音を選び、ヒンディー語やウルドゥー語の単語はそれらしいものにした。その結果、例えばローマ字で綴れば同じKhanとなる名前も、その持ち主がベンガル人ならばカーン、パキスタンのパンジャーブ人ならハーンと書いた。だが実際の発音からずれてはいても、すでに日本で定着している名前についてはそれらを採用したケースもある。例として、パキスタン、マハトマ・ガンディーはそれぞれ、パーキスターン、マハートマー・ガーンディーとすれば原音により近くなるのだろうが、日本で一般的となっている表記を使った。また、日本語でよく使われているものであっても、ベンガル語の音を生かしたいという思いが強かった単語については、よく目にする方をカッコに入れて両方の発音を示すようにした。「ダカ（ダッカ）」や「ロビンドロナト・タクル（ラビンドラナート・タゴール）」などがそれである。わずらわしいと思われたかもしれない。読者のご判断を待ちたい。

本書の翻訳の機会を与えてくださった、駐日バングラデシュ大使マスド・ビン・モメン閣下に心よりのお礼を申し上げる。また出版の件で奔走してくださった大橋正明聖心女子大学教授にも。翻訳にあたってはモンズルル・ホク氏やカムルル・イスラム氏にいろいろと助けていただいた。最後になってしまったが、明石書店の石井昭男代表取締役会長、森本直樹代表取締役社長、そして編集を担当して下さった佐藤和久氏に、不慣れな翻訳者としてかけた迷惑のお詫びと、ちゃんとした本にして下さったお礼を申し上げたい。シェーク・ハシナ首相にお目にかかったおり、出版社の名を伝えたところ、へぇ、と面白そうな顔をされた。ベンガル語でアカシといえば空の色、透き通った青を意味するからである。

平成二十七年四月三十日

渡辺　一弘

243, 593

レザ少将　Major Gen. Reza　*436*

レヌ（フォジラトゥンネサ）　Renu (Fazilatunnesa)　*25, 29, 31-34, 60, 68, 134-135, 154, 173, 179, 244, 255, 293-294, 308, 310, 314-316, 321, 338, 352, 355, 366, 391, 395, 397,-399, 401, 404-405, 424, 500, 507, 515-517, 538-539, 560*

ロケヤ・コビル　Rokeya Kabir　*147*

ロシュロンジョン・シェングプト　Roshoranjan Sengupta　*46*

ロヒムッディン　Rahimuddin　*423*

ロビンドロナト・タクル（ラビンドラナート・タゴール）　Rabindranath Tagore　*65, 417, 550, 578-579, 593, 597*

ロフィクッディン・ブイヤン　Rafiqueuddin Bhuiyan　*424, 469*

ロフィクル・ホセン　Rafiqul Hussein　*78, 229-230*

ロホモト・ジャーン　Rahmat Jan　*313, 490*

ロマポド・ドット　Ramapada Dutt　*41*

【ワ行】

ワハビ運動　Wahabi movement　*62-63, 584*

ワヒドゥッザマン　Wahiduzzaman　*58, 220, 486-487, 489-490, 563, 593*

モニルン・ネサ　Munirun Nesa　*14*
モノジ・ボシュ　Monoj Bose　*435, 438, 591*
モハジェル　Mohajer　*190*
モハンマド・アユーブ・ハーン　Mohammad Ayub Khan　*35, 106, 383, 530, 547, 564-566, 576, 578-580, 583, 590, 591-592*
モハンマド・アリ・ジンナー　Muhammad Ali Jinnah　*48-49, 61, 68, 90, 114-115, 117-119, 136-137, 155, 157-160, 166, 192, 205, 207-210, 224, 226, 244-245, 272-275, 330, 332, 393, 409, 537, 546, 551, 562, 575*
モハンモド・アブル・ホセン　Mohammed Abul Hossain　*177, 189, 191, 195, 197, 200, 204-205, 207-209, 224*
モハンモド・アリ・ボグラ　Mohammad Ali Bogra　*462-463, 494, 499, 508, 511-512, 519, 528-532, 536-537, 543, 574, 591*
モハンモド・トアハ　Mohammad Toaha　*188, 198, 208, 379-380, 519, 533, 591*
モハンモド・ナシルッディン　Mohammad Nasiruddin　*146, 554, 585, 591*
モハンモド・ホセン　Mohammad Hossain　*354*
モハンモド・モダッベル　Mohammad Modabber　*96, 592*
モハンモドウッラ　Mohammadullah　*407, 472, 592*
モヒウッディン・アハモド　Mohiuddin Ahmed　*196, 370-373, 381, 384, 387, 388-389, 391, 394-397, 401, 592*
モフィズッディン・アハメド　Mofizuddin Ahmed　164
モホン・ミヤ(ユスフ・アリ・チョウドゥリ)　Mohan Mia　*49, 78, 106-107, 466, 475-476, 498, 504, 506, 509-510, 513, 592*
モミヌッディン　Momenuddin　*423*
モンスル・アリ　Captain Mansur Ali　*423, 592*

【ヤ行】

ヤクブ　Yakub　*148, 172-173*
ヤル・ジャン・バハドゥル　Yar Jung Bahadur　*69*
ヤル・モハンモド・カーン　Yar Mohammad Khan　*247, 266-267, 271, 298, 318, 408, 453-454, 479, 496, 517, 538*
ユスフ・アリ・チョウドゥリ→モホン・ミヤ　Yusuf Ali Chowdhury

【ラ行】

ラージャー・ハサン・アクタール　Raja Hasan Aktar　*417*
ラール・ミヤ→モアッゼム・ホセン・チョウドゥリ　Lal Mia
ラエ・バハドゥル・ビノド・ボドロ　Rai Bahadur Binod Bhadra　*341*
ラジャ・ゴジノフォル・アリ・カーン　Raja Ghaznafar Khan　*155*
ラジャブ・アリ・シェート　Rajab Ali Shet　*507*
ラニ・ラシュモニ　Rani Rasmoni　*29-30, 592*
ラフィ・アハメド・キドーヤー　Rafi Ahmed Kidwai　*274, 592*
ラホール決議　Lahore Resolution　*62, 90, 95, 119, 547*
ラワルピンディー陰謀事件　Pindi Conspiracy case　*409, 414, 416, 548*
リヤーカト・アリ・ハーン　Liaquat Ali Khan　*122, 155, 161, 227, 245, 262, 264, 268, 272-275, 329-332, 373-374, 419, 548, 562, 593*
ルル・ビルキス・バヌ　Lulu Bilkis Banu

ムスリム奉仕団　Muslim Welfare Association　*37*
ムスリム連盟　Muslim League　*38, 40-41, 45, 47-50, 52, 54-58, 61, 65-70, 72, 74, 76-77, 80-85, 87-91, 93-103, 105-119, 121-123, 125, 127, 129, 131, 133-138, 141, 145, 148-151, 154-158, 160-163, 165-166, 168, 175, 179, 181, 186-187, 189-196, 198, 207, 210-213, 220-221, 228-229, 236-238, 244-245, 247-251, 253, 255, 261-262, 264-267, 272-273, 275, 277, 279, 283, 286, 290-291, 293, 329-330, 36, 370-372, 375, 380, 383, 387, 392-393, 396, 404, 407-412, 414, 416, 418-419, 440, 449-455, 457-463, 465-469, 471, 474-477, 482-483, 486, 489, 491-495, 498-499, 507-508, 511-512, 528, 531-532, 543-546, 548, 552, 554, 561-563, 577-578, 580-583, 585-593*
ムスリム学生連盟　Muslim Students' League　*41, 45, 47-50, 77, 79, 81, 139*
ムスリム連盟評議会　Muslim League Council　*137, 194, 272*
ムスリム連盟防衛委員会　Muslim League Defence Committee　*45*
ムニル・チョウドゥリ　Munier Chowdhury　*219, 240, 519, 585*
モアッゼム・アハモド・チョウドゥリ　Moazzem Ahmed Chowdhury　*75, 145, 589*
モアッゼム・ホセン・チョウドゥリ（ラール・ミヤ）　Moazzem Hossain Chowdhury　*56,-58, 103-106, 108, 110, 424, 592*
毛沢東　Mao Zedong　*436, 447*
モウロビ・アフサルウッディン・モッラ　Moulvi Afsaruddin Mollah　*56*
モーネム・ハーン　Monem Khan　*78, 590*
モオラナ・アクロム・カーン　Maulana Akram Khan　*80, 82, 96, 99-100, 104, 154, 156, 158, 193, 211, 213, 590*
モオラナ・アザド・ソブハニ　Maulana Azad Sobhani　*98*
モオラナ・アブドゥル・ロシド・トルコバギシュ　Maulana Abdur Rashid Tarkbagish　*56, 58, 161, 393, 410, 552, 565, 590*
モオラナ・アブル・カラム・アザード　Maulana Abdul Kalam Azad　*94, 590*
モオラナ・シャムスル・ホク　Maulana Shamsul Huq　*253-254, 489-490*
モオラナ・バシャニ（モオラナ・アブドゥル・ハミド・カーン・バシャニ）　Maulana Abdul Hamid Khan Bhasani　*211-213, 224, 226, 237, 248-249, 261, 267-268, 274-275, 277, 280, 295, 302, 318, 322-324, 330, 334-335, 370-372, 374, 386, 393, 410, 415, 420-421, 449, 451, 454, 456,-457, 465, 467, 469-471, 474-475, 479, 481, 484, 486, 490, 493-494, 520, 534-535, 542, 563, 571, 577-578, 589, 590*
モオラナ・ラギブ・アハサン　Maulana Ragib Ahsan　*103, 149, 247*
モオラナ・ワヒド　Maulana Wahid　*150*
モクスムル・ハキム　Muksumul Hakim　*81*
モクレスル・ロホマン　Mokhlesur Rahman　*202, 384*
モザッフォル・アーメド教授　Professor Mozaffar Ahmed　*534*
モザッフォル・アハモド　Mozaffar Ahmed　*424*
モザンメル・ホク　Muzammel Huq　*205*
モシウル・ロホマン　Mashiur Rahman　*264, 591*
モッラ・ジャラルウッディン　Mollah Jalaluddin　*107, 189, 234, 319, 591*

ホセン・ショヒド・ソラワルディ（ソラワルディ）　Huseyn Shaheed Suhrawardy　*23, 39, 40, 44-45, 48-50, 52-57, 59, 66, 67, 70, 73-77, 80-85, 87-88, 90- 91, 96-97, 99-106, 108-110, 112-113, 115-119, 122-123, 138, 141-142, 144, 147-148, 150, 153-158, 160-165, 168-171, 173- 174, 183- 184, 187, 193, 198, 205, 210, 213- 215, 224- 226, 263- 264, 274-281, 283-290, 292-294, 297, 299, 305, 321, 323, 332-333, 335, 361, 363-364, 371-373, 391, 406-409, 413-418, 420, 449-451, 454, 456, 462, 464, 468-469, 472, 474-476, 478-480, 482, 484-486, 490-491, 492, 494-498, 500-501, 507, 510, 512-513, 520, 534-538, 540, 542-544, 547-548, 555, 560, 563, 565-567, 575, 577, 578, 580, 582-583, 587-588*
ホビブッラ・バハル・チョウドゥリ　Habibullah Bahar Chowdhury　*56, 62, 552, 588*

【マ行】

マームド・ヌルル・フダ　Mahmud Nurul Huda　*75, 588*
マウントバッテン卿　Lord Mountbatten　*158-159, 166*
マコン（ミール・アシュラフッディン）　Makhan（Mir Ashrafuddin）　*67, 69-73*
マスード　Masud　*414*
マニク・ミヤ（トファッジョル・ホセン）　Manik Mia（Tofazzal Hossain）　*42-43, 161, 188, 263, 318, 334-335, 338, 404-405, 420, 425-428, 434, 439, 441, 453, 479-481, 500-501, 535, 544, 576, 588*
マヌ・ガンディー　Manu Gandhi　*171-172*
マハトマ・ガンディー（モハンダース・カラムチャーンド・ガンディー）　Mahatma Gandhi（Mohandas Karamchand Gandhi）　*157, 171-172, 174, 237, 292, 297, 361, 546, 556, 588*
マハブブ（三等書記官）　Mahbub　*436-438*
マハブブ・アロム　Mahbub Alam　*75*
マハブブ・モルシェド　Mahbub Murshed　*499*
マハブブウッラ・ジェブンネサ基金　Mahbubullah-Zebunnesa Trust　*12*
マハムダバードのラジャ　Raja Sahib of Mahmudabad　*50*
マハムドゥル・ハク・オスマニー　Mahmudul Huq Osmani　*409, 535*
マルフ・ホセン　Maruf Hassan　*369*
マレク博士　Dr. Malek　*164-165, 193, 198, 209-211, 588*
ミール・アシュラフッディン→マコン　Mir Ashrafuddin
ミール・ジャフォル　Mir Zafar　*53, 552*
『ミッラト』紙　Millat　*146, 168, 578*
ミヤ・イフティカルウッディン　Mia Iftekharuddin　*274-276, 280, 426, 474, 574, 589*
ミヤ・マームード・アリ・カースリー　Miyanahmud Ali Kasuri　*428*
ミルジャ・ゴラム・ハフィズ　Mirza Golam Hafiz　*190, 518-519, 589*
民主青年連盟　Democratic Youth League　*182, 186, 452*
民主党（ゴノタントリク・ドル）　Ganatantrik Dal　*466, 481, 483, 519, 548*
ムクンドビハリ・モッリク　Mukunda Bihari Mullick　*40, 589*
ムサ・ミヤ　Musa Mia　*472*
ムジブル・ロホマン・カーン　Mujibur Rahman Khan　*62, 589*
ムジブル・ロホマン・モクタル　Mujibur Rahman Muktar　*103*

195, 208, 227
東パキスタンムスリム連盟　East Pakistan Muslim League　*192-193, 463*
東パキスタンムスリム連盟臨時委員会　East Pakistan Muslim League Ad Hoc Committee　*193*
東パキスタン州議会　East Pakistan Legislative Assembly　*198, 577*
東パキスタン特別号　East Pakistan Special Train　*116*
東パキスタン平和委員会　East Pakistan Peace Committee　*425*
東ベンガル州議会　East Bengal Legislative Assembly　*54, 79, 236, 247, 379, 393, 469, 495, 544, 563, 577, 581, 585*
ビシュヌ・チャタルジ　Bishnu Chatterjee　*356*
ビジョエ・チャタルジ　Bijoy Chatterjee　*519, 533*
ヒジル・ハヤト・ハーン・ティワーナー　Khizir Hayat Khan　*116*
ヒラーファト運動　Khilafat movement　*250*
ヒンドゥー・マハーサバー　Hindu Mahasabha　*137-138, 148, 156, 292*
ファエズ・アハメド・ファエズ　Faiz Ahmed Faiz　*280, 548, 587*
ファライジー運動　Faraizi movement　*63, 586*
フォクルル・アロム　Fakrul Alam　*16*
フォジラトゥンネサ（シェーク・ムジブル・ロホマン夫人）→レヌ　Failatunnesa
フォズルル・カデル・チョウドゥリ　Fazrul Quader Chowdhury　*49-50, 74, 76, 77, 101-103, 123, 587*
フォズルル・バリ　Fazlul Bari　*78*
フォズルル・ホク（チョットグラム）　Fazrul Huq　*269, 323, 335*
フォズルル・ロホマン　Fazrul Rahman　*85, 87, 99, 113, 164, 460-461*
フォニブション・モジュムダル（フォニ・モジュムダル）　Phanibhushan Majumder　*360, 369, 587*
フォルムジュル・ホク　Formuzul Huq　*115*
フマユン・コビル　Humayun Kabir　*48, 587*
プルノ・ダーシュ　Purna Das　*36, 587*
プロフッロ・チョンドロ・ゴーシュ　Prafulla Chandra Ghosh　*184, 587*
分離独立　Partition　*118, 160, 280, 291, 332, 360, 413, 546, 560-561, 575*
ヘキム・コリルル・ロホマン　Khalirul Rahman　*70*
ベゴム・ゼリナ・ロシド（ロシド夫人）　Begum Zerina Rashid　*147, 593*
ペシク・ロレンス　Pethick-Lawrence　*114*
ベダルウッディン・アハモド　Bedaruddin Ahmed　*229-230*
ベビー（ソラワルディの娘）→ソラエマン夫人　Baby
ベビー・モオドゥド　Baby Moudud　*12, 14*
ベンガル語要求の日　Bengali Language Demand Day　*196*
ベンガル州議会　Bengal Legislative Assembly　*45, 210, 577-581, 584-585, 588-589, 592*
ベンガル大飢饉　Bengal famine　*52, 552*
ベンガル分割　Partition of Bengal　*156, 546, 583*
辺境州国民会議派　Frontier Congress　*286*
ホジュラト・アリ　Hazrat Ali　*151*
ボズルル・ロホマン　Bazlur Rahman　*386*
ホセイン・イマーム　Hussein Imam　*113*

280, 284-285, 412, 420, 474, 589-590
ハジ・ギヤスウッディン　Haji Giasuddin 421
ハジ・ショリオトゥッラ　Haji Shariatullah 63, 586
ハジ・ヘラル・ウッディン　Haji Helal Uddin 517
ハジ・モハンモド・ダネシュ　Haji Md. Danesh 327, 586
ハジェラ・ベゴム（ハジェラ・マハムド・アリ）　Hazera Begum (Hazera Mahmud Ali) 139, 147
ハシムッディン・アハモド　Hashimuddin Ahmed 424, 454, 467,469, 470, 473 502, 545
ハテム・アリ・タルクダル　Hatem Ali Talukdar 260, 424, 469
バドシャ・ミヤ（ダカ）　Badsha Mia 249-251, 262
ハニフ・ハーン　Hanif Khan 435
バハウッディン・チョウドゥリ　Bahauddin Chowdhury 242-243, 246
ハビブル・ロホマン（ジョショル）　Habibur Rahman（Jessore） 264
ハビブル・ロホマン（ダカ）　Habibur Rahman (Dhaka) 421
ハビブル・ロホマン・チョウドゥリ　Habibur Rahman Chowdhury 247
バブ・ディレンドロナト・ドット→ディレンドロナト・ドット　Babu Dhirendranath Dutta
ハフィズ・モハンモド・イスハク　Hafiz Mohammad Ishaque 506, 513
ハミード・ニザミー　Hamid Nizami 418, 586
ハミド・アリ　Hamid Ali 77
ハミドゥル・ホク・チョウドゥリ　Hamidur Huq Chowdhury 332, 383, 475-476
ハムドゥル・ロホマン　Hamoodur Rahman 78-79, 586
ハリマ・カトゥン　Halima Khatun 139
バングラデシュ　Bangladesh 7, 9-10, 16, 548, 550-553, 555-556, 558, 567-574, 576-579, 581-592
バングラデシュ・アワミ連盟　Bangladesh Awami League 581, 584
バングラル・バニ（ベンガルの声）　Banglar Bani 13
パンジャーブ・ムスリム学生連盟　Punjab Muslim Students' Federation 284
パンジャーブ・ムスリム連盟　Punjab Muslim League 192
ピール・サラウッディン　Pir Salahuddin 278-279, 284, 419
ピール・マンキー・シャリーフ　Pir Manki Sharif 149, 274, 279, 281-282, 323, 431, 433-434, 441-443, 445-446, 451, 586
東インド会社　East India Company 28, 53
東パキスタン　East Pakistan 62, 79, 167, 188, 190, 195, 198, 198, 207, 209, 213-215, 219, 224, 231, 255, 257, 260, 278, 284-285, 287, 329, 331, 379, 410, 415-416, 425, 438, 457-459, 491, 493, 503, 505-506, 537, 550, 557, 563, 567, 574-577, 579, 581, 585, 587-588, 590
東パキスタンアワミムスリム連盟　East Pakistan Awami Muslim League 248-249, 251, 253, 562-563, 577
東パキスタンアワミ連盟　East Pakistan Awami League 224, 379, 382, 407, 409, 415-416, 451, 457, 473, 478, 492, 583
東パキスタンムスリム学生連盟　East Pakistan Muslim Students' League 189,

450, 585
ナワーブ・マームドート　Nawab Mamdot　161, 272, 275-276, 278, 283, 288, 332, 409, 457
ニザメ・イスラム党　Nizam-E-Islami Party　481, 483, 497, 542, 544, 548-549
西パキスタン　West Pakistan　62, 207, 237, 255, 274-275, 331-332, 382-383, 409, 411-413, 428, 431, 441, 451, 457-462, 491-493, 508, 510, 530, 536-537, 568, 574, 582
ヌール・モハンマド　Nur Mohammad　284
ヌルジャハン（シャジャハン夫人）　Noorjahan (Mrs. Shahjahan)　225, 270-271
ヌルジャハン・ベゴム（『週刊ベゴム』編集長）　Noorjahan Begum　147, 585
ヌルッディン・アハメド　Nuruddin Ahmed　54, 70, 71-75, 77, 84, 97, 102, 115-117, 138-139, 142, 144, 147-150, 169, 175, 277, 539, 585
ヌルル・アミン　Nurul Amin　99, 226, 245, 293, 329, 332, 371, 374, 383, 392, 463, 466, 475, 491, 585
ヌルル・イスラム　Nurul Islam　265-266
ヌルンノビ　Nurunnabi　356
ネパル・ナハ　Nepal Naha　369
ノイムッディン・アハメド　Naimuddin Ahmed　189-190, 239
農民労働者党　Krisak Shramik Party　38, 476, 482-484, 494-495, 497, 500-502, 528, 536-538, 542-544, 546, 548-549, 575, 581, 592
ノオシェル・アリ　Nowsher Ali　84, 585
ノニクマル・ダーシュ　Noni Kumar Das　63
ノバブ・ハビブッラ　Nawab Habibullah　144
ノバブジャダ・ノスルッラ　Nawabzada Nasrullah　144, 147, 214
ノバブジャダ・ハサン・アリ　Nawabzada Hassan Ali　154
ノンディ医師　Dr. Nandi　405, 585

【ハ行】

ハージャー・アブドゥル・ラヒム　Khawaja Abdur Rahim　417-419
ハーン・アブドゥル・ガファル・ハーン　Khan Abdul Ghaffar Khan　237
ハーン・アブドゥル・カユーム・ハーン　Khan Abdul Quayyum Khan　237, 282, 586
ハーン・ゴラム・モハンモド・ハーン・ルンドホール　Khan Ghulam Muhammad Khan Lundkhar　278-283, 286
ハエダル・アリ・モッリク　Haider Ali Mollick　260
パキスタン　Pakistan　10-11, 15, 38, 46-47, 49, 55-56, 59-63, 65-66, 73, 77, 79-82, 87-90, 92-94, 96, 98-99, 101, 105-106, 110, 112, 114-119, 121-122, 128-129, 134, 136-138, 140, 145, 153, 155-163, 165-170, 174-175, 182-183, 187, 189-192, 195-196, 205-215, 217-222, 224-229, 231, 237, 244-245, 248-251, 255, 260-262, 272-275, 277, 279-280, 284-285, 288-289, 293, 322, 328-329, 331-332, 343, 348, 360-361, 364, 366, 368, 370-371, 374-375, 379, 382, 385, 396, 402, 412, 416, 418, 425, 431-433, 436, 438-441, 443, 447-449, 452-453, 458-460, 462-463, 466, 468, 476, 483, 491-494, 499, 506, 509, 511-512, 514, 529-531, 535, 537-538, 543, 546-553, 559-564, 566-572, 575-593
パキスタン制憲議会　Pakistan Constituent Assembly　236, 563, 583-584, 589-590
パキスタン・タイムズ　Pakistan Times

Sulaiman（Baby）　*147, 512*
ソラワルディ→ホセン・ショヒド・ソラワルディ
ソリムッラ・ムスリム寮（ソリムッラ寮）　Salimullah Muslim Hall　*233-234, 239-240*
孫文　Sun Yat-Sen　*443, 447*
孫文夫人（宋慶齢）　Mrs. Sun Yat-Sen　*436, 440*

【タ行】

ダカ市アワミ連盟　Dhaka Awami League　*265, 453*
ダカ大学　University of Dhaka　*11, 188, 203, 208, 219, 224, 228, 231, 240, 244, 324, 561-562, 569, 571, 577*
ダカ中央刑務所　Dhaka Central Jail　*18, 242, 326, 519, 525, 546, 565, 592*
ダカ医科大学付属病院　Dhaka Medical College Hospital　*243, 371-372, 420*
タジウッディン・アハモド　Tajuddin Ahmed　*198, 241, 584*
タヘラ・マズハール・アリ　Tahera Mazhar Ali　*439*
タヘル・ジャミル　Taher Jamil　*153*
チットロンジョン・ダーシュ（デシュボンドゥ）　Chittaranjan Das（Deshbandhu）　*65, 584*
チャーチル（イギリス首相）　Winston Churchil　*114*
チュンチュラ　Chuchura　*50*
超党派国語問題行動委員会　All-Party State Language Action Committee　*561-562, 576, 580, 591*
チョウドゥリー・ハーリクッザマーン　Chaudhury Khaliquzzaman　*113, 192, 213, 585*
チョウドゥリー・モハンマド・アリ　Chaudhury Muhammad Ali　*332, 374, 450, 460-461, 537, 543, 584*
チョンドロ・ゴーシュ　Chandra Ghosh　*360-363, 367-368*
T. アハメド　T. Ahmed　*35, 576*
ティトゥミール　Titumir　*63, 552, 584*
ディレンドロナト・ドット　Dhirendranath Dutta　*195, 584*
デワン・マハブブ・アリ　Dewan Mahbub Ali　*239, 519, 533*
統一戦線　United Front　*303, 465, 467-471, 473-475, 477-486, 494-496, 498, 505, 508, 511, 519-520, 523, 525, 528, 530, 533, 535-539, 541-545, 548, 558,-559, 563, 571, 576-577, 579, 581, 591-592*
ドビルル・イスラム　Dabirul Islam　*189, 227, 234, 258*
トファッジョル・アリ　Tafazzal Ali　*146, 164, 193, 198, 209, 210-211, 585*
トファッジョル・ホセン→マニク・ミヤ　Tofazzal Hossain
トミジュッディン・カーン　Tamizuddin Khan　*56-58, 108, 532, 589*
トモッドゥン・モジュリシュ　Tamuddin Majlish　*195, 578*

【ナ行】

内閣代表団　Cabinet Mission　*114-115, 134, 136-137, 155*
ナジム・ヒクメト　Nazim Hikmet　*440*
ナジル・アハモド　Nazir Ahmed　*81, 153*
ナジル・ミヤ　Nazir Mia　*265*
ナジルウッディン・ショルカル　Naziruddin Sarkar　*527*
ナデラ・ベゴム　Nadira Begum　*240, 585*
ナワーブ・グルマニ　Nawab Gurmani

248, 362, 370, 456, 562
『ジュゲル・ダビ』紙　Juger Dabi　427
シュバシュ・チョンドロ・ボシュ（スバース・チャンドラ・ボース）　Subhas Chandra Bose　36, 65, 88, 557, 580, 583
ショブル・カーン　Sabur Khan　164, 214, 583
蔣介石　Chiang Kai-shek　435, 444
ジョエナブ・ベゴム（ジョリル夫人）　Joynab Begum（Mrs. Jalil）　139
ショオコト・アリ　Shaukat Ali　428-429, 583
ショオコト・ミヤ　Shawkat Mia　179, 187, 189-190, 197, 205, 246, 249, 269, 316-318, 373, 381, 405
ジョゲンドロナト・モンドル　Jogendra Nath Mandal　155, 583
女性アワミ連盟　Women's Awami League　12
ショヒドゥル・イスラム　Shahidul Islam　315, 490, 517
ジョヒルッディン　Zahiruddin　74, 51, 74, 117, 148, 173, 190
ショフィクル・イスラム　Shafikul Islam　78
ジョフル・アハモド・チョウドゥリ　Zahur Ahmad Chowdhury　104, 264, 424, 583
ジョフル・シェーク　Zahur Sheikh　42
ジョミルッディン　Zamiruddin　534
ショリムッラ・ファハミ　Salimullah Fahmi　151
ショルフッディン　Sharfuddin　75, 77, 102, 117
ショロト・チョンドロ・ボシュ　Sarat Chandra Bose　157, 578, 583
シラージ　Siraj　315
シラージ（ダカ）　Siraj（Dhaka）　406
シラジュッディン・ホセン　Sirajuddin Hossain　96, 584
ジンナー・アワミムスリム連盟　Jinnah Awami Muslim League　409, 415
ジンナー基金　Jinnah fund　219, 221, 224
スタフォード・クリップス　Stafford Cripps　114
スルタン・アハメド　Sultan Ahmed　77
スワデシ運動　Swadeshi movement　36, 546
セポイの反乱（インド大反乱）　Sepoy Mutiny　62
セラジトゥッラ・カジ　Sirajtulla Kazi　30-31
全インドムスリム学生連盟　All India Muslim Students' Federation　50, 79
全インドムスリム連盟大会　All India Muslim League Conference　67
全東パキスタンムスリム学生連盟　All East Pakistan Muslim Students' League　188-190, 196, 206, 208-209
ソイヨド・アクボル・アリ　Syed Akbar Ali　49
ソイヨド・アジズル・ホク（ナンナ・ミヤ）　Syed Azizur Huq　496-498, 503, 506, 510-511, 513-514, 516, 524
ソイヨド・アハメド　Syed Ahmed　349
ソイヨド・アハメド・アリ　Syed Ahmed Ali　149
ソイヨド・アリ・コンドカル　Syed Ali Khondokar　42
ソイヨド・ノズルル・イスラム　Syed Nazrul Islam　189, 224, 570, 584
ゾハ→シャムスッゾハ
ソホラブ・ホセン　Shohrab Hussein　229-230
ソラエマン夫人（ベビー）　Begum

シェーク・ジャマル　Sheikh Jamal　*310, 560*
シェーク・シラジュル・ホク　Sheikh Serajur Huq　*41-43*
シェーク・ナセル　Sheikh Nasser　*572*
シェーク・ヌルル・ホク　Sheikh Nurul Huq　*42*
シェーク・ハシナ　Sheikh Hasina　*16-17, 244, 294, 310, 314, 316, 351, 355, 395, 397-399, 405, 539, 550, 560, 573*
シェーク・フォズルル・ホク・モニ　Sheikh Fazrul Huq Moni　*13, 35, 334, 573, 582*
シェーク・ボルハヌッディン　Sheikh Borhanuddin　*25, 27*
シェーク・マンズルール・ハク　Sheikh Manzurul Huq　*409, 412*
シェーク・ムジブル・ロホマン　Sheikh Mujibur Rahman　*3-7, 9, 18, 24, 130, 180, 200, 256, 296, 367, 390, 488, 521, 541, 546, 550, 560, 565-568, 570, 572-574, 577, 578, 580-582, 584, 587, 590, 595*
シェーク・モシャロフ・ホセイン　Sheikh Musharraf Hossain　*35*
シェーク・ラセル　Sheikh Russel　*310, 560*
シェーク・ルトフォル・ロホマン　Sheikh Lutfar Rahman　*34, 298, 311, 560*
シェーク・レハナ　Sheikh Rehana　*13, 310, 560*
ジッルル・ロホマン　Zillur Rahman　*29, 582*
シベン・ラエ　Shiben Roy　*329*
シャー・アジズル・ロホマン　Shah Azizur Rahman　*74, 78, 104, 188, 546, 582*
シャジャハン大尉　Captain Shahjahan　*225, 270*
シャデカ・ベゴム（シャデカ・シャマド）　Sadeka Begum（Sadeka Samad）　*139*
シャハダト・ホセイン　Shahadat Hussein　*153*
ジャファル・イマーム　Zafar Imam　*151*
シャヘド・ソラワルディ　Shahed Suhrawardy　*278, 582*
シャマプロシャド・ムカルジ（ムコパッダエ）　Shyama Prasad Mookerjee　*48, 61, 582*
シャミ-ム・ジャング　Shamim Jung　*281*
シャムスッザマン・カーン　Shamsuzzaman Khan　*12, 14*
シャムスッゾハ　Shamsuzzoha　*212, 317, 318, 385, 386, 582*
シャムスッディン・アハモド・チョウドゥリ（バドシャ・ミア）（フォリドプル県）　Shamsuddin Ahmed Chowdhury　*106, 164, 321*
シャムスッドハ　Shamsuddoha　*506, 507, 514, 515, 525, 526, 582*
シャムスル・フダ　Shamsul Huda　*186*
シャムスル・フダ・ハルン　Shamsul Huda Harun　*12*
シャムスル・ホク　Shamsul Huq　*41-42, 44, 81, 107, 117, 162, 168-169, 174, 179, 181, 183, 186, 193, 196-197, 199, 201-204, 208, 209, 212, 224, 226, 237-238, 244-245, 248-249, 253-254, 259, 260-263, 267-268, 280, 287, 295, 298, 318, 322-325, 327, 333-335, 338, 345, 372, 386, 393, 405-406, 410, 424, 452-453, 473, 583*
シャムスル・ホク・モクタル（ボシュ・ミヤ）　Shamsui Huq Muktar　*338, 490*
ジャワハルラール・ネルー　Jawaharlal Nehru　*155, 292, 582*
宗教集団間抗争　communal hostilities, communal riots　*40, 140, 175, 215, 236,*

国民会議派　Congress Party　*39, 56, 88, 94, 114, 116, 120, 136, 138, 155-157, 160, 195, 292, 546, 548, 557, 582-585, 589-590, 592*
国家安全保障法　Public Security Act　*190, 246, 321-323, 336-337, 339, 344, 357, 361, 370-371, 383, 451, 490, 523, 527, 562, 565*
国家義勇団（RSS）　Rashtriya Swayamsevak Sangh　*292, 547*
ゴノ・アジャディ・リーグ（人民解放連盟）　Gana Azadi League　*590*
コフィルッディン・チョウドゥリ　Kafiruddin Chowdhury　*480, 482, 484, 500-502, 581*
ゴラム・コビル　Golam Kabir　*222*
コルバン・アリ　Korban Ali　*342, 472, 519, 533, 581*
コンドカル・アブドゥル・ハミド　Khondokar Abdul Hamid　*519*
コンドカル・シャムスッディン・アハメド　Khondokar Shamsuddin Ahmed　*38, 42, 109-110, 581*
コンドカル・シャムスル・ホク　Khondokar Shamsul Huq　*41-42, 44, 490*
コンドカル・ヌルル・アロム　Khondokar Nurul Alam　*75, 77, 115, 169, 293*
コンドカル・マハブブ・ウッディン　Khondokar Mahabub Uddin　*38, 581*
コンドカル・モシュタク・アハモド　Khondokar Mushtaq Ahmed　*81, 107, 117, 217, 318, 393, 470, 483, 581*
コンドカル・モハンモド・イリヤス　Khondokar Mohammad Ilias　*425, 427, 431, 439-442, 444-445, 447, 470, 472, 534, 581*

【サ行】

サイドゥル・ロホマン　Saidur Rahman　*54, 91, 153, 581*
サイフッディン・キチュル　Saifuddin Kitchlu　*440, 582*
サイフッディン・チョウドゥリ（シュルジョ・ミヤ）　Saifuddin Chowdhury　*269*
サエラ・カトゥン　Sayera Khatun　*34, 311, 560*
サジェード・アリ　Sajed Ali　*410, 515*
サッタル政権　Sattar Government　*11*
サデクル・ロホマン　Sadekur Rahman　*50*
サマド・モロル　Samad Morol　*316*
サルダール・アブドゥル・ガフル　Sardar Abdul Ghafur　*281*
サルダール・アブドゥル・ラブ・ニシュタール　Sardar Abdur Rab Nishtar　*149, 155, 582*
サルダール・ヴァッラブバーイー・パテル　Sardar Vallabhbhai Patel　*157, 582*
サルマン・アリ　Salman Ali　*212*
シェーク・アシムッディン　Sheikh Asimuddin　*29-30*
シェーク・アブドゥル・アジズ　Sheikh Abdul Aziz　*423*
シェーク・アブドゥル・ハミド　Sheikh Abdul Hamid　*33*
シェーク・アブドゥル・モジド　Sheikh Abdul Majid　*33*
シェーク・アブドゥル・ロシド　Sheikh Abdur Rashid　*33-34*
シェーク・エクラムウッラ　Sheikh Ekramullah　*27*
シェーク・カマル　Sheikh Kamal　*310, 560*
シェーク・クドルトウッラ　Sheikh Qudratullah　*27, 28, 29*
シェーク・ジャフォル・サデク　Sheikh Zafar Sadek　*42, 117, 276*

エナエトゥル・ロヒム　Enayetur Rahim *11*
エヒヤ・カーン・チョウドゥリ　Yahiya Khan Chowdhury *517-518*
オジト・グホ　Ajit Guha *519, 533, 579*
オスマン・ゴニ　Osman Ghani *240, 579*
オリ・アハド　Oli Ahad *188-189, 198, 234, 242, 379, 380*

【カ行】

カーン・シャヘブ・アブル・ハシャナト　Khan Shaheb Abul Hasanat *181, 242*
カーン・シャヘブ・オスマン・アリ　Khan Shaheb Osman Ali *212, 317, 386, 393, 410, 580*
カーン・バハドゥル・アブドゥル・モメン　Khan Bahadur Abdul Momen *72*
カーン・バハドゥル・シャムスッドハ　Khan Bahadur Shamsuddoha *109-110*
カジ・アブ・ナセル　Kazi Abu Naser *117*
カジ・アブドゥル・ハミド　Kazi Abdul Hamid *36*
カジ・アルタフ・ホセン　Kazi Altaf Hussein *253*
カジ・ゴラム・マハブブ　Kazi Golam Mahbub *197, 242, 269-270, 422*
カジ・ノズルル・イスラム　Kazi Nazrul Islam *48, 417, 579*
カジ・バハウッディン・アハモド　Kazi Bahauddin Ahmed *196, 370, 580*
カジ・モジャッフォル・ホセン　Kazi Mozaffar Hussein *253*
カジ・モハンマド・イドリス　Kazi Mohammad Idris *98, 169*
カジャ・シャハブッディン　Khwaja Shahabuddin *52, 56, 110, 580*
カジャ・ナジムッディン　Khwaja Nazimuddin *52, 56, 80, 82, 90, 99, 158, 160, 183, 190, 203, 210, 213, 219-220, 226, 245, 264, 374-375, 379-380, 383, 393, 408-409, 413, 450, 459-463, 511, 561-562, 580*
カムルッザマン　Kamruzzaman *193*
カムルッザマン教授　Qamruzzaman (professor) *406*
カムルッディン・アハモド　Kamruddin Ahmed *107, 181, 198, 225, 247, 264, 332, 336, 482, 580*
カレク・ネワズ・カーン　Khaleque Nawaz Khan *197, 242-243, 258-259, 264, 380, 473*
キティシュ・ボシュ　Khitesh Bose *435, 439*
キロンションコル・ラエ　Kiran Shankar Roy *156, 580*
クイット・インディア　Quit India movement *88*
クリップス使節団　Cripps Mission *114*
クルロム・カーン・ポンニ　Khurram Khan Panni *283, 244*
クレメント・アトリー　Clement Atlee *114*
言語運動　State Language Movement *15, 209, 302, 379, 392, 398, 403, 408, 410, 417, 422, 424, 438, 449, 456, 547, 562, 578*
コエラト・ホセン　Khairat Hussein *164, 193, 198, 247, 318, 393, 410, 454, 494-495, 580*
ゴーラム・モハンマド　Ghulam Muhammad *332, 374, 461, 512, 528-530, 532, 535-537, 542-543, 581*
国語闘争会議　Rastrabhasa Sangram Parishad（National Language Action Committee） *379, 382, 404, 449*
国民アワミ党（NAP）　National Awami Party *265, 571, 578, 589-590*

アブル・カシェム（教授） Abul Kashem 195, 578
アブル・カシェム（クルナ） Abul Kashem (Khulna) *52*
アブル・カシェム（副判事） Abul Kashem (sub-judge) *437*
アブル・ハシム Abul Hashim *52, 65-66, 74-75, 77, 80-82, 87-88, 96-98, 103-104, 108-110, 115-117, 119, 122, 137, 154, 156, 163, 168-170, 293, 410, 476, 578*
アブル・ボルコト Abul Barkat *242*
アブル・モンスル・アハモド Abul Mansur Ahmed *154, 424, 456, 470, 473, 480, 502, 537, 544, 579*
アマヌッラ Amanullah *409-410*
アミル・ホセン Amir Hossain *243, 330, 384*
アミルッザマン・カーン Amiruzzaman Khan *46, 579*
アラウッディン・カーン Alauddin Khan *397*
アリ・アクサド Ali Aksad *428*
アリ・アハモド・カーン Ali Ahmed Khan *247, 318*
アリ・アムジャド・カーン Ali Amjad Khan *247, 249, 319-320, 577*
アリフル・ロホマ ン・チョウドゥリ Arifur Rahman Chowdhury *250*
アルタフ・ガウハル Altaf Gauhar *489, 579*
アルマス・アリ Almas Ali *318, 386, 454*
アワミムスリム連盟（北西辺境州） Awami Muslim League *237-238, 279, 282*
アワミ連盟 Awami League *12, 41, 77, 79, 105, 241, 249-253, 259-261, 263-267, 269, 272-274, 279, 281, 295, 298, 301, 317-318, 321, 323, 330-332, 335, 338, 340, 342, 358, 379-383, 388, 393-394, 398, 404-416, 418-419, 421-424, 427, 449-459, 462, 465-480, 482-484, 492-502, 508-509, 515-516, 518-521, 523, 525-526, 528, 531, 534-538, 542-545, 548, 550, 556, 562-574, 576-584, 587, 590-591*
イスカンダル・アリ Iskandar Ali *106*
イスカンダル・ミルザー Iskander Mirza *514-515, 528, 530, 564, 579*
イスラミア・カレッジ Islamia College *33, 48, 50, 55, 67, 71, 73, 89, 92, 138-141, 153, 188, 561*
イッテハド Ittehad *154, 186, 188, 255, 263, 276*
『イッテファク』紙 Ittefaq *96, 161, 265, 334-335, 386, 420, 425, 427, 453-454, 479, 501, 584*
イッファト・ノスルッラ Ifat Nasrullah *147, 152*
イドリス（ダカ警察副長官） Idris *518*
イブネ・ハサン Ibne Hassan *425*
イブラヒム・カーン Ibrahim Khan *48, 240, 579*
イムローズ Imroze *280, 412, 420*
イリオット寮 Eliot Hostel *70, 141, 144*
インド India *55, 62-64, 67, 84, 88-89, 94-95, 114-116, 119-123, 126, 128-139, 134, 137, 155-159, 161-163, 166-168, 170, 174, 183, 192, 206, 210, 214-215, 236, 264, 274-275, 283, 287-289, 291-292, 294, 326, 331-332, 356, 362, 383, 413, 417, 433, 435, 438-440, 529, 546-547, 550-558, 560-561, 570-571, 575-576, 578, 582--583, 585-590, 592-593*
インド統治法 Government of India Act *95, 120, 547-548, 551*
ウェーヴェル卿 Lord Wavell *155*
エクラムル・ホク Ekramul Huq *75, 79, 89-90, 107*

Rahman Khan *181, 193, 212, 247, 249, 262, 318, 321, 332, 421, 425, 438, 441, 449, 454-455, 456, 479, 482, 484, 496, 500-502, 520, 576, 584*
アッバスウッディン・アハモド Abbasuddin Ahmed *229, 576*
アッラー・バクシュ Allah Bux *116*
アノワラ・カトゥン Anwara Khatun *164, 193, 198, 213, 224, 247, 263, 318, 321, 421, 577*
アノワル Anwal *64*
アノワル・ホセン Anwar Hossain *49-50, 54, 67-68,70, 73-74*
アバ・ガンディー Abha Gandhi *171-172*
アハモド・ホセン Ahmed Hussein *103*
アブ・サイド・チョウドゥリ Abu Sayeed Chowdhury *81, 577*
アブ・ホセン・ショルカル Abu Hossein Sarkar *496-497, 519, 542, 577*
アフィア・カトゥン Afia Khatun *323, 453*
アブドゥス・サラム・カーン Abdus Salam Khan *106, 108-110, 193, 212, 249, 318, 340, 421, 454, 456, 467, 469, 474, 476-477, 496, 502, 577*
アブドゥル・アウアル Abdul Awal *212, 318, 562*
アブドゥル・カデル・ショルダル Abdur Kader Sardar *225, 264, 500-501, 577*
アブドゥル・カレク Abdul Khaleque *490*
アブドゥル・ゴニ Abdul Ghani *197, 545*
アブドゥル・ジョッバル・コッドル Abdul Jabbar Khaddar *424, 483, 577*
アブドゥル・ハイ Abdul Hye *518*
アブドゥル・ハキム Abdul Hakim *78, 81, 490*
アブドゥル・ハミド・チョウドゥリ Abdul Hamid Chowdhury *107, 189, 234, 319, 405, 427, 472*
アブドゥル・ハリム・チョウドゥリ Abdul Halim Chowdhury *219, 265-266, 318*
アブドゥル・マレク Abdul Malek *41-42*
アブドゥル・マレク（ボンシャル地区運動員） Abdul Malek (Bangshal) *421*
アブドゥル・マレク・ショルダル Abdur Malek Sardar *270*
アブドゥル・マンナン Abdul Mannan *201*
アブドゥル・モティン・カーン・チョウドゥリ Abdul Matin Khan Chowdhury *189*
アブドゥル・ラッジャク・カーン（ラジャ叔父さん） Abdur Razzaque Khan *340, 366*
アブドゥル・ロウフ Abdur Rauf *335*
アブドゥル・ロシド Abdur Rashid *146, 577*
アブドゥル・ロティフ・ビッシャシ Abdul Latif Biswas *507*
アブドゥル・ロブ・セルニアバト Abdur Rab Serniabat *153-154, 173, 184, 572, 578*
アブドゥル・ロホマン・カーン Abdur Rahman Khan *424*
アブドゥル・ロホマン・シッディキ Abdur Rahman Siddiqui *470*
アブドゥル・ロホマン・チョウドゥリ Abdur Rahman Chowdhury *189, 239*
アブドゥル・ワセク Abdul Wasek *45, 49-50, 578*
アブドゥル・ワドゥド（M.A. ワドゥド） Abdul Wadud *197-198, 259*
アブル・カエル・シッディキ Abul Khair Siddique *104*
アブル・カエル・チョウドゥリ Abul Khair Chowdhury *77*

索　引

【A ～ Z】

A.F.M. アブドゥル・ロホマン　A.F.M. Abdur Rahman　*152*
A.F. サラウッディン・アハメド　A.F. Salahuddin Ahmed　*12,16*
A.K. フォズルル・ホク（シェレ・バングラ）　A.K. Fazrul Huq　*38-39, 48, 58, 61,89, 148,162, 189, 247, 249, 269, 318, 323, 326, 335 , 466-469, 475-476, 479-483, 493-494, 498, 500, 501-503, 506, 510, 512, 514, 519, 528, 535- 536, 542, 546, 549, 561, 575, 576 , 586, 582, 585, 590, 592*
A.V. アレグザンダー　A.V. Alexander　*114*
B.A. シッディキ　B.A. Siddiqui　*146, 575*
I.H. ジュベリ　I.H. Zuberi　55, 91, 153, 575
I.I. チュンドリゴル　I.I. Chundrigar　*113, 155, 162 ,575*
K.G. モスタファ　K.G. Mustafa　*242*
K.H. フルシド　K.H. Khurshid　*284, 575*
M.A. アジズ　M.A. Aziz　*77, 104, 264, 483*
M.A. ショブル　M.A. Sabur　*193, 198*
M.A. ワドゥド　M.A. Wadud　*197-198*
N.M. ハーン　N.M. Khan　*229-230, 514-515, 538*
Q.J. アズミリ　Q.J. Azmeri　*77, 117*
R.P. シャハ　R.P. Saha（Ranadaprasad Saha）　*162, 576*
S.A. サレ　S.A. Saleh　*75, 227*
S.M. イスパハニ　S.M. Ispahani　*161*

【ア行】

アージマル・ハーン師　Hakim Ajmal Khan　*70, 576*
アイヴィ・ロホマン　Ivy Rahman　*12*
アクタル・アタハル・アリ　Aktar Atahar Ali　*147*
アクモル　Akmal　*149*
アクラムッジャマン・カーン（A.Z. カーン）　Akramuzzaman Khan　*46, 576*
アゴルトラ陰謀事件　Agartala Conspiracy case　*11, 546, 550, 566, 577, 591*
アジジュル・ロホマン・チョウドゥリ　Azizur Rahman Chowdhury　*104*
アジズ・アハメド　Aziz Ahmed　*332, 383, 576*
アジズ・アハメド（ノアカリ）　Aziz Ahmed（Noakhali）　*81, 188, 242*
アジズ・ベーグ　Aziz Beg　*284*
アジズル・ロホマン　Azizur Rahman　*472, 576*
アジズル・ロホマン（チョットグラム）　Azizur Rahman（Chittagong）　*77*
アシモフ　Asimov　*440*
『アジャド』（新聞）　Azad　*37, 47, 62, 96, 154, 158, 193, 584*
アシュラフウッディン・チョウドゥリ　Ashrafuddin Chowdhury　*496-497, 510, 513*
アタウル・ロホマン・カーン　Ataur

バングラデシュを知るための60章【第2版】
エリア・スタディーズ32　大橋正明、村山真弓 編著　◉2000円

バングラデシュの歴史　二千年の歩みと明日への模索
世界歴史叢書　堀口松城　◉6500円

バングラデシュ民衆社会のムスリム意識の変動　デシュとイスラーム
高田峰夫　◉9800円

バングラデシュの船舶リサイクル産業と都市貧困層の形成
佐藤彰男　◉4200円

バングラデシュの発展と地域開発　地域研究者の提言
向井史郎　◉6800円

大河が伝えたベンガルの歴史　「物語」から読む南アジア交易圏
世界歴史叢書　鈴木喜久子　◉3800円

アザーンとホラ貝　インド・ベンガル地方の絵語り師の宗教と生活戦略
金 基淑　◉5500円

東南アジア・南アジア　開発の人類学
みんぱく 実践人類学シリーズ6　信田敏宏、真崎克彦 編著　◉5000円

南アジア　講座 世界の先住民族―ファースト・ピープルズの現在―03
綾部恒雄監修　金 基淑編　◉4800円

現代インドを知るための60章
エリア・スタディーズ67　広瀬崇子、近藤正規、井上恭子、南埜 猛 編著　◉2000円

カーストから現代インドを知るための30章
エリア・スタディーズ108　金 基淑 編著　◉2000円

パキスタン政治史　民主国家への苦難の道
世界歴史叢書　中野勝一　◉4800円

貧困からの自由　世界最大のNGO－BRACとアベッド総裁の軌跡
イアン・スマイリー著　笠原清志監訳　立木 勝訳　◉3800円

貧困克服への挑戦　構想　グラミン日本　グラミン・アメリカの実践から学ぶ先進国型マイクロファイナンス
菅 正広　◉2400円

グローバル化の中のアジアの児童労働　国際競争にさらされる子どもの人権
香川孝三　◉3800円

イラストで知る　アジアの子ども
財団法人アジア保健研修財団 編著　◉1800円

〈価格は本体価格です〉

【著者紹介】
シェーク・ムジブル・ロホマン（Sheikh Mujibur Rahman）
1920年、英領インド帝国ベンガル州（現バングラデシュ）生まれ。大学在学中から政治活動に関わる。1949年、アワミ連盟結成に参加。1971年独立を達成したバングラデシュの首相、大統領となり、「建国の父」と呼ばれる。1975年、軍事クーデターにより死去。

【訳者紹介】
渡辺 一弘（わたなべ　かずひろ）
1952年生まれ。東京外国語大学インド・パーキスタン語学科卒。NHK国際放送局でベンガル語番組制作を長年にわたって担当。現在東京外国語大学非常勤講師。

世界歴史叢書
バングラデシュ建国の父
シェーク・ムジブル・ロホマン回想録

2015年8月1日　初版 第1刷発行

著　者　シェーク・ムジブル・ロホマン
訳　者　渡　辺　一　弘
発行者　石　井　昭　男
発行所　株式会社 明石書店
〒101–0021 東京都千代田区外神田6-9-5
電話 03（5818）1171
FAX 03（5818）1174
振替　00100-7-24505
http://www.akashi.co.jp/
組版／装丁　明石書店デザイン室
印刷　株式会社文化カラー印刷
製本　本間製本株式会社

（定価はカバーに表示してあります）　ISBN978-4-7503-4197-2